权威·前沿·原创

皮书系列为
"十二五"国家重点图书出版规划项目

农产品流通蓝皮书

BLUE BOOK OF
AGRICULTURAL PRODUCTS CIRCULATION

中国农产品流通产业发展报告 (2014)

DEVELOPMENT REPORT OF CHINESE AGRICULTURAL
PRODUCTS CIRCULATION INDUSTRY (2014)

国家现代农业科技城流通研究院
国家现代农业科技城领导小组联合办公室

主　编／贾敬敦　张东科　张玉玺　张鹏毅　周　伟

社会科学文献出版社
SOCIAL SCIENCES ACADEMIC PRESS (CHINA)

图书在版编目（CIP）数据

中国农产品流通产业发展报告. 2014/贾敬敦等主编. —北京：社会
科学文献出版社，2015.1

（农产品流通蓝皮书）

ISBN 978 - 7 - 5097 - 6989 - 8

Ⅰ. ①中…　Ⅱ. ①贾…　Ⅲ. ①农产品流通 - 研究报告 - 中国 -
2014　Ⅳ. ①F724. 72

中国版本图书馆 CIP 数据核字（2014）第 300610 号

农产品流通蓝皮书

中国农产品流通产业发展报告（2014）

主　　编／贾敬敦　张东科　张玉玺　张鹏毅　周　伟

出 版 人／谢寿光
项目统筹／蔡继辉　任文武
责任编辑／高　启　王　颉

出　　版／社会科学文献出版社·皮书出版分社 (010) 59367127
　　　　　地址：北京市北三环中路甲 29 号院华龙大厦　邮编：100029
　　　　　网址：www. ssap. com. cn
发　　行／市场营销中心 (010) 59367081　59367090
　　　　　读者服务中心 (010) 59367028
印　　装／北京季蜂印刷有限公司

规　　格／开 本：787mm × 1092mm　1/16
　　　　　印 张：18.75　字 数：303 千字
版　　次／2015 年 1 月第 1 版　2015 年 1 月第 1 次印刷
书　　号／ISBN 978 - 7 - 5097 - 6989 - 8
定　　价／89.00 元

皮书序列号／B - 2012 - 261

农产品流通蓝皮书编委会

主要编撰者简介

贾敬敦 科技部中国农村技术开发中心主任，国家现代农业科技城流通研究院名誉院长；主要从事农业与农村科技发展战略及其相关政策研究工作。

张东科 中央财经领导小组办公室、中央农村工作领导小组办公室局长；主要从事经济政策和农村政策研究工作。

张玉玺 中国农产品市场协会执行会长，北京新发地农副产品批发市场中心董事长，国家现代农业科技城流通研究院院长；主要从事农产品流通工作。

张鹏毅 北京大学流通经济与管理研究中心常务副主任，国家现代农业科技城流通研究院副院长；主要从事现代农业服务业与农产品流通研究工作。

周　伟 北京中新农产品流通研究院副院长，管理学博士，高级经济师；主要从事农产品流通信息化、供应链管理和产业金融研究工作。

摘　要

　　《中国农产品流通产业发展报告（2014）》从整个产业体系上对中国现阶段农产品流通产业进行梳理，阐述了农产品流通产业的主体构成、产业规模以及对国民经济发展的贡献，从理论上对农产品流通产业运行的内在规律和发展模式进行诠释。

　　在农产品流通产业的总体层面上，本书一方面对2013年农产品流通产业所处的经济环境、社会背景以及影响因素进行剖析，对农产品流通产业上下游环节的生产和消费情况进行了详细刻画；另一方面对农产品流通产业各环节如农产品营销、冷链物流、采购、仓储、城市配送、流通服务、批发市场、零售终端等方面展开分析，并对我国农产品国际贸易情况进行梳理。

　　在农产品流通各环节及提供的服务层面上，针对我国农产品流通生产性服务功能和生活性服务功能进行了重新诠释，对农产品流通产业在信息化条件下的产业特征进行了归纳，并对农产品零售业、农产品流通与餐饮业发展的关系进行了阐述。

　　信息化对农产品零售的营销和管理服务两个方面的影响是不容忽视的。在农产品流通信息化大潮下，本书回顾总结了我国农产品流通的信息化发展状况，概括了农产品流通信息化的总体特点，对农产品批发市场、农产品零售市场、农产品电子商务和农产品期货等农产品流通产业的全链条分别做出分析；基于信息化促进产业发展的机理、宏观政策环境和农产品流通行业本身的发展特点，对我国农产品流通信息化的发展趋势进行了预测。

　　最后，本书重点探讨了我国农产品流通信息服务、物流信息化、电子商务、标准化和新技术等专题，并从提升公共服务水平、规范农产品标准化体系、扶持信息技术创新、推动重点环节信息化升级、鼓励流通方式创新等角度提出了政策建议。

目 录

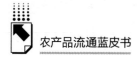

ⅣⅣ　理论篇

ⅤⅤ　产业管理篇

皮书数据库阅读使用指南

导　　论

B.1
中国鲜活农产品市场体系
建设的近中期发展思路

张东科*

摘　要：

本文对我国蔬菜、水果、肉类、禽蛋、水产品等鲜活农产品市
场体系建设近中期发展战略问题进行了深入分析探讨，在梳理
现状、总结得失、深化认识的基础上，对加快我国鲜活农产品
市场体系建设的现代化进程、构建具有中国特色的鲜活农产品
流通模式，提出了战略思路和对策建议。

关键词：

鲜活农产品　市场体系　发展战略

---

* 张东科，中央财经领导小组办公室、中央农村工作领导小组办公室局长；主要从事经济政策和
农村政策研究工作。

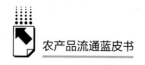

本报告研究的是我国蔬菜、水果、肉类、禽蛋、水产品等鲜活农产品市场体系建设的近中期发展战略问题。在梳理现状、总结得失、深化认识的基础上，对加快我国鲜活农产品市场体系建设的现代化进程、构建具有中国特色的鲜活农产品流通模式，提出了战略思路和对策建议。

一　鲜活农产品市场体系的发展现状

改革开放 36 年，我国农产品流通体制发生了历史性变革，实现了由计划经济体制向市场经济体制的全面转型。目前在我国市场体系中，鲜活农产品流通已成为开放程度最高、各类主体平等竞争、价格形成完全由市场决定的领域，有力地拉动了农产品生产，极大地丰富了市场供给，较好地满足了 13 亿城乡居民消费需求。

（一）覆盖城乡的鲜活农产品市场体系基本形成

一是市场化的鲜活农产品价格形成机制不断完善，鲜活农产品收购、批发、销售等各环节的交易价格完全由市场决定，较为真实地反映了市场供求状况。二是市场主体多元化格局基本确立，为数众多的商贩、经纪人、个体运销户、农民合作社、龙头企业、大型商业集团等构成了市场主体，覆盖了鲜活农产品收集、运输、批发、零售等各个环节，将千家万户的小生产与千变万化的大市场紧密连接起来，形成了有效合理的市场分工。三是多层次的流通服务载体快速发展，初步形成了以产地、集散地和销地批发市场为节点，以城市农贸市场、连锁超市、菜市场、社区菜店和遍布乡村的集市为终端的多业态并存的市场网络。四是流通方式创新渐成气候，产销对接、电子商务、金融结算等新型流通方式不断涌现，大型集配中心、第三方物流、全程冷链运销、标准化菜市场等新型业态日益发展。

（二）鲜活农产品市场体系的复合型特征明显

现阶段我国鲜活农产品市场体系的演进，集中体现为整体发展与局部建设交织、现代与传统并存、先进与落后叠加，市场体系的复合型特征十分显著，由此可以得出目前我国农产品市场体系仍处于初级发展阶段的基本判断。在这个发展阶段不可避免地存在一些突出矛盾和问题，导致市场频繁波动和流通成本高企。一是市场组织化程度过低。我国农产品批发市场总量不小，但既缺少自上而下的纵向指导，又缺乏市场之间的横向联系，难以形成联通顺畅的市场流通。同时，"千军万马跑运销，千家万户搞零售"的市场格局，也导致了流通的小规模、分散化。二是市场信息不充分。设置于中央和地方的、政府和市场的各类农产品信息系统为数不少，但直接服务于农产品生产、运销、批发、零售等经营活动的有效信息明显不够。三是市场制度建设滞后。在过往的农产品市场体系建设中，较多地偏重于流通基础设施建设，而关乎市场体系构造和运行的制度建设明显不足，保障农产品市场体系持续健康发展的长效机制尚未建立起来。

二 鲜活农产品市场体系建设面临的制约与挑战

在推进鲜活农产品市场体系建设过程中，既存在"生产小农户、运输长距离、销售大市场、消费高要求"的旧有矛盾，又面临新型工业化、城镇化、信息化和农业现代化快速推进，以及鲜活农产品流通国际化的新形势和新挑战。这是近中期我国鲜活农产品市场体系建设无法回避的基本现实。

（一）复杂国情对市场体系建设的制约日益突出

一是鲜活农产品生产经营规模过小。尽管专业大户、家庭农场、农民合作社和农业产业化龙头企业等新型经营主体发展较快，但2亿多家庭经营的农户仍然是鲜活农产品生产的主力军。小规模和分散化的生产组织结构，在很大程度上决定了鲜活农产品流通的组织结构也难以摆脱小规模和分散化。二是城乡之间、区域之间发展水平差异较大。东中部地区和城市的鲜活农产品流通基础设施和市场网络建设相对完善，而西部地区和广大农村则严重滞后。三是传统流通方式与现代流通方式并存。像亚洲多数国家一样，在鲜活农产品的生产规模相对较小、供给地域越来越广、消费市场相对集中的国情下，传统的批发市场仍然是鲜活农产品流通的主渠道。大型超市、电子商务、第三方物流等现代流通方式不断涌现，形成了交织叠加、相互促进补充的局面。

（二）城镇化对市场体系建设的要求不断提升

一是食物消费需求结构不断升级。我国人口总量持续增长，将导致农产品消费总量的不断增长。同时，随着城乡居民收入水平的持续提高和生活方式的现代化，促使肉蛋奶、水产品等动物脂肪和蛋白食物消费增长迅速。预计未来我国农产品消费需求结构将持续升级并趋多样化。二是农产品消费总量快速增长。大量农村人口进城务工和落户。据统计，2012 年城镇居民与农民相比，在肉类、家禽、禽蛋和水产品的消费数量分别高出 51.8%、140%、78% 和180%。目前我国人口城镇化率为 53.7%，预计 2020 年将达到 60% 左右，这将进一步拉动农产品消费总量快速增加。三是城市鲜活农产品自给率大幅下降。工业化、城镇化快速发展迫使城市郊区的鲜活农产品生产基地面积急剧萎缩，蔬菜等鲜活农产品供给格局由"近郊为主、远郊为辅、外埠调剂"演变为"外埠为主、本地补充"，导致了农产品运输半径加大，流通成本提高。四是城市零售网络受到严重冲击。在城市建设过程中，受房地产开发的利益驱使，很多老城区的菜市场被大量拆除，而新建住宅小区又严重缺乏社区菜店等配套设施。目前，在很多现代化的城市没有零售网点布局规划，鲜活农产品零售市场服务功能很不健全。

（三）技术进步对鲜活农产品流通的影响日渐凸显

互联网技术、交通运输、仓储物流和电子商务的迅猛发展，加速了产销之间、市场之间的信息整合与传递，促使鲜活农产品的交易方式和结算方式发生了根本性变化，这不仅颠覆了传统的鲜活农产品流通理念，而且对当下的鲜活农产品流通方式形成了巨大冲击。可以预见，新技术的广泛应用，流通方式的不断创新，将深刻推动鲜活农产品市场的基础设施、交易规则、流通业态以及现代流通服务的全方位发展，一场鲜活农产品市场体系发展的革命性浪潮正在酝酿之中。

（四）鲜活农产品流通国际化的挑战逐步加深

一是鲜活农产品进口持续增长。近年来，我国的肉类、水产品、水果等鲜活农产品进口逐年增长，预计未来将成为常态并较大幅度增长。二是鲜活农产品市场体系的国际化趋势愈加明显。伴随我国鲜活农产品国际贸易不断增长，农产品市场体系建设面临着如何应对全球市场激烈竞争、运用国际贸易规则、利用国外农产品期货和现货市场以及借鉴国外先进流通技术等一系列严峻挑战。三是调整鲜活农产品国际贸易制度的要求更加紧迫。与鲜活农产品国际贸易直接相关的商检、质检、通关、法务和关税等制度建设，需要尽快适应鲜活农产品市场体系建设的国际化要求，以我为主、为我所用，最大限度维护和增进国家、民族企业和国内消费者的权益。

三　推进鲜活农产品市场体系建设的战略考虑

根据对我国鲜活农产品市场体系发展现状和面临挑战的深入分析，我们认为，在今后一个时期，很有必要实施鲜活农产品市场体系建设转型升级战略。

（一）实施"转型升级"战略的基本思路

形成统一开放、竞争有序、高效公平的现代市场体系，是我国鲜活农产品市场体系建设的总目标。实现这一目标，必须遵循社会主义市场经济的基本规律，立足鲜活农产品的产销布局、流通基础，综合考虑城镇化加速推进、城乡居民消费结构快速升级、流通装备和技术条件迅速提升等因素，在 2014 ～ 2020 年期间，抓紧实施鲜活农产品市场体系建设转型升级战略。这一战略的核心是：转变鲜活农产品市场体系的建设发展理念，推进发展方式和建设重点的优化转型，促进市场环境和流通效率的全面升级。

"转变理念"，就是要充分认识推进鲜活农产品市场体系建设，是全面深化改革的重点任务之一，是同步推进城镇化、工业化、信息化和农业现代化的具体实现形式，也是一项重大民生工程。因此，要转变重生产轻流通、重经营轻民生的传统观念，把鲜活农产品市场体系建设作为促生产保供给的基础性民生工程来抓。

"优化转型"，就是要加强鲜活农产品市场体系建设的顶层设计，从局部性、自发性建设转向系统性、协同性建设；加强公平高效的制度建设，从注重

流通设施建设转向流通设施与市场制度建设并重；加强现代流通的服务支撑，从注重产品收集、运输、储存和交易等环节建设，转向重点发展信息化、电子化、标准化和现代金融等配套服务。

"全面升级"，主要是在营造公平竞争的制度环境、建设完善配套的流通设施、培育充满活力的市场主体、构建科学有效的管理机制等方面实现全面升级，着力提高市场运行的系统性、有效性和组织化程度。到 2020 年，基本建成具有中国特色的多元化、复合型的现代鲜活农产品市场体系。

（二）实施"转型升级"战略的重要原则

1. 坚持立足基本国情

地域辽阔、人口众多、供给分散、消费多元是我国农产品产销的基本国情，同时鲜活农产品产销具有明显的区域性和季节性，以小农户为主体的鲜活农产品生产结构、以批发市场为主导的流通模式将长期存在，这些因素决定了鲜活农产品市场体系具有区域性与全国性相结合、先进方式与传统方式相叠加的复合型特征。在此基础上，需要借鉴国际经验，利用现代技术，创新流通方式，加快发展完善具有中国特色的鲜活农产品流通模式。

2. 坚持市场化改革方向

充分发挥市场配置资源的决定性作用，是构建农产品市场体系的基石。必须健全公平透明的市场规则，完善市场定价机制，清除阻碍产品流通的市场壁垒，保障各类市场主体平等参与市场竞争的合法权利，实现农产品市场体系健康、稳定、持续发展。

3. 坚持设施建设与制度建设两手抓

健全的鲜活农产品市场体系既要有功能齐全的流通设施，又要有保障高效公平的市场规则。必须在不断加强市场流通基础设施硬件建设的同时，拓展为经营者直接服务的领域和手段，着力加强促进公平交易和提高流通效率的制度建设。

4. 坚持中央统筹与地方负责相结合

我国作为一个农产品的生产、流通和消费的大国，既要保持市场的统一性和开放性，又要兼顾地域性和差异性。必须由中央政府统筹规划鲜活农产品市场的"大格局、大网络、大制度",确保市场体系在统一框架下有序发展。同时,也要明确地方政府落实总体规划、建设和监管市场的责任,确保各地鲜活农产品市场体系不断完善、有效运行。

(三)实施"转型升级"战略的主要任务

需要综合考虑诸多方面因素,确定今后一个时期推进鲜活农产品市场体系建设的主要任务。我们认为,在 2014~2020 年期间,应突出强调"抓重大、补短板、促创新、见实效"。一是抓重大,就是要解决好影响市场体系建设全局的重大问题;二是补短板,就是要在最薄弱的环节取得明显进展;三是促创新,就是要在运用现代流通服务方式和先进流通技术方面取得突破;四是见实效,就是要力争在较短的时间内有所作为、有所建树。据此,要着重抓好以下四个基础性建设任务。

1. 以信息化为核心的流通支撑服务体系建设

这是一项具有方向性、战略性的重要任务。拓展为经营者的全方位服务,可以大大加快鲜活农产品市场体系的现代化进程,提高流通效率、降低交易成本、规避市场风险。重点做好四个方面工作:一是覆盖全国的鲜活农产品产销信息服务;二是适应鲜活农产品流通特点的电子商务服务;三是涵盖批发市场、零售市场、冷藏运输、包装标识等各系统的标准化建设;四是快捷便利安全的现代金融服务。

2. 以提高组织化程度为导向的市场主体建设

目前,市场主体组织化程度偏低与鲜活农产品流通快速发展要求较高的矛盾越来越突出。着力提高各类市场主体组织化程度,有利于提升鲜活农产品市场体系建设的总体水平,从而有效抵御市场风险,降低交易成本,保障市场供给。主要做好三方面工作:一是坚持权利、机会和规则平等,鼓励发展多元化市场主体;二是加强各类农产品商人队伍建设;三是发展各类农产品流通商会和协会组织。

3. 以全国性、区域性鲜活农产品批发市场和物流节点为重点的流通基础设施建设

着眼于完备设施和提升功能,改善鲜活农产品直接交易的物质装备条件,以夯实农产品实物流通的基础，形成覆盖全国农产品流通网络的主动脉。重点加强四个方面的建设：一是全国性、区域性的鲜活农产品产地、集散地和销地批发市场改造升级；二是大型鲜活农产品集配中心的仓储、物流、冷链设施建设；三是城乡鲜活农产品社区零售市场网络基础设施建设；四是具有国内外影响力的农产品交易中心建设。

4. 以促进公平交易和提高流通效率为目标的市场制度建设

在影响鲜活农产品市场体系有效运行的诸多因素中，制度建设更具有根本性和长期性，这也是目前我国鲜活农产品市场体系的最薄弱环节。良好的制度安排可以激发市场活力，规范流通秩序，保障主体利益。重点加强四个方面建设：一是全国统一的市场准入制度建设，其中包括批发市场、零售市场的设立，批发商、运销商的市场准入等；二是适合鲜活农产品流通特点，公开公平公正的交易制度建设；三是健全有效的经营诚信机制建设；四是全国统一的流通管理和市场监管制度建设。

四 推进鲜活农产品市场体系建设的主要举措

（一）加强市场体系顶层设计和规划管理

1. 加强顶层设计

把鲜活农产品市场体系作为促进农产品销售、保障城乡居民消费、实现社会和谐稳定的具有准公共性质的民生工程，各级政府要在财税、金融、用地、通关、质检等方面给予必要支持。制定促进农产品流通产业发展的规划和政策，鼓励多元化主体参与鲜活农产品市场体系建设。综合考虑鲜活农产品市场体系的网络布局、交易设施、流通服务、市场制度和市场主体等各子系统建设和相互支撑关系，搞好支持鲜活农产品市场体系发展政策的衔接配套，明确中央政府与地方政府在推进鲜活农产品市场体系建设中的职能分工。

2. 加强规划指导

依据农产品生产地、集散地和消费地布局，修订覆盖全国的农产品市场发展规划。中央政府重点负责制定全国性和区域性批发市场网络和农产品交易中心的发展规划，以及城乡零售市场网点发展纲要。地方各级政府要依据规划和纲要，制定与全国规划相衔接的本地区农产品市场发展规划。

3. 加强规划管理

实行落实农产品市场发展规划的法制化管理。各级政府须将农产品市场发展规划纳入同级国民经济和社会发展规划、土地利用总体规划和城乡建设总体规划。建立落实农产品市场发展规划的部际协调机制，实行商务、农业、发展改革、国土资源、住房与城乡建设、交通、工商等部门的会商协调制度。

（二）抓好鲜活农产品流通基础设施建设

1. 加强鲜活农产品批发市场和物流节点建设

加快全国性、区域性鲜活农产品的产地、集散地和销地批发市场升级改造，扩充提升批发市场功能。加强大型鲜活农产品集配中心的仓储、物流、冷链设施建设，充分发挥节点辐射作用。推动产地的收集市场、初加工、产品集配等设施建设，加强销地的综合性加工配送中心建设。加快具有国内外影响力的农产品交易中心和国际农产品会展中心建设。

2. 加强城乡鲜活农产品社区零售市场网络建设

推进城市鲜活农产品零售市场网点建设，鼓励发展标准化菜市场、示范超市和社区便民菜店，支持零售网点新建和改造，并实行用途管制。推进乡镇集贸市场建设，鼓励有条件的地区实施标准化农贸市场改造工程，并在用地和投资方面给予支持。

3. 加强"直销对接"的基础设施配套

继续发展农超、农批、农校、农企等多种形式的产销对接，鼓励发展量贩式客户、农户直销、钟点市场、周末市场和具有民俗特色的集市等多形式直供直销，引导多渠道投资建设产销对接的流通基础设施。

（三）创新鲜活农产品流通服务方式

1. 建立多层次的鲜活农产品流通信息平台

建立覆盖全国的具有权威性的统一开放的鲜活农产品产销信息平台，加快整合全国性和区域性批发市场交易信息收集和发布系统，实施农产品批发市场

信息化提升工程，促进农产品交易数据互联互通信息共享。

2. 强化农产品流通标准化建设

大力推进鲜活农产品批发市场、零售市场、仓储物流、冷链设施、运输工具、农产品包装物和大宗农产品的标准化进程，开展标准化认证工作，对开展标准化工作给予补贴支持。

3. 大力支持鲜活农产品电子商务创新

把电子商务作为农产品流通产业发展的战略重点，做大做强农产品电子商务流通网络，实现跨越式发展。充分利用互联网、云计算、物联网、大数据等技术和多种物流业态，以及现代金融手段，发展多主体、多形式和多层次的电子商务，引导电子商务与生产基地、批发市场和交易中心等实体融合。

（四）完善鲜活农产品市场交易制度

1. 加强市场准入制度建设

逐步对开办农产品交易中心、全国性和区域性批发市场等具有准公共性质的交易平台实行审批制度，对开办中小型批发市场、零售市场应依据城乡零售市场网点发展规划进行管理，对从事农产品流通的批发商、运销商、零售商以及服务商实行强制性资质培训。

2. 加强市场交易和管理制度建设

建立形成公平、透明的交易制度，规范交易行为，提高交易效率，保障市场交易健康发展。农产品交易中心、农产品批发市场应建立包括信息披露、交易方式、价格形成、成交确认、结算方式以及产品转移等基本交易制度。根据各类市场特性，建立健全保障市场有效运行的管理制度。

3. 加强诚信体系建设

逐步建立从事农产品经营的诚信制度，选择部分交易中心、批发市场和零售菜市场建立诚信记录信息库，建立商人信用档案，提供市场信用查询服务，促进诚信守法经营。引导交易中心、批发市场与银行、保险等金融机构联网，构建相互衔接的征信平台。逐步培育和推广农产品流通领域的市场诚信需求。

4. 加强流通管理和市场监管制度建设

中央政府负责制定全国统一的市场体系发展政策和流通管理制度，引导和协调跨区域农产品流通对接。地方政府负责本区域的农产品市场设立审批、投资建设和运行监管。

（五）提高市场主体组织化程度

1. 逐步提高农产品生产者进入市场的组织化程度

要从鲜活农产品供给的源头抓起，通过发挥农民合作组织和社会化服务的作用，提升鲜活农产品生产的组织化程度和抵御风险能力。大力引导农民合作社、家庭农场、专业大户的经营活动向加工、流通领域拓展，对投资建设产品初加工、仓储保鲜、产品集配等设施给予财政支持。发挥农业产业化龙头企业市场营销的带动作用，扶持建设标准化生产基地、农业产业化示范园区、农产品集配中心和冷链物流体系。

2. 着力加强市场流通主体的组织化建设

对于在城镇从事零售经营的小商小贩，以协会的形式提高其组织化程度。对于从事运销批发经营的商贩，鼓励发展企业化经营，逐步培育批发、运销联合体。加快发展农产品流通中介服务组织、加工配送和第三方物流企业，鼓励发展供销合作、邮政物流、连锁超市等大型商贸集团。

3. 充分发挥行业协会和商会作用

鼓励发展农产品批发商、运销商、加工商、服务商和零售商等各类协会组织，提高自组织、自律和维权能力。拓展各类行业协会组织的功能，发挥制定行业规范和标准、与政府沟通对话、约束成员行为、提高企业管理能力等方面的作用，通过开展教育培训、产销对接、展示展销等活动增强会员的诚信意识和经营能力。

（六）开展鲜活农产品市场体系建设重大项目改革试点

今后几年，要聚焦事关鲜活农产品市场体系建设大局的重要领域和环节，集中力量开展重大项目改革试验试点，为全局工作投石问路、积累经验。商务部负责审定试点方案，确定试点地区和企业，中央和地方财政给予投资支持和经费补贴。

1. 实施农产品市场发展规划试点

从促进生产、搞活流通、方便购买、保障消费的目标出发，依据鲜活农产品产销布局、新型城镇化发展要求，在若干个有条件的省份，实施农产品市场发展规划试点，以确保将农产品市场发展规划纳入本地国民经济和社会发展规划、土地利用总体规划和城乡建设总体规划。这项试点的目的旨在为各地制定农产品市场发展规划进行示范。

2. 实施鲜活农产品批发市场现代化建设试点

选择具备条件的全国性和区域性农产品批发市场，进行现代化建设试点。试点包括三方面内容：一是完备设施、拓展功能、健全服务的现代市场功能集成；二是加强市场准入、信息披露、交易方式、质量控制、金融服务等市场交易机制和管理制度建设；三是探索设立鲜活农产品流通产业基金，用以支持鲜活农产品市场现代化建设和流通设施完善。试点的目的旨在为全国鲜活农产品批发市场现代化建设探路。

3. 实施国家农产品电子商务创新试点

把农产品电子商务作为农产品流通产业发展的国家战略重要组成部分来考虑，探索由政府引导，大型电商、物流、金融等企业共同参与打造和运营电子商务平台，开展运用大数据、云计算、互联金融与农产品实物购销相结合的农产品流通模式创新。这项试点的目的旨在探索农产品流通产业发展的新兴领域和模式，使我国电商在全球市场争得发展先机。

4. 实施农产品交易中心创新发展试点

选择具备条件的农产品交易中心（交易所），引入期货（针对适于期货交易的鲜活农产品）、保险、标准化、订单农业等机制，实施创新交易形式、扩大交易品种、规范交易行为的试点。此项试点的目的旨在打造具有国内外影响力的农产品交易中心，逐步创立具有全球影响的农产品"中国指数"。

5. 实施鲜活农产品公益性市场建设试点

在有条件的地方开展公益性批发市场、零售市场（重点是社区零售市场）建设，建立财政投资、市场化运营、政府监管的机制。这项试点的目的旨在逐步将鲜活农产品市场纳入准公共性设施范畴，降低农产品流通成本。

6. 实施鲜活农产品批发市场认证制度试点

选择若干全国性和区域性鲜活农产品批发市场开展认证制度试点。此项工作包括制定市场认证标准、自愿申请试点、实施认证并挂牌。明确中央和地方的权责，划清中央和地方主管部门负责的认证范围。这项试点的目的旨在逐步建立全国性和区域性农产品批发市场运行规范，提高批发市场网络运行的系统性和整体性。

总 报 告

B.2

2013 年中国农产品流通
产业总体状况[*]

周 伟 濮晓鹏[**]

摘 要:

本报告首先对 2013 年农产品流通产业所处的经济、社会背景以及影响因素进行剖析。其次,针对农产品流通行业的上下游环节,对我国农产品生产和消费情况进行了详细介绍,就生产、消费特点进行了归纳总结。再次,重点阐述农产品流通产业各环节的发展状况,对我国农产品运销总体、冷链物流、采购、仓储、城市配送、流通服务、批发市场、零售终端等方面展开分析,并对农产品国际贸易情况进行梳理。最后,就 2013 年农

* 本文得到国家科技支撑计划"物流农产品品质维持与质量安全控制技术研究与应用"(项目编号:2013BAD19B00)的支持。
** 周伟,博士,北京中新农产品流通研究院副院长、高级经济师,主要从事农产品流通信息化、供应链管理与产业金融研究;濮晓鹏,中国国际电子商务中心内贸信息中心经济师,高级分析师,主要从事农产品市场研究。

产品流通产业的热点问题进行了阐述，分析了农产品流通产业发展趋势，并对产业未来发展提出了一些探索性的建议。

关键词：

农产品　流通　产业　批发　运销　零售

一　2013 年农产品流通产业经济环境分析

（一）农产品流通产业概念界定

农产品一般是指农、林、牧、渔业生产的各种植物、动物的初级产品及初级加工品。本文农产品范围包括除木材外，列入国家统计局和农业部统计的全部主要农产品、林产品、水产品和畜产品。具体品种包括农产品（粮食、棉花、油料、麻类、糖类、烟叶、蚕茧、茶叶、水果和蔬菜）、林产品（橡胶、松脂、生漆、油桐籽、油茶籽）、畜产品（肉、奶、禽蛋、蜂蜜、绵羊毛、山羊毛和羊绒）、水产品（海水产品和淡水产品），其中鲜活农产品包括肉、蛋、奶、水产、蔬菜和水果六类。

农产品流通产业是生产性服务业的重要组成部分，是融合农产品运销、批发、零售、国际贸易和流通服务的复合型产业。

农产品运销主要包括收购、运输、储存、装卸、搬运、包装、流通加工、配送和信息处理等环节，其中运输和仓储是农产品运销体系的基础。农产品运销不但包括实物和信息的传递，也涵盖了农产品在传递过程中可能发生的所有权的转移。

农产品批发是当前我国农产品流通产业的主要渠道和中心环节，承担着农产品的商品集散、价格形成、供需耦合、信息集散以及交易结算等职能。农产品批发市场在流通中的核心地位是当前农产品生产和零售规模化和组织化程度偏低背景下的客观选择。

农产品零售在传统上以乡镇集贸市场、城市社区菜市场和连锁超市三种模式为主。随着农产品电商、农超对接、农校对接、农餐对接、连锁化农家店等新型流通模式的推广，农产品零售更趋多样化。

　　自加入 WTO 以来，我国农产品流通逐步融入国际大流通中。农产品国际贸易逐渐成为我国农产品流通产业的重要组成部分，在调剂我国农产品供求、促进农民增收和农业产业化升级中成效显著。

　　农产品流通服务包括农产品信息、保险、信贷、期货、认证、安全追溯等相关配套服务，在引导生产、稳定市场、保障安全、资金支持、交易结算、规避风险等方面起着重要作用，其中信息服务建设是推进其他服务顺利开展的基础（见图1）。

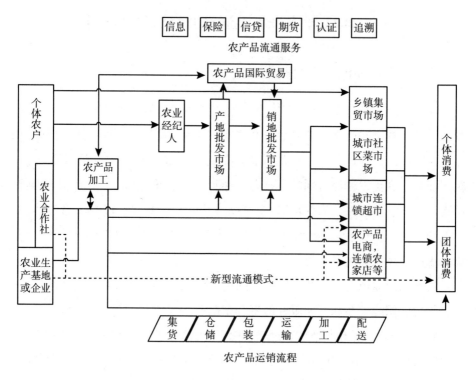

图1　农产品流通产业构成示意图

（二）宏观经济环境分析

1. 国内经济平稳较快增长，产业结构进一步优化

　　2013年，在国际经济艰难复苏并深刻调整的背景下，"换挡转型期"的我国经济依靠结构调整和深化改革，取得平稳较快发展。全年国内生产总值初步核算为568845亿元，按可比价格计算，比上年增长7.7%，略高于7.5%的调

控目标。分季度看,一季度同比增长 7.7%,二季度增长 7.5%,三季度增长 7.8%,四季度增长 7.7%。全年最高单季增速与最低增速只相差 0.3 个百分点,波动幅度比上年明显收窄。分产业看,第一产业增加值 56957 亿元,增长 4.0%;第二产业增加值 249684 亿元,增长 7.8%;第三产业增加值 262204 亿元,增长 8.3%。第一、第二和第三产业增加值比重分别为 10.0%、43.9% 和 46.1%。第三产业增加值比重首次超过第二产业,国内产业结构调整取得历史性进展,服务业在国民经济中的主导地位得到初步确立(见图 2)。

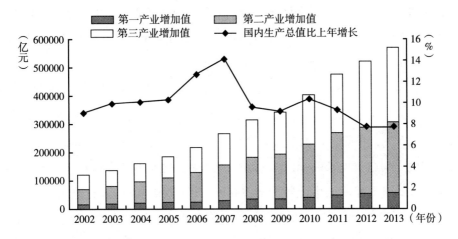

图 2　2002～2013 年中国三次产业增加值与国内生产总值增速

数据来源:国家统计局。

2. 农业投资快速增长,第三产业投资比重大

2013 年,国内固定资产投资(不含农户)436528 亿元,比上年名义增长 19.6%,剔除价格因素实际增长 19.2%。分地区看,固定资产投资由东部继续向中西部和东北地区转移,地区投资结构进一步改善。西部、中部和东北地区固定资产投资比上年分别增长 22.8%、22.2% 和 18.4%,分别比东部地区快 4.9 个、4.3 个和 0.5 个百分点。分产业看,第一产业投资 9241 亿元,比上年增长 32.5%;第二产业投资 184804 亿元,增长 17.4%;第三产业投资 242482 亿元,增长 21.0%。随着农业现代化进程的推进,国内农业投资快速增长,第一产业投资增速连续两年大幅高于第二、第三产业投资增速。从投资结构看,第三产业投资继续占据主导地位。2013 年,三次产业投资比例为

2.1∶42.3∶55.5。与上年相比，第三产业投资比重上升1.51个百分点，第一和第二产业投资比重分别下降0.35和1.16个百分点。

从相关重点行业看，2013年农林牧渔业投资11611亿元，比上年增长32.4%；农副食品加工业投资8674亿元，增长26.5%；食品制造业投资3695亿元，增长20.7%；交通运输、仓储和邮政业投资36194亿元，增长17.2%；批发零售业投资12695亿元，增长30.4%，住宿餐饮业投资6001亿元，增长17.5%。与2012年相比，交通运输、仓储和邮政业以及农林牧渔业投资增速加快，分别提升8.1个和0.2个百分点，住宿餐饮业业、食品制造业、农副食品加工业和批发零售业投资增速放缓，分别下降12.7个、7.4个、5.5个和3.0个百分点。

3. 居民收入增长放缓，消费市场增幅回落

2013年，受经济转型调整影响，国内城乡居民可支配收入增幅较上年均有回落，对居民实际购买能力和消费意愿带来冲击。全年城镇居民人均可支配收入26955元，扣除价格因素实际增长7.0%，增速比上年缩减2.6个百分点；农村居民人均纯收入8896元，实际增长9.3%，比上年回落1.4个百分点。城镇居民人均可支配收入中位数为24200元，增长10.1%；农村居民人均纯收入中位数为7907元，增长12.7%。自2010年以来，国内农村居民收入增速连续4年快于城镇，城乡居民收入差距不断缩小。城乡人均收入比由2010年的3.23∶1下降到3.03∶1（见图3）。

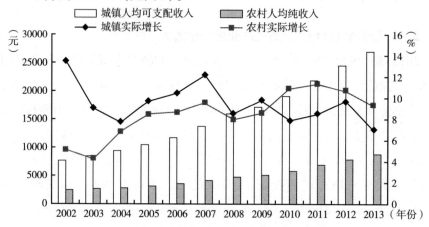

图3　2002～2013年城乡居民可支配收入及增速

数据来源：根据国家统计局数据整理。

2013 年，中国消费者信心指数有 6 个月低于 100，处于相对悲观区间。其中，6 月份消费者信心指数为 97，与 2011 年最低水平相同（见图 4）。

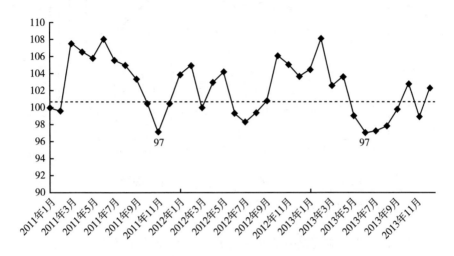

图 4　2011~2013 年中国消费者信心指数

数据来源：国家统计局中国经济景气监测中心。

2013 年，社会消费品零售总额为 234380 亿元，扣除价格因素实际增长 11.5%，增速比 2012 年回落 0.6 个百分点。按经营地分，城镇消费品零售额为 202462 亿元，农村消费品零售额为 31918 亿元，比上年实际分别增长 11.5% 和 12.5%。农村消费市场发展增速已连续两年快于城镇，农村消费品零售额达到社会消费品零售总额的 13.6%，比上年提高 0.2 个百分点。按业态分，国内餐饮收入 25392 亿元，比上年增长 9.0%；商品零售 208988 亿元，增长 13.6%。受居民收入减速，消费倾向下降，以及中央严格公务消费等因素影响，餐饮收入增速比上年大幅回落 4.6 个百分点，同期商品零售增速也下降 0.8 个百分点（见图 5）。

4. 居民消费价格温和上涨

2013 年，国内居民消费价格比上年上涨 2.6%，涨幅与上年持平，低于年初预定的 3.5% 调控目标。分月来看，物价水平保持稳定，各月涨幅在 2.0%~3.2% 区间内窄幅波动。2013 年，国内城镇消费价格比上年上涨 2.6%，涨幅比上年回落 0.1 个百分点；农村消费价格上涨 2.8%，高出城镇物价涨幅 0.2

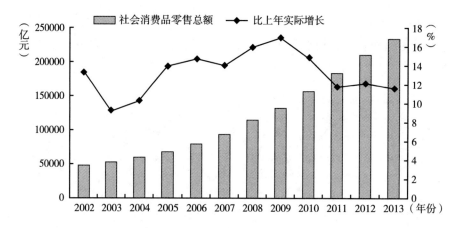

图5　2002～2013年国内社会消费品零售总额及增速

数据来源：根据国家统计局数据整理计算。

个百分点，比上年涨幅提高0.3个百分点，城乡价格走势出现分化。分类别看，食品价格比上年上涨4.7%，涨幅比上年回落0.1个百分点；同期，烟酒及用品上涨0.3%，衣着上涨2.3%，家庭设备用品及维修服务上涨1.5%，医疗保健和个人用品上涨1.3%，交通和通信下降0.4%，娱乐教育文化用品及服务上涨1.8%，居住上涨2.8%。

（三）产业环境分析

中国农产品流通产业主要影响因素的现状与发展趋势，以及对农产品流通产业的影响情况见表1。

表1　中国农产品流通产业主要影响因素分析

	因素	现状和趋势	对农产品流通产业的影响
农产品生产与加工	农产品生产	农产品产量稳步增加,生鲜农产品产量占6成	流通需求总量增加,对物流基础设施和物流效率有了更高的要求
	区域布局	国内优势农产品产区、特色农产品产区与都市周边"菜篮子"产品基地建设协调发展	跨区域流通需求增加,专业批发市场优势地位得到强化;大中城市生鲜农产品供给保障能力增强;农产品电子商务发展提速

续表

因素		现状和趋势	对农产品流通产业的影响
农产品生产与加工	经营主体	尊重和保障农户的经营主体地位,推动联户经营、专业大户、家庭农场、农业合作社等新型农业生产经营组织快速发展	流通组织化水平提升,流通效率提高,农超对接等新通路地位加强
	农业劳动力	青壮年劳动力加快转移,农业从业人口高龄化	农产品生产者到消费者的角色转变增加农产品流通需求;农业产业化需求更为迫切,条件趋于成熟
	农产品加工	农产品加工业发展较快,农产品初加工水平有待提高	农产品流通半径扩大,流通模式进一步向规模化、集约化发展
农产品消费	人口与城市化	人口总量增加,劳动年龄人口下降,城市化进程加速	农产品消费总量增加,供给趋紧,流通效率和农产品质量要求提高
	区域发展	中西部经济发展提速,沿海农民工出现回流	中西部地区农产品消费需求增长,流通模式加速升级
	居民收入与消费习惯	农村居民和中低收入居民收入增加较快,生鲜农产品消费比重稳步提升,居民食品安全意识进一步提高。网络购物进入快速发展期	农产品流通总量和质量的需求提高,冷链物流需求加大。绿色食品、有机产品等高端农产品需求增加。农产品电商市场发展进入快车道
	农产品价格	农产品生产价格温和上涨,食品消费价格涨幅回落,果蔬、乳品和禽蛋价格涨幅较大	农产品市场化进程加快,流通信息、金融和期货等服务需求增加

（四）政策环境分析

2013 年至 2014 年初，国家出台了一系列农产品流通相关产业政策与措施（见表2），其中加快发展现代农业，加强现代流通体系建设和促进农产品电子商务发展是重点。

表2　2013～14 年中国农产品流通产业主要相关政策

时间	政策文件	相关内容摘要
2013 年1 月	中共中央国务院关于加快发展现代农业进一步增强农村发展活力的若干意见	优化农业生产组织形式,扶持联户经营、专业大户、家庭农场统筹规划农产品市场流通网络布局,重点支持重要农产品集散地、优势农产品产地市场建设,加强农产品期货市场建设,适时增加新的农产品期货品种,培育农产品价格形成和交易中心加快推进以城市标准化菜市场、生鲜超市、城乡集贸市场为主体的农产品零售市场建设

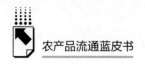

续表

时间	政策文件	相关内容摘要
2013 年 1 月	国务院办公厅关于印发降低流通费用提高流通效率综合工作方案的通知	降低农产品生产流通环节用水电价格和运营费用。农产品冷链物流的冷库用电与工业用电同价 规范和降低农产品市场收费,强化零售商供应商交易监管,加强重点行业价格和收费监管 继续对鲜活农产品实施从生产到消费的全环节低税收政策 优先保障农产品批发市场、农贸市场、社区菜市场和便民生活服务网点用地
	商务部、国家旅游局关于在餐饮业厉行勤俭节约反对铺张浪费的指导意见	建立提醒、提示制度,方便合理点餐 建立奖惩制度,反对餐饮浪费
	商务部关于关于促进仓储业转型升级的指导意见	指导企业对现有冷库进行技术改造,利用先进技术建设现代化冷库,促进冷库由大批量、小品种、存期长向小批量、多品种、多流通形式转化
2013 年 2 月	商务部关于贯彻落实《中共中央国务院关于加快发展现代农业进一步增强农村发展活力的若干意见》的实施意见	全面推进农产品市场体系建设 以实施万村千乡市场工程为重点,健全城乡网络强服务 统筹农产品流通网络布局,加强农产品批发市场建设,完善农产品零售市场布局,积极推进农产品冷链物流建设 做好大宗农产品进出口管理,加强大宗农产品进出口预警监测和信息服务
	交通运输部等 7 个部门《关于加强和改进城市配送管理工作的意见》	构建干支衔接、通行顺畅的城市配送通道网络,完善配送节点的功能和布局,加快发展共同配送,减少中心城区货运车辆交通流量 合理设置城市配送所需的停车和装卸场地,鼓励和引导企业将自用停车场、配送站点向社会开放 鼓励发展先进的配送组织模式,通过集中存储、统一库管、按需配送、计划运输的方式整合资源,降低物流成本,提升物流效率,提供“分时段配送”“夜间配送”等个性化的配送服务,提高配送效率
2013 年 4 月	商务部关于加强集散地农产品批发市场建设的通知	引导符合条件的销地和产地市场向集散地农批市场发展,加强交易服务设施建设,提升市场辐射能力 推动电子结算,设立农产品流通标准化销售专区,健全覆盖全国集散地农贸批发市场的信息网络 依托市场促进加工、物流和批发企业协调发展 建立公益性保障制度,确保市场落实公益性社会责任
	国家发改委等 13 个部门《关于进一步促进电子商务健康快速发展有关工作的通知》	促进农业电子商务发展。研究制定农产品分类定级等标准规范,推进农产品质量安全追溯体系、诚信体系建设,规范农业生产经营信息采集,推动供需双方网络化协作,完善农业电子商务体系,推进农业领域电子商务应用并开展相关试点工作

续表

时间	政策文件	相关内容摘要
2013 年 5 月	国务院办公厅关于印发深化流通体制改革加快流通产业发展重点工作部门分工方案的通知	加强现代流通体系建设,全国骨干流通网络,优化城市流通网络布局,大力发展第三方物流 积极创新流通方式,加快发展电子商务,构建农产品产销一体化流通链条 提高保障市场供应能力,建设改造公益性质市场与配套设施 全面提升流通信息化水平,培育流通企业核心竞争力,大力规范市场秩序 完善财政金融支持政策,减轻流通产业税收负担,降低流通环节费用,完善流通领域法律法规和标准体系
2013 年 6 月	交通运输部关于交通运输推进物流业健康发展的指导意见	加快完善交通基础设施,推进物流节点设施建设 推进多式联运发展,推动货物运输的"无缝衔接"和"一单制",加强粮食等重点战略物资多式联运体系建设 提升运输装备技术水平,完善冷链、城市配送等专业运输车辆车型技术标准 优化市场主体结构,引导传统货运企业扩大经营规模和服务范围,拓展经营网络 加快推进交通运输物流公共信息平台建设,推进互联互通,增强一体化服务能力 加快推动重点领域物流发展,加快完善县、乡、村三级农村物流服务体系,推动城市配送发展,支持和培育冷链运输企业发展,研究制订相关标准,着力解决冷链运输断链问题,支持农产品冷链物流的发展 健全相关法律法规,规范收费公路发展,完善交通运输行业营业税改征增值税,完善"绿色通道"政策
	国家公路网规划(2013~2030 年)	扩大普通国道覆盖面,完善国家高速公路网,加强国家公路与重要机场、港口、铁路枢纽的有效衔接 明确普通国道侧重体现基本公共服务,高速公路侧重体现高效服务,加强两个网络在功能和布局上的衔接协调
2013 年 7 月	工商总局关于加快促进流通产业发展的若干意见	加大市场监管执法力度,加强诚信体系建设。 加快培育发展农村经纪人等生产经营型人才,支持农民专业合作社发展,支持农业龙头企业、农产品批发市场建立农产品网上交易市场,支持网络商品交易平台向农村延伸、发展
2013 年 8 月	国务院关于促进信息消费扩大内需的若干意见	建立促进信息消费持续稳定增长的长效机制,能够有效拉动需求 推动大宗商品交易市场向现货转型,增加期货市场交易品种
2013 年 9 月	全国物流园区发展规划(2013~2020 年)	确定一级物流园区布局城市 29 个,二级物流园区布局城市 70 个 建设货运枢纽型、商贸服务型、生产服务型、口岸服务型、综合服务型五类物流园区 推动园区资源整合,合理布局新建园区,加强园区基础设施建设和信息化建设,完善园区服务功能和管理体制,聚集培育物流企业,建立园区发展规范和标准体系

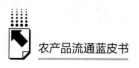

时间	政策文件	相关内容摘要
2013 年 10 月	商务部关于促进电子商务应用的实施意见	引导网络零售健康快速发展 加强农村和农产品电子商务应用体系建设 鼓励特色领域和大宗商品现货市场电子交易
2014 年 1 月	中共中央国务院关于全面深化农村改革加快推进农业现代化的若干意见	推进中国特色农业现代化，走出一条生产技术先进、经营规模适度、市场竞争力强、生态环境可持续的发展道路 提升农业综合生产能力，确保谷物基本自给，完善粮食等重要农产品价格形成机制，逐步建立农产品目标价格制度 加强农产品市场体系建设，加强以大型农产品批发市场为骨干、覆盖全国的市场流通网络建设，开展公益性农产品批发市场建设试点 加快发展主产区大宗农产品现代化仓储物流设施，完善鲜活农产品冷链物流体系；支持产地小型农产品收集市场、集配中心建设；完善农村物流服务体系 发展多种形式规模经营，扶持发展新型农业经营主体，支持供销合作社加强新农村现代流通网络和农产品批发市场建设 加快农村金融制度创新，培育发展农村合作金融，加大农业保险支持力度

二 农产品生产与消费情况及特点分析

（一）农产品生产状况及特点分析

1. 农产品产量稳步增长，产品结构趋于稳定

我国是农产品生产大国，谷物、肉类、禽蛋、蔬菜、水果和水产品产量长期居于世界首位。据统计，2012 年我国主要农产品（不含木材）产量合计 19.37 亿吨，比 2011 年增长 4.4%，比 2008 年增长 15.3%，年均增长 3.6%。国内农产品生产总体呈稳步增长态势。随着城乡居民生活由温饱向小康生活迈进，市场对农产品优质化和多样化需求明显增强。蔬菜、水果、肉类、蛋类、奶类和水产品等生鲜农产品在国内农业产品结构中逐渐取得主导地位。2012 年，生鲜农产品产量占比已由 2000 年的 46.9% 大幅提高到 59.9%。六类生鲜农产品产量合计为 11.6 亿吨，比 2011 年增长 4.6%，比 2008 年增长 19.4%，比 2000 年增长 88.7%。2010 年以来，生鲜农产品产量占比趋于稳定，只提升 0.1 个百分点（见图 6）。

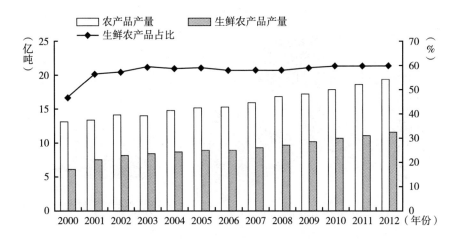

图6 2000～2012 年中国农产品和生鲜农产品产量

数据来源：根据国家统计局和农业部数据整理。

　　分品类看，2012 年，蔬菜、粮食、水果和糖料四大类农产品产量分别达到 7.09 亿、5.90 亿、2.41 亿和 1.35 亿吨，分别占农产品总产量的 36.6%、30.5%、12.4% 和 7.0%。同期，肉类和水产品产量分别为 8387.2 万吨和 5907.7 万吨，占总产量的 4.3% 和 3.1%。此外，牛奶、油料和禽蛋产量也分别达到 3744 万吨、3437 万吨和 2861 万吨，各占总产量的 2.0%、1.8% 和 1.5%。与 2008 年相比，水果、水产品和蔬菜三类生鲜农产品产量增幅领先，分别增长 25.2%、20.7% 和 19.7%，产量占比分别提升 1.0 个、0.1 个和 1.3 个百分点；同期，粮食产量增长 11.5%，落后整体增幅 3.8 个百分点，产量占比缩减 1.0 个百分点；受资源禀赋不足、生产成本偏高因素影响，国内奶类和糖料生产发展较为迟缓，分别增长 2.5% 和 0.5%，产量占比分别下降 0.2 个和 1.0 个百分点。与 2011 年相比，农产品构成基本稳定。其中，糖料和水果产量分别增长 7.8% 和 5.7%，产量占比均小幅扩大 0.2 个百分点；粮食、禽蛋和奶类产量分别增长 3.2%、1.8% 和 1.7%，低于整体增幅，产量占比分别缩减 1.0 个、0.1 个和 0.2 个百分点；同期，肉类和油料产量分别增长 5.3% 和 3.9%，产量占比与上年基本持平（见图7）。

　　进入 2013 年，国内农产品生产总体走势良好，主要农产品（不含木材）总产量突破 20 亿吨。全年粮食产量为 60194 万吨，比上年增加 1236 万吨，增

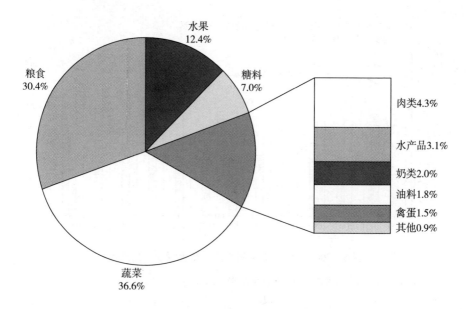

图7 2012年中国农产品（不含木材）产量占比

数据来源：根据国家统计局数据整理计算。

产2.1%，实现"十连增"。其中，玉米产量为21773.0万吨，是我国产量最高的主粮品种，比上年增产1211.6万吨，增长5.9%，连续4年保持增产。每公顷玉米产量首度突破6吨，较上年增长2.7%。受主产区灾害性天气影响，2013年稻谷产量比上年下降0.5%，至20329万吨，10年来首度下滑。同期，小麦产量为12172.0万吨，比上年增加69.7万吨，增产0.6%，连续第10年增产。在种植面积与2012年相比基本持平的情况下，单产提升是小麦产量增加的主要因素。由于比较效益偏低，农民种植积极性不高，2013年国内大豆种植面积连续第4年下滑，产量降至1250万吨左右，创1993年以来新低。

2013年，国内糖料和油料产量分别为13759万吨和3531万吨，比上年分别增长2.0%和2.7%，各实现"三连增"和"六连增"。全年肉类产量8536万吨，比上年增长1.8%，2008年以来连续第6年增产。其中，猪肉、牛肉和羊肉产量均连续第二年走高，分别增产2.8%、1.7%和1.8%，至5493万吨、673万吨和408万吨；禽肉产量1798万吨，下降1.3%。全年禽蛋产量2876万吨，比上年增产0.5%，完成"七连增"。由于奶牛养殖结构加快调整，散户退出较多，全年牛奶产量3531万吨，比上年下降5.7%。同期，水产品产量 6172 万吨，比上年增长 4.5%（见表 3），1998 年以来，水产品产量已经实现连续 16 年增长。2013 年，国内蔬菜在田面积比上年进一步扩大，由于受灾情况较严重，蔬菜产量总体有所下滑。

表 3 2003~2013 年我国主要农产品产量

单位：万吨

年份	蔬菜	粮食	水果	糖料	肉类	水产品	牛奶	油料	禽蛋
2003	54032	43070*	14517	9642*	6443	4077	1746	2811*	2333
2004	55065	46947	15341	9571*	6609	4247	2261	3066	2371
2005	56452	48402	16120	9452*	6939	4420	2753	3077	2438
2006	53953*	49804	17102	10460	7089	4584	3193	2640*	2424*
2007	56452	50160	18136	12188	6866*	4748	3525	2569	2529
2008	59240	52871	19220	13420	7279	4896	3556	2946	2702
2009	61824	53082	20396	12277*	7650	5116	3519*	3154	2743
2010	65099	54648	21402	12009*	7926	5373	3576	3230	2763
2011	67930	57121	22768	12517	7965	5603	3658	3307	2811
2012	70883	58958	24057	13493	8387	5908	3744	3437	2861
2013	—	60194	—	13759	8536	6172	3531*	3531	2876

注：*为减产年份。

数据来源：国家统计局，《中国农村统计年鉴》。

2. 农业生产区域布局进一步优化

近年来，随着《全国优势农产品区域布局规划（2008~2015 年）》《特殊农产品区域布局规划（2006~2015 年）》《全国农村经济发展"十二五"规划》的深入实施，国内优势农产品产区、特色农产品产区与都市周边"菜篮子"产品基地建设协调发展，农业资源配置得以进一步优化，农业生产效益与农产品质量安全水平稳步提升。

2012 年，国内主要农产品生产总体进一步向优势区域集聚，以东北平原、黄淮海平原、长江流域、汾渭平原、河套灌区、华南和甘肃、新疆等农业主产区为主体，以其他农业地区为重要组成的"七区二十三带"农业战略格局已基本形成。其中,东北平原主产区主要包括优质粳稻产业带,籽粒与青贮兼用型玉米产业带,高油大豆产业带和肉牛、奶牛、生猪为主的畜产品产业带;黄淮海平原主产区主要包括以优质强筋、中强筋和中筋小麦为主的专用小麦产业带,优质棉花产业带,专用玉米产业带,高蛋白大豆产业带和肉牛、肉羊、奶牛、生猪、家禽为主的畜产品产业带;长江流域主产区主要包括优质双季稻产业带,优质弱筋和中筋小麦产业带,优质棉花产业带,"双低"优质油菜产业带,以生猪、家禽为主的畜产品产业带,以淡水鱼类、河蟹为主的水产品产业带;华南主产区主要包括优质籼稻产业带,甘蔗产业带和以对虾、罗非鱼、鳗鲡为主的水产品产业带;汾渭平原主产区主要包括以优质强筋、中筋小麦为主的优质专用小麦产业带,专用玉米产业带;河套灌区主产区主要包括以优质强筋、中筋小麦为主的优质专用小麦产业带;甘肃、新疆主产区主要包括以优质强筋、中筋小麦为主的优质专用小麦产业带和优质棉花产业带(见表4)。

表4 "七区二十三带"农业战略格局

七大农产品主产区	相关省份	二十三个农产品产业带
东北平原主产区	黑龙江、吉林、辽宁	玉米、水稻、大豆、畜产
黄淮海平原主产区	山东、河南、河北	小麦、玉米、棉花、大豆、畜产
长江流域主产区	四川、重庆、湖北、湖南、安徽、江苏	水稻、小麦、棉花、油菜、畜产、水产
华南主产区	浙江、福建、	水稻、甘蔗、水产
汾渭平原主产区	山西、陕西	小麦、玉米
河套灌区主产区	内蒙古、宁夏	小麦
甘肃、新疆主产区	甘肃、新疆	棉花、小麦

资料来源:《全国农村经济发展"十二五"规划》。

2012年,我国粮食生产重心仍在北方地区。黑龙江、河南、山东、吉林、河北、内蒙古和辽宁等七大北方主产区粮食产量合计2.71亿吨,相当于全国粮食总产量的46.0%;同期,江苏、四川、安徽、湖南、湖北和江西等六个南方主产区粮食产量为1.75亿吨,占全国总产量的30%。与2011年相比,北方主产区增产3.0%,高出南方主产区增幅0.7个百分点。分品种看,2012年稻谷、小麦和玉米三大主粮的区域集中度(产量前10位占比,下同)分别为

76.0%、92.0%和79.6%。与2011年相比，稻谷和小麦区域集中度均提高0.4个百分点，其中黑龙江稻谷和安徽小麦产量占比提升幅度最为显著。同期，玉米区域集中度虽然下降0.7个百分点，但前两大产区黑龙江和吉林产量占比均有明显提升，分别增加0.2和0.4个百分点（见表5）。

表5　2012年粮食产量区域分布及变化情况

单位：%，个百分点

排名	粮食			稻谷			小麦			玉米		
	地区	产量占比	比上年增减	地区	产量占比	比上年增减	地区	产量占比	比上年增减	地区	产量占比	比上年增减
1	黑龙江	9.8	0.0	湖　南	12.9	0.1	河　南	26.3	-0.3	黑龙江	14.0	0.2
2	河　南	9.6	-0.1	黑龙江	10.6	0.4	山　东	18.0	0.1	吉　林	12.5	0.4
3	山　东	7.7	-0.1	江　西	9.7	0.0	河　北	11.1	0.2	山　东	9.7	-0.6
4	江　苏	5.7	-0.1	江　苏	9.3	0.0	安　徽	10.7	0.3	内蒙古	8.7	0.2
5	吉　林	5.7	0.1	湖　北	8.1	0.0	江　苏	8.7	0.0	河　南	8.5	-0.3
6	四　川	5.6	-0.1	四　川	7.5	-0.1	新　疆	4.8	-0.1	河　北	8.0	-0.5
7	安　徽	5.6	0.1	安　徽	6.8	-0.1	四　川	3.6	-0.1	辽　宁	6.9	-0.1
8	河　北	5.5	0.0	广　西	5.6	0.2	陕　西	3.6	0.1	山　西	4.4	0.1
9	湖　南	5.1	0.0	广　东	5.5	0.1	湖　北	3.1	0.1	四　川	3.4	-0.2
10	内蒙古	4.3	0.1	云　南	3.2	-0.2	甘　肃	2.3	0.2	云　南	3.4	0.3
合计	—	64.5	-0.2	—	79.2	0.4	—	92.0	0.4	—	79.6	-0.7

数据来源：根据国家统计局数据整理计算。

与粮食作物相比，国内糖料、油料和棉花等经济作物区域集中度普遍较高。2012年，国内甘蔗、棉花、花生和油菜籽的区域集中度分别达到99.2%、96.7%、87.9%和85.9%（见表6），比2011年分别提升0.1个、0.7个、0.3个和0.1个百分点。南方甘蔗种植集中在桂中南、滇西南和粤西三大优势产区，广西、云南和广东三省区甘蔗产量占比合计92.1%，其中广西就占到63.6%，比上年提升0.1个百分点；北方甜菜种植集中在新疆、黑龙江和内蒙古三省区，甜菜产量占比合计86.7%，其中新疆占比达到49.2%，比上年提升0.8个百分点。由于粮棉比较效益下降,黄淮海平原和长江流域等传统棉区种植面积下滑,棉花生产进一步向西北内陆优势地区转移。2012年,新疆棉花产量为353.9万吨,占全国总产量的51.8%,比上年大幅提升7.9个百分点。作为国内产量最高的油料作物,花生种植集中在河南与山东两省。2012年,两省花生产量占比分别达到27.2%和20.9%,远高出第3位河北7.6%的水平。与2011年相比,河南占比提升0.4个百分点,连续7年产量占比排在全国首位。油料作物中,油菜籽种植相对分散。2012年,湖北油菜籽产量最高,但只占全国总产量的16.4%,产量占比与上年持平。

表6 2012年糖料、油料、棉花产量区域分布与变化情况

单位:%,个百分点

排名	甘蔗			花生			油菜籽			棉花		
	地区	产量占比	比上年增减	地区	产量占比	比上年增减	地区	产量占比	比上年增减	地区	产量占比	比上年增减
1	广 西	63.6	0.1	河 南	27.2	0.4	湖 北	16.4	0	新 疆	51.8	7.9
2	云 南	16.6	0	山 东	20.9	-0.2	四 川	15.9	-0.1	山 东	10.2	-1.7
3	广 东	11.9	-0.2	河 北	7.6	-0.4	湖 南	12.7	-0.8	河 北	8.3	-1.6
4	海 南	3.4	0	辽 宁	7.0	-0.3	安 徽	9.6	0.4	湖 北	8.0	0
5	贵 州	1.0	0.7	广 东	5.7	0.1	江 苏	7.8	0	安 徽	4.3	-1.4
6	湖 南	0.6	0	安 徽	5.2	-0.1	河 南	6.3	0.5	河 南	3.8	-2.0
7	浙 江	0.6	-0.1	湖 北	4.5	0.2	贵 州	5.6	0.2	湖 南	3.7	0.1
8	江 西	0.5	0	四 川	3.9	0	江 西	4.9	-0.1	江 苏	3.2	-0.5
9	四 川	0.5	-0.3	广 西	3.1	0.1	云 南	3.8	0	江 西	2.2	0.1
10	福 建	0.5	0	吉 林	2.8	0.6	陕 西	2.9	0	甘 肃	1.2	0
合计	—	99.2	0.2	—	87.9	0.4	—	85.9	0.1		96.7	0.8

数据来源:根据国家统计局数据整理计算。

国内蔬菜以鲜食为主,产地加工比例低,流通环节损耗大,因此区域集中度不但大幅低于糖料、油料等经济作物,也落后于粮食作物。近年来,随着交通运输条件的改善、鲜活农产品"绿色通道"的开通以及田头预冷技

术的推广，蔬菜销售半径不断扩大。果菜、根茎菜等相对耐储的蔬菜品类逐渐向优势区域集聚；另外，为保障都市菜篮子供应，特别是提高叶类菜自给率，国内大城市周边设置蔬菜基地建设明显升温。国内蔬菜供应逐步形成优势产区和都市周边蔬菜基地统筹发展的格局。国内现有华南和西南热区冬春蔬菜、长江流域冬春蔬菜、黄土高原夏秋蔬菜、云贵高原夏秋蔬菜、北部高纬度夏秋蔬菜、黄淮海与环渤海设施蔬菜等六大优势区域。各区域蔬菜品种互补、上市档期"接力"分布，有效缓解了淡季蔬菜的供求矛盾，保证了全国蔬菜的有序供应（见图8）。2012年，国内蔬菜区域集中度为67.8%，比2011年提升0.1个百分点。黄淮海与环渤海地区蔬菜产量最高，其中山东、河北、河南产量分别比2011年增长2.2%、4.2%和4.5%，各占全国总产量的13.2%、10.9%和9.9%。

▨ 上市期　▢ 空窗期

	1月	2月	3月	4月	5月	6月	7月	8月	9月	10月	11月	12月
华南与西南热区冬春蔬菜												
长江流域冬春蔬菜												
云贵高原夏秋蔬菜												
黄土高原夏秋蔬菜												
北部高纬度夏秋蔬菜												
黄淮海与环渤海设施蔬菜												

图8　七大蔬菜优势区域主要蔬菜上市期

资料来源：《全国农村经济发展"十二五"规划》。

国内水果生产总体分布较为分散，但具体品种带有明显的地域性。近年来，随着产业化水平的提高和运输条件的改善，国内水果生产总体集中度也有明显提升。2012年，国内水果区域集中度为64.8%，比2011年提高0.3个百分点，比2008年提高1.1个百分点。其中，山东、河南、河北和陕西等北方4省水果产量最大，分别占全国水果总产量的12.2%、10.5%、7.5%和7.0%。2012年。国内苹果、柑橘、梨、香蕉和葡萄五大类水果产量依次为3849万吨、3168万吨、1707万吨、1156万吨和1054万吨；其中，陕西的苹果、湖南的柑橘、河北的梨、广东的香蕉和新疆的葡萄产量分列各品种首位，产量占比分别达到25.1%、15.3%、26.1%、34.9%和19.8%；与2011年相比，湖南柑橘、新疆葡萄与河北梨占比分别提升了 1.0 个、0.5 个和 0.3 个百分点；陕西苹果占比持平，广东香蕉占比下降 2.1 个百分点（见表 7）。

表 7　2012 年蔬菜和水果产量区域分布与变化情况

单位：%，个百分点

排名	蔬菜			水果			苹果			柑橘		
	地区	产量占比	比上年增减	地区	产量占比	比上年增减	地区	产量占比	比上年增减	地区	产量占比	比上年增减
1	山东	13.2	-0.3	山东	12.2	-0.4	陕西	25.1	0	湖南	15.3	1.0
2	河北	10.9	0	河南	10.5	-0.1	山东	22.6	-0.7	广东	13.1	0.2
3	河南	9.9	0	河北	7.5	0	河南	11.3	-0.3	湖北	12.2	0.9
4	江苏	7.0	0.3	陕西	7.0	0.1	山西	9.7	0.5	广西	12.1	0.1
5	四川	5.3	0.1	广东	5.8	0	河北	8.1	0	四川	10.8	-0.1
6	湖北	4.9	0	广西	5.5	0.1	辽宁	6.8	0.2	江西	10.6	-1.5
7	湖南	4.9	0	新疆	5.1	0.5	甘肃	6.5	0.1	福建	9.6	-0.6
8	广东	4.2	0	湖南	3.8	0.1	新疆	2.1	0.1	浙江	6.1	-0.5
9	辽宁	4.2	0	辽宁	3.7	0.2	江苏	1.6	-0.2	重庆	5.4	0.2
10	广西	3.3	0	湖北	3.7	-0.1	宁夏	1.3	0.1	云南	1.6	0.1
合计	—	67.8	0.1	—	64.8	0.3	—	95.1	-0.2	—	96.8	-0.2

数据来源：根据国家统计局数据整理计算。

随着规模化养殖水平的不断提高，国内畜禽养殖逐步向饲料（即粮食）产区集中。2012 年，国内肉类区域集中度为 61.4%，除两广地区外，其余八大产区均为粮食主产区；其中，山东、河南和四川肉类产量排在前 3 位，产量占比分别为 9.1%、8.1% 和 8.0%。国内生猪生产主要集中在四川、河南、湖南、山东、湖北和广东 6 省，2012 年上述 6 省猪肉产量占比均超过 5%；与 2011 年相比，山东、湖北与河南占比提升，四川和广东占比下降，湖南占比持平。国内肉牛生产以牧区与半农半牧区为主要繁殖区，在粮食主产区集中育肥；2012 年，河南、山东与河北牛肉产量占比最大，分别为 12.1%、10.1% 和 8.4%，内蒙古牧区产量占比为 7.7%，排在第 4 位。肉羊生产以牧区产量最大，2012 年，内蒙古和新疆羊肉产量占比分别为 22.1% 和 12.0%，排在前两位（见表 8）。

表8 2012 年肉蛋奶及水产品产量区域分布与变化情况

单位：%，个百分点

排名	肉类			禽蛋			牛奶			水产品		
	地区	产量占比	比上年增减	地区	产量占比	比上年增减	地区	产量占比	比上年增减	地区	产量占比	比上年增减
1	山东	9.1	0.2	河南	14.1	0.2	内蒙古	24.3	-0.5	山东	14.3	-0.3
2	河南	8.1	0	山东	14.0	-0.2	黑龙江	15.0	0.1	广东	13.4	-0.3
3	四川	8.0	-0.2	河北	12.0	-0.1	河北	12.6	0	福建	10.7	-0.1
4	湖南	6.1	0	辽宁	9.8	-0.1	河南	8.4	0.1	浙江	9.2	-0.1
5	广东	5.3	-0.2	江苏	6.9	0	山东	7.6	0.2	江苏	8.4	-0.1
6	河北	5.3	0	四川	5.1	0	陕西	3.8	-0.1	辽宁	8.1	0
7	辽宁	5.0	-0.1	湖北	4.9	0	新疆	3.5	0	湖北	6.6	0.2
8	湖北	4.9	0.1	安徽	4.3	0	辽宁	3.3	-0.1	广西	5.2	0
9	广西	4.9	0	黑龙江	3.8	0	宁夏	2.8	0.1	江西	4.0	0.1
10	安徽	4.7	0	吉林	3.5	0.1	山西	2.1	0.1	湖南	3.8	0.2
合计	—	61.4	-0.1	—	78.4	-0.1	—	83.4	-0.1	—	83.7	-0.4

数据来源：根据国家统计局数据整理计算。

国内奶牛养殖集中在北方地区。2012 年，内蒙古、黑龙江、河北、河南、山东、陕西、新疆、辽宁、宁夏和山西等北方十省区牛奶产量排名靠前，产量合计为 3123 万吨，占全国总产量的 83.4%。随着散养户不断退出，传统产区内蒙古产量增幅放缓，牛奶产量占比下降了 0.5 个百分点。同期，由于规模牧场发展提速，山东牛奶产量快速增长，产量占比提升 0.2 个百分点。

国内水产品生产长期以海水产品为主。随着淡水养殖业的快速发展，2012 年淡水产品产量已达到水产品总产量 48.7%，有望在 2~3 年内超过海水产品成为市场的主力。2012 年，水产品区域集中度为 83.7%，比上年下降 0.4 个百分点。十大主产区产量占比"三升五降两平"，其中湖北、江西和湖南 3 个淡水产品主产区占比提升，产量最高的山东、广东、福建、浙江和江苏等五大沿海产区占比均有下滑。

3. 农产品市场化进度加快，商品率得到提升

农产品商品率是指生产者本年度生产的产品在下一个生产年度同种产品开始收获之前通过各种渠道出售的数量占本年度产量的比率。在国内农产品产量

稳步增长的同时，随着农业市场化进程的推进、农产品商品率的提升，农产品流通总量快速加大。国家发改委调查数据显示，2012 年国内棉花、糖料、蔬菜和水果等农产品已高度市场化，商品率都在 99% 以上。粮食作物中大豆和玉米市场化水平也很高，商品率分别达到 96.69% 和 96.30%；稻谷和小麦市场化水平偏低，商品率只有 77.57% 和 81.54%。花生和油菜籽两大油料作物商品率处于低位水平，分别只有 83.13% 和 80.95%。与 2011 年相比，小麦、稻谷、花生和大豆提升幅度明显，分别提高了 7.6 个、5.0 个、1.6 个和 0.8 个百分点；蔬菜、橘、玉米和棉花商品率在高位继续小幅提升，分别提高了 0.2 个、0.2 个、0.2 个和 0.1 个百分点；由于局部地区出现严重过剩，油菜籽和柑商品率下滑，分别下降了 0.7 个和 0.1 个百分点。根据统计规范，林、牧和水产品产量等同于商品量。据估算，2012 年国内生产的农产品商品量约为 18 亿吨，较上年增长 5.8%，高出总产量增速 1.4 个百分点（见图 9）。

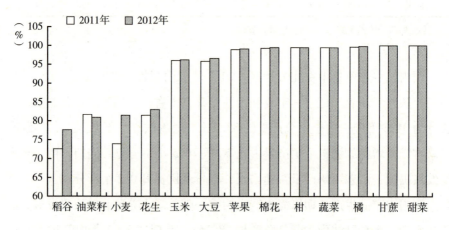

图 9　2011～2012 年全国主要种植类农产品商品率变化情况

数据来源：国家发改委价格司：《全国农产品成本收益资料汇编》。

分区域看，黑龙江粮食生产条件较好，规模化种植水平高，人均粮食占有量大，是我国最大的商品粮基地。2012 年，黑龙江粳稻、小麦和大豆的商品率均排在全国首位，玉米的商品率仅次于吉林和内蒙古，排在第 3 位（见表9）。广东花生市场化程度高，2012 年商品率为 100%，比花生第一大省河南的商品率高 13.2 个百分点。结合产量数据，河南商品花生产量仍为最大，全年向市场投放商品花生 394.05 万吨，比第 2 名山东高出 107.04 万吨。同期，湖北油菜籽商品率为 92.4%，超出产区平均水平 11.48 个百分点，全年投放商品油菜籽 212.62 万吨。

表9　2012 年各产区部分种植类农产品商品率

单位：%

中籼稻		粳稻		小麦		玉米		大豆		花生		油菜籽	
四　川	92.25	黑龙江	99.86	黑龙江	100.00	吉　林	100.00	黑龙江	99.42	广　东	100.00	湖　北	92.43
湖　北	89.58	湖　北	95.93	四　川	97.00	内蒙古	99.85	内蒙古	99.03	辽　宁	96.91	浙　江	89.39
河　南	89.02	河　南	92.05	湖　北	91.92	黑龙江	99.68	吉　林	98.75	四　川	95.96	四　川	88.48
江　苏	87.41	安　徽	91.90	江　苏	91.09	山　西	98.45	平　均	96.69	安　徽	90.39	内蒙古	85.01
安　徽	79.58	河　北	90.79	河　南	90.96	辽　宁	98.35	辽　宁	96.21	河　南	86.79	江　西	84.07
平　均	78.09	辽　宁	90.76	安　徽	88.68	四　川	98.26	安　徽	94.46	平　均	83.13	陕　西	83.11
陕　西	77.53	山　东	90.12	陕　西	81.72	山　东	97.92	河　南	92.59	山　东	82.32	云　南	81.69
湖　南	72.89	吉　林	89.42	平　均	81.54	云　南	97.13	山　西	91.73	河　北	76.14	平　均	80.95
福　建	70.86	内蒙古	89.01	新　疆	79.55	重　庆	97.09	山　东	90.36	重　庆	73.52	青　海	80.34
重　庆	58.95	宁　夏	87.18	山　东	76.18	宁　夏	96.68	陕　西	87.87	广　西	33.33	贵　州	76.34
贵　州	45.40	平　均	84.13	云　南	76.18	陕　西	96.47	河　北	81.44	福　建	25.56	安　徽	75.83
云　南	39.89	江　苏	71.30	山　西	70.18	平　均	96.30	重　庆	65.95	—	—	湖　南	75.01
—	—	浙　江	64.30	河　北	65.46	河　南	95.87	—	—	—	—	重　庆	73.52
—	—	云　南	40.04	宁　夏	61.76	河　北	95.10	—	—	—	—	江　苏	71.29
—	—	—	—	甘　肃	57.06	安　徽	93.97	—	—	—	—	河　南	67.15
—	—	—	—	内蒙古	56.30	湖　北	91.84	—	—	—	—	甘　肃	65.06
—	—	—	—	—	—	江　苏	90.49	—	—	—	—	—	—
—	—	—	—	—	—	新　疆	88.93	—	—	—	—	—	—
—	—	—	—	—	—	贵　州	84.39	—	—	—	—	—	—
—	—	—	—	—	—	甘　肃	83.42	—	—	—	—	—	—
—	—	—	—	—	—	广　西	61.11	—	—	—	—	—	—

数据来源：国家统计局。

　　与 2011 年相比，早籼稻、中籼稻、晚籼稻和粳稻商品率提升最快的省份分别是广西、河南、广东和安徽，分别增加 10.84 个、25.03 个、27.30 个和 12.52 个百分点；湖北的早籼稻和晚籼稻、江苏的中籼稻、云南的粳稻商品率下滑较大，分别下降了 9.79 个、4.06 个、6.12 个和 5.83 个百分点。小麦、玉米和大豆商品率提高最快的分别是河南、贵州和重庆，分别增加了 23.33

个、11. 69 个和 18. 22 个百分点；降幅最大的分别是宁夏、新疆和山东，分别下降了 6. 15 个、7. 50 个和 1. 33 个百分点。花生和油菜籽商品率提高最快的是重庆和江西，分别增长了 23. 91 个和 14. 78 个百分点，下滑最大的是福建和安徽，分别下降了 17. 74 个和 17. 27 个百分点。

4. 资源和环境约束进一步趋紧

随着工业化、城镇化进程的深入推进，国内人多地少水缺的矛盾日益加剧。我国的土地资源相对匮乏，耕地保护形势严峻。国土资源部数据显示，2012 年我国共有耕地 13515. 85 万公顷（20. 27 亿亩），比上年减少 8. 01 万公顷（120. 3 万亩）。全年因建设占用、灾毁、生态退耕等原因减少耕地面积 40. 20 万公顷（603 万亩），通过土地整治、农业结构调整等增加耕地面积 32. 18 万公顷（482. 70 万亩），年内耕地面积净减少 8. 01 万公顷（120. 3 万亩），比 2009 年净减少 22. 61 万公顷（339. 15 万亩）（见图 10）。

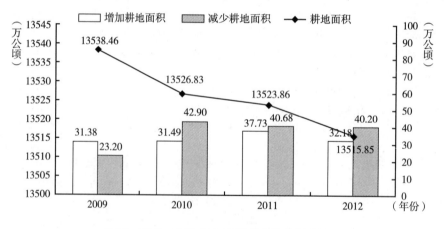

图 10 2009～2012 年全国耕地面积及增减情况

数据来源：国土资源部。

在每年增加的耕地中一部分需要退耕还林、还草、还湿和休耕，一部分因表土层破坏、地下水超采等也影响到耕种，还有一部分因为污染不宜耕种。根据《全国土壤污染状况调查公报（2014）》，全国土壤总的超标率达到 16. 1%，其中轻微、轻度、中度和重度污染点位比例分别为 11. 2%、2. 3%、1. 5% 和 1. 1%。南方土壤污染重于北方；长江三角洲、珠江三角洲和东北老工业基地等部分区域土壤污染问题较为突出；西南、中南地区土壤重金属超标范围较大。

2012 年，我国农村居民家庭人均耕地面积只有 2.34 亩，13 个粮食主产区中除东北 3 省外均不足 2 亩/人，其中四川、湖南和江苏 3 个粮食主产区农户人均耕地面积分别只有 1.14 亩、1.22 亩和 1.25 亩（见图 11），远未达到农业规模化经营的门槛，影响农业生产规模化和机械化水平的提升。

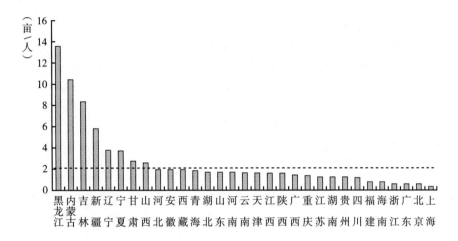

图 11　2012 年全国各省份农村居民家庭经营耕地面积

数据来源：国家统计局。

在水资源方面，以人均来看我国是世界上贫水的国家之一。2012 年国内人均水资源量为 2186 立方米，总体属于轻度缺水状态。31 个省份中有 21 个属于缺水地区，除西藏和青海人均水资源量超过 1 万立方米以外，其他地区人均水资源量均在 5000 立方米以下。其中上海、宁夏、北京、天津、河南、山东、山西、河北和江苏等 9 省份人均水资源量在 500 立方米以下，属于极度缺水地区。13 个粮食主产区中，缺水的有 11 个，其中极度缺水的地区有 4 个，中度缺水的地区有 4 个，轻度缺水的地区有 3 个（见图 12）。

在劳动力方面，近年来随着工业化、城镇化的快速推进，我国农村劳动力持续向外转移。2012 年，国内第一产业就业人员有 25773 万人，比上年减少 821 万人，降幅为 3.1%；自 2003 年以来第一产业就业人员数量已经连续 10 年下滑，累计减少 10867 万人，降幅达到 29.7%。第一产业就业人员占全社会就业人员的比重由 2002 年的 50.0% 下降到 2012 年的 33.6%，减少 16.4 个

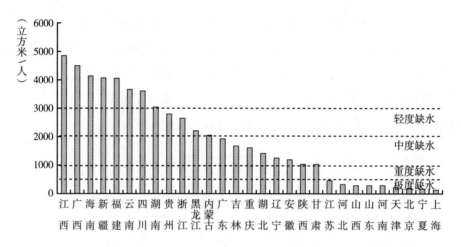

图12　2012年全国各省份人均水资源量

数据来源：国家统计局。

注：2012年西藏和青海人均水资源量分别有13.74万和1.57万立方米，未列入图内。

百分点（见图13）。在农业劳动力数量下降的同时，农业劳动力素质总体也呈结构性下降态势。与外出农民工相比，留乡劳动力年龄普遍偏大，体力较弱，受教育程度偏低，农业生产兼业化、副业化普遍。

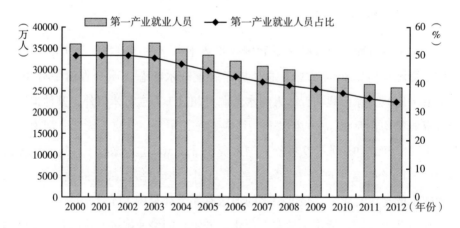

图13　2000～2012年全国第一产业就业人员数量及占比

数据来源：国家统计局。

据《2013年全国农民工监测调查报告》，2013年全国农民工总量为26894万人，比上年增加633万人，增长2.4%（见图14）。其中，1980年及以后出生的"新生代"农民工 12528 万人,占农民工总量的 46.6%,占 1980 年及以后出生的农村从业劳动力的比重为 65.5%。"新生代"农民工初次外出的平均年龄为 21.7 岁,比老一代农民工初次外出平均年龄减少 14.2 岁。2013 年,87.3% 的"新生代"农民工没有从事过任何农业生产劳动。与老一代农民工相比,"新生代"农民工受教育程度普遍较高,受过高中及以上文化教育的占到 33.3%,比老一代农民工高 19.2 个百分点。高素质农村劳动力流失较为严重。

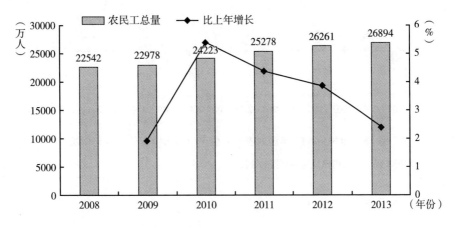

图 14　2008 ~ 2013 年全国农民工总量

数据来源:国家统计局。

5. 农产品生产价格温和上涨,利润水平有所提升

农产品生产价格是指农产品生产者直接出售其产品时实际获得的单位产品价格,该指数可以客观反映全国农产品生产价格水平和结构变动情况。

与上年相比,2013 年国内农产品生产价格总体上涨 3.2%,涨幅较上年加快 0.5 个百分点,高出同期农业生产资料价格涨幅 1.8 个百分点,农业生产利润水平有所提升(见图 15)。分品种看,种植类产品价格较上年上涨 4.3%,涨幅回落 0.5 个百分点;林业产品价格经过 2010 年、2011 年两年的大幅上涨后出现小幅向下调整,降幅为 0.9%;牧业产品价格止跌回升,较上年上涨 2.4%;渔业产品价格也有 4.3% 的涨幅,涨幅回落 1.9 个百分点。具体来看,2013 年牛羊生产价格涨幅明显,分别比上年上涨 13.1% 和 9.1%;蔬菜、小麦、水果和蛋类价格涨幅也在5%以上；糖料和猪的生产价格小幅走低，分别比上年下降1.1%和0.7%（见图16）。

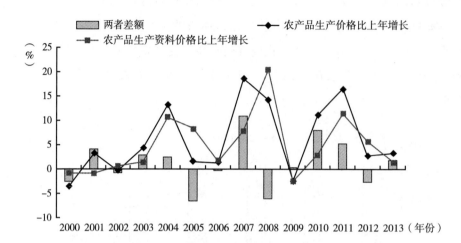

图15　2000～2013年国内农产品生产价格与农资价格变化情况

数据来源：根据国家统计局数据整理计算。

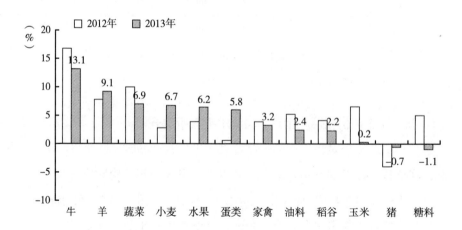

图16　2012年和2013年国内主要农产品生产价格比上年增长情况

数据来源：国家统计局。

6. 农业产业化水平提升，农业现代化进程加速

20世纪80年代家庭联产承包责任制推行以来，农民获得了土地的使用权和经营权，农户家庭逐渐成为我国农业生产的主体，农民的生产经营积极

性大幅提高，农村社会生产力得以迅速发展。然而，一家一户分散经营模式已越来越难以适应市场经济发展的要求，小生产与大市场之间的矛盾日益突出。2013 年"中央一号文件"首度聚焦农业经营体制改革，通过着力构建"集约化、专业化、组织化、社会化相结合的新型农业经营体系"，推进现代农业建设。

2013 年"中央一号文件"提出在尊重和保障农户生产经营的主体地位的基础上，培育和壮大新型农业生产经营组织：鼓励和支持承包土地向有序流转；扶持联户经营、专业大户、家庭农场，提高农户集约经营水平；支持发展专业合作和股份合作等多种形式的农民合作社组织；培育壮大龙头企业，支持龙头企业通过兼并、重组、收购、控股等方式组建大型企业集团，支持创建农业产业化示范基地，促进龙头企业集群发展。

2013 年，在"中央一号文件"的政策引导下，国内农业生产组织化程度明显提高，新型农业生产经营主体快速壮大。

据国家工商总局统计，截至 2013 年底，第一产业企业数达到 44.38 万户，同比增长 17.23%，占企业总数的 2.91%，比重较上年同期扩大 0.14 个百分点。同期，国内农民专业合作社新登记注册 28.24 万户，同比增长 68.3%；存续数量达到 98.24 万户，同比增长 42.6%，是 2008 年的 8.9 倍；出资总额 1.89 万亿元，同比增长 71.85%，是 2008 年的 21 倍。农业专业合作社广泛覆盖种养、加工和服务业，从粮棉油、肉蛋奶、果蔬茶等主要产品生产，扩展到农机、植保、民间工艺、旅游休闲农业等多领域。越来越多的专业合作社从简单的技术、信息服务向农资供应、统防统治服务延伸，由产前产中服务向产后的包装、储藏、加工、流通服务拓展。据《阿里农产品电子商务白皮书2013》，截至 2013 年年底，申请入驻淘宝生态农村的农业合作社有 452 家，其中完成认证并入驻的有 338 家。这些合作社以水果和粮油米面类为主，分布在全国 25 个省份。

据农业部统计，2013 年全国承包耕地流转面积为 3.4 亿亩，是 2008 年底的 3.1 倍；土地流转比例比 2008 年提高 17.1 个百分点至 26%；经营面积在 50 亩以上的专业大户超过 287 万户，家庭农场超过 87 万个；直接流转入工商企业的土地面积较 2012 年增长 40%，较 2008 年增加 87.6%。

2013 年 10 月，农业部认定了 77 个园区为第二批国家农业产业化示范基地，加上 2011 年认定的国内现有国家级农业产业化示范基地 153 个。分地区看，东部地区示范基地数量为最多，达到 57 个，占全国总数的 37.3%；西部、中部和东北部地区示范基地数依次为 40 个、39 个和 17 个（见图 17），分别占总数的 26.1%、25.5% 和 11.1%。在第二批示范基地中，东部新增 27 个，中部新增 22 个，西部和东北部地区分别新增 20 个和 8 个。中部和西部地区示范基地数量占比较第一期均有扩大，分别增加了 3.1 和 0.2 个百分点。分省看，江苏、山东、湖北和安徽国家农业产业化示范基地数量领先，分别达到 13 个、13 个、11 个和 10 个。

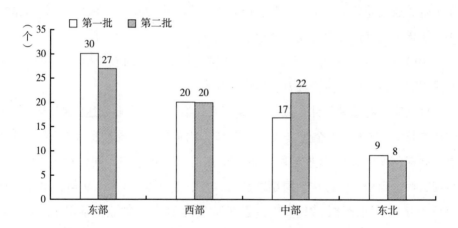

图 17　第一批和第二批国家农业产业化示范基地数量（分地区）

数据来源：农业部。

根据国家农业产业化示范基地申报条件，每个园区应 1 家（含）以上国家重点龙头企业，5 家（含）以上省级重点龙头企业，各类农业产业化龙头企业数量超过 15 家。东、中、西部地区示范基地内龙头企业总体年销售收入分别应达到 40 亿元、30 亿元、20 亿元以上。

7. 农产品趋于标准化、品牌化，有机农业前景看好

随着农业人口数量逐渐减少和土地流转政策放开，联户经营、专业大户、家庭农场、农业生产合作社等新型农业生产经营方式使得农户集约经营水平得到提升。农业龙头企业引导下的规模化农业生产必然会带来生产流程的标准化，进而推动农产品品质的标准化。

在农产品市场化的过程中，农产品品牌化是提升农业企业利润水平的重要途径。品牌化农产品带来的差异性将给企业市场化运营带来更好的议价能力，提升农业生产环节的利润水平，推动农业生产的良性发展。

我国粮食连年增产的背后，耕地质量下滑的问题日益凸显。由于复种指数高、化肥农药投放量大，国内耕地面临土地污染加重、优质耕地减少、土壤明显退化等突出问题。据全国耕地质量监测结果显示，在东北黑土区，耕地土壤有机质含量大幅下降，每公斤平均含量 26.7 克，与 30 年前相比降幅达 31%，黑土层已由开垦初期的 80 厘米至 100 厘米下降到 20 厘米至 30 厘米，很多地方已露出黄土。同时由于农药残留超标，食品安全也受到影响。

社会经济的发展和公众环保意识、安全意识的提高，发展环境友好型的有机农业成为国内农业发展的重要方向。1994 年，随着隶属于当时国家环境保护局的南京国环有机产品认证中心的成立，国内有机农业的制度框架开始构建。2002 年，农业部成立了中绿华夏有机食品认证中心，是第一家在中国国家认证认可监督管理委员会注册的认证机构。2005 年，国家质检总局发布《有机产品认证管理办法》并发布了详细的中国有机产品国家标准，自此中国有机农业的制度和执行框架得以初步建成。

与无公害农产品和绿色食品相比，有机产品（包括农产品）安全等级要求最高。有机土地申请认证后，须经过 2～3 年的转换期。在转换期内应完全按照有机产品生产标准从事农产品的种植或养殖，但期间的产出品并不能认证为有机食品，只有完成了转换期并且每年经过审核的土地，产出的作物才能被认证。一年生作物需要 24 个月的转换期，多年生作物需要 36 个月的转换期。

绿色食品分 A 级绿色食品和 AA 级绿色食品两级。A 级绿色食品生产过程中允许限量使用限定的化学合成物质，但对用量和残留量的规定通常比无公害标准要严格。AA 级绿色食品生产过程中不使用任何有害化学合成物质（见表10，图 18）。

中国国家认证认可监督管理委员会（CNCA）数据显示，截至 2013 年第二季度，国内有机产品认证机构 21 家，获证食品和农产品数 9463 个，比第一季度增加 1201 个，比 2012 年末增加 1775 个，有机食品和农产品认证工作呈加速发展态势。

表 10 安全认证农产品分类及要求

分类	化肥农药	转基因技术	产品追溯机制	转换期
无公害农产品	可	可	无	无
绿色食品 A 级	可	可	无	无
绿色食品 AA 级	否	可	有	无
有机产品	否	否	有	有

无公害农产品 ⟫ 绿色食品 ⟫ 有机产品

图 18 我国无公害农产品、绿色食品和有机产品标识

21 家认证机构中，北京五洲恒通认证有限公司、北京中绿华夏有机食品认证中心和南京国环有机产品认证中心认证产品数量最多，分别达到 1699、1373 和 1043 个。中环北京联合认证中心、北京中合金诺认证中心等 7 家机构认证产品数不足 100 个，规模偏小。有机产品认证机构分散，市场集中度低是值得关注的问题。

截至 2013 年第二季度，国内绿色食品认证机构只有"中国绿色食品发展中心"一家，认证产品数有 17065 个，比第一季度增加 2588 个，比上年末增加 1694 个；无公害农产品认证机构也只有"农业部农产品质量安全中心"一家，认证产品数 53830 个（见表 11），比第一季度减少 9785 个，比上年末减少 13572 个。

表 11　国内无公害农产品、绿色食品和有机产品认证情况

	有机产品	绿色食品	无公害农产品
认证机构数	21	1	1
认证产品数 2012Q3	7325	16591	72226
认证产品数 2012Q4	7688	15371	67402
认证产品数 2013Q1	8262	14477	63615
认证产品数 2013Q2	9463	17065	53830

数据来源：中国国家认证认可监督管理委员会。

（二）2013 年农产品消费状况及特点分析

1. 食品消费价格总体平稳，城乡价格趋势出现分化

2013 年，国内食品消费价格涨幅继续领先于物价总水平涨幅，其中农村食品价格涨幅加快，城镇食品价格涨幅回落，城乡食品价格走势出现分化。国家统计局数据显示，2013 年我国居民食品消费价格总水平比上年增长 4.7%，涨幅较 2012 年小幅回落 0.1 个百分点，高出居民消费价格整体涨幅 2.1 个百分点。其中，城镇居民食品消费价格上涨 4.6%，涨幅回落 0.5 个百分点；农村居民食品消费价格上涨 4.9%，涨幅比城镇高 0.3 个百分点，比 2012 年涨幅加快 0.9 个百分点。

分品种看，2013 年国内鲜菜、鲜果、乳品和蛋类价格涨幅明显，分别比上年上涨 8.1%、7.1%、5.7% 和 5.0%，高出食品价格涨幅。粮食、肉禽和水产品价格涨幅在食品价格均值以下，分别上涨 4.7%、4.3% 和 4.2%。同期，油脂供给宽松，价格平稳，小幅上涨 0.3%。与 2012 年相比，涨幅加大的主要有鲜果、鸡蛋、乳品、肉禽及其制品和粮食，分别扩大 8.3 个、7.9 个、2.5 个、2.2 个和 0.7 个百分点；涨幅回落的主要有鲜菜、油脂和水产品，分别回落 7.8 个、4.8 个和 3.8 个百分点（见图 19）。

长期来看，我国居民食品消费价格涨幅更为明显，是推动居民消费价格上行的重要因素。与 2001 年相比，2013 年我国食品消费价格上涨了 1 倍，较物价整体涨幅高出 65.9 个百分点。其中鲜菜、肉类、鲜果和粮食价格涨幅最大，分别累计上涨了 171.5%、136.5%、125.6% 和 116.8%（见图 20）。

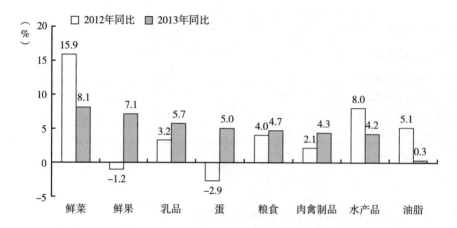

图19　2012年和2013年我国居民主要食品价格涨跌情况

数据来源：国家统计局。

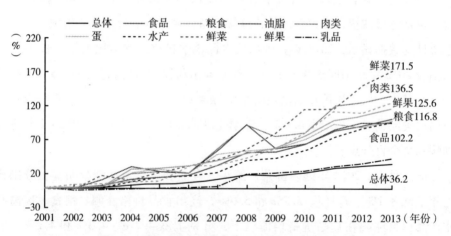

图20　2001～2013年国内食品消费价格增长情况

数据来源：根据国家统计局数据整理计算。

2. 农产品消费总量稳步增加

随着我国人口基数的不断扩大和城镇人口的快速增加，国内主要农产品消费量呈刚性增长态势。2013年末，全国人口为136072万人，比上年末增加了668万人。其中城镇常住人口为73111万人，增加了1929万人；农村人口为62961万人，减少了1261万人；城镇人口占总人口比重达到53.73%，比上年末提高了1.16个百分点。全国农民工总量为26894万人，比上年增加了633

万人，其中外出农民工为 16610 万人，增加了 274 万人。

分区域看，近年来国内人口持续向东部地区集聚。2003～2012 年，我国东部常住人口增加了 5743 万人，增长 12.6%；西部、东北和中部地区常住人口分别增加了 431 万、244 万和 181 万人，分别增长 1.2%、2.3% 和 0.5%。东部常住人口比重由 2003 年的 35.7% 提高到 2012 年的 38.2%，提升了 2.5 个百分点。

由于收入水平和生产生活方式的不同，我国城乡间和地区间的农产品消费均有着较大差异。除了粮食以外，城镇居民各类农产品的人均消费量均高于农村居民，特别是水产、奶、瓜果和禽类平均是农村居民的两倍以上。2012 年，城镇居民人均水产品、奶、瓜果和禽类购买量分别为 15.19、13.95、56.05 和 10.75 千克，分别是同期农民人均消费量的 2.9、2.6、2.5 和 2.4 倍。如果考虑到外出就餐等因素，城乡居民农产品消费差距将更为明显（见表 12）。

表 12　2012 年城镇人均食品购买量和农村人均食品消费量

单位：千克，%

指标	城镇人均购买量		农村人均消费量		城镇/农村	
	2012 年	比 2011 年	2012 年	比 2011 年	2012 年	比 2011 年（百分点）
粮　食	78.76	-2.4	164.27	-3.8	0.5	0.0
蔬　菜	112.33	-1.9	84.72	-5.2	1.3	0.0
食用植物油	9.14	-1.3	6.93	4.9	1.3	-0.1
猪　肉	21.23	2.9	14.40	-0.2	1.5	0.0
牛羊肉	3.73	-5.6	1.96	3.3	1.9	-0.2
禽　类	10.75	1.5	4.49	-1.1	2.4	0.1
蛋	10.52	4.0	5.87	8.8	1.8	-0.1
水产品	15.19	3.9	5.29	2.4	2.9	0.0
奶	13.95	1.8	5.36	0.0	2.6	0.0
瓜　果	56.05	7.7	22.81	7.1	2.5	0.0

注：农村粮食消费量统计的是原粮数量，城镇统计的是成品粮，如果按 60% 的成品率算，2012 农村粮食消费量为 98.6 千克/人。

数据来源：《中国统计年鉴》。

分区域看，2012 年，西部地区肉类和奶类人均购买量最高，鲜蛋和瓜果购买量最少；中部地区牛羊肉和鲜奶购买量最少；东北地区鲜菜、植物油和鲜蛋人均购买量最高；除鲜菜和食用植物油外，东部地区城镇居民各类农产品购买量均处于高位水平，年人均购买鲜奶 15.41 千克、鲜瓜果 56.62 千克、猪肉

21.61 千克和鲜蛋 11.26 千克，均排在国内第 2 位（见表 13）。东部地区人口的快速增长和消费习惯的融合将带动上述农产品需求的增加。

表 13　2012 年按地区分我国城镇居民人均食品购买量

单位：千克，%

指　　标	东部地区		中部地区		西部地区		东北地区	
	2012 年	比 2011 年	2012 年	比 2011 年	2012 年	比 2011 年	2012 年	比 2011 年
蔬　　菜	106.32	− 1.6	113.85	− 2.4	119.14	0.9	119.60	− 7.9
食用植物油	8.02	− 1.0	9.77	− 4.7	9.84	0.1	10.91	3.2
猪　　肉	21.61	3.2	20.14	1.1	23.99	2.5	16.65	9.0
牛 羊 肉	3.53	0.3	3.51	10.4	4.25	− 18.6	3.96	− 18.9
鲜　　蛋	11.26	4.2	10.75	2.9	7.93	4.1	12.16	5.1
鲜　　奶	15.41	3.1	10.33	− 4.4	15.53	2.5	13.12	6.1
鲜 瓜 果	56.62	8.3	56.30	8.2	51.74	8.3	61.78	4.1

数据来源：中国统计年鉴。

3. 农产品消费结构加快升级

食物消费结构升级是近年来推动中国农产品消费增长主要的动力。按照世界银行的分类标准，中国已经迈进上中等收入国家的行列，粮食和主要农产品消费开始进入结构转型期。表现为城乡居民人均肉、蛋、奶、水产品等食品消费增加；蔬菜消费在替代作用下出现回落；粮食直接消费下降，但饲用消费和加工用粮快速增长。

2013 年，按城镇居民五等份收入分组，我国中等收入组人均可支配收入为 24518 元，与同期国内城镇居民人均可支配收入中位数（24200 元）基本相当。与其他收入户相比，中等收入户的边际消费倾向具有更好的代表性。从国家统计局城镇居民生活调查数据看，2012 年从中等收入户到中等偏上收入户，除食用植物油购买量下降 4.5% 外，国内城镇居民生活其他主要食品购买量均处于上升阶段。其中，奶粉、酸奶和鲜奶等奶制品消费增长最快，分别增长 19.6%、15.7% 和 13.0%；鲜瓜果和糕点消费增速排在第二集团，分别增长 10.4% 和 9.6%；牛肉和羊肉消费温和走高，分别增长 6.5% 和 6.3%；蔬菜和猪肉消费已经过了快速增长期，分别只增长 0.6% 和 0.1%（见表 14、表 15）。

表 14　2012 年按收入等级分我国城镇居民家庭平均每人全年购买主要是食品数量

单位：千克

指　　标	总平均	最低收入户	低收入户	中等偏下收入户	中等收入户	中等偏上收入户	高收入户	最高收入户
食用植物油	9.14	8.28	8.70	9.30	9.68	9.24	9.29	8.92
猪　　肉	21.23	16.04	18.93	20.67	22.66	22.68	23.78	24.14
牛　　肉	2.54	1.65	1.97	2.38	2.75	2.93	3.05	3.11
羊　　肉	1.19	0.89	0.87	1.19	1.26	1.34	1.44	1.30
鲜　　蛋	10.52	8.08	9.09	10.26	11.25	11.54	11.73	11.44
蔬　　菜	112.33	93.36	100.04	111.05	118.81	119.53	122.39	118.48
鲜 瓜 果	56.05	36.74	44.64	52.05	58.51	64.60	69.47	71.83
糕　　点	5.18	3.15	3.97	4.67	5.42	5.94	6.86	7.18
鲜　　奶	13.95	7.77	9.84	12.02	14.99	16.94	18.64	19.86
奶　　粉	0.50	0.28	0.38	0.44	0.51	0.61	0.67	0.71
酸　　奶	3.46	1.77	2.29	3.10	3.64	4.21	4.65	5.12

　　注：最低收入户、低收入户、中等偏下收入户、中等收入户、中等偏上收入户、高收入户和最高收入户分别占总收入户数的 10%、10%、20%、20%、20%、10% 和 10%。

　　数据来源：根据《中国统计年鉴》数据整理计算。

表 15　2012 年城镇居民收入等级上升一级对食品购买量的影响

单位：%

指　　标	最低收入户	低收入户	中等偏下收入户	中等收入户	中等偏上收入户	高收入户	最高收入户
食用植物油	5.1	6.9	4.1	−4.5	0.5	−4.0	—
猪　　肉	18.0	9.2	9.6	0.1	4.9	1.5	—
牛　　肉	19.4	20.8	15.5	6.5	4.1	2.0	—
羊　　肉	−2.2	36.8	5.9	6.3	7.5	−9.7	—
鲜　　蛋	12.5	12.9	9.6	2.6	1.6	−2.5	—
蔬　　菜	7.2	11.0	7.0	0.6	2.4	−3.2	—
鲜 瓜 果	21.5	16.6	12.4	10.4	7.5	3.4	—
糕　　点	26.0	17.6	16.1	9.6	15.5	4.6	—
鲜　　奶	26.6	22.2	24.7	13.0	10.0	6.5	—
奶　　粉	35.7	15.8	15.9	19.6	9.8	6.0	—
酸　　奶	29.4	35.4	17.4	15.7	10.5	10.1	—

　　注：最低收入户、低收入户、中等偏下收入户、中等收入户、中等偏上收入户、高收入户和最高收入户分别占总收入户数的 10%、10%、20%、20%、20% 和 10%。

　　数据来源：根据《中国统计年鉴》数据整理计算。

三 2013 年农产品运销业发展状况

（一）国内物流业运行特点

1. 国内物流经济增势放缓

中国物流与采购联合会数据显示，2013 年中国物流业景气指数（LPI）平均为 53.0%，虽然比上年下降了 1.8 个百分点，但仍高于 50% 的经济强弱分界点。全年各月 LPI 指数在 50.4% 和 55.9% 区间波动，波幅为 5.5 个百分点，比上年缩减 1.4 个百分点，物流经济发展总体趋稳（见图 21）。

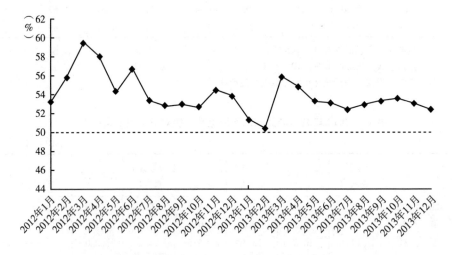

图 21　2012～2013 年中国物流业景气指数

数据来源：中国物流与采购联合会。

分项来看，2013 年业务总量指数、新订单指数、库存周转次数指数、设备利用率指数和从业人员指数五个指数的年度均值分别为 56.4%、53.0%、51.2%、52.5% 和 50.1%，都在 50% 以上。与上年相比，各项指数均有下滑，其中新订单指数、业务总量指数和库存周转次数指数下滑幅度较大，分别下降 2.6 个、1.8 个和 1.7 个百分点。与其他四类指数相比，业务总量指数虽有回落，但仍保持在 56% 以上的较高水平，显示供应链上下游活动仍较活跃，国内物流业发展基础稳定。年末新订单指数回升，预示着物流需求回暖，实体经济稳中向好。库存周转指数出现回调，显示出物流相关活动加快，物流效率提升。从业人员指数比上年下降 1.5 个百分点，接近 50% 的平衡点，一方面显示出物流行业吸纳就业能力有所下降，另一方面也体现出企业物流效率的提升。在分项指数中，设备利用率指数较上年降幅最小，只下降了 0.4 个百分点，显示出物流设备利用效率仍然处于正常偏好水平（见表 16）。

表 16　2013 年中国物流业月度景气指数（LPI）

单位：%

月份	总指数	业务总量指数	新订单指数	库存周转次数指数	设备利用率指数	从业人员指数
1	51.3	55.9	51.3	52.1	51.6	44.6
2	50.4	52.4	50.9	51.2	51.3	46.0
3	55.9	57.9	55.5	51.4	58.2	52.4
4	54.8	57.1	54.9	49.7	56.5	52.1
5	53.2	55.8	53.1	49.3	54.3	50.2
6	53.1	55.5	54.6	53.1	51.3	51.0
7	52.4	56.9	52.3	51.3	51.5	49.7
8	52.9	57.1	52.6	51.4	50.7	50.6
9	53.3	57.7	53.1	51.0	51.0	51.2
10	53.6	57.8	52.8	51.2	52.9	51.3
11	53.0	57.0	52.2	51.5	51.0	51.5
12	52.4	55.7	52.5	51.6	50.1	50.0
2013 年均值	53.0	56.4	53.0	51.2	52.5	50.1
比上年增减	-1.8	-1.8	-2.6	-1.7	-0.4	-1.5

数据来源：中国物流与采购联合会。

2. 国内社会物流总额稳中趋缓，单位与居民物品物流快速增长

2013 年国内社会物流总额 197.8 万亿元（见图 22），按可比价格计算，比上年增长 9.5%，增幅比前期回落了 0.3 个百分点。其中，一季度增长 9.4%，上半年增长 9.1%，前三季度增长 9.5%，全年呈现稳中回升的态势。本年度国内社会物流总额与 GDP 相比的物流需求系数为 3.48，即当前国内单位 GDP

产出需要 3.48 个单位的物流总额来支持。与 2012 年相比，国内社会物流需求系数增长 1.9%，社会经济发展对物流业需求继续加大。

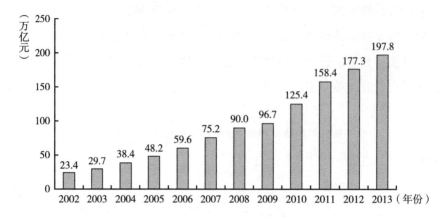

图 22　2002~2013 年中国社会物流总额及实际增速

数据来源：中国物流与采购联合会。

从构成看，工业品物流总额为 181.5 万亿元，相当于社会物流总额的 91.8%，按可比价格计算，比上年实际增长 9.7%，增幅比前期回落了 0.3 个百分点；进口货物物流总额为 12.1 万亿元，相当于社会物流总额的 6.1%，比上年实际增长了 6.4%，增幅回落了 1.3 个百分点；农产品物流总额实际增长为 4.0%，增幅回落了 0.6 个百分点；由于绿色经济、低碳经济和循环经济快速发展，国内再生资源物流总额比上年实际增长了 20.3%，增幅加快了 10.2 个百分点；单位与居民物品物流总额虽然偏低，但在电子商务和网络购物快速发展的推动下，发展速度逐年加快，比上年实际增长 30.4%，增幅提高 6.9 个百分点。

3. 物流总费用增速回落，物流成本仍处高位

2013 年，国内社会物流总费用为 10.2 万亿元，按可比价计算比上年增长 9.3%，增幅回落 2.1 个百分点，比社会物流总额增幅低 0.2 个百分点。社会物流总费用占 GDP 比例是国际通行的用于衡量国家及地区物流行业效率的指标。2013 年，国内物流运行效率仍然偏低，且提升幅度较为缓慢。2013 年，国内社会物流总费用与 GDP 的比率为 17.9%，比上年减少 0.1 个百分点，比 2008 年减少 0.2 个百分点，约是美国、日本等发达国家水平的两倍，比世界平均水平也要高出 6.5 个百分点。

从构成看，运输是整个物流链条的核心环节，物流费用占比最大。2013 年运输费用为 5.4 万亿元，按可比价计算比上年增长 9.2%，增幅比上年回落 1.0 个百分点；相当于社会物流总费用的 52.5%，与上年基本持平。在运输费用中，受货运量增速回落影响，道路与水路运输费用增速放缓，全年分别增长 9.9% 和 1.1%，增幅较上年各回落 2.7 和 0.9 个百分点；受铁路运价上涨影响，铁路运输费用增速明显加快，全年增长 14.3%，增幅比上年大幅提高 8.6 个百分点。

保管费用是物流费用的重要组成部分，包括利息、仓储、货物损耗、配送、包装、流通加工、保险等费用，其中以利息和仓储费用占比最大。2013 年保管费用为 3.6 万亿元，按可比价计算比上年增长 8.9%，增幅回落 2.9 个百分点；保管费用占总费用的 35.0%，比上年下降 0.2 个百分点。在保管费用中，受利率下调影响，利息费用增幅比上年回落 4.7 个百分点，降至 8.7%；仓储费用比上年增长 9.2%，增幅较前期回落 2 个百分点。

2013 年，管理费用为 1.3 万亿元，按可比价计算比上年增长 10.8%，增幅虽然较前期回落 2.6 个百分点，仍高出总费用增幅 1.5 个百分点。管理费用占社会物流的 12.7%，比重较上年扩大 0.2 个百分点。管理费用较快增长显示我国物流运行效率还处于较低水平，科学高效的物流模式亟待推广。当前，我国物流行业现代化程度不高，社会物流资源缺乏有效整合，以供应链管理为主的现代流通体系建设进展缓慢，在土地、劳动力、能源等要素成本趋势上涨的背景下，社会物流成本在短期内难以明显降低。

4. 物流服务价格总体平稳，物流业增加值稳步提高

2013 年，受经济增速放缓、市场需求回落等因素影响，国内物流价格保持低位运行态势。中国物流与采购联合会数据显示，2013 年物流服务价格指数在 50% 的临界水平窄幅波动，全年平均为 50.6%，较上年小幅提高 0.5 个百分点。其中，公路市场保持相对平稳，海运市场低位振荡，铁路运价加快调整。2013 年 2 月份，铁路普通货运价格平均每吨公里上调 0.015 元，至 0.1301 元，大大高出上次每吨公里上调 0.01 元的水平，涨幅达到 13%，创历史新高。近 10 年来，铁路货运价格已 9 次上调。从按当前公路平均运价 0.49

元/吨公里，铁路和公路合理运价比1∶3估算，铁路运价仍有上行空间。

2013年，国内物流业增加值为3.9万亿元（见图23），按可比价格计算，比上年实际增长8.5%，增速较上年回落0.7个百分点。其中，交通运输物流业增加值和贸易物流业增加值分别为2.8万亿元和7256亿元，按可比价格计算，比上年分别增长7.2%和9.5%，增幅比上年分别回落1.5和0.3个百分点；仓储物流业和邮政物流业增加值分别增长9.2%和33.8%，增幅比上年分别回升2.4和7.1个百分点。2013年，国内物流业增加值占GDP的比重为6.8%，与上年基本持平；占服务业增加值的比重为14.8%，比上年下降0.5个百分点。

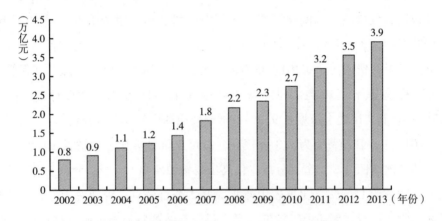

图23　2002～2013年中国社会物流增加值及实际增速

数据来源：中国物流与采购联合会。

5. 货物运输量增幅回落

2013年，国内货物运输总量为450.6亿吨，比上年增长9.9%，增幅比上年回落1.0个百分点；货物运输周转量186478亿吨公里，增长7.3%，增幅回落1.8个百分点。

其中，公路运输完成货运量355亿吨，比上年增长11.3%，增幅回落1.7个百分点。公路货运量占全国货运总量的78.8%，比上年增加1.0个百分点，是国内货运的主流通道；铁路货运量止跌回升，比上年增长1.6%，达到39.77亿吨，占全国货运总量的8.8%，市场份额仍比上年下降0.7个百分点。水路运输完成货运量49.3亿吨，比上年增长7.5%，增速较前期回落0.2个百分点，占全国货运总量的 10.9%，市场份额缩减 0.3 个百分点。民航货运量 557.6 万吨，比上年增加 2.3%。航空物流速度快、货物安全系度高，但是成本高、货物品种受限制。

货物周转量中，水路运输完成周转量 86521 亿吨公里，比上年增加 5.9%，增幅比前期回落 2.4 个百分点，占货运周转总量的 46.4%，占比下降 0.6 个百分点。水运平均运距 1755 公里，比上年减少 26 公里；公路运输完成周转量 67115 亿吨公里，比上年增长 12.7%，增速较前期回落 3.2 个百分点，占货运周转总量的 36.0%，占比提升 1.7 个百分点；铁路运输周转量为 29174 亿吨公里，比上年基本相当，市场份额下降了 1.2 个百分点，至 15.6%；民航运输完成 169 亿吨公里，比上年增长 3.0%，摆脱了连续两年的下滑趋势（见表 17）。

表 17　2009～2013 年各种运输方式完成货物周转量及其增长速度

单位：亿吨公里

年份	货物周转总量	铁路周转量	公路周转量	水路周转量	民航周转量
2009	122133	25239	37189	57557	126
2010	141837	27644	43390	68428	179
2011	159324	29466	51375	75424	174
2012	173771	29187	59535	81708	164
2013	186478	29174	67115	86521	169
2012 年增长幅度（%）	9.1	-0.9	15.9	8.3	-5.7
2013 年增长幅度（%）	7.3	0.0	12.7	5.9	3.0

数据来源：交通运输部。

6. 物流业固定资产投资持续增长，物流基础设施建设稳步推进

2013 年，中国进一步加大了对物流基础设施建设的投资力度，物流相关基础设施建设初具规模，为现代物流的发展提供了有力的保证。据核算，2013 年包括交通运输业、仓储和邮政业和批发零售业等物流相关行业固定资产投资总额为 4.89 万亿元，比上年增长 21.9%。其中交通运输、仓储和邮政业完成固定资产投资 36194 亿元，比上年增长 17.2%，增速比上年加快 8.1 个百分

点；批发零售业完成固定资产投资 12695 亿元，比上年增长 30.0%，增速比上年回落 3.0 个百分点。

交通运输是发展现代物流的基础平台和重要依托。依托综合运输体系，通过交通运输资源的合理配置，可以快速提高物流服务能力和水平（见表 18）。

表 18　2009～2013 年我国交通运输线路里程情况

单位：万公里

年份	铁路营业里程	公路营业里程	内河航道里程	定期航班航线里程
2009	85518	3860823	123683	31429
2010	91178	4008229	124242	31634
2011	93250	4106387	124612	31968
2012	97625	4237508	124995	31862
2013	103144	4356200	125853	—
2012 年增长幅度（%）	4.7	3.2	0.3	-0.3
2013 年增长幅度（%）	5.7	2.8	0.7	—

数据来源：交通运输部、中国民用航空局。

在公路运输方面，截至 2013 年年末，国内公路里程达到 435.62 万公里，比上年末增加了 11.87 万公里；公路密度 45.38 公里/百平方公里，提高了 1.24 公里/百平方公里。其中，高速公路里程 10.44 万公里，比上年末增加了 0.82 万公里；全国农村公路（含县道、乡道、村道）里程达 378.48 万公里，比上年末增加了 10.64 万公里。村道新增里程 8.52 万公里，占农村公路新增里程的 80%。全国通公路的乡（镇）已占全国乡（镇）总数的 99.97%，通公路的建制村占全国建制村总数的 99.70%。

在铁路运输方面，国内铁路营业里程突破 10 万公里大关，达到 10.31 万公里，比上年末增加了 5519 公里；路网密度为 107.4 公里/万平方公里，增加了 5.7 公里/万平方公里。其中，高速铁路营业里程突破 1 万公里，在建规模为 1.2 万公里。西部地区铁路营业里程达到 3.8 万公里，路网比重达到 36.8%。

在水路运输方面，全国内河航道通航里程为 12.59 万公里，比上年末增加了 858 公里。港口泊位 3.18 万个，其中万吨级以上泊位 2001 个，比上年增加了 115 个;万吨以上粮食专业散装泊位 36 个,比上年增加了 2 个。

在航空运输方面,国内共有民用航空机场共有 193 个,其中年内定期航班通航机场 190 个,通航城市 188 个。年货邮吞吐量万吨以上的有机场 50 个,比上年增加了 1 个。

在运输装备方面,2013 年末,全国共有铁路货车 71.55 万辆,比上年增加 1.97 万辆,增长 2.8%;拥有载货汽车 1419.48 万辆、9613.91 万吨位,其中普通货车 1080.75 万辆、5008.34 万吨位,专用货车 46.21 万辆、514.45 万吨位;拥有水上运输船舶 17.26 万艘,比上年末减少 3.4%,净载重量 24401.03 万吨,集装箱箱位 170.16 万标准箱,分别增长 6.8% 和 8.1%。

在仓储设施方面,2011 年我国总仓容、有效仓容、油罐罐容分别为 41799.0 万吨、37451.2 万吨、1695.0 万吨,比上年分别增长 6.5%、7.3%、20.1%。其中,冷库统计总容量为 7111 万立方米(参考储存量为 1742.85 万吨),包括冻结物冷库(含冰库)4493 万立方米(参考储存量为 1347.9 万吨)、冷却物冷库(含气调库)2604 万立方米(参考储存量为 390.6 万吨)、超低温冷库 14.5 万立方米(参考储存量为 4.35 万吨)。我国冷库主要分布在东部地区,东部地区的冷库容量占全国冷库总容量的 60% 以上。我国约有 46% 的冷库用于综合性储存,果蔬是冷库中藏量最大的储藏品类,约占 27% 的市场份额。

在物流园区方面,2013 年 9 月 30 日,国家发展和改革委员会、国土资源部、住房和城乡建设部等 12 个部门发布了《全国物流园区发展规划(2013～2020 年)》,明确了全国物流园区的发展目标和总体布局,为物流园区发展画出"路线图"。规划将北京、天津、唐山等 29 个城市确定为一级物流园区布局城市,石家庄、邯郸、秦皇岛等 70 个城市确定为二级物流园区布局城市(见表 19)。三级物流园区布局城市具体由各省份参照以上条件,根据本省物流业发展规划具体确定,原则上应为地级城市。

在信息化方面,2013 年 1 月,工业和信息化部印发了《关于推进物流信息化工作的指导意见》,明确到"十二五"末期,初步建立起与国家现代物流体系相适应和协调发展的物流信息化体系。物流信息化是指企业借助现代信息技术对物流过程中产生的全部或部分信息进行采集、分类、传递、汇总、识

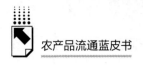

表19 一级和二级物流园区布局城市

一级物流园区布局城市
北京、天津、唐山、呼和浩特、沈阳、大连、长春、哈尔滨、上海、南京、苏州、杭州、宁波、厦门、济南、青岛、郑州、合肥、武汉、长沙、广州、深圳、南宁、重庆、成都、昆明、西安、兰州、乌鲁木齐
二级物流园区布局城市
石家庄、邯郸、秦皇岛、沧州、太原、大同、临汾、通辽、包头、鄂尔多斯、鞍山、营口、吉林、延边(珲春)、大庆、牡丹江、齐齐哈尔、无锡、徐州、南通、泰州、连云港、温州、金华(义乌)、舟山、嘉兴、湖州、安庆、阜阳、马鞍山、芜湖、福州、泉州、南昌、赣州、上饶、九江、烟台、潍坊、临沂、菏泽、日照、洛阳、南阳、安阳、许昌、宜昌、襄阳、岳阳、娄底、衡阳、佛山、东莞、湛江、柳州、钦州、玉林、贵港、海口、绵阳、达州、泸州、贵阳、拉萨、榆林、宝鸡、咸阳、西宁、银川、伊犁(霍尔果斯)

数据来源:《全国物流园区发展规划（2013~2020年)》2013年10月。

别、跟踪、查询等一系列处理活动，对于实现货物流动过程的控制，提高物流效率、降低物流成本，防范物流风险有着重要的作用。通过条码技术和射频识别技术（RFID）可以实现企业数据采集的自动化，完成物品跟踪与信息共享；通过全球定位系统和地理信息系统（GIS）可以优化企业物流配送管理与决策；通过云计算技术可以加快物流配载，降低物流成本；通过智能手机等移动终端，可以推动物流信息管理系统的终端化和移动化；通过农产品追溯系统，可以对农产品生产、加工、流通、销售进行全程监控，实现从土地到餐桌的无缝对接。

2013年6月，交通运输部发布《交通运输推进物流业健康发展的指导意见》，明确指出将积极推进信息化建设，加快推进交通运输物流公共信息平台建设，促进跨区域、跨行业平台之间的有效对接，实现包括铁路、公路、水路、民航信息的互联互通等在内的七项重点任务。

7. 物流行业集中度提升，物流企业营收增长放缓

（1）大型物流企业快速成长

随着上下游产业结构日益走向规模化和专业化，伴随信息技术的大量应用、电子商务的兴起以及对成本控制要求的提升，国内物流行业开始进入整合阶段，行业集中度不断提升。中国物流与采购联合会2013年重点物流企业统计调查报告显示，2012年全国前50家重点物流企业主营业务收入达到7807亿元，比上年增长12.1%。其中，物流业务收入千亿元以上企业为中国远洋运输（集团）总公司，年收入 1587.80 亿元，比上年小幅下降 1.7%。中国海运（集团）总公司、开滦集团国际物流有限责任公司、中国外运长航集团有限公司和中铁物资集团有限公司等 15 家企业主营业务收入超过百亿元。其中，开滦集团国际物流有限责任公司物流业务增长最快，比上年增长 160.8%（见表 20）。前 50 强物流企业的最低"门槛"突破 20 亿元大关，达到 20.34 亿元，比上年提高 1.55 亿元。

表 20 2012 年物流业务收入百亿元以上企业

单位：万元，%

排名	企业名称	物流业务收入	排名变化情况	比上年增涨
1	中国远洋运输(集团)总公司	15878032	未变化	-1.7
2	中国海运(集团)总公司	6536349	↑1 位	4.1
3	开滦集团国际物流有限责任公司	5885201	↑4 位	160.8
4	中国外运长航集团有限公司	5758718	下降 2↓	-41.9
5	中铁物资集团有限公司	4414756	未变化	65.1
6	河北省物流产业集团有限公司	3912548	新上榜	—
7	中国石油天然气运输公司	3323420	↑2 位	54.5
8	厦门象屿股份有限公司	2911783	新上榜	-14.1
9	中国物资储运总公司	2900321	↓3 位	10.4
10	福建省交通运输集团有限责任公司	2162290	↑3 位	70.0
11	顺丰速运(集团)有限公司	2031654	未变化	33.9
12	河南煤业化工集团国龙物流有限公司	2021684	↓2 位	0
13	中铁集装箱运输有限责任公司	1396205	↑1 位	12.6
14	云南物流产业集团有限公司	1264167	新上榜	—
15	朔黄铁路发展有限责任公司	1130361	未变化	8.9
16	安吉汽车物流有限公司	1042755	新上榜	-1.7

数据来源：交通运输部。

（2）物流业务收入增速放缓，一体化物流发展迅速

在物流需求增速放缓背景下，国内物流行业转型升级步伐加快，物流专业服务能力增强，一体化物流成为行业新的增长点。一体化物流服务是指为社会提供从管理到实施的全方位物流服务，是对基础性物流服务的集成与整合。随着企业对成本控制的日益严格和产业分工的进一步细化，一体化物流服务的需求越来越大。国内大量的运输企业、邮政企业、连锁零售企业和部分生产企业纷纷

向第三方物流企业转型，一体化物流服务成为这些物流企业主要的竞争领域。

中国物流与采购联合会调查报告显示，2012年国内重点物流企业物流主营业务收入比上年同期增长12.1%，增幅同比回落4.8个百分点。其中，一体化物流企业主营业务收入和信息及相关服务收入增长最快，比上年分别增长76.8%和28.1%。装卸搬运、仓储、货代、配送、包装和运输等其他业务收入比上年分别增长18.9%、18.2%、10.1%、8.0%、7.4%和5.5%；流通加工业务收入比上年下降5.7%（见图24）。

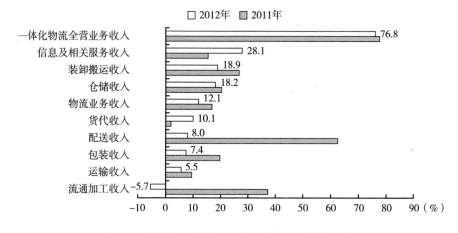

图24 2012年物流企业物流业务收入增长情况

数据来源：中国物流与采购联合会。

从收入构成看，2012年运输业务收入继续占据主导地位，占物流企业主营业务收入的57%。货代、配送和一体化物流业务收入分别占14%、9%和8%（见图25）。与2011年相比，运输收入占比下降2个百分点，一体化物流业务收入提高3个百分点。

从物流企业类型看，综合型物流企业主营业务收入增长最快，比上年增长16.7%，增幅同比回落7.2个百分点；仓储型物流企业增长12.9%，增幅提高0.6个百分点；运输型物流企业主营业务收入增长6.2%，增幅回落2.6个百分点。

（3）物流企业负担较重，利润水平下滑

2014年初，中国物流与采购联合会对128家重点联系的物流企业开展

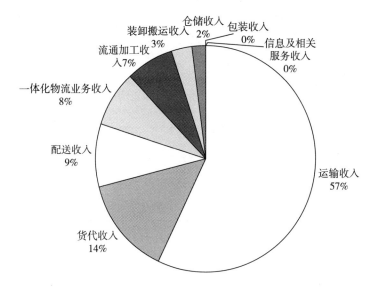

图 25　2012 年物流企业物流业务收入构成情况

数据来源：中国物流与采购联合会。

"2013 年度减轻物流企业负担调查"。调查样本代表性较好。按企业所有制性质分，为国有及国有控股企业占 43.9%，民营企业占 34.1%，外资和中外合资企业占 15.9%，集体企业占 6.1%；按照企业类型分，综合型物流企业占 55.4%，运输型物流企业占 30.1%，仓储型企业占 14.5%；按照物流企业综合评估等级分，5A 级企业占 46.3%，4A 级企业占 25.9%，3A 级企业占 22.2%，2A 级企业占 5.6%。

调查报告显示：物流企业经营成本增加较快，企业利润水平总体下滑。从收入看，2013 年样本企业主营业务收入比上年增长 6.2%。其中，综合型企业和仓储型企业收入比上年分别增长 15% 和 8%，运输型企业收入比上年减少 10%。从成本看，2013 年样本企业主营业务成本同比增长 7.9%，成本增长高出收入增长 1.7 个百分点。其中，综合型企业和仓储型企业成本分别比上年增长 16.7% 和 9.4%，分别高出收入增速 1.7 和 1.4 个百分点。由于业务量下滑，运输型企业成本比上年减少 7.3%，比收入跌幅少 2.7 个百分点。从利润看，企业实现净利润比上年减少 7%，其中运输型企业和仓储型企业净利润分别比上年减少 39% 和 10%，综合型企业净利润比上年增长 12.9%；企业利润水平整体偏低，净利润率平均为4.3%，其中综合型企业、仓储型企业和运输型企业净利润分别为5.5%、4.6%和2.3%（见表21）。

表21　128家物流企业调查情况

单位：%

指　标	样本企业平均	综合型	运输型	仓储型
主营业务收入比上年增长	6.2	15.0	-10.0	8.0
主营业务成本比上年增长	7.9	16.7	-7.3	9.4
净利润比上年增长	-7.0	12.9	-39.0	-10.0
净利润率	4.3	5.5	2.3	4.6

数据来源：中国物流与采购联合会。

物流企业整体税负水平不降反升。调查显示，2013年样本企业税收支出平均增加37.3%。"营改增"以来，90%的样本企业税收支出有所增长，平均增幅为52.9%。运输型企业、综合型企业和仓储型企业税收支出分别增长116.2%、51.8%和10.8%。对于税负增长的原因，24.8%的被调查企业认为"营改增"税率设置过高，28.0%认为抵扣进项税额少，29.2%认为抵扣发票难以取得，12.4%认为财政补贴政策难以落实。

"营改增"以后，运输型企业需按照"货物运输服务"税目执行11%的税率，实际税负率在4.2%，远高于营业税体制下3%的执行税率和1.88%左右的实际税负率。物流行业属于轻资产行业，工资、房屋租金、过路过桥费等主要费用都不在抵扣范围之内，且服务于小微企业的物流企业无法获得增值税进项抵扣发票，许多地方高速公路加油也难以取得增值税专用发票。另外随着"营改增"在全国推开，临时性的补贴政策也难以延续。

车辆通行阻碍严重，公路"乱罚款"屡禁不止。调查显示，企业过路过桥费依然偏高。企业过路过桥费占运输成本的9.1%，运输型企业过路过桥费占比更是达到20.5%。部分地区二级公路依然继续收费。部分地区地方保护主义严重，对于外地车辆，公路收费明显偏高。跨省跨区公路仍然以分段收费为主，增加了车辆拥堵和能耗，货车不停车收费系统（ETC）尚未推开。货车进城限行更为普遍，三线以上城市基本上都采取了限制货运车辆进城的交通管制措施。城市配送企业采用小客车运货的现象较为普遍，不但增加了配送车辆和频次，也带来不必要的拥堵和能耗。

调查显示，运输型企业公路罚款占运输成本的 5% ~ 8% 。公路执法政出多门，主要包括交管、路政、运管、城管、高速公路、环保、工商、卫生、动物检疫等多个部门和单位，缺少统一的执法标准和完善的执法监督，"只罚不纠""重复罚款"现象比较普遍。

要素成本快速上涨。国内物流用地难、地价高。2013 年国内工矿仓储用地供应量为 21 万公顷，比上年增长 3.2% ，低于国有建设用地供应整体增长幅度。调查显示，北京、上海、广州、深圳等一线城市仓储用地价格普遍超过 80 万元/亩；南京、杭州、沈阳等二线城市仓储用地价格也在 50 万元/亩左右。同期，北京、广州、苏州、杭州、武汉、沈阳等主要城市优质仓库每天租金普遍接近或超过 1 元/平方米，上海、深圳等部分城市优质仓库每天租金接近或超过 1.5 元/平方米，企业仓储成本持续上升（见表 22）。由于老旧仓储拆迁改造，新建仓库不足，北京、上海等城市寻找证照齐全、管理规范的仓储资源已非常困难。同时，由于仓储资源大量向城市外围搬迁，配送半径也明显增加。

表 22　2013 年全国主要城市物流用地价格抽样调查结果

单位：万元/亩，元/平方米

一线城市物流用地			二线城市物流用地		
城市	仓储用地（亩）	优质仓库租金（天）	城市	仓储用地（亩）	优质仓库租金（天）
北京	80 ~ 160	1 ~ 1.3	南京	50 ~ 80	—
上海	80 ~ 180	1 ~ 1.5	杭州	24 ~ 60	0.5 ~ 1.1
广州	60 ~ 100	0.9 ~ 1.3	西安	30 ~ 50	—
深圳	50 ~ 150	0.9 ~ 1.8	苏州	22 ~ 50	0.8 ~ 1.1
—	—	—	沈阳	20 ~ 50	0.7 ~ 0.9
—	—	—	青岛	30 ~ 40	—
—	—	—	武汉	25 ~ 30	0.7 ~ 1
—	—	—	成都	30	—

数据来源：中国物流与采购联合会。

调查显示，物流企业人力成本占主营业务成本的 15.1% 。近年来，企业普遍反映存在"招工难"，特别是驾驶员、搬运工等一线员工持续紧缺，并有从东部向中西部蔓延的趋势。随着各地工资上调、社保基数增加和公积金上浮，人力成本增幅保持在 10% ~ 15%，高于企业主营业务成本增长速度。快递、配送等劳动密集型产业，由于人力成本约占总成本的 50%，人力成本上涨幅度更为明显。

（二）农产品物流总体发展状况

1. 农产品物流的概念与发展特点

农产品物流是社会总物流的重要组成部分，是农产品从产地向消费地的实体流动过程，是根据需要将采购、运输、储存、装卸、搬运、包装、流通加工、配送、信息处理等基本功能实施有机结合。

与工业品相比，生产季节性强、易腐烂变质的农产品在运输、储存、配送等各个物流环节普遍有着更高的要求。同时，由于农产品价格水平较低，对物流成本也更为敏感。增加农产品附加值，节约流通费用，提高流通效率，降低流通损耗，规避市场风险是农产品物流的主要发展目标。

完善的农产品物流公共服务是农产品物流的核心。除发达便利的公路、铁路、海运及航空运输外，布局合理的流通网点、健全的流通信息化网络对降低农产品损耗、提高农产品流通效率至关重要。

流通工具、设施、设备和操作管理流程的标准化是现代农产品物流发展的基础。包装箱、托盘、集装箱、冷藏车、搬运机械、库房、质量检测与追溯等一系列的标准化系统加快了农产品物流体系的升级，提高了农产品流通的效率。

此外，现代农产品物流的发展最终离不开农产品物流主体的专业化、组织化与规模化。在大生产、大流通背景下，强化流通各环节产业主体的培育，发展适度的规模化经营，提高企业自身造血和抗风险能力，并在此基础上推动流通产业链的一体化建设。

2. 国内农产品物流发展现状

经过多年的发展，国内已初步建成包括收购、加工、运输、储存、装卸、搬运、包装、配送、零售和相关流通服务在内的完整的农产品物流体系，为促进农产品流通、加快农村产业结构调整、增加农民收入、满足人民需求发挥了积极作用。

国内农产品物流区域发展不平衡。物流企业、物流设施、物流活动高度集中在东部沿海地区，西部地区农产品物流发展明显滞后。我国农产品物流是以常温物流或自然物流为主的，未经加工的鲜销产品占了绝大部分。由于初加工比例低，保鲜技术落后，加上专用运输车辆少，流通信息不畅，在途时间长，农产品运输损耗大，物流成本居高不下。

我国农产品物流主体包括国有商业企业、供销社、民营企业、股份制企业等各类企业，农村生产经营大户、专业协会、专业场（站）、专业合作经济组织等。其中，农业产业化龙头企业在农产品物流发展方面起到关键的带动作用。国内农产品流通过程中的环节过多，流通成本层层叠加。我国农产品物流主体绝对数量大，但单体规模小、组织化程度低，缺乏竞争力。除传统的对手交易外，国内农产品交易出现了期货、拍卖、订单等新型交易方式，同时连锁经营、冷链宅配和网上销售等新型流通手段也有所发展。

农产品物流总额是指农业生产部门的农产品商品产值，但不包括不经过社会物流服务，由农业生产者直接通过集市贸易销售与居民消费的部分。2012 年，我国农产品物流总额为 28891 亿元（见图 26），相当于当年社会物流总额的 1.63%，按可比价格计算，同比增长 4.5%。2013 年，我国农产品物流总额进一步增加，按可比价格计算实际增长 4.0%，增幅比上年回落 0.5 个百分点。

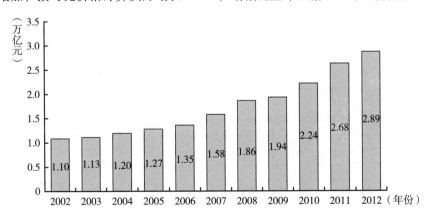

图 26　2002～2012 年我国农产品物流总额及实际增速

数据来源：中国物流与采购联合会，《中国第三产业统计年鉴》。

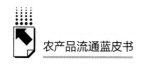

3. 粮食物流现代化水平进一步提高

粮食是关系国计民生的重要战略商品，粮食物流是现代物流产业中重要而且独特的组成部分。粮食物流是指粮食从生产、收购、储存、运输、加工到销售服务的整个过程中的实体运动以及在流通环节的一切增值活动。提高粮食流通自动化、信息化、系统化和设施现代化水平，推进粮食散储、散运、散装、散卸的变革，是提升粮食物流服务水平，确保粮食安全，降低粮食流通成本，促进粮食产业持续、协调、健康发展的重要基础。

（1）粮食产量及其进出口量增加，粮食供求"紧平衡"。2013年，我国粮食产量达到60193.5万吨，比上年增产2.1%，实现"十连增"。其中，玉米产量21773万吨，增产5.9%；稻谷产量20329万吨，减产0.5%；小麦产量12172万吨，增产0.6%。其中，黑龙江、吉林、辽宁、内蒙古等北方四省区粮食总产量达到14524万吨，占全国总产量的24.1%，比2012年扩大0.9个百分点。随着市场化进程的推进，粮食商品率的提升，国内商品粮供应量继续扩大，形成北粮南运的流通格局。同期，国内粮食进出口规模也呈扩大态势，国内粮食供需总体呈现"紧平衡"状态。2013年，国内玉米进口326.6万吨，出口7.8万吨，净进口318.8万吨；国内稻谷进口227.1万吨，出口47.8万吨，净进口179.3万吨；小麦进口553.5万吨，出口27.8万吨，净进口525.7万吨。

（2）粮食收购价格提高，收购规模扩大。2013年我国继续实施最低收购价政策，其中白小麦、红小麦和混合小麦最低收购价均为1.12元/斤，比上年提高0.1元/斤；早籼稻、中晚籼、粳稻分别为1.32元/斤、1.35元/斤和1.50元/斤，比上年分别提高0.12元/斤、0.1元/斤和0.1元/斤。

2013年，我国在黑龙江、吉林、辽宁、内蒙古等北方四省区继续实行玉米、大豆临时收储政策。其中，内蒙古和辽宁玉米临时收储价格为1.13元/斤，吉林和黑龙江收储价格分别为1.12元/斤和1.11元/斤。9月以后，由于中晚稻市场价远远低于国家最低收购价，各中晚稻主产省区也相继启动最低收购价执行预案。

2013年，我国各类粮食企业共收购粮食6889亿斤，比上年增加517亿斤，超过全球谷物贸易总量。其中最低收购价和临时收储粮食1649亿斤，比上年增加 1024 亿斤。在提价托市、优质优价、帮助农户整粮减损等措施的帮助下，种粮农民增收 430 亿元以上。

（3）粮食库存充裕，政策投放量大幅增加。2013 年，国内粮食库存总量保持历史较高水平，库存消费比继续处于安全合理的区间，国家库存粮食质量总体良好，宜存率达 95% 以上。国家粮食管理部门利用政策性粮食竞价销售、储备粮油轮换、适时进口转储、组织跨省移库和产销衔接等手段，有效实施粮食宏观调控。全年投放政策性粮食 696 亿斤，是上年投放量的 1.9 倍；组织跨省移库 270 亿斤，比上年增加 205 亿斤；产销对接 382 亿斤，比上年减少 105 亿斤。同期，军粮供应保障水平继续提高。

（4）"粮安工程"启动，粮食流通能力建设明显加强。为提升粮食收储和供应保障能力，保障国家粮食安全和有效供给，国家粮食局编制上报了《全国"粮食收储供应安全保障工程"建设规划》。各省级粮食局都高质量地完成了规划编制工作。江苏、河南、湖北、广西、重庆、西藏、陕西、宁夏、新疆等省级政府出台推进"粮安工程"建设的意见。

2013 年，各地粮食部门加大对完善和落实粮食安全行政首长负责制的推进力度，因地制宜制订责任考核办法、完善具体措施。各地区维护粮食安全的意识和责任增强。

2013 年，国家发改委安排投资近 35 亿元，用于粮油仓储、物流、质检、农户科学储粮项目建设和加工业技术改造升级。财政部重点安排粮食统计信息体系、放心粮油工程、军粮供应网点、粮食科研专项等"粮安工程"建设资金，将"危仓老库"维修改造资金由 4 亿元增加到 10 亿元，带动地方财政投入 40 多亿元。国内低温和气调储粮仓容增加到 1380 亿斤，绿色储粮水平进一步提高。同期，粮食储运监管物联网应用示范项目列入国家重点支持的 10 个物联网专项计划。全国粮食应急供应网络布点工作初步完成，应急网点由上年的 14987 个增加到 42656 个，国内粮食应急保障能力明显提升。此外，白城—蚌埠、松原—岳阳两条散粮铁路运输线路开通试运行，集装箱散粮运输试点也进展顺利。

各级粮食部门加快推进节粮减损工作。2013 年农户科学储粮专项新增 171 万户，累计达 677 万户，每年可减少粮食损失 15 亿斤。

（5）粮食流通信息化水平进一步提高。现代化的信息技术是实现粮食物流快速、高效流通的重要手段。2013年，现代物流管理系统更多被大型粮食物流企业采用，物流各环节可以得以实时跟踪、有效控制与全程管理，企业的市场应变能力明显提高。

（6）当前国内粮食物流存在的矛盾和问题。

第一，粮食购销市场化进程滞后，政府储粮过高，市场在粮食流通领域的决定地位还不突出。当前政府粮食库存高于企业商品库存；主产区粮食库存占全国总库存的3/4，且以政策性粮食为主，市场粮食的自由流通受限。

第二，国有粮食企业改革不彻底。很多国有基层粮食企业没有完全摆脱"收原粮卖原粮"的传统经营模式，自身造血能力弱，市场竞争能力差。各地粮食批发企业、储存企业、运输企业各自为政，没有形成规模优势和资本优势。

第三，粮食质量安全存在隐患。部分地区粮食重金属、农药残留、真菌毒素超标，给收购现场检验、分类储存和无害化处置提出了更高要求，粮食质量安全面临较大压力。

第四，粮油加工产业结构不合理。粮油加工企业规模化、集约化水平低，市场竞争力不强，稻谷、小麦、食用油加工产能利用率不高。

第五，粮食产后损失浪费严重，散粮运输比例低，作业效率差。由于烘干能力不足、农户储粮条件差、企业"危仓老库"多、散粮运输比例低，以及过度加工和粗放加工等原因，粮食在流通过程中损失损耗严重。国内南粮北运主要靠铁路运输和水上运输，其中70%左右采用包装方式进行流通。以人工拆包入库、灌包出库、人力装卸车为特征的"散存包运"作业模式，不但造成粮食损耗高、作业费用高，还增加了灌仓、拆包等作业环节，难以实现粮食的快速调、运、接、卸，影响了作业效率。

4. 农产品冷链物流加快发展

当前国内农产品冷链物流尚处于起步阶段，规模化、系统化的冷链物流体系尚未形成。冷链物流经营主体仍以中小型企业为主，第三方冷链物流发展滞后。同时，国内冷链设施和装备严重不足，地区间冷链发展水平差异明显。从产地到餐桌，农产品全程冷链难以得到保证。

（1）冷链物流的基本概念与特点。根据国标 GB/T 28577-2012，冷链物流是指以冷冻工艺为基础、制冷技术为手段，使冷链物品从生产、流通、销售到消费者的各个环节始终处于规定的温度环境下，以保证冷链物品质量，减少冷链物品损耗的物流活动。

冷链物流的适用范围包括：生鲜农产品（蔬菜、水果、肉类、水产品、奶类、禽蛋和花卉产品）、加工食品（速冻食品、禽、肉、水产等包装熟食，冰淇淋和奶制品，快餐原料）、特殊商品（疫苗等药品），其中生鲜农产品是冷链物流应用的主要品类。肉、禽、水产、蔬菜、水果、蛋等生鲜农产品从产地采收（或屠宰、捕捞）后，在产后加工、贮藏、运输、分销、零售等环节应始终处于适宜的低温可控环境下，进而最大限度保证农产品的品质和安全、减少损耗、防止污染。

按温度适用范围，冷链物流可分为 5 种，即超低温物流（-50℃以下），冷冻物流（-18℃以下），冰温物流（-2℃~2℃），冷藏物流（0℃~10℃）和其他控温物流（大于10℃）。各类生鲜农产品以及加工食品适宜的冷链温度范围（见表23）。

在农产品冷链物流中，从收购集货开始，农产品一般要经过预冷、速冻、冷藏、运输、配送到销售等 7 个环节（见表24）。

表 23　各类农产品和相关食品适宜的冷链温度

种类	超低温 （-50℃以下）	冷冻温度 （-18℃以下）	冰温 （-2℃~2℃）	冷藏温度 （0℃~10℃）	其他控温温度 （大于10℃）
水　果	—	—	草莓	葡萄、梨、苹果等大多数水果	香蕉、菠萝等热带水果
蔬　菜	—	—	—	大部分蔬菜	辣椒、番茄、黄瓜、马铃薯等冷敏蔬菜
乳制品	—	冰激凌、雪糕	—	巴氏奶、酸奶	UHT 常温奶
水产品	生鱼片	速冻水产品	鲜鱼、其他海鲜（活体除外）	—	—
肉　类	—	速冻分割肉	冷鲜肉类	—	—
蛋　类	—	冰蛋	—	鲜蛋	—
速冻食品	—	速冻米面、速冻蔬菜等速冻食品	—	—	—

资料来源：国家发改委：《易腐食品机动车辆冷藏运输要求》（WB/T 1046 - 2012），国家质检总局、标准化管理委员会：《冷链物流分类与基本要求》（GB/T 28577 - 2012），2012。

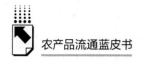

表24　农产品冷链各环节及相关设备设施

环节	设备
收购	初加工
预冷	空气预冷、水预冷、真空预冷
速冻	鼓风式速冻、接触式速冻、沉浸式速冻
冷藏	土建式冷库、装配式冷库、气调冷库
运输	公路冷藏车、铁路冷藏车、冷藏集装箱、冷藏船
配送	超市冷库、批发市场冷库
销售	冷柜、冰箱、小型冷库

与常温物流相比，农产品冷链物流具有以下特点：一是配送条件要求高。配送货物属于易腐性产品，各品种适宜的贮藏温度、湿度等指标有不同的要求。二是时效性强。限时到达，要求冷链各环节能够相互协调，对于物流企业的运营管理水平和专业人员的业务素质都有着更高的要求。三是投资和运营成本高。前期制冷设备的大规模投入以及后期制冷系统的高耗能运行都抬升了物流成本。一些司机为降低成本，在运输过程中关掉制冷机，快到目的地时再开机，人为造成冷链断链。

（2）农产品冷链需求继续增强。2012年，我国蔬菜、水果、肉类、水产品、奶类和禽蛋等主要生鲜农产品产量达到11.6亿吨，其中有99%以上进入流通领域。2013年，除牛奶产量下滑外（减少212.6万吨），国内其他主要生鲜农产品产量均有增长。其中肉类、水产品和禽蛋产量分别为8536万吨、6172万吨和2876万吨，比上年分别增加148.8万吨、264.3万吨和14.8万吨，分别增长1.8%、4.5%和0.5%。

2013年，国内冷藏加工食品产量也有增长。鲜冷藏肉、速冻米面食品和冷冻饮品产量分别达到3387.90万吨、572.71万吨和285.61万吨，比上年分别增长9.6%、18.6%和12.7%；冷冻水产品产量637.58万吨，比上年下降7.2%，是自2008年以来首度下滑。

此外，冷链物流的发展与消费者收入水平密切相关。随着居民消费的升级和食品安全意识的提高以及农产品价格的上涨，居民冷链消费能力和意愿将出现大幅度提升。国际经验表明，城市化水平超过50%，人均收入突破4000美元，冷链物流通常迎来快速发展期。2013 年，我国城市化率达到 53.73%，城镇居民可支配收入达到 26955 元（约合 4352 美元），冷链物流需求趋于成熟。

2013 年，中国物流与采购联合会数据显示，我国全国冷链需求规模达到 9200 万吨左右，冷链物流市场总体增长约 20%，其中北京、上海、广东、山东、河南等冷链物流重点消费和供给省份增长率达到 30% 左右，西北和东北只有 10%，各地冷链市场均有不同程度的扩张，在重庆、天津、湖北、河北等地区冷链物流也出现强劲需求。2013 年生鲜电商进入成长期，推动冷链宅配业务快速增长。淘宝天猫、京东、苏宁易购等大型网购平台都宣布了各自的生鲜战略；顺丰优选等物流企业也跨界进入生鲜电商领域；中粮我买网、易果网、沱沱工社、本来生活等专业食品电商也快速发展。

（3）国内冷库库容继续增长。2013 年，国内冷链物流行业迎来新一轮的投资热潮。据中国物流与采购联合会冷链物流专业委员会（冷链委）统计，2013 年国内有 2 万座冷库，冷链物流固定资产投资超过 1000 亿元，同比增长 24.2%。2013 年新增的冷库项目（统计截至 2013 年 10 月）已完成建设 18 个，正在建设 15 个，已签约 9 个；全国单体 1000 吨以上的公共型冷库容量共计 2637.09 万吨，折合面积 7127 万平方米。我国东部与中、西部冷库容量差异较大，分别占全国总量的 63%、18% 和 19%。2013 年全国人均冷库容量为 0.056 平方米，其中天津人均冷库容量最高，达到 0.251 平方米，是全国平均水平的 4.5 倍。

中国冷链物流联盟 680 家规模企业调查数据显示，2014 年调查企业冷库总库容达到 2046.97 万吨（5754.6 万立方米），比 2013 年增加 152 万吨，相当于 2008 年的 2.4 倍。其中，高温库 370 个，库容 1692 万立方米，库容占比为 29.4%；低温库 532 个，库容 3189 立方米，库容占比为 55.4%；超低温库 180 个，库容 873.6 万立方米，库容占比为 15.2%。

中国仓储协会冷藏分会统计数据显示，截至 2011 年，我国冷库统计总容量为 7111 万立方米（参考储存量 1742.85 万吨），较 2010 年增加约 1000 万立方米，增幅近 16.4%。从储存品种看，专业型冷库容量最大，占总库容的 52.28%。其中果蔬专业库、水产品专业库和肉禽专业库分别占总库容的 27.42%、13.10% 和 10.74%；肉禽专业库和果蔬专用库库容占比明显下降，分别减少5.0个和2.6个百分点。同期，综合型冷库库容占总库容的46.9%。与2010年相比，综合型冷库发展较快，库容占比提升5.8个百分点。

从冷库类型看，国内冻结物冷库库容占比超过六成，超低温库库容占比很小。2011年冻结物冷库（含冰库）库容4493万立方米（参考储存量1347.9万吨）；冷却物冷库（含气调库）库容2604万立方米（参考储存量390.6万吨）；超低温冷库库容14.5万立方米（参考储存量4.35万吨）。多层土建式冷库是近年来国内冷库建造的主要形式。在2010年和2011年新建的30000立方米以上冷库中，多层土建式冷库占72.04%，单层装配式冷库占27.96%。

从区域分布看，2014年江苏、上海、山东、湖南和广东冷库容量领先，分别达到320.43万吨、285.88万吨、191.70万吨、164.71万吨和113.77万吨，分别占库容总量的15.7%、14.0%、9.4%、8.0%和5.6%（见图27）。

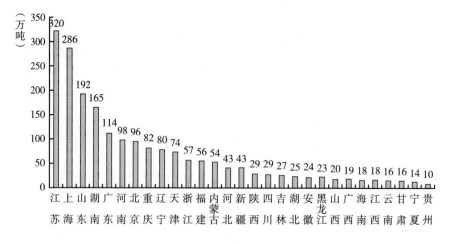

图27 2014年各地区冷库库容情况

数据来源：中国冷链物流联盟。

（4）冷链运输车辆继续增加。国内的冷链运输方式主要包括公路、铁路、航空和远洋四种。其中，公路运输是当前我国冷链运输的主流渠道。受国家产业政策拉动和市场需求影响，近年来国内冷藏运输车辆快速增加。《中国冷链物流发展报告（2013）》数据显示，2012年，国内冷藏运输车数量达到65000辆，较2011年增加10000辆，增幅为18.2%。与国际水平相比，国内冷藏运输车数量仍然较少，只占货运汽车总数的 0.5%，显著低于美国 1%、英国 2.6%、德国 3% 的水平。

2014 年，中国冷链物流联盟 680 家规模以上冷链企业调查显示，调查企业共有冷藏运输车 29444 辆。其中上海、河南和北京冷藏车保有量最高，分别达到 8736 辆、5031 辆和 3915 辆，分别占总量的 29.7%、17.1% 和 13.3%。

（5）冷链物流企业加快整合。国内冷链物流经营主体主要包括两种类型。一是社会化的第三方物流公司。二是生产企业、连锁零售企业下设的物流公司或事业部。国内现有超过 50 万家第三方物流服务提供商，冷链物流服务市场高度分散，绝大多数只能提供简单的冷藏运输服务，并不能提供真正意义上的冷藏供应链服务。近年来，随着冷链投资的不断升温，国内联想、雨润、獐子岛等产业龙头纷纷进入冷链物流领域，加快了物流企业并购整合的步伐。

（6）冷链物流园区建设进一步升温。2013 年，国内冷链物流园区建设热情不减，整合了冷链基础设施和第三方冷链物流企业的农产品冷链物流园区在向二、三线城市扩展，如中国寿光农产品冷链物流园区、河北厚朴冷链物流园、甘肃瑞鑫冷链物流园、新疆库尔勒农副产品冷链物流园、北京新发地及河北高碑店农产品冷链物流园区等。

当前国内冷链物流园区的运作模式可分为 4 种：一是以农副产品批发市场营运商为主导的冷链物流园区，二是以大型连锁超市为主导的冷链物流园区，三是以食品加工企业为主导的冷链物流园区，四是以冷库为主体的冷链物流园区。对于不同模式冷链物流园区而言，整合供应链，组建"冷链大平台"，改变各自为战的局面都是将来园区发展面临的重要课题。

（7）国家不断加大冷链行业政策扶持力度。自 2007 年以来，国家相继出台了有关冷链物流行业发展的政策，推动了冷链物流业的发展（见表25）。

表 25　冷链物流行业相关政策

时间	政策	相关内容摘要
2007 年	中共中央、国务院关于积极发展现代农业扎实推进社会主义新农村建设的若干意见	积极发展以鲜活农产品冷藏和低温仓储、运输为主的冷链物流系统

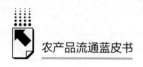

续表

时间	政策	相关内容摘要
2008 年	商务部关于加快我国流通领域现代物流发展的指导意见	加强冷链物流体系建设,保障生鲜食品消费安全
2009 年	国务院关于印发物流业调整和振兴规划的通知	进一步加强农副产品批发市场建设,完善鲜活农产品储藏、加工、运输和配送等冷链物流设施,提高鲜活农产品冷藏运输比例
2010 年	中共中央、国务院关于加大统筹城乡发展力度进一步夯实农业农村发展基础的若干意见	完善鲜活农产品冷链物流体系,支持大型涉农企业投资建设农产品物流设施
	国家发改委:《农产品冷链物流发展规划》	到 2015 年,果蔬、肉类、水产品冷链流通率分别提高到 20%、30%、36% 以上,冷藏运输率分别提高到 30%、50%、65% 左右,流通环节产品腐损率分别降至 15%、8%、10% 以下。新增冷藏运输车 4 万辆,新建冷库 1000 万吨
2011 年	国家发改委、工信部:《食品工业"十二五"发展规划》	加强食品工业冷链技术研究,加强冷链配送。
	国务院办公厅关于加强鲜活农产品流通体系建设的意见	加强鲜活农产品产地预冷、预选分级、加工配送、冷藏冷冻、冷链运输、包装仓储、电子结算、检验检测和安全监控等设施建设
	农业部:《农产品加工业"十二五"发展规划》	果蔬物流,重点推广应用果蔬贮运保鲜新技术,发展果蔬冷链物流系统。肉类加工,重点发展传统肉制品工程化加工技术和冷链物流技术
2012 年	国务院关于支持农业产业化龙头企业发展的意见	对龙头企业带动农户与农民专业合作社进行产地农产品初加工的设施建设和设备购置给予扶持;支持龙头企业改善农产品贮藏、加工、运输和配送等冷链设施与设备
	国务院关于深化流通体制改革加快流通产业发展的意见	支持建设和改造一批具有公益性的农产品批发市场、农贸市场、菜市场、社区菜店、平价商店及重要商品储备设施、大型物流配送中心、农产品冷链物流设施等
	商务部关于推进现代物流技术应用和共同配送工作的指导意见	引导企业加大冷库设备更新改造,鼓励建设低耗节能型冷库
2013 年 1 月	国务院办公厅关于印发降低流通费用提高流通效率综合工作方案的通知	农产品批发市场、农贸市场用电、农产品冷链物流的冷库用电价格与工业用电同价,于 2013 年 6 月起正式实行。冷库用电成本可降低 10% 以上
	商务部关于促进仓储业转型升级的指导意见	指导企业对现有冷库进行技术改造,利用先进技术建设现代化冷库,促进冷库由大批量、小品种、存期长向小批量、多品种、多流通形式转化

（7）冷链物流标准化和信息化体系建设进一步完善。2013 年，《物流企业冷链服务基本条件》《水产品冷链物流服务规范》《餐饮冷链物流服务规范》《冷链运输车辆选型与应用规范》《医药生物冷藏箱通用规范》《药品物流服务规范》六项冷链相关的国家标准制定完成，为我国冷链物流产业的后续发展打下了坚实基础。

冷链物流要对农产品从产地到销地进行全程的温度控制，这离不开车内、库内的温度感应系统，特别是温度信息的传递系统。随着冷链物流企业的加速整合，政府主导搭建的冷链信息公益平台，企业内部建设的冷链管理系统已成为冷链物流业信息化发展的重点。通过条码技术、射频识别技术，卫星定位系统和地理信息系统等一系列技术的应用，企业内部网络与企业外部运营车辆得以对接，实现温度等信息的快速传递。通过将商品信息的汇总和实时发布，使冷链变得更为直观，确保了农产品的质量安全，让消费者明白消费，放心消费。通过物流信息共享系统可以给冷链等相关企业提供准确的市场动态和信息沟通，最大限度降低冷链产品成本，减少冷链产品在途时间和在途损耗。

（三）农产品采购发展情况

1. 农产品采购主体多样化

在农产品流通过程中，采购是初始环节，是实现规模经营的核心渠道。通过采购，农产品得以进入市场，实现从产品到商品的跨越。它是确立下游企业成本优势、提高企业利润的关键，也是保证农产品质量、提高企业核心竞争力的重要手段。国内农产品采购主体包括农业经纪人、一级批发商、农产品加工企业、连锁超市、生鲜电商等。在国内以农批对接为主体、农超对接为方向、直销直供为补充、网上交易为探索的农产品产销格局中，农业经纪人和一级批发商在采购环节的地位更为突出。

2. 农产品直采模式发展较快

当前国内农产品采购主要包括"直接采购""集中采购""协议采购"等模式。近年来，直接采购模式发展较快。直接采购也称产地直采，下游企业向生产源头延伸，与当地农户、农业合作社直接建立供应关系，按照企业标准和要求来采摘、包装、配送农产品。产地直采实现了下游与生产者的直接对接，在品质和成本控制上都更有优势。由于农产品，特别是生鲜农产品标准化程度低，同一品种质量差别很大，而且供需关系变动较快，价格波动频繁，产地直采实际运营难度较高。对于下游企业而言，产地直采成功的关键不仅在于批量，更源自企业对各地农产品生产和价格信息的及时跟踪、分析与把握，专业的生鲜买手、完善的农产品流通信息系统和精准灵活的采购计划是企业采购体系的核心竞争力。

2013 年，物美超市采购团队多方位开拓采购渠道，挖掘知名产地特色商品，从黑龙江到海南，从宁夏到山东，实现了大米、鸡蛋、西瓜、白菜、苹果等民生商品及荔枝、木瓜、小黄鱼等特色商品的基地直采。永辉超市对香蕉、大米等大批量、易保存的基础商品采用全国统一直采；叶菜类等保存期短的生鲜品类下放为区域直采，为降低采购成本和流通成本，区域直采是永辉的优先选项。高鑫零售（大润发），在山东、陕西等水果主产区推行水果直采，大幅缩短了水果从果园到消费者手中的时间，使得卖场销售的水果更为新鲜、安全，且价格低于普通农贸市场价格。

"集中采购"又称"联合采购"，是指企业组团进行采购，采购规模大、采购品种多，买方地位相对强势，可以获得相对较低的采购价格，降低了采购成本。协议采购是指企业，主要是零售企业根据对市场的预测，提前与农产品基地签订购销协议，对所需的农产品品种、数量和价格进行约定，基地根据协议进行生产。在这种采购方式下，一旦预测偏差较大，双方将会产生较大问题。此外，随着国内电子商务的发展，消费者或者企业也可以通过电商网络平台等预购区域的特色农产品，在生鲜农产品尚未收获的时候提前下订单，让农户、农业合作社按需及时配送。2013 年，天猫"喵鲜生"预售平台完成销售1.98 亿元，其中樱桃是最大的预售单品。

3. 农产品采购基地建设力度加大

近年来，随着直采模式的推广，国内大型农产品批发零售企业和食品加工企业纷纷加快农产品采购基地建设。这不但减少了中间流通环节，降低了流通费用，而且还从源头上保证了农产品质量，稳定了生产和销售，增强了企业价格优势和市场竞争力。对于农户和经销商来说，农产品产品销售也得到保证，收益趋于稳定，形成买卖双方"双赢"的模式。

目前，北京新发地批发市场在北京周边和农产品主产区已投资建设了 13 家分市场和 500 多万亩生产基地；沃尔玛在中国已建立 30 个左右的农产品直接采购基地；高鑫零售（大润发）在江苏、安徽、浙江、山东和湖北等地也建立多个成规模的蔬菜生产基地。山东家家悦超市已与 200 多个合作社建立了对接关系，与 100 多处基地签订长期合同，发展农产品直供基地 35 万亩，年产量 54 万吨；肉禽直供基地 24 亿只，年产量 7 万吨；超市销售的农产品 80% 以上从基地直供。

4. 农产品收储政策继续实施

为提高农民种粮积极性，促进粮食生产发展和维护国家粮食安全，从 2004 年开始，我国开始对稻谷、小麦实施最低收购价制度，并每年保持一定增长幅度。2013 年我国继续在小麦、粳稻主产区实行最低收购价政策，稳步提高小麦和稻谷的最低收购价。

2013 年，我国继续对玉米、油菜籽、大豆实行临时收储政策，玉米提价幅度为 5.6% ~ 5.7%，油菜籽提价幅度为 2%，大豆收储底价与 2012 年持平。

2013 年度，棉花市场成交低迷，为保障棉农的基本利益，收放储继续成为棉花购销的主渠道。全年棉花临时收储 485 万吨，约占当年产量的七成左右，比上年减少 9.5%。在收储政策支撑下，籽棉收购价格同比上涨。为满足纺织企业需求，11 月底国家启动储备棉投放，截至年末累计成交 25.7 万吨，同比大幅下降 47.9%。据中国棉花协会棉花仓储分会对 168 家仓储会员单位统计，截至 2013 年末，商品棉周转库存总量为 25.2 万吨（其中内地库 23.4 万吨、新疆库 1.8 万吨），同比减少 4.8 万吨。商品棉周转库存以进口棉和新疆棉为主，其中进口棉占 41%，新疆棉占 38%，内地产棉占 21%。据此推算，全国商品棉周转库存总量约为 31 万吨。

2012/2013 年榨季，为应对糖价快速下滑，减轻糖企库存压力，提振市场信心，我国分两批三次收储国产白砂糖 180 万吨，较上一年度大幅增加 80 万吨，均以 6100 元/吨的底价成交，分别比当时南宁现货糖价高出 440 元/吨、490 元/吨和 660 元/吨。此外，我国还进行一轮储备糖轮库拍卖，挂牌陈糖 30 万吨，成交 16.55 万吨，平均成交价格 5441.9 元/吨，略高于 5430 元/吨的底价。

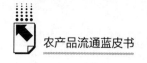

（四）农产品仓储发展情况

1. 我国仓储业总体发展迅速

（1）仓储企业营收增速放缓，货物吞吐量下滑。当前，我国仓储业正处于从传统仓储业向现代仓储业的过渡阶段。仓储业在国民经济中的战略地位逐年加强。受宏观经济放缓和经济结构调整影响，2013 年国内仓储业营收增长放缓。

中国物资储运协会数据显示，2013 年 62 家样本仓储企业完成主营业务收入 319 亿元，同比增长 2.7%，增幅比上年回落 7.8 个百分点；实现利润总额 8.35 亿元，同比增长 2.3%，如果扣除资产处置等非经营利润，则利润降幅达到 50%；全年货物吞吐量 5946 万吨，比上年的 6132 万吨减少 186 万吨，下降 3.0%；货场闲置较大，期末平均库存 388 万吨，比上年下降了 55 万吨，减少 12.4%；货物周转次数比上年有所加快，全年平均周转 7.66 次，比上年增加 0.76 次。

2012 年，国内仓库设施建设已出现放缓迹象。中国仓储协会统计数据显示，2012 年全国通用仓库面积为 6.98 亿平方米，同比增长 2.6%，增幅比 2011 年大幅回落 21 个百分点。其中，立体库 1.5 亿平方米、冷藏库 7608 万立方米（参考储存量 1911 万吨）。

（2）仓储业投资逆势走高。2013 年，我国仓储业投资额约为 4126.8 亿元，同比增长 30.0%，增速与上年基本持平，相当于 2010 年投资额的 1.3 倍。至此，国内仓储业投资额增速已连续四年保持在 30% 左右，其中一线城市周边和具有节点作用二、三线城市是投资热点，仓储设施供不应求的局面已有所缓解。北京周边的廊坊、固安、武清，上海周边的嘉兴、太仓都出现了大量的仓库群，减轻了北京、上海本地的仓储压力。从仓储价格看，一线大城市仓储价格涨幅回落，部分地区略有下降。

（3）电商仓储快速发展。2013 年，中国电子商务市场仍处于高速成长期，仓储配送需求旺盛。中国互联网络信息中心数据显示，2013 年网络零售交易总额已达到 1.85 万亿元，比 2012 年增长 40.9%，占社会消费品零售总额的 7.9%。当前国内电子商务的仓储业务主要由电商企业自行运作。为保证物流服务的质量、速度和可控性，京东商城、苏宁云商、亚马逊等主流电商投入巨资，自建仓储物流体系，同时开放了物流平台，为中小电商提供仓储物流服务（见表 26）。

表 26　国内主要电商自建仓储物流情况

电　商	情　况
京东商城	有北京、上海、广州、武汉、沈阳、成都和西安等 7 个一级物流中心，在 36 个城市建有仓库 86 个，仓储总面积 150 万平方米
苏宁云商	2013 年新建哈尔滨、包头、济南、南昌、广州等 8 个城市物流基地，已有 19 个城市物流基地投入使用；此外还有 17 个在建城市物流基地，22 个城市物流基地完成选址和土地签约。南京、北京和广州小件商品自动分拣仓库已投入使用，沈阳、上海、重庆等地的小件商品自动分拣仓库项目在建，成都、天津、武汉、杭州和西安小件商品自动分拣仓库完成土地签约
亚马逊	在北京、上海、广东、天津、山东、湖北、福建、辽宁、江苏、陕西、黑龙江、广西和四川建有 13 个运营中心，仓储总面积超过 80 万平方米。其中，北京、广州、武汉、昆山、天津和上海等 6 个运营中心对平台商户开放

数据来源：京东招股文件，苏宁云商年报，亚马逊网站。

2013 年 5 月，阿里巴巴集团、银泰集团、复星集团、富春集团、顺丰速运、申通快递、圆通速递、中通速递及韵达快递在深圳联合成立了“菜鸟网络科技有限公司”，中国智能物流骨干网（CSN）项目正式启动。菜鸟网络首先将华东、华南、华中、东北、华北、西南、西北等地区建设 8 个仓储节点。每个节点都是一个超级智能物流和配送中心。在这 8 个中心之下将以“自建 + 合作”的方式继续建设若干分拨中心和更多的城市配送中心，形成真正的社会化大物流平台，在全国各地区实现 24 小时内送货必达。

（4）外资物流地产加速扩张。普洛斯是全球领先的现代物流设施提供商，致力于进行高品质的通用型物流仓储设施的设计、施工和管理，选择战略性的物流配送地点，建造在规格、标准等各方面满足客户要求的通用型物流配送中心。2013 年，普洛斯新进入长春、郑州、合肥、扬州、武汉、长沙、东莞等 7 个城市。截至 2014 年 2 月，普洛斯已在全国 34 个主要城市投资、建设并管理着 148 个物流园，拥有 1870 万平方米的仓储物流基础设施，其中完工物业 866 万平方米，基本形成了覆盖中国主要空港、海港、高速公路、加工基地和消费

城市的物流配送网络。

（5）国家政策继续积极引导仓储业健康发展。2013年10月国家发改委发布了《全国物流园区发展规划（2013～2020年)》，标志着我国物流园区建设将进入规范化、科学化、理性化的发展时期。

科学规划一批具有较强公共服务能力的物流园区，一方面可以适度整合分散于各类运输场站、仓房、专用线、码头等物流设施及装卸、搬运等配套设施的用地，增加单位物流用地的物流承载量，提高土地利用率；另一方面能够有效促进专业化、社会化物流企业承接制造业和商贸业分离外包的物流需求，减少原有分散在各类企业内部的仓储设施用地。

科学规划物流园区，有利于优化仓储、配送、转运等物流设施的空间布局，促进物流资源优势互补、共享共用，减少设施闲置，降低能耗；有利于提升物流服务的组织化水平，优化运输线路，降低车辆空驶率，缓解交通干线的通行压力和城市交通拥堵，减少排放，改善环境。

2. 大宗农产品仓储建设继续推进

（1）粮油仓容增加，部分地区仍严重不足。

近年来，随着我国粮食的逐年增产和粮食商品化率的提升，国内粮食仓储需求明显增加，粮食仓容紧张，部分地区严重不足。一方面需要加强收储和仓储设施建设，确保粮食颗粒归仓。另一方面需要促销腾库，采取定向销售等办法，消化临储粮和陈粮，为新粮腾出仓容。2013年的"中央一号文件"指出加强粮油仓储物流设施建设，支持拥有全国性经营网络的供销合作社和邮政物流、粮食流通、大型商贸企业等参与农产品批发市场、仓储物流体系的建设经营。同时，优化粮食等大宗农产品储备品种结构和区域布局，完善粮棉油糖进口转储制度。

2011年，国内纳入统计的粮油仓储企业有18226户（见表27），比上年减少100户，减幅为0.5%。其中仓容规模在2.5万吨以下的企业14068户，占企业总数的77.2%；2.5万～5万吨的企业2133户，占11.7%；5万～10万吨的企业1310户，占7.2%；10万吨以上的企业715户，占3.9%。

企业仓房总仓容达到41799万吨，其中有效仓容37451.2万吨，比上年分别增长6.5%和7.3%；油罐22258个，罐容1695.0万吨，比上年分别增长9.1%和20.4%；简易仓房容量3831.9万吨，罩棚1638万平方米，地坪21195.8

表 27　中国粮油仓储基本情况

		2009 年	2010 年	2011 年	2011 年同比（%）
仓储企业数（个）	总计	17995	18326	18226	-0.5
	国有	13623	13036	12182	-6.6
	非国有	4372	5290	6044	14.3
仓容	总仓容（万吨）	36424.3	39255.6	41799	6.5
	国有仓容	—	32396.3	32975.5	1.8
	非国有仓容	—	6859.3	8823.5	28.6
	有效仓容	32439.4	34909.2	37451.2	7.3
	其中:环流熏蒸	—	14179.2	15554.7	9.7
	计算机测温	—	19167.6	20992.9	9.5
	机械通风	—	26588.9	29133.2	9.6
	烘干设备（套）	—	6125	6247	2.0
	烘干能力（万吨/小时）	—	7.6	8.1	6.6
罐容	油罐总罐容（万吨）	1178.4	1408	1695	20.4
简易仓储设施	简易仓房容量（万吨）	—	3421.6	3831.9	12.0
	罩棚（万平方米）	—	1508.7	1638	8.6
	地坪（万平方米）	—	20242.1	21195.8	4.7

数据来源：中国仓储行业发展报告。

万平方米，比上年分别增长 12.0%、8.6% 和 4.7%。企业平均有效仓容达到 2.05 万吨，比 2010 年增长 7.9%，比 2009 年增长 14.0%。仓容 10 万吨以上的 715 户大型仓储企业共有仓容 11644.7 万吨，占全部有效仓容的 31.1%，占比较 2010 年提高 1 个百分点。

2011 年，国内粮油仓储企业有效仓容中有 41.5% 实现环流熏蒸，56.1% 实现计算机测温，77.8% 实现机械通风，各项占比较上年分别提高 0.9 个、1.1 个和 1.6 个百分点。粮食烘干设备增加到 6247 套，烘干能力达到 8.1 万吨/小时，较上年分别增长 2% 和 6.6%；适合现代粮食物流要求的浅圆仓、立筒仓有效仓容达到 4708.1 万吨，比上年增长 6.7%，占有效仓容总量的 12.6%。国内粮食仓储技术与装备水平稳步提升。

2011 年，通过兼并与重组，国有粮油仓储企业规模化与集约化水平提升，市场竞争力增强，有国有粮油仓储企业 12182 户，同比减少 6.6%，降幅较 2010 年扩大 2.3 个百分点；国有仓容总计 32975.5 万吨，增长 1.8%；企业平

均仓容 2.71 万吨，增长 8.9%。有非国有企业 6044 户，仓容总量 8823.5 万吨，企业平均仓容 1.46 万吨，比上年分别增长 14.3%、28.6% 和 12.6%。

（2）棉花仓储能力过剩

2011 年，中国棉花协会棉花仓储分会 105 家会员企业仓库总面积达到 659 万平方米，其中室内库房 227 万平方米，室外露天堆垛 432 万平方米；仓储能力 830 万吨，其中室内库容量 437 万吨，露天货场 393 万吨。2011 年 4 月底，105 家仓库的在库棉花总量为 108 万吨，相对于 830 万吨的静态仓储能力而言，棉花仓储能力明显过剩，大约有 1/3 的仓库被用于出租储存棉花以外的商品。

截至 2013 年末，中国棉花协会棉花仓储分会 168 家仓储会员单位商品棉周转库存总量为 25.2 万吨（其中内地库 23.4 万吨、新疆库 1.8 万吨），同比减少 4.8 万吨。商品棉周转库存中进口棉占 41%，新疆棉占 38%，地产棉占 21%。据推算，同期全国商品棉周转库存总量约为 31 万吨。

3. 生鲜农产品仓储加快升级

当前国内生鲜农产品仓储发展水平较低。堆藏、沟藏、窖藏、冻藏和假植贮藏等简易储藏方式应用普遍。上述储藏方式主要通过外界自然低温（气温或土温）来调节贮藏环境温湿度，受地区、季节和技术条件限制，贮藏温度、湿度、气体成分很难控制到理想水平。这类储藏方式虽然设施简单，费用低廉，但储藏质量偏低，腐烂率和失重率较高。

与简易储藏不同，机械冷藏可以不受外界环境条件影响，可以比较精准地调节库房的温度、相对湿度和空气的流通，形成较为理想的储藏环境。在机械冷藏的基础上发展起来的气调储藏技术还可以对库房中二氧化碳、氧气和乙烯浓度进行调节控制，抑制果蔬的呼吸作用，延缓其新陈代谢过程，更好地保持果蔬新鲜度和商品性，延长果蔬贮藏期和保鲜期。与普通冷藏相比，气调贮藏可延长贮藏期 0.5~1 倍；气调库内储藏的果蔬出库后保鲜期（销售货架期）可延长 21~28 天，是普通冷藏库的 3~4 倍。

近年来，国内冷库建设保持快速增长态势。2006~2011 年，商务部累计安排约 35 亿元中央财政资金，支持建设和改造了 400 多家农产品批发市场和 2500 多家农贸市场、菜市场，新增冷库 824 座，冷库库容 339 万吨。据全国城市农贸中心调查显示，已有五成以上的城市农产品批发市场拥有气调库、冷冻库等保鲜、贮藏设施。中国仓储协会冷藏分会统计数据显示，2011 年，我国冷库统计总容量达到 7111 万立方米，参考储存量 1742.85 万吨，比 2010 年增长 16.4%。北京商委数据显示，2012 年北京新发地、大洋路、城北回龙观、顺鑫石门、昌平水屯、通州八里桥、农产品中央、京丰岳各庄和锦绣大地九大主要批发市场均已配备低温冷库。冷库总库容达到 13.4 万吨，总面积达到 22.39 万平方米，比 2011 年分别增加 8.4% 和 0.6%。其中，新发地批发市场冷库库容为 6.4 万吨，规模最大。与 2011 年相比，锦绣大地批发市场冷库库容翻番，达到 2.0 万吨。中国冷链物流联盟 680 家规模企业调查数据显示，2014 年调查企业冷库总库容达到 2047 万吨，比上年增长 8.0%，相当于 2008 年总库容的 2.4 倍。

冷库分布不平衡，低端冷库比重大，冷库空间利用率和周年利用率不高是国内冷库发展运营中面临的主要问题。从冷库分布看，国内消费地冷库相对过剩、产地冷库紧缺。根据冷链委的调研统计，全国 2/3 以上的冷库库容集中在东部地区，而中部和西部地区冷库容量只占总量的 18% 和 19%。从冷库类型看，国内新建冷库中仍以传统多层土建式冷库为主，新型装配式冷库较少。与土建冷库相比，装配式冷库具有更好的保温隔热和防潮防水性能，使用温度范围可在 -50℃ ~100℃ 之间，具有重量轻，不易霉烂，阻燃性能好，抗压强度高，抗震性能好，组合灵活，安装方便等优点。从冷库空间利用率看，由于纸箱堆码高度受限，国内冷库空间利用率往往低于 50%，与国际 70% 以上的空间利用率差距较大。在没有隔架层（立体货架）的情况下，当纸箱堆码高度超 3.2 米后由于重压变形、吸潮等原因极易出现包装破裂、倒塌等现象，造成较大的经济损失。从冷库周年利用率看，由于生产季节强，运营成本高，国内冷库特别是果蔬等专业冷库闲置期较长，普遍达到 6 个月左右。中国仓储协会冷藏分会统计数据显示，2011 年综合型冷库发展较快，库容占比较上年提升 5.8 个百分点，肉禽专业库和果蔬专用库库容占比明显下降，分别减少 5.0 和 2.6 个百分点。

（五）农产品配送发展情况

农产品配送是指在按照用户的要求，在农产品配送中心、农产品批发市

场、连锁超市或其他农产品集散地进行农产品加工、整理、分类、配货和配装等活动，最后将农产品送达用户的过程；农产品配送是近距离、小批量、多品种、按用户需求品种和数量进行搭配的服务体系。

根据用户的不同，农产品配送可分为两种主要类型，一是配送主体直接向家庭、社区菜店、餐厅、学校、宾馆等终端用户的配送，二是连锁企业配送中心向企业内部的分中心以及各个门店的配送。

根据管理方式的不同，农产品配送还可以分成自营配送、第三方配送（共同配送）以及第三方和自营相结合的混合配送。第三方配送是指由供方、需方之外的第三方去完成配送服务，是配送服务社会化、专业化发展的结果，可以统筹安排配送时间、次数、路线和货物数量，对于提高配送效率、降低配送成本有着重要意义。城镇农贸市场的个体商贩以及餐厅、学校、宾馆等团体用户传统上主要从农产品批发市场独立进货。随着城市规模的扩大和批发市场的外迁，这种分散进货模式的时间成本、运输成本将越来越大。为此，北京等城市已开始筹备建立"农产品统一配送联盟"，通过社会化、网络化的第三方配送服务将学校、餐厅、宾馆和社区菜店与批发市场、农村合作社、农业生产基地直接对接，减少配送层级，降低配送成本。

当前国内第三方配送服务正处于起步阶段，人员、设备、信息以及配送网络覆盖面与实际需求仍有很多差距。农产品供应商完全通过第三方配送的比例相对较少，混合配送及自行配送仍占有较大比重。

近年来，随着食品网购的兴起，国内农产品配送业务进入高速发展期，其中冷链配送业务增长最为迅猛。由于冷链投资和运营成本高昂，网购生鲜农产品主要由第三方物流公司进行配送。由于市场规模不断扩大和市场竞争的加剧，加上第三方冷链配送发展的相对滞后，为提升用户体验，"顺风优选""我买网""本来生活"等部分生鲜电商也开始在重点地区自建冷链配送体系。

四 农产品批发业发展状况

农产品批发市场是当前我国农产品流通的主渠道，承担着商品集散、价格形成、信息发布、交易结算、质量监控等职能，在满足消费、促进流通、服务生产、保障安全等方面都发挥着重要作用。近年来，随着居民生活水平的不断提高和城市常住人口持续增长，农产品消费需求更趋多样化，市场需求总量刚性增加。作为流通主渠道，农批市场将迎来更大的发展机遇。另外，很多农批市场也面临着现有市场扩展空间受限、外迁压力加大的挑战。随着城市化进程的快速推进，一些从前位置偏远、交通便利的农批市场，已处于城市中心区。市场周边土地资源稀缺，扩大占地规模受到严格限制。市场集聚来大量的外来人口与车辆，也使得中心城区人口过度密集，交通拥堵和环境污染状况加剧。

（一）农产品批发市场概念界定

农产品交易市场是指经有关部门和组织批准设立，有固定场所、设施，有经营管理部门和监管人员，若干市场经营者入内，常年或实际开业三个月以上，集中、公开、独立地进行现货农产品交易以及提供相关服务的交易场所。

从经营方式上看，农产品交易市场可分为批发型和零售型两种市场。其中，在以批发为主的农产品交易市场中以"买本地、卖全国"的产地型市场和"买全国、卖全国"的集散型市场所占比例较大，在以零售为主的市场中以"买全国、卖本地"的销地型市场居多。我国农产品交易市场大多数是批零业务兼营，基本等同于农产品批发市场。

从经营品种的范围上看，农产品批发市场可分为综合型和专业型两种。其中，综合型市场是指经营两类及两类以上的市场；专业市场主要进行某类商品的交易，如果经营某类商品的摊位成交额超过总成交额的60%，该市场即为相应的专业市场。我国农产品专业市场共有粮油、肉禽蛋、水产品、蔬菜、干鲜果品、棉麻土畜烟叶和其他等七大类专业市场。

从市场营业时间的连续性上看，农产品批发市场可分为常年营业、季节性营业和其他等三种状态。其中，季节性营业市场以产地型市场为主，常年营业市场以销地型市场和集散型市场较多。

从经营环境上看，农产品批发市场还可分为分露天式、封闭式和其他三类市场。露天式市场指市场摊位完全在室外，或70%以上的摊位在室外，包括柜台式市场及无设施市场；封闭式市场指市场摊位完全在室内；其他市场指上述以外的其他经营环境的交易市场。一般来讲，露天式和其他式批发市场多属

于过渡型市场，而封闭式市场的规范化和组织化程度较高，基础设施和相关配套相对完善。

（二）农产品批发市场总体运行特点

1. 农批市场总体发展平稳

2012 年，国内亿元以上的农批市场新建市场数量下降，但改、扩建工作提速，市场成交额呈稳步增长态势。年末亿元以上的农批市场共有 1759 家，比 2011 年增加 37 家，低于上年新增 50 家的发展水平；市场总营业面积达到 6327. 27 万平方米，比 2011 年增加 389.08 万平方米，增长 6.6%，增幅比上年提高 3.8 个百分点；市场摊位总数 112.55 万个，其中年末出租摊位 102.05 万个，比 2011 年分别增加 2.69 万个和 2.76 万个，摊位出租率升至 90.7%，创 2008 年以来新高；市场成交总额 20726.51 亿元，占当年社会消费品零售总额的 9.9%，比 2011 年增长 9.5%，增幅比上年回落 8.2 个百分点。如果考虑价格因素，2012 年农批市场成交情况与 2011 年基本相当。据农业部统计，2012 年国内农产品批发价格比上年平均上涨 4.0%，涨幅较 2011 年回落 7.7 个百分点（见表 28）。

表 28   2008 ~ 2012 年我国亿元以上农产品批发市场总体情况

年度	市场数量 （家）	摊位数 （万个）	年末出租 摊位数（万个）	营业面积 （万平方米）	成交额 （亿元）
2008	1551	95. 13	85. 81	4785. 99	11849. 58
2009	1603	102. 86	91. 73	5205. 03	13690. 99
2010	1672	107. 67	96. 45	5774. 80	16071. 00
2011	1722	109. 86	99. 29	5938. 19	18920. 37
2012	1759	112. 55	102. 05	6327. 27	20726. 51
2011 年增长幅度（%）	3. 0	2. 0	2. 9	2. 8	17. 7
2012 年增长幅度（%）	2. 1	2. 4	2. 8	6. 6	9. 5

数据来源：根据《中国商品交易市场统计年鉴》数据整理计算。

2012 年，国内亿元以上农批市场平均营业面积增加，摊位密集度下降，单位效益提升。年末平均每市营业面积为 3.6 万平方米，其中每个摊位平均为

56.2 平方米，比 2011 年分别增加 0.15 万平方米和 2.16 平方米，各增长 4.3% 和 3.9%。同期，市场平均成交额、摊位平均成交额和单位营业面积成交额分别为 11.78 亿元、203.11 万元和 3.28 万元，比 2011 年分别增长 7.2%、6.6% 和 2.8%（见表 29）。

表 29　2008～2012 年我国亿元以上农产品批发市场单位规模与效益

年度	市场平均摊位数（个）	市场平均营业面积（平方米）	摊位平均营业面积（平方米）	市场平均成交额（亿元）	摊位平均成交额（万元）	每平方米成交额（万元）
2008	613	30857	50.3	7.64	138.08	2.48
2009	642	32471	50.6	8.54	149.25	2.63
2010	644	34538	53.6	9.61	166.62	2.78
2011	638	34484	54.1	10.99	190.56	3.19
2012	640	35971	56.2	11.78	203.11	3.28
2011 年增长幅度（%）	-0.9	-0.2	0.9	14.4	14.4	14.7
2012 年增长幅度（%）	0.3	4.3	3.9	7.2	6.6	2.8

数据来源：根据《中国商品交易市场统计年鉴》数据整理计算。

2. 批发业务比重提升

2012 年，国内亿元以上农批市场进一步向批发业聚焦。与 2011 年相比，以批发经营为主的农批市场虽然市场数量占比下降，但在摊位数、营业面积和成交额占比方面均有不同程度的提高。

2012 年，国内批发型农批市场有 1009 家，零售型农批市场 750 家，分别占总数的 57.4% 和 42.6%。与 2011 年相比，批发型市场增加 9 家，零售型市场增加 28 家，批发型市场的数量占比下降 0.7 个百分点。同期，国内批发型农批市场共有摊位 76.76 万个，营业面积 5533.23 万平方米，年成交额 1.81 万亿元，比 2011 年分别增长 3.7%、6.6% 和 10.3%，各占总量的 68.2%、87.5% 和 87.4%，分别比上年扩大 0.8、0.1 和 0.6 个百分点（见表 30）。

以成交额计算，批发型市场在专业市场中的占比为 93.9%，比综合市场高出 19.3 个百分点。其中批发型市场在棉麻土畜烟叶市场、干鲜果品市场、蔬菜和粮油市场的成交额占比更是超过 95%，分别达到 99.7%、98.9%、97.8% 和 96.6%。与 2011 年相比，综合市场批发业务比重提高了 2 个百分点，

表30 2011~2012年我国亿元以上批发型与零售型农产品批发市场情况

指标	批发型		零售型		批发型市场占比(%)	
	2011年	2012年	2011年	2012年	2011年	2012年
市场数量(家)	1000	1009	722	750	58.1	57.4
总摊位数(万个)	74.01	76.76	35.85	35.79	67.4	68.2
年末出租摊位数(万个)	67.23	69.74	32.06	32.31	67.7	68.3
营业面积(万平方米)	5188.35	5533.23	749.84	794.04	87.4	87.5
成交额(亿元)	16425.38	18113.24	2494.99	2613.27	86.8	87.4

数据来源:根据《中国商品交易市场统计年鉴》数据整理计算。

专业市场基本持平。在七类专业市场中,棉麻土畜烟叶、粮油、水产品、肉禽蛋和干鲜果品等五类专业市场的批发业务比重提升,成交额占比分别提高6.1个、1.2个、1.1个、0.3个和0.2个百分点;其他专业市场批发业务比重下降,成交额占比回落3.8个百分点;蔬菜专业市场批发业务比重持平(见图28)。

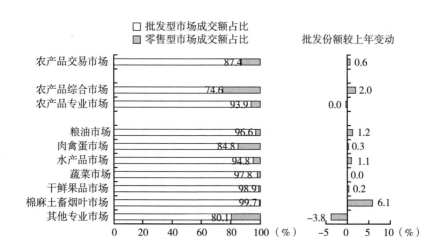

图28 2011年我国亿元以上批发型与零售型农产品市场的成交额占比

数据来源:根据《中国商品交易市场统计年鉴》数据整理计算。

从单位规模和效益看,与零售型农批市场相比,批发型市场优势明显。2012年,批发型市场平均有摊位761个,平均每市营业面积5.48万平方米,分别是零售型市场的1.6倍和5.2倍。同期,批发型市场平均每市成交额和摊位平均成交额分别为 17.95 亿元和 259.32 万元，分别是零售型市场的 5.2 倍和 3.1 倍。与 2011 年相比，批发型市场每市成交额增长 9.3%，摊位平均成交额增长 6.3%，增速较零售型市场分别高 8.5 个百分点和 2.4 个百分点（见表 31）。

表 31　2011 年和 2012 年我国亿元以上批发型与零售型农批市场单位规模与效益

指标	批发型		零售型		批发型/零售型	
	2011 年	2012 年	2011 年	2012 年	2011 年	2012 年
平均摊位数（个）	740	761	497	477	1.5	1.6
平均年末出租摊位数（个）	672	691	444	431	1.5	1.6
平均每市营业面积（平方米）	51883	54839	10386	10587	5.0	5.2
摊位平均营业面积（平方米）	70.11	72.09	20.92	22.19	3.4	3.2
平均每市成交额（万元）	164254	179517	34557	34844	4.8	5.2
摊位平均成交额（万元）	244.33	259.72	77.82	80.89	3.1	3.2
每平方米成交额（万元）	3.17	3.27	3.33	3.29	1.0	1.0

数据来源：根据《中国商品交易市场统计年鉴》数据整理计算。

3. 综合农批市场大型化进程加快

2012 年，国内亿元以上综合农批市场总摊位数下降，在新增市场数量上也落后于专业市场，但在营业面积和成交额方面均有明显提升，较上年分别增长 15.5% 和 10.9%，高出专业市场 9.0 和 1.3 个百分点（见表 32）。

表 32　2011 年和 2012 年我国亿元以上综合与专业农产品批发市场情况

指标	综合		专业		专业市场占比（%）	
	2011 年	2012 年	2011 年	2012 年	2011 年	2012 年
市场数量（家）	702	715	1020	1044	59.2	59.4
总摊位数（万个）	47.03	46.53	62.83	60.02	57.2	58.7
年末出租摊位数（万个）	42.92	42.39	56.36	59.65	56.8	58.5
营业面积（万平方米）	1779.52	2055.59	4158.67	4271.69	70.0	67.5
成交额（亿元）	6325.11	7012.87	12595.26	13713.64	66.6	66.2

数据来源：根据《中国商品交易市场统计年鉴》数据整理计算。

从单位规模和效益看，综合农批市场大型化倾向更为明显。截至 2012 年年末，综合市场平均每市营业面积为 2.87 万平方米，同比增长 13.4%，增幅比 2011 年提高 11 个百分点，比专业市场高出 13.1 个百分点；综合市场摊位平均营业面积为 44.18 平方米，同比增长 16.7%，增幅比 2011 年提高 11.6 个百分点，同期专业市场摊位平均营业面积同比下降 2.2%；综合市场平均每市成交 9.81 亿元，摊位平均成交 165.42 万元，同比分别增长 8.9% 和 12.3%，受价格因素影响增幅较 2011 年有所收窄，但比同期专业市场增幅仍分别高 2.5 和 9.4 个百分点（见表 33）。

表 33　2011 年和 2012 年我国亿元以上综合与专业农产品批发市场单位规模与效益

指标	综合		专业		专业/综合	
	2011 年	2012 年	2011 年	2012 年	2011 年	2012 年
平均摊位数（个）	670	651	616	632	0.92	0.97
平均年末出租摊位数（个）	611	593	553	571	0.90	0.96
市场平均营业面积（平方米）	25349	28749	40771	40917	1.61	1.42
摊位平均营业面积（平方米）	37.84	44.18	66.19	64.71	1.75	1.46
市场平均成交额（亿元）	9.01	9.81	12.35	13.14	1.37	1.34
摊位平均成交额（万元）	147.35	165.42	223.46	229.89	1.52	1.39
每平方米成交额（万元）	3.55	3.41	3.03	3.21	0.85	0.94

数据来源：根据《中国商品交易市场统计年鉴》数据整理计算。

2012 年，在各类专业市场中，蔬菜市场在市场数量、摊位数、营业面积和成交额等总量指标上均排在首位。与 2011 年相比，蔬菜市场数量减少 1 家，但摊位数和营业面积分别增加 0.81 万个和 22.07 万平方米，市场成交额也增长 10.3%，至 3601.07 亿元，占农批市场成交总额的 17.4%；肉禽蛋市场发展较快，市场数量增加 6 家，摊位数增长 19.2%，市场成交 1029.07 亿元，增长 15.0%，占农批市场成交总额的 5.0%；棉麻土畜烟叶市场明显萎缩，市场数量由 34 家减少到 24 家，成交额下降 30.8%。从单位规模和效益看，蔬菜市场排名靠后，平均每市成交 11.54 亿元，摊位平均成交 153.65 万元，分别排在七类专业市场的第 5 位和最后 1 位。同期，棉麻土畜烟叶市场平均每市成交额和摊位成交额分别为 26.20 亿元和 440.36 万元排在各类专业市场首位，但每平方米成交额只有 1.56 万元，不足专业市场平均水平的一半（见表 34，表 35，图 29）。

表34 2012 年我国亿元以上专业农产品批发市场情况

指标	粮油	肉禽蛋	水产品	蔬菜	干鲜果品	棉麻土畜烟叶	其他
市场数量(个)	111	121	160	312	147	24	169
总摊位数(万个)	5.02	4.22	11.47	26.21	7.16	1.47	10.5
年末出租摊位数(万个)	4.50	3.82	10.56	23.44	6.59	1.43	9.3
营业面积(万平方米)	394.99	277.58	489.03	1558.95	582.39	402.47	566.3
成交额(亿元)	1641.26	1029.07	2974.12	3601.07	2004.46	628.88	1834.8

数据来源：根据《中国商品交易市场统计年鉴》数据整理计算。

表35 2012 年我国亿元以上专业农产品批发市场单位规模与效益

指标	粮油	肉禽蛋	水产品	蔬菜	干鲜果品	棉麻土畜烟叶	其他
平均摊位数(个)	453	349	717	840	487	613	620
平均年末出租摊位数(个)	406	316	660	751	448	595	551
平均每市营业面积(万平方米)	3.56	2.29	3.06	5.00	3.96	16.77	3.35
摊位平均营业面积(平方米)	78.63	65.81	42.64	59.49	81.39	273.70	54.1
平均每市成交额(亿元)	14.79	8.50	18.59	11.54	13.64	26.20	10.86
摊位平均成交额(万元)	364.43	269.12	281.62	153.65	304.10	440.36	197.08
每平方米成交额(万元)	4.16	3.71	6.08	2.31	3.44	1.56	3.24

数据来源：根据《中国商品交易市场统计年鉴》数据整理计算。

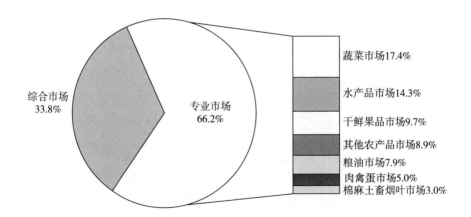

图29 2012 年我国亿元以上农产品批发市场构成（以成交额计算）

数据来源：根据《中国商品交易市场统计年鉴》数据整理计算。

4. 季节性农批市场减少，成交额下滑

2012 年，随着市场规模和功能的不断升级，国内部分产地市场、集散地市场的营业状态由季节性营业进一步向常年营业过渡。2012 年，国内亿元以上农批市场中季节性营业市场有 65 家，比上年减少 9 家；成交金额 453.96 亿元，比上年下降 5.0%。同期，常年营业市场为 1692 家，比上年增加 47 家，成交金额 2026.98 亿元，比上年增长 10.0%。

季节性农批市场中专业型市场占据绝对主导地位。2012 年，65 家季节性市场中，专业市场有 64 家，成交额合计 448.59 亿元，占季节性市场成交总额的 98.8%。专业型季节市场中，蔬菜和干鲜果品市场规模最大。两类产品季节性强、不耐保藏且冷藏设施不足是重要因素。2012 年蔬菜和干鲜果品季节市场成交额分别为 258.94 亿元和 98.60 亿元，分别占季节性农批市场成交总额的 57.0% 和 21.7%（见图 30）。与 2011 年相比，除蔬菜市场外，其他专业季节市场成交额均有下滑，其中粮油、水产品、棉麻土畜烟叶和干鲜果品市场成交额降幅明显，分别下降 85.3%、16.3%、13.8% 和 11.1%。

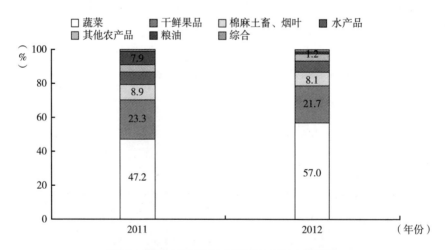

图 30 2010 年和 2011 年我国亿元以上季节性
农产品批发市场构成（以成交额计算）

数据来源：根据《中国商品交易市场统计年鉴》数据整理计算。

5. 封闭型市场发展较快，市场经营环境总体提升

2012 年，国内亿元以上农批市场中全部实现室内经营的封闭型市场有

1120 家, 70% 以上摊位在室外的露天市场有 368 家, 其他过渡型市场有 271 家, 分别占市场总数的 63.7%、20.9% 和 15.4%。与 2011 年相比, 封闭型市场增加 55 家, 数量占比提升 1.8 个百分点; 露天市场和过渡型市场各减少 15 家和 3 家, 露天市场占比下降 1.3 个百分点 (见表 36)。

表 36 2011 年和 2012 年我国亿元以上农产品批发市场经营环境

指标	露天		封闭		其他	
	2011 年	2012 年	2011 年	2012 年	2011 年	2012 年
市场数量(家)	383	368	1065	1120	274	271
总摊位数(万个)	31.66	30.34	59.70	62.87	18.50	19.35
年末出租摊位数(万个)	29.23	27.98	53.41	56.99	16.65	17.08
营业面积(万平方米)	1901.56	1865.73	2683.14	2897.08	1353.50	1574.46
成交额(亿元)	4770.67	4806.67	10612.16	12001.15	3537.54	3918.70

数据来源: 根据《中国商品交易市场统计年鉴》数据整理计算。

从成交额看, 2012 年, 封闭型市场、露天市场和其他过渡型市场成交额分别为 12001.15 亿元、4806.67 亿元和 3918.70 亿元, 各占成交额总量的 57.9%、23.2% 和 18.9%。与 2011 年相比, 封闭市场成交额增长 13.1%, 过渡型市场成交额增长 10.8%, 均明显高于露天市场成交额 0.8% 的增长水平。

从单位效益看, 2012 年, 在摊位平均成交额和每平方米营业面积成交额方面, 封闭型市场均好于露天市场, 分别是露天市场成交额的 1.2 倍和 1.6 倍。在平均每市成交额方面, 封闭型市场仍然偏低, 但与露天市场的差距也在缩小。与 2011 年相比, 封闭型市场每市成交额增长 7.6%, 高出露天市场增速 2.8 个百分点 (见表 37)。

表 37 2011 年和 2012 年我国亿元以上农产品批发市场单位规模与效益 (经营环境分)

指标	露天		封闭		其他	
	2011 年	2012 年	2011 年	2012 年	2011 年	2012 年
平均摊位数(个)	827	824	561	561	675	714
平均年末出租摊位数(个)	763	760	502	509	607	630
市场平均营业面积(平方米)	49649	5.07	25194	2.59	49398	5.81

续表

指标	露天		封闭		其他	
	2011 年	2012 年	2011 年	2012 年	2011 年	2012 年
摊位平均营业面积(平方米)	60.1	61.50	44.9	46.08	73.1	81.39
市场平均成交额(亿元)	12.46	13.06	9.96	10.72	12.91	14.46
摊位平均成交额(万元)	163.20	171.79	198.68	210.60	212.53	229.39
每平方米成交额(万元)	2.51	2.58	3.96	4.14	2.61	2.49

数据来源：根据《中国商品交易市场统计年鉴》数据整理计算。

（三）农产品批发市场区域发展情况

1. 中、西部农批市场发展较快

从分布情况看，东部 10 省份共有亿元以上农批市场 1155 家，占全国的 65.7%；其中，浙江、江苏、山东、广东和河北各有市场 306 家、204 家、184 家、130 家和 115 家分列全国前 5 位。东北地区共有亿元以上农批市场 104 家，其中辽宁有农批市场 62 家，排在首位。中部地区共有亿元以上农批市场 280 家，占全国的 15.9%；其中湖南和河南农批市场分布较为集中，分别有 89 家和 48 家。西部地区共有亿元以上农批市场 220 家，占全国的 12.5%；其中重庆和四川区域中心地位突出，分别有 40 家和 38 家农批市场。与 2011 年相比，西部和中部地区分别增加 9 家和 8 家农批市场，分别增长 4.3% 和 2.9%，数量占比分别小幅提升了 0.25 个和 0.12 个百分点；东部地区增加 22 家农批市场，增长 1.9%，数量占比下降 0.13 个百分点；东北地区农批市场减少 2 家，数量占比下降 0.24 个百分点。按省份来看，浙江和上海新增农批市场数量最多，分别增加 14 家和 7 家；河北、江苏和内蒙古农批市场数量下降较多，分别减少 6 家、4 家和 4 家。

从成交额看，东部地区农批市场成交总额为 13774.94 亿元，占全国总成交额的 66.5%；其中，浙江、山东、江苏、广东、北京和河北的成交额分别为 2656.69 亿元、2639.37 亿元、2131.43 亿元、1789.61 亿元、1580.38 亿元和 1185.68 亿元，分列国内前 6 位。东北地区年成交额为 1119.24 亿元，占全国总成交额的 5.4%；其中，辽宁成交额为 512.14 亿元，排在全国第 13 位。

中部地区年成交额为 3328.42 亿元,占全国总成交额的 16.1%;其中,河南和湖南销售规模较大,年成交额分别为 984.64 亿元和 747.59 亿元,排在国内第 7 位和第 9 位。西部地区年成交额为 2503.91 亿元,占全国总成交额的 12.1%;其中,重庆成交额为 685.12 亿元,排在国内第 10 位。

与 2011 年相比,东北农批市场成交额下降 7.4%,中部、西部和东部地区成交额分别增长 29.4%、9.0% 和 7.3%;中部成交额占比上年提高 2.5 个百分点,东部、东北和西部成交额占比分别下降 1.4、1.0 和 0.4 个百分点。按省份来看,河南、北京和山东新增规模领先,分别成交 423.13 亿元、318.19 亿元和 220.23 亿元;辽宁、内蒙古及河北成交额明显下滑,分别下降 166.10 亿元、55.48 亿元和 50.6 亿元。

2. 北京综合农批市场成交额升至全国首位

与专业市场相比,经营品类丰富的综合农批市场更能满足消费者的多元化需求,更靠近终端用户,多数位于农产品主销区。"长三角""珠三角""京津冀""长株潭""成渝"等地综合农批市场分布尤为密集。2012 年,浙江、江苏、广东、福建、湖南和上海综合农批市场数量领先,分别达到 165 家、123 家、48 家、45 家、42 家和 40 家(见表 38)。与 2011 年相比,上海、湖南和广东市场数量分别增加 6 家、1 家和 1 家;浙江市场数量减少 5 家;江苏和福建市场数量持平。

表 38　2012 年我国各地区亿元以上综合农批市场情况（以成交额排序）

省　份	市场数量 （家）	年末出租 摊位数（个）	营业面积 （万平方米）	成交额 （亿元）	平均每市成 交额（亿元）	摊位平均成 交额（万元）
北　京	17	26634	242.89	998.60	58.74	374.93
江　苏	123	61487	185.50	978.71	7.96	159.17
浙　江	165	64521	152.54	858.22	5.20	133.01
广　东	48	30595	155.28	615.21	12.82	201.08
湖　南	42	23392	135.31	448.78	10.69	191.85
上　海	40	13537	263.12	359.51	8.99	265.57
重　庆	23	15106	49.09	320.83	13.95	212.39
安　徽	20	13462	45.45	306.36	15.32	227.57
河　北	25	30685	222.43	273.52	10.94	89.14
河　南	8	7215	92.85	222.49	27.81	308.37

数据来源:根据《中国商品交易市场统计年鉴》数据整理计算。

从成交额看，2012 年，北京综合农批市场成交额为 998.60 亿元，占全国综合农批市场成交额的 14.2%，超出江苏和浙江成交额占比 0.3 个和 2.0 个百分点，排在全国首位。此外，广东、湖南和上海的成交额占比也在 5% 以上。与 2011 年相比，广东和湖南成交额大幅提高，分别增长 69.8% 和 46.5%；北京在市场数量减少 4 家的背景下，成交额仍增长 15.0%，超出全国平均增速 4.1 个百分点；长三角地区综合农批市场发展欠佳，浙江成交额下降 11.5%，江苏和上海成交额虽然分别增长 10.1% 和 6.0%，但落后全国平均增速 0.7 个和 4.9 个百分点。

从单位效益看，2012 年北京以平均每市成交额 58.74 亿元和摊位平均成交额 374.93 万元继续领先全国。河南平均每市成交额为 27.81 亿元，天津摊位平均成交额为 369.01 万元，分别排在上述两项指标的第 2 位。江苏和浙江总成交额虽然排名靠前，但单位效益偏低。其中，浙江平均每市成交额为 5.20 亿元，摊位平均成交额为 133.01 万元，仅相当于全国平均水平的五成和八成。

从构成看，2012 年，综合农批市场成交额占农批市场总成交额比重超过 50% 的省份有北京、湖南和安徽，分别达到 63.2%、60.0% 和 55.3%。三地农批市场以满足本地需求为主，对周边地区辐射能力偏弱。综合市场成交额比重介于 40% ~ 50% 的包括重庆、广西、江苏、江西、上海、天津、黑龙江和山西 8 省份。此外，山东、内蒙古、河南、河北等地综合市场成交额比重更低，分别为当地农批市场的 7.4%、11.9%、22.6% 和 23.1%，当地农批市场本地需求不足，更加专注于外埠市场（见图 31）。与 2011 年相比，青海、天津、广东、内蒙古、山西、湖南、贵州、宁夏等地综合农批市场成交额比重显著提升；同期，海南、新疆、河南、重庆、江西、浙江、北京、黑龙江等地，专业市场发展相对较快，综合农批市场成交额比重明显下滑。

3. 河南、浙江和山东专业农批市场成交提速

国内专业农批市场多数位于农业主产区和集散枢纽。2012 年，山东、浙江、河北、广东和江苏专业农批市场分布较为密集，分别有 159 家、141 家、90 家、82 家和 81 家。与 2011 年相比，浙江、广东和山东市场数量分别增加 19 家、4 家和 2 家，河北和江苏市场数量分别减少 5 家和 4 家。

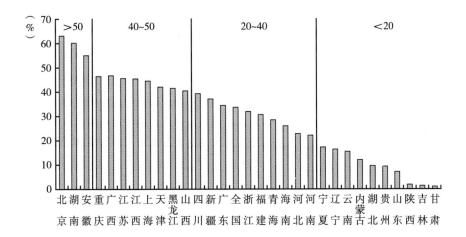

图31　2012 年各地区亿元以上农批市场构成（综合市场成交额比重）

数据来源：根据《中国商品交易市场统计年鉴》数据整理计算。

以成交额计，2012 年，山东、浙江、广东、江苏、河北及河南专业农批市场排名靠前，分别成交 2445.25 亿元、1798.47 亿元、1174.40 亿元、1152.72 亿元、912.17 亿元和 762.15 亿元，分别占全国专业市场成交总额的 17.8%、13.1%、8.6%、8.4%、6.7% 和 5.6%。与 2011 年相比，河南、浙江和山东成交额分别增长 101.3%、13.5% 和 9.9%，增幅较上年扩大；江苏成交额增长 5.9%，增幅较上年大幅回落 36.9 个百分点；同期，广东与河北市场成交额则分别下降 14.7% 和 5.1%。

具体到品种，2012 年，山东拥有国内最多的蔬菜、干鲜果品、粮油和棉麻土畜烟叶专业市场。同期，浙江在水产品市场数量和其他类市场数量上领先；江苏和广东各有 17 家肉禽蛋市场，并列国内第 1 位。从成交额看，2012 年山东蔬菜、水产品和粮油专业市场的成交额最高；广东则在肉禽蛋市场和干鲜果品市场中排名领先；江苏与河南分别在棉麻土畜、烟叶市场和其他类市场中占有率最高。

（1）粮油市场集中度提升。以成交额计，2012 年，山东、浙江、江苏、广东和北京继续列前 5 位，合计 993.81 亿元，占粮油市场总成交额的 60.6%，比上年扩大 4.5 个百分点。其中，山东 17 家粮油专业市场共成交 298.14 亿元，比上年增长 22.1%，市场份额扩大 1.2 个百分点至 18.2%，继续排在全国首位。从平均每市成交额看，山东粮油市场仅处于中上水平，成交额为17.54亿元，排在第10位。吉林和北京平均每市成交额分别为68.20亿元和47.59亿元，领先全国。如以摊位核算，山东排名靠后，摊位平均成交265.70万元，比全国均值低27.1%（见表39）。

表39 2012年我国各地区亿元以上粮油专业市场情况（以成交额排序）

省　份	市场数量（家）	年末出租摊位数(个)	营业面积（万平方米）	成交额（亿元）	平均每市成交额(亿元)	摊位平均成交额（万元）
山　东	17	11221	72.17	298.14	17.54	265.70
浙　江	15	3496	42.30	239.00	15.93	683.64
广　东	9	1750	22.25	166.98	18.55	954.16
江　苏	7	941	29.50	146.91	20.99	1561.17
北　京	3	2140	20.00	142.78	47.59	667.19
河　南	5	2056	10.64	71.80	14.36	349.24
吉　林	1	1608	17.79	68.20	68.20	424.13
河　北	9	9320	70.07	62.40	6.93	66.95
黑龙江	2	157	2.26	54.78	27.39	3489.45
上　海	4	3070	2.47	47.46	11.87	154.59

数据来源：根据《中国商品交易市场统计年鉴》数据整理计算。

（2）广东肉禽蛋市场回暖。2012年，广东肉禽蛋市场数量达到17家，比上年增加4家；市场成交206.06亿元（见表40），比上年增加64.12亿元，

表40 2012年我国各地区亿元以上肉禽蛋专业市场情况（以成交额排序）

省　份	市场数量（家）	年末出租摊位数(个)	营业面积（万平方米）	成交额（亿元）	平均每市成交额(亿元)	摊位平均成交额（万元）
广　东	17	6379	65.23	206.06	12.12	323.02
江　苏	17	3225	16.60	179.79	10.58	557.50
浙　江	14	2769	11.95	158.14	11.30	571.10
河　北	5	1524	24.78	83.06	16.61	544.98
上　海	6	713	4.07	62.29	10.38	873.57
四　川	2	1621	5.71	53.56	26.78	330.42
安　徽	8	1840	10.35	45.26	5.66	245.98
江　西	5	1924	6.70	42.02	8.40	218.38
广　西	4	4808	8.46	41.32	10.33	85.94
黑龙江	2	428	1.22	28.10	14.05	656.61

数据来源：根据《中国商品交易市场统计年鉴》数据整理计算。

成交额占比增加 4.2 个百分点至 20.0%，重返全国首位。江苏肉禽蛋市场发展放缓，市场数量比上年减少 1 家，成交额仅比上年增长 1.1%，增幅大幅回落 31.8 个百分点。从单位效益看，四川平均每市成交额为 26.78 亿元，排在全国首位；广东平均每市成交额为 12.12 亿元，比上年增长 11.0%，是全国平均水平的 1.4 倍；江苏平均每市成交额为 10.58 亿元，比上年增长 7.1%，落后全国平均增速 1.2 个百分点。如以摊位核算，上海平均成交额为 873.57 万元，商家实力最强。

（3）沿江水产品市场发展较快。国内水产品批发市场集中分布在沿海及沿江地区。2012 年，水产品市场成交额排名前 10 的省份中沿海地区有 7 个，沿江地区有 2 个。其中，山东水产品市场成交额为 595.69 亿元（见表 41），占国内水产品市场成交总额的 20.0%，继续排在全国首位。与 2011 年相比，湖北、重庆两个内陆沿江地区成交额分别增长 30.4% 和 26.6%，高出全国平均增速 21.8 和 18.0 个百分点。

表 41　2012 年我国各地区亿元以上水产品专业市场情况（以成交额排序）

省　份	市场数量（家）	年末出租摊位数(个)	营业面积（万平方米）	成交额（亿元）	平均每市成交额（亿元）	摊位平均成交额(万元)
山　东	23	38328	140.62	595.58	25.89	155.39
浙　江	35	31245	58.62	458.69	13.11	146.81
江　苏	24	8030	77.21	251.34	10.47	313.00
重　庆	3	966	15.57	237.15	79.05	2454.97
辽　宁	8	2125	26.02	221.41	27.68	1041.92
广　东	17	3310	27.91	209.60	12.33	633.23
湖　北	5	3431	32.71	206.21	41.24	601.03
福　建	12	3335	14.89	192.44	16.04	577.02
上　海	4	2450	21.30	172.65	43.16	704.67
北　京	3	1690	140.62	146.47	48.82	866.68

数据来源：根据《中国商品交易市场统计年鉴》数据整理计算。

从单位效益看，重庆和北京平均每市成交额为 79.05 亿元和 48.82 亿元，分列前 2 位。如以摊位核算，重庆仍以摊位平均成交额 2454.97 万元，排在全国首位；山东摊位平均成交额 155.39 万元，相当于全国均值的 55.2%，市场主体实力较弱。

（4）河南和江苏蔬菜市场成交额大幅提高。以成交额计算，2012年，山东、河北、浙江、河南和江苏继续分列国内前5位，成交额合计为2077.83亿元，占蔬菜市场总成交额的60.6%。与2011年相比，山东蔬菜市场减少1家，成交额也下降了6.8%，成交额占比由上年的26.8%缩减到22.7%；河南和江苏蔬菜市场成交额分别增长27.9%和17.9%，高出全国均值17.6个和7.6个百分点。

从单位效益看，北京平均每市成交额为25.37亿元排在全国首位；山东平均每市成交额为12.58亿元，比上年下降5.0%，排在第10位。如以摊位核算，黑龙江摊位平均成交额最高，达到951.55万元，比上年增长19.8%；山东摊位平均成交为142.82万元，比上年下降9.2%，排名靠后（见表42）。

表42　2012年我国各地区蔬菜专业市场情况（以成交额排序）

省　份	市场数量（家）	年末出租摊位数(个)	营业面积（万平方米）	成交额（亿元）	平均每市成交额(亿元)	摊位平均成交额(万元)
山　东	65	57263	544.99	817.85	12.58	142.82
河　北	51	74196	311.99	550.88	10.80	74.25
浙　江	24	9475	64.18	284.29	11.85	300.04
河　南	18	11645	94.31	230.26	12.79	197.73
江　苏	14	6542	37.60	194.56	13.90	297.40
四　川	8	7108	26.72	154.39	19.30	217.20
北　京	6	3491	24.64	152.21	25.37	435.99
湖　南	9	4973	28.66	108.38	12.04	217.94
辽　宁	14	5678	40.43	108.29	7.74	190.72
陕　西	7	3435	22.60	105.48	15.07	307.08

数据来源：根据《中国商品交易市场统计年鉴》数据整理计算。

（5）广东干鲜果品市场成交额下滑。2012年，广东干鲜果品市场成交额为409.04亿元，占本类市场交易总额的20.4%，继续排名全国首位。与2011年相比，广东市场数量持平，但营业面积和年末出租摊位数均大幅缩减，成交额因而下降19.3%，市场份额下降了6.4个百分点。从单位效益看，2012年广东仍以平均每市成交额 40.90 亿元排在全国首位;摊位平均成交额 1239.90 万元,排在国内第 2 位,比 2011 年大幅增长 41.3% (见表 43)。

表 43　2012 年我国各地区干鲜果品专业市场情况 (以成交额排序)

省 份	市场数量 (家)	年末出租 摊位数(个)	营业面积 (万平方米)	成交额 (亿元)	平均每市成 交额(亿元)	摊位平均成 交额(万元)
广 东	10	3299	57.83	409.04	40.90	1239.90
山 东	27	13697	103.16	374.29	13.86	273.26
浙 江	20	7561	54.79	320.49	16.02	423.87
湖 北	6	4907	23.88	133.77	22.30	272.61
江 苏	8	6545	38.68	133.06	16.63	203.30
河 北	11	9324	43.52	112.20	10.20	120.33
黑龙江	4	1334	16.64	76.25	19.06	571.55
新 疆	3	1945	15.50	74.13	24.71	381.12
江 西	3	1118	8.39	70.00	23.33	626.11
重 庆	2	1168	6.08	35.30	17.65	302.26

数据来源:根据《中国商品交易市场统计年鉴》数据整理计算。

(四)主要品类农产品批发交易情况

1. 干鲜果品和蔬菜摊位成交额明显增加

按年末出租摊位划分,2012 年在国内亿元以上批发市场中,共有粮油食品类摊位 103.55 万个,实现成交额 21347.20 亿元。其中,粮油、肉禽蛋、水产品、蔬菜和干鲜果品五类主要农产品共有摊位 99.02 万个,实现成交额 20385.94 亿元。五类农产品中,蔬菜摊位数量最多,成交额最大,分别为 43.42 万个和 5925.28 亿元,占粮油食品类摊位总数的 41.9% 和交易总额的 27.8% (见图 32、表 44)。

与 2011 年相比,蔬菜新增摊位数最多,达到 0.83 万个,同比增长 1.9%,增幅较上年回落 0.7 个百分点;粮油摊位数增长最快,同比增长 4.9%,但较上年增幅也回落 2.1 个百分点;肉禽蛋摊位数增长 3.1%,增幅提升 1.7 个百分点。从成交额看,干鲜果品成交额增长最快,同比增长 15.2%;蔬菜成交额增幅排在第 2 位,同比增长 13.1%,且增幅较上年提高 3.7 个百分点;水产品成交额增长 11.6%,增幅较上年大幅回落 8.1 个百分点。

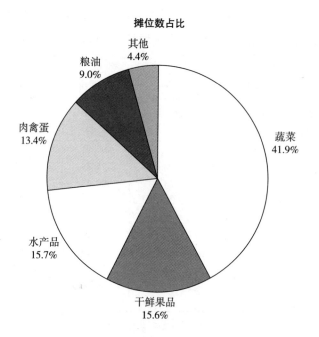

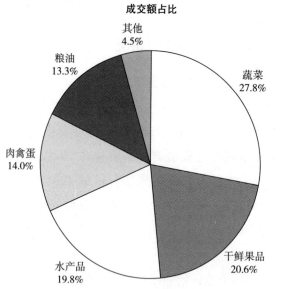

图32　2012年国内亿元以上农批市场各类
农产品摊位数与摊位成交额占比

数据来源：根据《中国商品交易市场统计年鉴》数据整理计算。

表 44 2008～2012 年国内亿元以上农产品批发市场主要农产品摊位情况

	年 度	粮油	肉禽蛋	水产品	蔬菜	干鲜果品
摊位数 （个）	2008	77213	122336	129703	381068	133091
	2009	77699	126926	140129	407198	138847
	2010	82877	132833	146589	414909	147940
	2011	88667	134630	156584	425897	155291
	2012	93056	138813	162403	434187	161726
	2011 年增长幅度（%）	7.0	1.4	6.8	2.6	5.0
	2012 年增长幅度（%）	4.9	3.1	3.7	1.9	4.1
成交额 （亿元）	2008	1552.38	1768.72	2538.25	3263.59	2234.00
	2009	2010.58	1930.47	2744.30	3851.05	2669.47
	2010	2390.79	2247.21	3165.54	4789.38	3160.68
	2011	2631.32	2679.64	3788.80	5238.70	3822.61
	2012	2831.77	2998.06	4227.63	5925.28	4403.21
	2011 年增长幅度（%）	10.1	19.2	19.7	9.4	20.9
	2012 年增长幅度（%）	7.6	11.9	11.6	13.1	15.2
平均 成交额 （万元）	2008	201.05	144.58	195.70	85.64	167.86
	2009	258.76	152.09	195.84	94.57	192.26
	2010	288.47	169.18	215.95	115.43	213.65
	2011	296.76	199.04	241.97	123.00	246.16
	2012	304.31	215.98	260.32	136.47	272.26
	2011 年增长幅度（%）	2.9	17.7	12.0	6.6	15.2
	2012 年增长幅度（%）	2.5	8.5	7.6	10.9	10.6

从单位效益看，粮油摊位平均成交额最高，蔬菜和干鲜果品摊位效益增长较快。2012 年，粮油摊位平均成交额为 304.31 万元，是粮油食品类平均摊位成交额的 1.5 倍；蔬菜和干鲜果品摊位年成交 136.47 万元和 272.26 万元，同比分别增长 10.9% 和 10.6%，其中蔬菜摊位成交额增幅较上年提升 4.3 个百分点。

2. 五大类农产品交易均集中在东部地区

2012 年，在粮油、肉禽蛋、水产品、蔬菜和干鲜果品等五类农产品交易中，东部地区均占据主导地位。以摊位成交额计算，除河南在干鲜果品交易中排名第 5 位外，其余各类农产品交易中排名前 5 位的省份均来自东部地区（见表 45）。

表45　2012年主要农产品成交区域分布及占全国成交额比例

单位：%

排名	粮油		肉禽蛋		水产品		蔬菜		干鲜果品	
	地区	占比	地区	占比	地区	占比	地区	占比	地区	占比
1	江　苏	12.8	江　苏	15.8	江　苏	16.7	山　东	14.9	浙　江	13.2
2	浙　江	12.5	浙　江	13.7	浙　江	13.8	浙　江	9.8	广　东	10.3
3	山　东	11.8	广　东	12.8	广　东	13.1	河　北	9.4	山　东	10.0
4	广　东	8.7	北　京	6.4	北　京	6.6	江　苏	8.6	北　京	9.3
5	北　京	7.1	上　海	5.2	上　海	6.5	北　京	7.0	河　南	7.7
6	河　北	4.2	湖　南	4.6	湖　南	6.2	河　南	7.0	江　苏	7.1
7	河　南	4.0	河　北	4.2	河　北	5.7	广　东	6.4	河　北	5.4
8	天　津	3.7	山　东	4.0	山　东	5.3	四　川	3.6	湖　南	4.6
9	四　川	3.5	安　徽	3.8	安　徽	4.6	湖　南	3.2	江　西	3.9
10	湖　南	3.3	四　川	3.5	四　川	3.8	黑龙江	3.1	重　庆	3.3
前5位占比	52.9		53.9		56.7		49.7		50.5	
前10位占比	71.6		74.0		82.3		73.0		74.8	

数据来源：根据《中国商品交易市场统计年鉴》数据整理计算。

2012年，江苏水产品、肉禽蛋和粮油成交额最高，分别为553.38亿元、474.36亿元和362.10亿元，相当于国内同类商品成交总额的16.7%、15.8%和12.8%；山东在蔬菜交易中占有率最高，年成交880.64亿元，占全国蔬菜成交总额的14.9%；浙江在干鲜果品交易中比重最大，年成交582.56亿元，占干鲜果品成交总额的13.2%。此外，浙江在水产、肉禽蛋、粮油和蔬菜交易中也有着重要地位，成交额占比均排在第2位。北京干鲜果品、粮油、蔬菜、水产和肉禽蛋成交额分别占全国各类成交额的9.3%、7.1%、7.0%、6.6%和6.4%，均排在全国前5位。

（五）重点城市农批市场发展情况——以北京为例

1. 北京农产品流通体系特征分析

北京是一个拥有2069万人常住人口的特大型消费城市，是北方农产品流通网络的枢纽。北京已经初步建成了以各级农产品批发市场为核心，以城市社区菜市场和乡镇农贸市场为基础、以直销配送和连锁超市为补充，销区、集散地、产区市场相结合的农产品流通体系。

北京市农产品自给率较低，80% 以上农产品来自华北、东北等周边地区。北京市农业局信息中心监测数据显示，2012 年，北京市重点批发市场蔬菜上市量为 861.80 万吨，其中河北菜、山东菜、海南菜和辽宁菜分别占 32.0%、26.6%、4.6%、5.1%，本地产蔬菜仅占 11.5%；猪肉上市量为 26.30 万吨，来自本地屠宰厂的占 86.4%，另有 9.3% 和 4.1% 的猪肉来自河北和天津，如果计算生猪调入量，北京市猪肉自给率则不足 20%；淡水鱼上市量为 23.60 万吨，天津、山东、江苏和河北淡水鱼分别占 39.8%、23.4%、15.3% 和 10.9%，本地淡水鱼只占 7.0%；鸡蛋上市量为 21.56 万吨，其中 48.0%、34.9% 和 10.8% 的鸡蛋来自辽宁、内蒙古及河北，本市鸡蛋占比为 5.9%；牛肉上市量为 7.61 万吨，来河北和天津的牛肉分别占 73.5% 和 23.2%，北京只占 2.7%；羊肉上市量为 6.58 万吨，主要来自河北、北京、内蒙古和山东羊肉分别占 61.9%、10.7%、9.4% 和 7.3%；白条鸡上市量为 5.97 万吨，主要来自河北、北京和天津，分别占 42.7%、43.1%、14.2%。

《北京市"十二五"时期农产品流通体系发展规划》指出，外埠进京农产品主要通过京沪高速（东南方向）进入北京市场，流通量占总量的 42.4%。其他方向进京流量比重分别为：京开高速（京南）占 15.3%，京哈高速（京东）占 13.5%，京藏高速（京西北）占 11.3%；京港澳高速（京西南）占 10.2%，京承高速（京北）占 7.3%。

2. 北京农批市场总体运行情况分析

（1）亿元农批市场数量下降，总体态势发展良好。

北京农批市场在国内农产品市场中的地位举足轻重。从总体规模看，2012 年，北京亿元以上农批市场交易额排在全国第 5 位，占全国总成交额的 7.6%，比上年提高 1 个百分点。此外，北京农批市场营业面积和摊位总数均排在全国第 6 位，年末出租摊位数排在第 8 位。以单体规模看，北京农批市场排名更为靠前。北京市场平均成交额排在全国首位，是全国平均水平的 3.4 倍；摊位平均成交额略低于黑龙江排在第 2 位，是全国平均摊位成交额的 1.9 倍。

截至 2012 年年末，北京共有亿元以上农产品批发市场 39 家，比上年减少 2 家。自 2008 年以来，亿元以上的农批市场数量首次下滑。从市场摊位数、年末出租摊位数、营业面积和成交额等其他总量指标来看，北京农批市场的总体走向仍呈稳步上升态势。2012 年，市场成交总额为 1580.38 亿元，同比增长 25.2%，增速比上年加快 5.5 个百分点（见表 46）。

表 46 2008～2012 年北京亿元以上农产品批发市场总体情况

年度	市场数量 （家）	摊位数 （万个）	年末出租 摊位数（万个）	营业面积 （万平方米）	成交额 （亿元）
2008	32	4.32	3.09	301.07	757.52
2009	37	4.35	3.21	309.46	860.39
2010	39	4.49	3.29	311.23	1054.09
2011	41	4.85	3.63	340.64	1262.19
2012	39	5.38	4.06	347.37	1580.38
2011 年增长幅度(%)	5.1	7.9	10.6	9.5	19.7
2012 年增长幅度(%)	-4.9	10.8	11.6	2.0	25.2

数据来源：根据《中国商品交易市场统计年鉴》数据整理计算。

从单体规模看，北京农批市场经营规模扩大，效益提升。2012 年，北京亿元以上农批市场平均摊位数为 1379 个，平均营业面积 8.91 万平方米，同比分别增长 16.6% 和 7.2%，增幅较上年各提高 13.9 和 3.1 个百分点；平均成交额和摊位平均成交额分别为 40.52 亿元和 389.68 万元，同比分别增长 31.6% 和 12.2%，均明显高于上年增幅（见表 47）。

（2）专业市场发展较快，综合市场仍是主导。

2012 年，北京专业农产品批发市场发展好于综合市场。2012 年，北京共有亿元以上综合型农批市场 17 家，专业市场 22 家；与上年相比，综合农批市场减少 4 家，专业市场增加 2 家。专业农批市场年末出租摊位 1.39 万个，营业面积为 104.47 万平方米，年成交总额为 581.78 亿元，各占北京亿元以上农批市场总体的 34.3%、30.1% 和 36.8%，份额比 2011 年分别扩大了 0.7 个、2.2 个和 5.6 个百分点。综合型农批市场成交额比重仍超过六成，是北京农批市场的主体（见表 48）。

表 47 2008～2012 年北京亿元以上农产品批发市场单体规模

年度	市场平均摊位数（个）	市场平均营业面积（平方米）	摊位平均营业面积（平方米）	平均每市成交额（亿元）	摊位平均成交额（万元）	每平方米成交额（万元）
2008	1350	94085	70	23.67	245.18	2.52
2009	1174	83637	71	23.25	268.10	2.78
2010	1152	79802	69	27.03	320.72	3.39
2011	1183	83084	70	30.79	347.28	3.71
2012	1379	89068	65	40.52	389.68	4.55
2011 年增长幅度(%)	2.7	4.1	1.4	13.9	8.3	9.4
2012 年增长幅度(%)	16.6	7.2	-7.1	31.6	12.2	22.6

数据来源：根据《中国商品交易市场统计年鉴》数据整理计算。

表 48 2011 年和 2012 北京亿元以上综合与专业农产品批发市场情况

指标	综合		专业		专业市场占比(%)	
	2011 年	2012 年	2011 年	2012 年	2011 年	2012 年
市场数量(家)	21	17	20	22	48.8	56.4
总摊位数(个)	2.63	2.94	2.22	2.44	45.8	45.3
年末出租摊位数(个)	2.41	2.66	1.22	1.39	33.6	34.3
营业面积(万平方米)	245.51	242.89	95.13	104.47	27.9	30.1
成交额(亿元)	868.69	998.60	393.50	581.78	31.2	36.8

数据来源：《中国商品交易市场统计年鉴》。

从单体规模看，除摊位平均成交额和每平方米成交额外，综合市场在其他主要指标上均大幅领先专业市场。2012 年综合市场平均成交额为 58.74 亿元，同比增加 42.0%，比专业市场增速高出 7.6 个百分点，平均成交额是专业市场的 2.2 倍。综合市场年末摊位出租率为 90.6%，也远高于专业市场 57.2%的水平。值得关注的是，2012 年专业市场摊位平均成交 417.89 万元，首次超过综合市场，市场发展前景看好（见表 49）。

在北京各类亿元以上专业农批市场中，蔬菜市场有 6 家，数量最多；粮油、肉禽蛋、水产、蔬菜和干鲜果品市场均为 3 家。与 2011 年相比，蔬菜和肉禽蛋市场各增加 1 家。自 2008 年以来，蔬菜、肉禽蛋、干鲜果品和其他农产品市场数量均有增长，而粮油和水产市场数量保持稳定。

表49 2011年和2012年北京亿元以上综合与专业农批市场单位规模与效益

指标	综合		专业		专业/综合	
	2011年	2012年	2011年	2012年	2011年	2012年
平均摊位数(个)	1252	1730	1111	1107	0.89	0.64
平均年末出租摊位数(个)	1150	1567	610	633	0.53	0.40
市场平均营业面积(平方米)	11.69	14.29	4.76	4.75	0.41	0.33
摊位平均营业面积(平方米)	93.4	82.6	42.8	42.9	0.46	0.52
平均每市成交额(亿元)	41.37	58.74	19.68	26.44	0.48	0.45
摊位平均成交额(万元)	359.86	374.93	322.41	417.89	0.90	1.11
每平方米成交额(万元)	3.54	4.11	4.14	5.57	1.17	1.35

数据来源：根据《中国商品交易市场统计年鉴》数据整理计算。

从成交额看，2012年蔬菜、水产品和粮油市场成交额领先，分别为152.21亿元、146.47亿元和142.78亿元，各占市场成交总额的9.6%、9.3%和9.3%。与上年相比，蔬菜市场成交额大幅增长387.9%，远高于同期水产品市场和粮油市场16.8%和14.7%的增长水平，北京蔬菜经营的专业化水平进入新阶段（见表50）。

表50 2012年北京各类亿元以上专业农产品批发市场总体情况

指标	粮油	肉禽蛋	水产品	蔬菜	干鲜果品	其他
市场数量(个)	3	3	3	6	3	4
总摊位数(个)	2195	1008	1938	11413	2819	4985
年末出租摊位数(个)	2140	862	1690	3491	1279	4460
营业面积(万平方米)	20.00	3.83	7.70	24.64	27.08	21.22
成交额(亿元)	142.78	6.27	146.47	152.21	19.03	115.03
成交额同比增长(%)	14.7	51.4	16.8	387.9	14.0	25.5

数据来源：《中国商品交易市场统计年鉴》。

从单体规模看，蔬菜市场摊位成交额增长最快，干鲜果品和肉禽蛋市场效益偏低。2012年，蔬菜市场摊位平均成交额为435.99万元，同比增长236.8%，远高于同期专业市场29.6%的平均增长水平。在各类专业市场中，干鲜果品市场平均营业面积最大，达到9.03万平方米，但平均每市成交额和摊位平均成交额只有 6.34 亿元和 148.82 万元，仅相当于专业市场平均水平的 24.0% 和 35.6%。2012 年，肉禽蛋市场年末摊位出租数同比暴增 153.5%，摊位平均成交额降至 72.71 万元，同比大幅下降 40.3%。

（3）肉禽蛋、水产品和蔬菜成交额明显增加。

按摊位分，2012 年北京亿元以上批发市场中，共有粮油食品类摊位 35107 个，实现成交额 1553.75 亿元。其中，粮油、肉禽蛋、水产品、蔬菜和干鲜果品五类主要农产品共有摊位 31527 个，实现成交额 1478.22 亿元。五类农产品中，蔬菜摊位数量最多，成交额最大，分别为 10992 个和 416.18 亿元，占粮油食品类摊位总数的 31.3% 和交易总额的 26.8%（见表 51、图 33）。

表 51   2008～2012 年北京亿元以上农产品批发市场主要农产品情况

	年度	粮油	肉禽蛋	水产品	蔬菜	干鲜果品
摊位数（个）	2008	2805	4293	3238	9697	6792
	2009	3138	4622	3636	10183	7255
	2010	3131	4711	4028	10271	7420
	2011	3296	4774	3895	12091	8668
	2012	3435	5047	3829	10992	8224
	2011 年增长幅度（%）	5.3	1.3	-3.3	17.7	16.8
	2012 年增长幅度（%）	4.2	5.7	-1.7	-9.1	-5.1
成交额（亿元）	2008	114.92	99.96	104.67	221.99	229.62
	2009	123.08	106.75	143.64	256.88	275.00
	2010	141.62	127.70	169.03	340.72	307.86
	2011	189.25	146.88	208.84	344.59	381.99
	2012	200.45	192.02	261.86	416.18	407.71
	2011 年增长幅度（%）	33.6	15.0	23.6	1.1	24.1
	2012 年增长幅度（%）	5.9	30.7	25.4	20.8	6.7

与上年相比，2012 年五类农产品摊位数二升三降。其中，肉禽蛋和粮油摊位数增加，分别增长 5.7% 和 4.2%；蔬菜、干鲜果品和水产品摊位数减少，分别下降 9.1%、5.1% 和 1.7%。从成交额看，五类农产品成交额均有增长。其中肉禽蛋、水产品和蔬菜摊位成交额明显增加，分别提高 30.7%、25.4% 和 20.8%，增幅较上年扩大 15.7 个、1.8 个和 19.7 个百分点；粮油和干鲜果品成交额增幅均在 7% 以下，较上年大幅下滑。

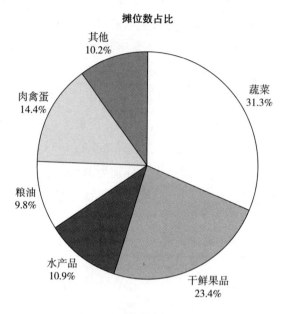

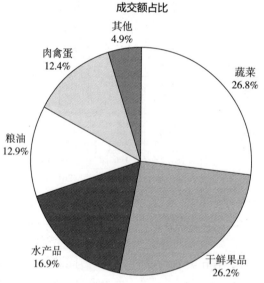

**图33 2012年北京亿元以上农批市场各类农产品
摊位数与摊位成交额占比**

数据来源：根据《中国商品交易市场统计年鉴》数据整理计算。

3. 北京重点农产品批发市场发展情况

自 1986 年北京市第一家农产品批发市场——大钟寺农副产品批发市场成立以来，经过多年的发展建设，北京已基本形成了以全市性大型综合批发市场为中心，以区域性综合批发市场为节点，以各类专业型批发市场为补充的多层次多方位的市场网络，形成京西南、京东、京北三个大型农产品批发市场聚集区。新发地、大洋路、城北回龙观、顺鑫石门、昌平水屯、通州八里桥、农产品中央、京丰岳各庄和锦绣大地等九大农批市场有五个在五环路内，四个在五环路外，均与北京连接外埠的主要高速公路相毗邻（见表 52、图 34）。据中国商品交易市场统计年鉴，2012 年九大市场有 5 家排在全国综合农批市场前 20 位，分别为新发地农副产品市场中心（第 1 位），大洋路农副产品市场（第 4 位），城北回龙观商品交易市场（第 14 位），顺鑫石门农产品批发市场（第 18 位）和八里桥农产品批发市场（第 20 位）。此外，农产品中央批发市场排在全国蔬菜专业市场第 1 位，京丰岳各庄农产品批发市场排在全国其他类农产品专业市场第 1 位。

表 52　北京九大农产品批发市场发展情况

市场名称	位置与设施	经营情况	发展规划
新发地农产品批发市场	位于南四环与南五环之间，东邻京开高速，主要连接华北和华中地区 摊位总数 2.62 万个，营业面积 121 万平方米，冷库库容 6.4 万吨	2013 年，市场交易量 1400 万吨，交易金额 500 亿元，连续 12 年位双居全国首位 主营品种：蔬菜和水果，兼有肉类、粮油、水产、调料等农副产品。其中蔬菜主要来自山东（22%）、河北（18%）与东北（10%），北京本地占 4%；水果主要来自河北（14%）、广东（13%）与山东（10%），北京本地占 3% 在北京周边和农产品主产区投资建设 13 家分市场和 500 多万亩生产基地，在北京市区内建立了 150 多家便民菜店	"内升外扩"。一方面提升市场设施和管理现代化水平，另一方面增强向农产品生产前端和零售末端延伸和整合的能力，成为保障北京市农产品市场供应的主要渠道
大洋路农产品批发市场	位于东南三环与东南四环之间，西邻京沪高速，主要连接华北和华中地区 摊位总数约有 3500 个，营业面积 39 万平方米，冷库库容 2.2 万吨	2012 年，市场成交量达 313 万吨，成交金额为 216.24 亿元 主营品种：蔬菜、肉禽、水果、水产品和蛋类	继续巩固和提升鸡蛋、香蕉等商品交易的专业化经营水平 向农产品物流配送中心转型发展

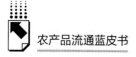

续表

市场名称	位置与设施	经营情况	发展规划
城北回龙观农产品批发市场	位于北五环与北六环之间,西邻京藏高速。主要连接华北地区 摊位总数约有 6000 个,营业面积 30 万平方米,冷库 96 间	日交易量 5800 吨左右,日交易金额 3000 万元以上 主营品种:蔬菜、水果、粮油、肉禽和水产品	进一步加强淡水鱼、牛羊肉、禽类等农产品的专业化经营水平
顺鑫石门农产品批发市场	位于东北六环以外,毗邻京承、京平高速,连接华北和西北地区 摊位总数约有 2200 个,占地 50 万平方米,营业面积 15.7 万平方米,冷库库容 1.2 万吨	2012 年,市场成交量达 313 万吨,成交额 216.24 亿元。2013 年,市场营业收入 1.37 亿元,营业利润 4869 万元,净利润 3629 万元 主营品种:蔬菜、水果、粮油、水产、肉蛋禽和快速消费品	加强覆盖顺义、怀柔、平谷等城市东北部区域的农产品集散功能,并提升水果、冷冻品的专业化经营水平
水屯农产品批发市场	位于西北六环以外,毗邻京藏高速,京包、京通铁路,主要连接华北、西北和东北地区 摊位总数 2000 个,营业面积 13 万平方米,冷库库容 1000 吨	2012 年,市场农产品成交量 160 万吨,成交金额 90 亿元 主营品种:蔬菜、水果、粮油、肉蛋禽、副食调料	加强对昌平、海淀北部等西北区域的农产品供应保障能力,成为承接西北方向进京蔬菜的集散中心;巩固其区域批发市场农产品集散和物流配送功能
八里桥农产品批发市场	位于东五环与东六环之间,临近京哈高速,连接华北、东北地区 摊位总数 2650 个,占地面积 40 万平方米,营业面积 20 万平方米,冷库库容 5000 吨	2013 年,市场农产品成交量 132 万吨,成交金额 85.92 亿元,比上年分别增长 9.1% 和 21.0% 主营品种:蔬菜、水果、水产品、肉禽蛋	保障通州区、朝阳东部地区农产品市场供应;巩固其区域批发市场农产品集散和物流配送功能
农产品中央农产品批发市场	位于南四环外,东邻京开高速,连接华北、华中地区 摊位总数 1362 个,占地 10 万平方米,营业面积 5.6 万平方米,冷库库容 3800 吨	2012 年,市场成交量 94.8 万吨,交易金额达 120.8 亿元 主营品种:特菜、食用菌	巩固和提升特菜、菌类等商品的专业化经营水平,强化京郊农产品的展示功能;对现有市场进行改造提升,稳定供应,提高效率
岳各庄农产品批发市场	位于西四环偏南方向,毗邻京石高速,主要连接河北各产地 摊位总数 2800 个,占地 10 万平方米	2012 年,市场成交量 71 万吨,交易金额达 102 亿元,同比分别增长 12.7% 和 45.7% 主营品种:水产品、蔬菜、肉禽、水果	引导其与大型生产、加工、流通企业进行对接。向农产品物流配送中心转型发展

续表

市场名称	位置与设施	经营情况	发展规划
锦绣大地农产品批发市场	位于西四环和西五环之间靠近西五环,其沿线临近108 和 109 国道,连接西北、华北地区 摊位总数 4200 多个,营业面积 20.4 万平方米,冷库库容 2 万吨	2012 年,市场成交量 55.8 万吨,交易金额 192.4 亿元,同比分别增长 39.5% 和 19.5% 主营品种:粮油、水果、肉禽、蔬菜、水产品	巩固和提升粮油、羊肉、调料等商品的专业化经营水平,并逐步提高蔬菜交易量;充分发挥其粮油等农产品集散功能的同时,强化其物流配送功能

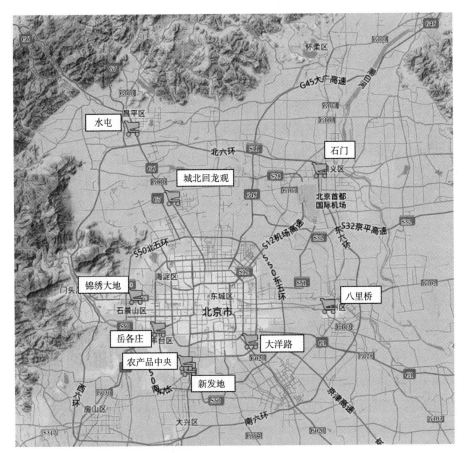

图 34　北京重点农产品批发市场布局

(六)农产品批发行业上市企业经营情况

1998 年国内批发市场实施"管办脱钩"改革以来,随着产权改革和农产品流通现代化进程的不断推进，当前国内大型农批市场已基本完成企业化和股份制改造，部分企业已成为上市公司的全资、控股或参股子公司。农批市场经营管理更趋制度化、规范化。据不完全统计，国内现有"农产品""中国农产品交易""合肥百货""鄂武商""顺鑫农业""罗牛山"和"五洲交通"7家上市公司投资农产品批发市场（见表53）。

表53　涉及农产品批发市场经营的国内上市公司

上市企业名称	股票代码（上市地点）	市场数量	情况简介
深圳市农产品股份有限公司	000061（深交所）	24家	投资经营南昌深圳农产品中心批发市场、深圳海吉星国际农产品物流园等24家实体批发市场、云南鲲鹏农产品电子商务批发市场有限公司、广西糖网食糖批发市场有限公司等5家网上交易市场 2013年农批业务收入为13.41亿元，净利润3.87亿元，同比分别增长39.3%和36.7%
合肥百货大楼集团股份有限公司	000417（深交所）	2家	投资经营合肥周谷堆农产品批发市场、苏州宿州百大农产品物流有限责任公司 2013年周谷堆农批市场实现成交额175亿元，同比增长3.6%
武汉武商集团股份有限公司	000501（深交所）	1家	投资经营武汉皇经堂农副产品批发市场 年成交量50万吨，2013年营业收入为2138万元
北京顺鑫农业股份有限公司	000860（深交所）	1家	投资经营北京顺鑫石门农产品批发市场 2013年，市场营业收入1.37亿元，营业利润4869万元，净利润3629万元
罗牛山股份有限公司	000735（深交所）	2家	投资经营海口罗牛山三鸟中心批发市场、海南万泉农产品批发市场
广西五洲交通股份有限公司	600368（上交所）	1家	投资经营南宁金桥农产品批发市场 占地1500亩，预计年交易量495万吨，交易额80亿元金桥市场二期冷库、加工车间、交易大棚等主体工程竣工并投入运营
中国农产品交易有限公司	00149（港交所）	4家	投资经营武汉白沙洲农副产品大市场、徐州农副产品中心批发市场、玉林宏进农副产品批发市场、洛阳农副产品批发市场 2013年公司农批业务收入4.09亿港元，比上年增长42.1%

注：周谷堆农产品批发市场由合肥百货大楼与深圳农产品合资经营，控股方为合肥百货大楼，占52.19%。

资料来源：根据上市企业定期公报及公司网站公开披露的信息整理。

1. 深圳农产品股份有限公司经营情况

深圳农产品股份有限公司（简称"农产品"）是首批农业产业化国家重点龙头企业。公司先后在深圳、南昌、上海、长沙、北京、成都、西安、柳州、合肥、惠州、昆明、沈阳、南宁、银川、长春、蚌埠、济南、天津、广州 19 个城市投资经营管理 31 家大型农产品综合批发市场和大宗农产品电子交易市场，其中营业实体市场 17 家，在建或筹备开业市场 7 家，农产品电子交易市场 7 家。公司现拥有自有土地面积 492 万平方米，权益自有土地 358 万平方米，其中权益商业用地为 108 万平方米。

公司自 2007 年以来，先后推行"归核化"和"网络化"战略，剥离了非核心的亏损资产，加速布局实体市场并推进电子结算，初步建成了"虚实结合、轻重平衡"的全国性农产品交易、物流及综合服务平台。

2013 年，"农产品"合并报表共实现主营业务收入 13.41 亿元，净利润 3.87 亿元，比上年分别增长 39.3% 和 36.7%。其中，公司旗下成熟市场利润贡献率最大，合计实现净利润 3.94 亿元，同比增长 46.6%，贡献权益净利润 2.49 亿元。2013 年，农批市场毛利率为 59.3%，比上年提高 2.7 个百分点，明显高于其他两大主营业务（农产品加工生产养殖为 4.2% 和市场配套服务为 23.7%）的利润率水平。从构成上看，2013 年"深圳农产品"61.9% 的营业收入和 96.2% 的毛利来自农批市场业务，比 2012 年均提高了 4.6 个百分点，公司"归核化"战略成效显著。

2. 中国农产品交易有限公司经营情况

中国农产品交易有限公司（简称"农产品交易"）是一家在香港上市的公司，于 2007 年 5 月购入武汉白沙洲农副产品大市场 90% 权益，由此正式进入农批市场领域。截至 2013 年年末，"农产品交易"共在湖北、广西、江苏与河南 4 省区投资经营 4 家农产品综合批发市场。

2013 年，公司农批业务收入及玉林市场物业销售收入合计为 4.09 亿港元，比上年增长 42.1%。由于物业销售毛利率偏低，2013 年公司毛利率为 47.0%，较上年下滑 8.9 个百分点。公司旗下武汉白沙洲农副产品大市场是华中地区最大的农产品贸易中心，占地 27 万平方米，建筑面积 16 万平方米。2013 年营业收入比上年增长 23.6%，被评为全国城市农贸中心十强。

3. 合肥百货大楼集团股份有限公司经营情况

与上述两家公司不同，合肥百货大楼集团股份有限公司（简称"合肥百货"）的农批业务比重相对较小，但由于利润率较高，也是公司未来发展的重点之一。2013年"合肥百货"实现农批业务收入1.43亿元，同比增加3.9%，相当于公司同期总收入的1.44%。由于毛利率高达69.7%，远高于其他两大主营业务的利润水平（百货业为15.2%，超市业为12.7%），2013年农批业务为公司贡献了5.6%的总毛利。

公司旗下周谷堆农产品批发市场建成于1992年，位于安徽省会合肥市一环和二环之间，占地规模由最初的10亩发展到280亩，属于综合型成熟市场。2013年市场成交额175亿元，同比增长3.6%。随着合肥市现代化大城市建设的快速推进，周谷堆市场所在区域已成为繁华的城市中心商业区，加上市场农产品交易业务的不断拓展，市场内固定经营户已发展至1万多户，日均人流量超过5万人次，车流量已超1万辆，拥堵不堪，给市政交通带来较大的压力，且周边已无发展空间，农产品交易辐射受到局限。2010年，周谷堆农产品批发市场开始投资建设中国合肥农产品国际物流园（合肥周谷堆大兴项目）。中国合肥农产品国际物流园占地1262亩，计划建筑面积96万平方米，总投资34亿元，分三期4年建成。截至2013年年底已完成投资13.3亿元。项目建成运营后，市场有望实现年成交额500亿元，进入全国前三大市场行列，带动专业化生产基地2万个，生产农户100万户，满足2000万城镇人口农产品需求。

五 农产品零售终端发展状况

消费者对农产品零售终端的选择主要受购买便利、价格便宜、品种丰富、品质良好、安全健康、环境舒适等多方面因素影响。不同消费人群、不同时段、购买不同产品时对上述因素的排列组合各有不同。当前，国内农产品零售终端与消费者多样化的需求相适应（见表54），呈现城乡农贸市场、连锁超市、农产品电商、社区连锁水果店、售菜亭、流动售菜车等多业态并存竞争的格局。

表54 消费者生鲜农产品终端选择的主要影响因素比较

	传统农贸市场	标准化菜市场	普通连锁超市	大型生鲜超市	生鲜电商
价格	低	低或较低	中	低或较低	低
品种	多	多	较少	多	高端及特色品种
品质	优良	优良	一般	优良	优良
安全	难以保障	基本保障	基本保障	保障	基本保障
便利	好	好	一般	一般，可一站式购物	购物便利，但要有一定配送时间，配送区域受限
购物环境	脏乱差	较好	较好	好	移动购物，居家购物

（一）农贸市场公益属性更加明晰，标准化菜市场建设进一步升级

农贸市场是我国农产品零售的传统主流终端。与超市相比，城镇农贸市场一般更加靠近居民区，购买较为便利；市售产品种类较多，同类品种经营户通常有多家，价格相对便宜，顾客选择余地也大；农贸市场商户定价更为灵活，可随着生鲜产品的品质和存量及时调整价格，即加快了周转，又降低了损耗。农贸市场是各地重点鼓励的流通服务设施。随着各地标准化菜市场的不断涌现，升级改造后的农贸市场在弥补购物环境与质量监管的短板后，一段时期内仍将继续占据农产品零售、特别是鲜活农产品零售的主导地位。国内城市建成区面积不断扩大，上游农产品批发市场逐步外迁，农贸市场中各商户分散进货的模式将越来越不经济，推广网络化运营和第三方物流服务将给后期农贸市场发展带来新的活力。

农贸市场重新起步于20世纪七八十年代，多数为露天或大棚市场，缺乏统一的规划与设计，水电、卫生、消防、道路、仓储等基础设施落后陈旧，"脏、乱、差"现象较为普遍。城镇农贸市场主要由个体商贩常年经营，所售农副产品大多来自附近的批发市场，郊区菜农自产自销比例很小。农村农贸市场（集市）一般定期开放，经营者多数为本地农户。农贸市场前期主要由工商部门、街道办事处和村社组织开办，管办脱钩后开办主体开始市场化，企业

办市场渐成主流。摊位租金是开办企业的主要收入来源。由于摊位数量有限且租金调整受到多方面制约，完全市场化背景下农贸市场自身造血能力较弱。在市场管理、设施完善及环境改造等方面的投入明显不足。农贸市场公益化和市场化的矛盾逐渐凸显。

近年来，为抑制菜价上涨，方便居民生活，提升城市面貌，农贸市场经营由完全市场化开始向公益性转变。各地方政府开始通过采取公建、配套代建和代购、产权回购回租、投资入股等多种方式来推进菜市场的公益性建设。上海由政府出资对菜市场回购回租，交由国有企业经营，菜价涨幅较大的时候，通过免收或者降低摊位费来抑制菜价上涨。青岛以支持市场改造租金作为股份入股，政府股份平时的分红就留在企业，在菜价上涨或者重要节假日的时候，市场按照政府调控菜价的要求，首先以留存的分红来弥补，降低摊主的摊位费。河北张家口在重要节日对重点品种蔬菜实行平价销售，政府依据销量进行一定的补贴。银川由政府投资新建标准化菜市场，由中标经营企业实行一体化经营，市场蔬菜零售价格至少要低于全市平均价格20%，粮、油、肉、禽、蛋等品种零售价格至少要低于全市平均价格5%。同时经营企业还要投资建立肉类蔬菜流通追溯系统，并纳入银川市肉类流通追溯体系，严格执行食品市场准入制度。

随着农贸市场的公益性建设的推进，国内农贸市场改造升级工作加速，城市社区商业建设滞后的局面明显改观。2009年，商务部、财政部开始启动标准化菜市场示范创建工作，采取以奖代补方式给予北京、天津、大连、吉林、上海、宁波、厦门、江西、青岛、湖北、湖南、深圳、海南、重庆、四川、贵州、西藏、陕西和新疆兵团19个试点地区资金支持。试点地区进行菜市场标准化改造并验收合格的，每个项目支持30万元，但不得超过项目总投资额的50%。2010年，太原、石家庄、合肥、长沙、兰州5市也进入试点。每个城市得到2000万元的资金支持，每个项目支持不超过50万元。2011年，石家庄、呼和浩特、大连、营口、南京、郑州、昆明、西宁8市进入试点，其中石家庄和大连第二次入选。2011年，全国29个省份的117个城市中，共有近1500个标准化菜市场实现升级改造。

2012年，国家由支持单一菜市场节点建设向推动网络体系建设转变，北京、天津、上海、重庆、宁波、青岛、大连、宜昌、张家口 9 个城市成为开展便民菜场建设的首批试点。并且将原来单一的菜市场建设拓展为包括菜市场、生鲜超市、社区连锁菜店、售菜亭、流动售菜车等多业态零售终端体系建设。截至 2013 年 5 月，9 个试点城市共新建改造菜市场 115 家、生鲜超市 99 家、社区连锁菜店 439 家，新建加工配送中心 21 个，回购回租菜市场 30 家，开设时段售菜点 163 个，试点工作取得良好成效。

2013 年，天津新建标准化菜市场 38 个，改造提升标准化菜市场 5 个，全市标准化菜市场总数达到 283 个，总面积为 118 万平方米，服务人口 770 万人。市内 6 个区每个街道社区至少有了 1 个标准化菜市场。加上 520 个连锁化社区菜店和连锁化蔬菜专柜，中心城区 90% 以上的居民社区，实现步行 10 分钟就有一个蔬菜零售网点。

（二）农批市场零售业务发展放缓

在国内亿元以上农产品批发市场中零售业务约占 4 成。2012 年，随着批发市场更趋专业化和开始从城市中心区外迁，农批市场零售业务增长放缓。当前国内以零售为主业的亿元以上农产品交易市场有 750 家，市场摊位总数有 35.79 万个，营业面积达 7940.43 万平方米，年成交额为 2613.27 亿元，以上各占亿元以上农产品交易市场总量的 42.6%、31.8%、12.5% 和 12.6%；与 2011 年相比，其成交额增长了 4.7%，增幅回落 8.4 个百分点，比同期以批发业为主的市场成交额增幅低 5.6 个百分点。以零售为主业的市场成交额的增长主要来自于市场数量的增加。2012 年，以零售为主业的农产品交易市场数量比 2011 年增加 28 家，增长 3.9%；平均每市成交额为 3.48 亿元，只增长了 0.8%。

从分类来看，综合市场在以零售为主业的农产品交易市场中占据着主导地位。2012 年，综合类市场有 518 家，实现成交额 1778.31 亿元，分别占以零售为主业农产品交易市场总量的 69.1% 和 68.0%。在各类专业市场中，其他农产品、肉禽蛋和水产品市场成交额占比领先，分别占以零售为主业市场总成交额的 14.0%、6.0% 和 5.9%（见图 35）。

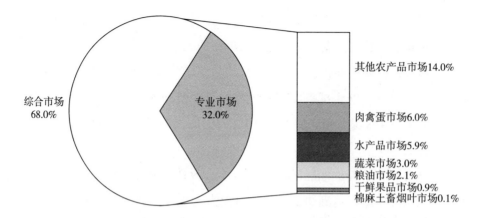

图35　2012年亿元以上零售为主业的农批市场成交额构成

数据来源：根据《中国商品交易市场统计年鉴》数据整理计算。

（三）连锁超市生鲜经营规模进一步扩大

1. 主要连锁超市业态基本特点

根据国家《零售业态分类标准》，连锁超市业态包括便利店、折扣店、超市、大型超市和仓储会员店五种主要类型。

便利店是以满足顾客便利性需求为主要目的零售业态。商圈范围小，顾客步行5分钟内可到达，目标顾客主要为单身者、年轻人，顾客多为有目的的购买；营业面积一般在100平方米左右，利用率高；有即时消费性、小容量、应急性等特点，单品种类在3000种左右，售价一般高于市场平均水平；营业时间一般在16小时以上。

折扣店是一种店铺装修简单，提供有限服务，商品价格低廉的小型超市业态。拥有不到2000个品种，经营一定数量的自有品牌商品。位于居民区、交通要道等租金相对便宜的地区；辐射半径2公里左右，目标顾客主要为商圈内的居民；自有品牌占有较大的比例，商品平均价格低于市场平均水平；以开架自选方式进行商品销售。

超市是开架售货，集中收款，以满足社区消费者日常生活需要的零售业态。根据商品结构的不同，可以分为食品超市和综合超市。位于市区商业中心、居住区；辐射半径2公里左右，目标顾客以居民为主；营业面积在6000

平方米以下；经营包装食品、生鲜食品和日用品。食品超市与综合超市商品结构有所不同；采用自选销售，营业时间一般在 12 小时以上。

大型超市的实际营业面积在 6000 平方米以上，品种齐全，是一种满足顾客一次性购齐的零售业态。根据商品结构，可以分为以经营食品为主的大型超市和以经营日用品为主的大型超市。位于市区商业中心、城郊结合部、交通要道及大型居住区；辐射半径 2 公里以上，目标顾客以居民、流动顾客为主；以大众化衣、食、日用品为主，品种齐全，注重自有品牌开发；采用自选销售方式，出入口分设，在收银台统一结算；一般设有不低于营业面积 40% 的停车场；信息管理系统程度较高。

仓储会员店是以会员制为基础，实行储销一体、批零兼营，以提供有限服务和低价格商品为主要特征的零售业态。位于城乡结合部的交通要道；辐射半径 5 公里以上，目标顾客以中小零售店、餐饮店、集团购买和流动顾客为主；营业面积一般在 6000 平方米以上；以大众化衣、食、日用品为主，自有品牌占相当部分，商品在 4000 种左右，实行低价、批量销售；采用自选销售，信息管理系统程度较高并对顾客实行会员制管理。

2. 国内连锁超市业总体发展情况

经过 20 多年的快速发展，我国连锁超市业已经进入稳定增长期，超过百货业成为快速消费品零售的主流渠道。《中国零售和餐饮连锁企业统计年鉴（2013）》数据显示，2012 年，国内便利店、折扣店、超市、大型超市、仓储会员店门店数分别达到 13277 家、432 家、31016 家、11947 家和 351 家（见表 55），商品销售总额 7652 亿元，比上年增长 8.7%，是同期百货业销售总额的 2.35 倍。

表 55　2012 年主要连锁超市业态基本情况

业态	总店数（家）	门店数（家）	营业面积（万平方米）	从业人员数（万人）	商品销售总额（亿元）	商品零售总额（亿元）
便利店	84	13277	111.17	6.95	263.92	241.88
折扣店	3	432	18.54	0.44	34.26	31.13
超市	388	31016	1771.30	48.65	2915.90	2407.50
大型超市	180	11947	2744.86	53.16	4221.95	3438.60
仓储会员店	5	351	90.44	1.40	216.30	216.30

数据来源：中国零售和餐饮连锁企业统计年鉴。

在连锁超市业态中，大型超市销售额占比最高。2012年大型超市销售额为4221.86亿元，相当于连锁超市业销售总额的55.2%。同期，普通超市销售额为2407.50亿元，占总额的38.1%排在第2位；便利店和仓储会员店销售额分别为241.88亿元和216.30亿元，分别占3.4%和2.8%；折扣店销售额34.26亿元，只占份额0.4%。近年来，随着居民收入水平的提高和生活节奏的加快，以"快捷、便利"为特色的便利店和以"一站式购物"为特色的大型超市成为连锁超市各业态中发展最好的两种业态。与2011年相比，便利店和大型超市销售额分别提高11.0%和9.9%，高出整体增幅2.3个和1.2个百分点。同期，折扣店和普通超市同质化竞争十分激烈，销售增长相对缓慢，分别增长5.2%和6.9%，低于整体增幅3.5个和1.8个百分点。

2012年，国内仓储会员店新增81家，增长30%，远高于连锁超市4.2%的平均增长水平。由于单店规模缩减，仓储会员店总营业面积只增长8.0%，带动销售额增长8.5%，与连锁超市总体增速基本相当。

从单体效益看，2012年仓储会员店和便利店平效最高，分别达到2.39万元/平方米和2.37万元/平方米；大型超市平效最低，只有1.54万元/平方米。与2011年相比，便利店和仓储会员店平效分别提高10.7%和0.4%；折扣店、大型超市和超市平效则分别下降8.0%、1.9%和0.6%。折扣店和大型超市销售额增幅明显滞后于营业面积的增长（见表56）。

表56　2011年和2012年主要连锁超市业态平效、劳效及单店销售额

业态	平效（万元/平方米）		人均劳效（万元）		单店销售额（万元）	
	2011年	2012年	2011年	2012年	2011年	2012年
便利店	2.14	2.37	33.78	37.96	178	199
折扣店	2.01	1.85	79.70	77.80	790	793
超　市	1.66	1.65	57.94	59.93	903	940
大型超市	1.57	1.54	75.36	79.42	3372	3534
仓储会员店	2.38	2.39	165.15	154.71	7386	6162

数据来源：根据《中国零售和餐饮连锁企业统计年鉴》数据整理计算。

2012年，仓储会员店人均劳效最高，达到154.71万元/人；大型超市和折扣店人均劳效分别为79.42万元/人和77.80万元/人，排在中游水平；超市

和便利店劳效偏低，分别只有 59.93 万元/人和 37.96 万元/人，分别相当于仓储会员店人均劳效的 39% 和 25%。与 2011 年相比，便利店人均劳效提升较快，增加 12.4%；大型超市和超市劳效也有增加，分别增长 5.4% 和 3.4%；同期，仓储会员店和折扣店劳效下滑，分别减少 6.3% 和 2.4%。

2012 年，便利店单店销售额达到 199 万元，较上年增长 11.8%，增幅比大型超市、超市和折扣店单店销售额增幅分别高出 7.0 个、7.7 个和 11.4 个百分点。由于新店增加较多，2012 年仓储会员店单店销售额降至 6162 万元，比上年下降 16.6%。

3. 连锁超市生鲜品类经营规模扩大

超市零售农产品传统上以粮油等保质期长的大宗加工类产品为主，生鲜品类由于在采购、储存运输和卖场管理等方面都更为复杂，管理难度大，利润率低，经营规模一直不大。近年来，在超市同质化竞争日见激烈的背景下，为集聚客流、增加顾客黏性，带动其他高利润率产品的销售，越来越多的超市开始加大生鲜品类经营力度，将原来出租经营方式改成自营模式，积极开展农超对接，扩大基地直采规模。这样不但缩短了流通环节，降低了采购成本，而且还更好地实现了企业对生鲜农产品质量的有效控制。当前很多大型超市销售的生鲜农产品在价格、品类和品相等方面已接近或超过了传统农贸市场的水平。生鲜品类在带动企业利润增长、加快资金周转上的功能逐渐凸显，发展空间明显扩大。现阶段估计，生鲜品类超市的渠道占比为 30% 左右，处在对农贸市场等传统渠道逐渐替代的过程中。

从企业层面看，2013 年，国内永辉、物美等主要连锁超市企业继续聚焦生鲜业务，重点加强了生鲜农产品采购供应链的提升与整合。

2013 年，以生鲜农产品为经营特色的永辉超市，继续实现快速增长。新开门店 46 家，门店总数达到 288 家，覆盖全国 17 个省份，经营总面积达到 262.56 万平方米，比上年增长 27.8%。全年实现营收 305.43 亿元，增长 23.7%。其中生鲜及加工业务收入 134.61 亿元，增长 22.8%，相当于主营业务总收入的 46.1%，营收比重较上年提升 0.2 个百分点。永辉食品业务收入 137.33 亿元，超过生鲜业务收入，占总收入的 46.9%，永辉服装收入 21.03 亿元，占总收入的 7.2%，服装业务毛利率为 30.7%，是食品业务毛利率的

1.7 倍，生鲜业务毛利率的 2.5 倍。永辉服装业务通过 7.2% 的营收，贡献了 13.6% 的毛利。永辉生鲜采购包括全国统采、区域直采、供应商采购三种类型，由总部垂直管理。香蕉、大米等大批量、易保存的基础商品采用全国统采；叶菜类等保存期短的商品下放为区域直采；为保障供给、适应各地区的产销差异，供应商采购也保持一定比重。为降低采购成本和流通成本，对于鲜活农产品，区域直采是永辉的优先选项。目前，永辉自有品牌"半边天"蔬菜系列已现雏形，在福建主要超市已开始上架，2014 年可能部分进入"永辉微店"销售。

2013 年 4 月，物美为强化生鲜品类的龙头作用，成立生鲜事业部，实现生鲜商品采购、营运、营销、配送等主要职能部门的一体化，各个流程节点实现无缝衔接，整体效率得到明显提升。通过不断积累、总结，物美根据各类生鲜产品的商品规律，提前做好采购、订货、配送、营销及销售计划，达到了事半功倍的效果。自 2012 年开始，物美针对蔬菜、肉品、水果等生鲜商品逐步建立了基地直采 + 批发市场补充 + 品牌专营的新型采购模式，并且大规模地将联营转为自营，生鲜品类的自营销售额占比由此前不足 50% 提升到近 70%。企业对生鲜品类的控制力明显增强，综合毛利率也相应得以提升。此外，物美还通过提升陈列标准、缩短配送时间、加强商品售卖操作流程的培训与检核、提升冷链配送技术等措施，大幅降低了生鲜商品损耗率。2013 年物美生鲜品类的销售收入和综合毛利率都取得了两位数的增长。其中大北京地区（包括北京、天津及河北）生鲜销售增长 14.3%，综合毛利增长 17.9%；杭州地区生鲜销售增长 13.7%，综合毛利增长 27.6%。

（四）生鲜电商进入高速成长期

1. 网络购物市场快速发展

（1）网络基础资源建设加快推进。截至 2013 年 12 月，我国 IPv6 地址数量达到 16670 块/32，比上年增长 33.0%，位居世界第 2 位；IPv4 地址数量为 3.31 亿个，与上年基本相当。同期，国内域名总数为 1844 万个，其中".CN"域名总数 1083 万个，较上年增长 44.2%，占中国域名总数的 58.7%；网站总数达到 320 万个，比上年增长 19.4%；国际出口带宽 3406824Mbps，增长 79.3%，比上年提高 42.6 个百分点；国内固定宽带用户达到 1.89 亿户，较上年增加 1373 万户，增长 7.8%。

（2）互联网普及率稳步提升。截至 2013 年 12 月，国内互联网普及率达到 45.8%，比上年提升 3.7 个百分点，提升幅度与上年小幅回落 0.1 个百分点；国内网民规模达到 6.18 亿人，比上年新增 5358 万人，增长 9.5%，增幅较上年回落 0.4 个百分点。与 2008 年相比，国内网民规模扩大了一倍，普及率提升 23.2 个百分点。

截至 2013 年 12 月，国内手机网民数量突破 5 亿人大关，比上年增加 8009 万人，增长 19.1%，增速比上年加快 1.0 个百分点。网民中使用手机上网的人群占比由 2012 年的 74.5% 上升到 81%，提高 6.5 个百分点。

随着国内互联网基础设施建设的不断完善、网络接入更加便利以及上网终端费用大幅下降，当前国内制约互联网普及率提升的客观因素已明显减少。经历 2006~2011 年连续 6 年的高速增长后，在国内易转化人群中互联网普及程度已趋于饱和。中国互联网络信息中心调查显示，"年龄太大或太小""不懂电脑和网络"两个因素逐渐成为国内互联网进一步普及的最大障碍。国内互联网发展重点逐渐由"加快普及"向"深化应用转变"。互联网与居民的日常生活更加紧密，在网络购物、在线支付、网上银行等方面都取得了显著的进展。

（3）网购交易规模继续大幅度增长

由于网络的大规模普及、居民消费习惯的改变和配送、支付等配套服务的进一步完善，实惠、便捷、高效的网络购物方式已被国内消费者广泛接受，成为人民日常生活的一部分。2013 年，中国网络购物市场交易规模达到 1.85 万亿元，比上年增长 40.9%（见图 36），虽然增幅较 2012 年回落较大，但仍高出社会消费品零售总额名义增幅 27.8 个百分点。网络购物交易额占社会消费品零售总额的比重已达到 7.9%，比上年提高 1.6 个百分点。

分品类看，服装鞋帽、日用百货、3C 数码是国内网购市场最热门的销售品类，2013 年网购人群占比分别达到 75.6%、45.1% 和 43.3%。同期，食品、保健品网购渗透率较低，只有 22.4%。作为日常生活中购买频次最高的商品，食品类网购潜力巨大（见图 37）。

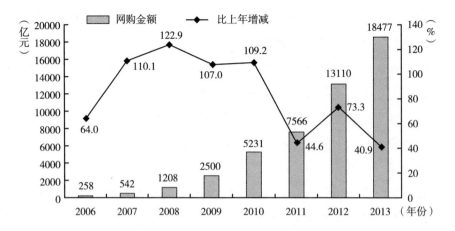

图36 2006~2013年中国网络购物交易额

数据来源：中国互联网信息中心。

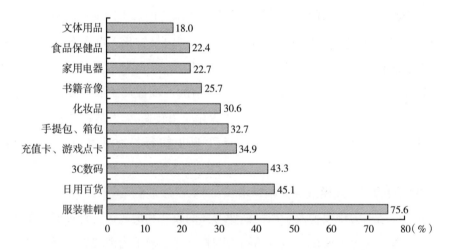

图37 2013年中国网络购物市场用户购买商品品类分布

数据来源：中国互联网信息中心。

国内网络购物市场的快速发展首先得益于用户数量的大规模扩张。中国互联网络信息中心数据显示，截至2013年12月，我国网络购物用户规模达到3.02亿户，较上年增加5987万户，增长率为24.7%，网络购物渗透率由上年的42.9%提升至48.9%。2013年，在电商企业的大力推动下，移动购物用户数量呈现爆发性增长态势。手机网络购物用户规模达到1.44亿人，比上年增长160.2%，占同期网络购物用户总数的47.8%，渗透率大幅提升

24.9 个百分点。此外，支付手段的更加便捷和安全也对网购市场的加速成熟起到关键作用。截至 2013 年 12 月，国内使用网上支付的用户规模达到 2.60 亿户，比上年增加 3955 万户，增长 17.9%；其中，手机网上支付用户数 1.25 亿户，比上年增加 7017 万户，增长 127.9%，占网上支付用户总数的 48.2%。网上支付平台向手机等移动终端转移，电脑支付用户数量相应减少 3062 万人。

2. 生鲜网购市场爆发性成长

近年来，国内电商企业在服装鞋帽、3C 数码、家电、图书、日用百货等传统领域竞争惨烈。为了拓展品类、提升利润水平、增加顾客黏性，自 2012 年以来，食品特别是生鲜食品逐渐成为国内电商发展的一个热点领域。

2012 年 5 月，顺丰速运旗下的电商网站"顺丰优选"正式上线，主打水果等常温生鲜品类。从 2013 年 2 月起，"顺丰优选"首先在北京地区开通了以"全程冷链"为特色的生鲜配送业务。生鲜经营范围进而扩展到肉类、水产、冷藏奶制品和饮料、蛋品、水果、蔬菜、肉类熟食和速冻主食等品类。目前，顺风优选支持生鲜配送的城市已包括北京、上海、天津、广州、深圳、东莞、佛山、杭州、嘉兴、苏州、无锡 11 个城市。其中北京地区订单实现 24 小时内送达、其他地区订单 48 小时内可送达。

2012 年 7 月，京东商城和中粮"我买网"的生鲜频道也相继开通，经营范围涵盖了水果、蔬菜、海鲜水产、禽蛋、鲜肉和加工肉类等常温和低温生鲜品种。2013 年 3 月，"1 号店"宣布进军生鲜领域，首先开通了上海地区的全程冷链配送服务；8 月开通了北京地区的冷链配送服务"1 号店"在北京的生鲜业务全面采用战略合作伙伴沃尔玛的供应链，而销售采用自营模式；"1 号生鲜"在北京首批上线的生鲜产品以水果为主，种类超过 70 种；随后，经营品种逐渐扩展到海鲜水产、新鲜乳品、肉禽蛋类、冷冻速食、蔬菜、熟食、方便菜半成品等其他品类；执行全程冷链配送，即"中心城区订单出库后 24 小时送达、郊区 48 小时送达"的生鲜限时配送标准。4 月，沃尔玛山姆会员网上商店首先在深圳地区开通冷藏食品网购直送服务，由山姆专用冷藏车直接配送；通常上午下单，下午送达；晚上下单，次日上午送达。7 月，苏宁易购也

涉足生鲜网购业务，与全国数十家生鲜直供商达成联营合作关系；苏宁易购表示，前期将整合第三方冷链物流来进行配送，后期可能自建冷链仓库及物流配送体系。

据《阿里农产品电子商务白皮书（2013）》介绍，在淘宝网（含天猫）平台上，2013年生鲜类食品继续保持涉农产品中最快的销售增长率，比上年增长194.6%。同期，中粮集团的《2013年食品网购白皮书》也指出，2013年"我买网"生鲜食品销售增长最为迅速，增长了108.9%。包括生鲜在内，顺丰优选2013年的整体销售额接近4亿元，单品数量发展到13500种，其中生鲜品类占30%～40%。2014年中国生鲜电商市场规模有望迈上1000亿元台阶。

六 农产品流通产业国际贸易情况

（一） 进口增速放缓，贸易逆差继续扩大

2013年，我国农产品国际贸易继续保持增长态势。在国际主要农产品普遍增产、国内库存水平较高、供给相对宽松的背景下，农产品进口增速较前两年明显回落。农业产业化进程的推进，国内农产品出口能力进一步增强。海关数据显示，2013年我国农产品进出口总额为1866.9亿美元，比上年增长6.2%，增速较2012年回落6.7个百分点。其中，出口678.3亿美元，比上年增长7.2%，增速提升3.0个百分点；进口1188.7亿美元，比上年增长5.7%，增幅回落12.9个百分点。农产品贸易逆差达到510.4亿美元，比上年扩大3.8%，增幅较2012年大幅回落40.4个百分点。10年间国内农产品贸易总额增长了2.6倍，其中进口增长了3.2倍，出口增加了1.9倍，农产品国际贸易增长出现逆差（见图38）。

（二）资源型农产品进口规模扩大

我国土地资源紧缺，农业生产规模小，产业化程度低，土地密集型产品不具备竞争优势。2013年，我国粮、油、棉、糖、肉、奶等资源型农产品净进

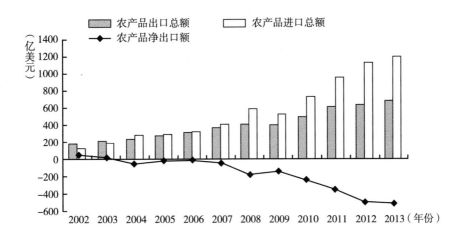

图38　2002～2013年我国农产品进出口额

数据来源：农业部。

口规模继续扩大。内外价差成为推动部分农产品进口增长的重要因素，美国、巴西、澳大利亚等国际主要农产品出口国农业规模化、集约化和机械化水平较高，农产品生产成本较低；加上经常通过直接补贴的方式来鼓励生产，使得出口的农产品能够维持较低的价格水平。近年来国家持续提高粮食最低收购价，保护农民利益，促进了粮食生产，但也使得国内外价差进一步扩大。自2013年8月以来主要粮食品种到岸价格均低于国内粮价，年末配额内小麦、大米、玉米进口完税价格每吨比国内低300～500元。

2013年，国内谷物进口快速增长，净进口规模继续保持高位。同时，进口格局出现变化，小麦进口比重大幅提升，玉米进口比重明显下降，稻谷进口继上年大幅增长3倍后，略有回落，保持相对稳定。海关数据显示，2013年国内谷物进口1458万吨，比上年增长4.3%（见表57）；谷物出口95万吨，下降1.4%；净进口1363万吨，增长4.8%，是2011年净进口量的32倍。

分品种看，小麦进口554万吨，增长49.7%；出口27.8万吨，下降2.6%；净进口526.7万吨，增长54.0%。玉米进口327万吨，出口7.8万吨，比上年分别下降37.2%和69.8%；净进口319.2万吨，下降35.6%。2013年我国玉米进口完税成本在2000元/吨左右，低于国内2260元/吨的收储价格。

国内稻谷进口 227 万吨，比上年下降 4.2%；出口 47.8 万吨，增长 71.4%；净进口 179.2 万吨，下降 14.2%。

表 57 2012 年和 2013 年我国主要农产品进口量

单位：万吨，%

类别	2012 年	2013 年	同比增长
1. 食用油籽	6228	6784	8.9
大豆	5838	6338	8.6
2. 食用植物油(含棕榈油)	845	810	-4.1
棕榈油	523	487	-6.9
豆油	183	116	-36.6
菜籽油和芥籽油	118	153	29.7
3. 谷物	1398	1458	4.3
玉米	521	327	-37.2
小麦	370	554	49.7
大麦	253	234	-7.5
稻谷	237	227	-4.2
4. 棉花	541	450	-16.8
5. 食糖	375	455	21.3
6. 鲜、干水果及坚果	327	312	-4.6
香蕉	63	52	-17.5
鲜龙眼	32	37	15.6
7. 冻鱼	195	209	7.2

数据来源：中经网。

国内食用油籽进口继续增加，但增速放缓。食用植物油进口高位回落。海关数据显示，2013 年国内食用油籽进口 6784 万吨，比上年增长 8.9%，增幅较上年回落 4.7 个百分点；出口 57 万吨，下降 17.4%；其中大豆进口 6337.5 万吨，油菜籽进口 366.2 万吨，分别增长 8.6% 和 25.0%。国内食用植物油进口 810 万吨，在 2012 年大幅增长 28.7% 后，小幅下降 4.1%；其中棕榈油进口 487 万吨，下降 6.9%；菜籽油和芥籽油进口 152.7 万吨，增长 29.7%；豆油进口 116 万吨，下降 36.6%。2013 年国内植物油供给宽松，价格振荡下行，是植物油进口量下降的主要因素。虽然植物油直接进口量下降，考虑到油籽进口增长，进口食用油脂规模继续扩大。2013 年进口的增量大豆可折油 92.5 万吨，油菜籽进口增量可折油 30.7 万吨，两者合计 123.2 万吨，远高于同期食用植物油进口量减少 35 万吨的水平。

2013 年，国内棉花库存高企，进口需求下降，由于内外价差较大，棉花进口量仍处于高位水平。海关数据显示，2013 年国内棉花进口 450 万吨，比上年下降 16.8%；出口 0.81 万吨，下降 65.2%。进口棉花税后价格比国内棉花价格约低 3000 元/吨。

2013 年，国内外食糖价格也呈倒挂态势，食糖进口量继续大幅增长，但在国内供大于求，库存规模创下新高的背景下，进口增幅有所回落。海关数据显示，2013 年国内食糖进口 455 万吨，比上年增长 21.3%，增幅回落 7 个百分点，是全年 194.4 万吨进口配额的 2.3 倍。其中，原糖进口 420.4 万吨，精制糖进口 34.2 万吨，分别增长 22.7% 和 6.2%。2013 年原糖进口均价 445 美元/吨，加工后的税后成本比国内白砂糖现货均价约低 1200 元/吨。

2013 年，国内畜产品进口大幅增长，猪肉、牛肉、羊肉和奶粉进口量均创下历史新高。海关数据显示，2013 年，国内禽肉、猪肉、牛肉和羊肉分别进口 59.2 万吨、58.4 万吨、29.4 万吨和 25.9 万吨，比上年分别增长 13.2%、11.7%、379.35% 和 108.8%。大包装奶粉进口 85.44 万吨，比上年增长 49.1%，增幅较 2012 年扩大 21.6 个百分点；零售包装奶粉也呈快速增长态势，全年婴幼儿零售包装食品（主要为婴儿配方奶粉）进口 12.28 万吨，比上年增长 34.2%，增幅扩大 17.6 个百分点。此外，随着国内高端液态奶市场不断升温，进口鲜奶开始抢滩国内市场，逐渐成为上海、北京等一线市场的新宠。2013 年国内进口鲜奶 18.47 万吨，同比增长 96.8%，是 2010 年进口量的 11.6 倍。

我国农产品进口来源地高度集中。2013 年，我国从美国、巴西、东盟和欧盟等四大来源地进口了价值 746.6 亿美元的农产品，占当期农产品进口总额的 62.8%。其中谷物、肉类、大麦、小麦、玉米、稻谷、大豆、食糖和奶粉等的进口集中度均在 90% 以上（见表 58）。

表58　2013 年我国农产品主要进口来源地

单位：万吨，%

类别	进口量	主要进口来源地	占比合计
大豆	6337.5	巴西、美国、阿根廷	94.9
谷物	1458.5	美国、澳大利亚、东盟、加拿大	92.9
食用植物油	1020.1	东盟、加拿大、阿根廷、巴西	89.8
小麦	553.5	美国、加拿大、澳大利亚	95.8
食糖	454.6	巴西、古巴、危地马拉、韩国	94.5
棉花	450.0	印度、美国、澳大利亚、乌兹别克斯坦	83.0
玉米	326.6	美国	90.9
大麦	233.5	澳大利亚、加拿大	91.5
稻谷	227.1	东盟、巴基斯坦	100.0
奶粉	86.4	新西兰、欧盟、美国	93.0
猪肉	58.4	欧盟、美国、加拿大	96.3
牛肉	29.4	澳大利亚、乌拉圭、新西兰、加拿大	96.8
羊肉	25.9	新西兰、澳大利亚、乌拉圭	100.0

数据来源：海关统计数据库，中经网。

（三）优势农产品出口回暖

蔬菜、水果和水产品等劳动密集型农产品是我国农产品出口的优势品类。蔬菜是我国出口量最大的农产品。2002～2011 年，蔬菜出口量始终保持持续增长势头，从 2001 年的 298 万吨增长到 2011 年的 772 万吨，增长了 1.6 倍。2012 年受出口退税政策取消等因素影响，蔬菜出口小幅下降 4.0%。2013 年，国内蔬菜出口出现回暖态势，全年出口 778 万吨，比上年增长 5.0%（见表59），出口额达到 115.8 亿美元，增长 16.2%。

2013 年国内水产品出口止跌回升，全年出口 384 万吨，比上年增长4.3%，出口额达到 202.6 亿美元，增长 6.7%，增幅与上年持平，出口量额连续 12 年位居世界首位；全年进口额为 86.4 亿美元，增长 8.0%；贸易顺差116.2 亿元，增长 5.8%，增幅回落 6.5 个百分点。福建、山东、广东、辽宁、浙江、海南、广西、江苏等沿海省份仍是我国水产品主要出口省份，出口额合计占全国水产品出口总额的 93.5%。其中，福建超过山东首次成为水产品第一出口大省。同期，国内鲜、干水果及坚果出口量减价增。全年出口 298 万吨，比上年减少 2.1%，出口额为 63.2 亿美元，增长 2.3%；全年进口额为 41.6 亿美元，增长 10.5%。

表 59 2012 年和 2013 年我国主要农产品出口量

单位：万吨，%

类别	2012 年	2013 年	同比增长
1. 蔬菜	741	778	5.0
鲜或冷藏蔬菜	485	519	7.0
2. 鲜、干水果及坚果	304	298	-2.0
鲜苹果	98	99	1.0
橘、橙	94	87	-7.4
梨	41	38	-7.3
3. 鲜蛋(百万个)	1230	1074	-12.7
4. 水海产品	368	384	4.3
冻鱼、冻鱼片	193	193	0
活鱼	8	9	12.5
冻虾仁	10	10.2	2.0
鲜、冻对虾	2.3	2.4	4.3
5. 谷物及谷物粉	96	95	-1.0
稻谷和大米	28	48	71.4
玉米	26	7.8	-70.0
6. 食用植物油(含棕榈油)	10	11.5	15
豆油	7	9	28.6
花生油	0.8	0.7	-12.5
7. 食用油籽	69	57	-17.4
大豆	32	21	-34.4
花生及花生仁	15	21	4.0
8. 活家禽	736	717	-2.6
9. 活猪(种猪除外)	164	168	2.4
10. 肉及杂碎	38	39	2.6
鲜、冻猪肉	6.6	7.3	10.6
冻鸡	9	10	11.1
鲜、冻牛肉	1.2	0.6	-51.9
11. 药材	19.7	19.7	0
12. 天然蜂蜜	11	12	9.1

数据来源：中经网。

七 农产品流通服务业发展状况

（一）信息化服务水平显著提高

2013年国内农村信息基础设施建设加快推进。4月，工信部等八部门联合发布了《关于实施宽带中国2013专项行动的意见》，意见指出2013年将新增通宽带行政村18000个，实现5000所贫困农村地区中小学宽带接入或改造提速。8月，国务院印发的《"宽带中国"战略及实施方案》也强调了加大农村宽带进入乡村。信息基础设施建设的加强推动了农村网民数量增加。截至2013年年底，国内农村网民规模达到1.77亿人，比上年增加2096万人，增长13.5%；农村互联网普及率达到27.5%，较上年提升3.8个百分点，与城镇互联网普及率的差距缩减了1个百分点。

2013年，国内农产品电子商务发展进一步成熟，涉农网站数以万计，经营农产品的网店或突破百万家，销售额在500亿元以上。《阿里农产品电子商务白皮书（2013）》数据显示，2013年在阿里平台上涉农网店数量继续快速增长；注册地在乡（镇）的农村卖家约有72万家，比上年增长20.9%，其中淘宝（含天猫）卖家近48万家，阿里巴巴诚信通账户24万家；在阿里平台上经营农产品的卖家数量为39.40万家，其中淘宝（含天猫）卖家37.79万家，比上年增长45.0%；在阿里巴巴B2B平台上经营农产品的中国供应商和诚信通账号约为1.6万个。2013年，阿里平台上共完成农产品交易额421.35亿元（见图39），比上年大幅增长112.15%。其中淘宝网（含天猫）平台占97.25%交易额，1688平台（主营农产品批发业务）占2.71%。

（二）农业保险服务水平取得新突破

2013年，我国农业保险服务水平进一步提高。农业保险补偿作用成为稳定农业生产的重要工具，为缓解受灾农民的生产生活困难和促进当地社会稳定做出积极贡献。

自2013年3月1日起，《农业保险条例》正式实施，为农业保险持续健康

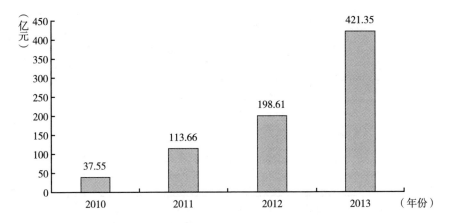

图 39 2010～2013 年淘宝网（含天猫）农产品交易额

数据来源：《阿里农产品电子商务白皮书（2013）》。

发展的制度基础更加牢固。《农业保险条例》规定了政府对农业保险的支持措施：一是国家支持发展多种形式的农业保险，健全政策性农业保险制度；二是对符合规定的农业保险由财政部门给予保险费补贴，并建立财政支持的农业保险大灾风险分散机制；三是鼓励地方政府采取由地方财政给予保险费补贴、建立地方财政支持的农业保险大灾风险分散机制等措施，支持发展农业保险；四是对农业保险经营依法给予税收优惠，鼓励金融机构加大对投保农业保险的农民和农业生产经营组织的信贷支持力度。

在中央和地方政府的大力推动下，我国农民保险意识不断增强，农业保险规模进一步扩大。保监委数据显示，2013 年我国农业保险参保农户已突破 2 亿户次（见图 40），比 2009 年多出 0.7 亿户次；主要农作物承保面积达到 11 亿亩，提供风险保障金额 1.4 万亿元，承保面积达到全国主要农作物播种面积的 45%；全年农业保险保费收入比上年增长 27.4%，达到 306.6 亿元，仅次于美国，排在世界第 2 位，成为世界最活跃的农业保险市场之一。2009～2013年，国内农业保险保费收入增长了 1.3 倍，年均增长 23%。2013 年 8 月，黑龙江洪灾导致全省 4800 万亩农作物受灾，农业保险向 50.9 万名农户支付赔款 27 亿多元，户均为 5331 元。

目前，在我国农业保险的发展中还存在弄虚作假、风险保障水平不高等问题。2013 年河南、吉林、云南等地的数起农业保险虚假投保、违规操作案件

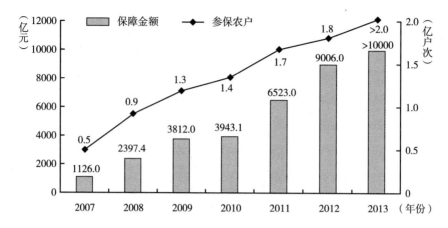

图40　2007～2013年我国农业保险保障金额及参保农户数

数据来源：中国保监会。

被查处或叫停。保监会主席项俊波指出，今后将从三个方面入手加强农业保险监管工作，把中央支农、惠农政策运用好、落实好。一是组织专门力量，对部分农业大省进行彻底检查，把问题查深查透；二是针对存在的问题，进一步完善农业保险制度设计，为农业保险健康发展打下良好基础；三是创新试点，协调财政等部门完善补贴机制，建立"15＋X"的补贴架构，推动发展地方特色农产品的农业保险，探索发展农产品价格指数保险。

2013年，纳入中央财政给予保费补贴的品种包括小麦、水稻、玉米、棉花、马铃薯、油料作物、糖料作物、森林、橡胶、能繁母猪、育肥猪、奶牛、牦牛、青稞、藏系羊15类品种。这些品种覆盖面有限，且风险保障程度低，难以有效满足农民日益增长的风险保障需要。为鼓励保险公司进行农业保险产品创新，2013年6月，保监会通知，对新型产品，保监会将开辟绿色通道，优先接受报备。新型产品包括开发天气指数保险、价格指数保险、产量保险、收入保险、农产品质量保险、农村小额信贷保证保险等。在监管部门鼓励下，保险公司开发的创新产品开始走向市场。安华农业保险在北京试点猪肉价格指数保险，中华保险在甘肃试点马铃薯产值保险，中航安盟在四川试点渔业保险和调控型猪肉价格指数保险，锦泰保险在四川试点蔬菜价格指数保险，人保财险也在北京试点了秋播大白菜价格指数保险。

2013 年，国内 64 家财产保险公司中已有 25 家财产保险公司涉足农业保险业务。其中既有人保财险、中华保险以及国寿财险等全国性公司，也有安华农业保险、安信农业保险和中航安盟等专业性农业保险公司，还有四川锦泰保险、云南诚泰保险以及广西北部湾财险等地方财政背景的公司。人保财险是当前国内农业保险规模最大、产品最多的公司，已开办农险 60 多类品种，农险产品超过 500 个，其中包括 300 多个富有地方特色的农险产品。

2013 年，互助型保险也有长足进展。《农业保险条例》指出农业保险的经营主体并不限于保险公司，还包括依法设立的农业互助保险组织。当前，国内互助保险组织有中国渔业互保协会、慈溪市龙山镇农业保险互助联社、浙江宁波伏龙农村保险互助，以及部分省级农机监理站与江泰保险经纪公司联合试点的农机互助保险。其中，中国渔业互保协会承保了 90% 以上的渔业保险（包括财产险和人身险）。2014 年，渔业保险有望纳入中央财政补贴的农业保险品种范畴。

2013 年 4 月，为保护农户的合法权益，保监会下发《关于加强农业保险条款和费率管理通知》，明令禁止"封顶赔付"和"平均赔付"，并推动了大灾风险制度建立。12 月，财政部发布的《关于印发农业保险大灾风险准备金管理办法》指出，经营农险的机构应分别按照农业保险保费收入和超额承保利润的一定比例计提大灾准备金，逐年滚存，以增强险企风险抵御能力。

（三）涉农信贷投放力度加大

2013 年，在中国人民银行、财政部、银监会、证监会和保监会等相关部门及地方各级政府的各项政策的支持下，国内涉农信贷规模继续扩大。至年末，国内金融机构涉农贷款余额达到 20.8 万亿元（见图 41），同比增长 18.2%，高出本外币各项贷款平均增速 4.3 个百分点；涉农贷款余额相当于全国本外币各项贷款余额的 27%，比 2012 年提高 1 个百分点，比 2008 年提高 6 个百分点。2008~2013 年，涉农贷款余额增加 2 倍，年均增长 24.7%。

2013 年，中国邮政储蓄银行涉农贷款余额增长最快。中国邮政储蓄银行全年为 800 多万农户解决了经营资金短缺的难题，年底涉农贷款余额达到 3882 亿元，同比增长 106%，增幅居国内银行业首位。邮政储蓄银行全国 3.9 万个网点中 70% 分布在县域，一些网点还是当地唯一的金融机构。近年来，中国邮政储

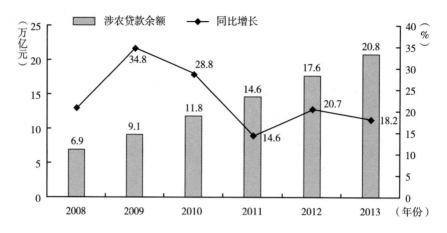

图41　2008～2013年我国金融机构涉农贷款余额变化情况

数据来源：中国银监会。

蓄银行不断创新涉农信贷方式，陆续开发了家庭农场贷款、农民合作社贷款、农业产业化供应链贷款、非传统抵质押贷款等贷款新产品，并在一些地区进行了试点，取得了良好效果。目前，全行已形成了5大类、57个涉农贷款产品。2013年，邮政储蓄银行开展"三权"抵押贷款试点，在农村土地承包经营权抵押贷款方面，山东、黑龙江等地已取得突破性进展，累计发放贷款超过1亿元；江西、福建等17个分行已开办林权抵押贷款业务，累计放款超过13亿元。

　　国内涉农信贷支持政策主要包括三个方面。一是中国人民银行利用差别化存款准备金率、支农再贷款以及涉农信贷政策导向效果评估等政策和方法，鼓励和支持金融机构加大对"三农"的信贷投放。二是银监会、证监会和保监会在新型农村金融机构市场准入、扩大农业保险覆盖范围、支持企业通过资本市场融资等方面，不断加大对农村地区的支持力度。三是中央和各级地方财政利用县域金融机构涉农贷款增量奖励和新型农村金融机构定向费用补贴加强激励引导。财政部关于县域金融机构涉农贷款增量奖励开始于2008年，前期试点地区包括黑龙江、河南、湖南、云南、新疆等5省份和广西田东县，县域金融机构（不含农业发展银行）按照涉农贷款平均余额同比增长超过15%的部分可获得2%奖励。奖励资金由中央和地方财政按比例分担，东、中、西部地区的中央地方财政分担比例分别为3：7、5：5和7：3。2013年，试点地区扩大到 18 个省份，包括黑龙江、河南、山东、江苏、吉林、四川、安徽、河北、湖南、内蒙古、湖北、江西、辽宁 13 个粮食主产区和广西、云南、陕西、甘肃、新疆 5 个西部省份。2009～2013 年，中央财政累计向 1.31 万家次县域金融机构拨付奖励资金 89.06 亿元，有力地促进了金融机构加大涉农贷款投放力度。东、中、西部地区的县域金融机构分别获得中央奖励资金 5.64 亿元、33.19 亿元、50.23 亿元，各占奖励资金总额的 7%、37% 和 56%，中、西部地区，特别是西部地区得到了重点支持。自 2014 年起，福建、山西、海南、重庆、贵州、青海和西藏 7 个省份也被纳入县域金融机构涉农增量奖励政策试点范围。至此，涉农增量奖励试点地区已达到 25 个省份。

新型农村金融机构定向费用补贴开始于 2009 年，财政部对达到指标要求的村镇银行、贷款公司、农村资金互助社等三类新型农村金融机构按上年贷款平均余额的 2% 给予补贴。2010 年，定向费用补贴资金扩大到"基础金融服务薄弱地区"，即根据银监会统计和认定的西部偏远地区乡（镇）。2014 年 3 月，《农村金融机构定向费用补贴资金管理办法》正式公布。

（四）农村金融产品和服务方式创新进一步推进

截至 2012 年年末，涉农金融机构数达到 3274 家，营业网点数 75896 万个，从业人员总数达到 80.97 万人（见表 60）。

表 60　2012 年主要涉农金融机构相关情况

单位：家，个，人

机构名称	机构数	营业网点数	从业人员数
农村信用社*	1927	49034	502829
农村商业银行	337	19910	220042
农村合作银行	147	5463	55822
村镇银行	800	1426	30508
贷款公司	14	14	111
农村资金互助社	49	49	421
合　计	3274	75896	809733

*为不包含农村商业银行和农村合作银行。

数据来源：《中国农村金融服务报告（2012）》。

中国人民银行《2012 年中国区域金融运行报告》指出，截至 2012 年年末全国小型农村金融机构资产总额合计 15.6 万亿元，同比增长 21.9%。其中，48.8%的小型农村金融机构资产集中在东部；西部和东北地区小型农村金融机构资产总额增长较快，同比分别增长 27.4% 和 28.4%；新型农村机构加快发展，包括村镇银行、农村资金互助社、贷款公司和小额贷款公司在内的各类新型农村机构共计 6923 家，其中小额贷款公司数量占比 87.8%，比上年末新增 1798 家。

加快推进农村金融产品和服务创新，是改进和提升国内农村金融服务的重要手段。一是多样化的小额信贷产品，提高了农村金融等普惠程度。以"惠农卡""好借好还"等循环授信模式发放小额贷款，农村妇女小额担保贷款、农民工回乡创业贷款、大学生"村官"创业富民贷款等信贷产品，有效满足了农户小额和分散的资金需求。二是订单农业贷款管理模式使得农民专业合作社、种养殖大户和家庭农场等新型农业生产经营主体的大额资金需求得到保障。三是创新贷款担保方式，"直补资金担保贷款""专利权质押贷款"等新型贷款担保方式使得农户和县域中小企业融资担保难的局面得到缓解。

（五）农产品期货市场发展前景看好

农产品期货市场具有价格发现功能，它能够帮助农民调整农产品种植结构，增强生产的预见性，可以成为市场参与者改善经营和保值避险的有效工具，能够促使农产品流通国际化和农业生产标准化。我国经营农产品期货的交易所有郑州商品交易所和大连商品交易所。与芝加哥期货交易所、纽约洲际期货交易所等国际大型期货交易所相比，无论是交易品种还是交易金额均有着很大的差距。随着农产品生产流通过程的标准化和规模化水平进一步提高，国内农产品期货市场发展前景看好，反过来也将推动农产品流通的进一步发展。

郑商所农产品期货交易包括菜粕、白糖、菜籽油、棉花等 13 个交易品种。2013 年，白糖期货成交低迷，菜粕期货爆发性增长，全年菜粕成交 32020 万手，成交金额 78388 亿元，超过白糖排在郑商所农产品期货交易各品种的首位。除白糖外，菜籽油、小麦等品种也呈现明显的弱势特征。总体来看，郑商所 13 种农产品期货共成交 51011 万手，比上年增长 23.9%；成交总额 189551 亿元，下降 18.3%（见表 61）。

表 61　2012 年和 2013 年郑州商品交易所期货成交状况（双边）

单位：万手，亿元，%

品种	成交量			成交额		
	2012 年	2013 年	同比增长	2012 年	2013 年	同比增长
菜粕 RM	84.24	32020.08	38010.5	199.91	78388.40	39211.8
白糖 SR	29658.04	13958.81	-52.9	168189.97	72617.92	-56.8
菜籽油 OI	0.40	2370.77	592692.5	3.99	18265.92	457792.5
一号棉花 CF	4206.73	1490.55	-64.6	41888.61	14813.16	-64.6
优质强筋小麦 WH	2.05	374.40	18263.4	10.87	2061.67	18966.6
菜籽 RS	27.42	234.93	856.8	144.60	1269.21	877.7
菜籽油 OI	1251.08	171.08	-86.3	6380.03	849.25	-86.3
优质强筋小麦 WS	5159.29	207.14	-96.0	13061.72	526.69	-96.0
早籼稻 RI	0.26	103.09	39965.0	1.43	516.96	36151.0
早籼稻 ER	767.72	71.65	-90.7	2087.33	191.96	-90.8
粳稻	0	8.10	—	0	49.65	—
普通小麦	12.5	0.38	-69.8	14.24	4.69	-67.1
硬白小麦	20.18	0	-100.0	43.82	0	-100.0
合计	41157.23	51010.59	23.9	231968.47	189550.78	-18.3

数据来源：郑州商品交易所。

大商所农产品期货交易包括豆粕、豆油、棕榈油、黄大豆 1 号、玉米、鸡蛋和黄大豆 2 号共 7 个品种。2013 年，豆粕成交 26536 万手，成交金额为 8.84 亿元，排在各品种首位；与 2012 年相比，黄大豆、玉米和豆粕成交下滑，而棕榈油和豆油交投活跃分别增长 90.5% 和 39.9%。11 月，国内首个畜牧类鲜活期货品种（鸡蛋）于大商所顺利上市，期货交投较为活跃，市场运行平稳，期货市场的价格发现和避险功能初步显现。总体来看，大商所 7 种农产品期货共成交 47045 万手，比上年下降 9.8%；成交总额 220495 亿元，同比下降 9.3%（见表 62）。

表62　2012年和2013年大连商品交易所期货成交情况

单位：万手，亿元，%

品　种	成交量			成交额		
	2012 年	2013 年	同比增长	2012 年	2013 年	同比增长
豆　粕	32587. 67	26535. 76	− 18. 6	115866. 82	88418. 63	− 23. 7
豆　油	6885. 86	9633. 47	39. 9	64307. 44	72191. 89	12. 3
棕榈油	4331. 00	8249. 52	90. 5	32414. 47	50846. 34	56. 8
豆　一	4547. 54	1099. 35	− 75. 8	21451. 63	5062. 50	− 76. 3
玉　米	3782. 44	1331. 36	− 64. 8	9059. 27	3174. 63	− 64. 8
鸡　蛋	—	195. 13	—	—	798. 38	—
豆　二	1. 04	0. 72	− 30. 4	4. 94	3. 06	− 38. 1
合　计	52135. 54	47045. 32	− 9. 8	243104. 57	220495. 43	− 9. 3

数据来源：大连商品交易所。

八　国内农产品流通领域存在的一些问题

（一）丰产难丰收，"卖难买难"症结待解

2013 年，国内农产品市场供求整体平衡，全国范围的"卖难买难"现象较往年有所减少，但阶段性、区域性的供求失衡仍大量发生。3 月，浙江温岭1000 亩冬季大白菜滞销，大量大白菜烂在地里（2008 年以来，温岭大白菜已遭遇四次大面积滞销）。4 月，四川泸州200 万斤青椒难卖，批发价格降至每斤 0.3 元，不及成本的一半。5 月，安徽歙县"三潭枇杷"产量翻番，由于公款采购大幅下降，加工订单减少，当地枇杷出现大规模滞销，销售价格不足往年的一半；河南宁陵百万斤包菜滞销，大量包菜烂在地里或喂猪；山东安丘由于气温偏高，大小樱桃成熟期重叠，不耐储运的红樱桃遭遇严重滞销，最优质的樱桃收购价格每斤也只有 3 元，仅比采摘雇工价格高出 0.6 元，大量樱桃烂在树上。7 月，河南开封西瓜批发价格降至每斤 0.1 元，甚至几分钱一斤都无人问津；山东即墨、莱西等地西瓜收购价已降到每斤 0.25 元，有瓜农 50 亩地也卖不出一个西瓜。10 月，广西南宁坛洛镇300 万斤香蕉早熟，每斤香蕉平

均只卖 0.1 元，也无人问津，蕉农损失惨重，有的只能拉香蕉回家喂牛。

从消费终端看，很多滞销品类在产地价格一落千丈的同时，销地终端价格仍居高不下，没有受到产地区域性供给过剩的明显影响。2013 年，国内生鲜食品价格整体继续保持快速上涨态势。其中鲜菜和鲜果价格比上年分别上涨 8.1% 和 7.1%，高出食品价格总体涨幅 3.4 个和 2.4 个百分点。与 2001 年相比，国内鲜菜、肉类和鲜果累计分别上涨了 171.5%、136.5% 和 125.6%。

这种"卖难买难""产销脱节"现象与农业生产区域集中度提高、跨区域的流通需求增加有关，与生鲜农产品季节性强、保鲜期短、加工比例低、产区供给波动大有关，与国内农业生产组织化规模化程度低、产地加工和仓储水平滞后、抗风险能力弱有关，与产销信息不对称、流通信息化体系不健全有关，也与生鲜农产品需求弹性小、终端价格易涨难跌有关，但更直接的原因在于产销两地的市场壁垒过高，产销地差价难以抵消交易成本（包括运输成本、产地租金、损耗以及初加工成本），造成产区农产品虽然过剩却难以有效地向周边及全国市场释放。其中，单价低、利润空间小的包菜、青椒、西瓜等品种受市场壁垒的影响更大。

（二）全程冷链覆盖率低，流通环节损耗大

近年来，国内冷库建设明显升温，冷库容量由 2008 年的 1500 万立方米快速增加到 2011 年的 7111 万立方米。但新建冷库主要集中在东部主销区，产地配套冷库仍然紧缺。国内果蔬、肉类和水产品冷藏运输率虽然达到 15%、30%、40%，但全程冷链覆盖率分别只有 5%、15% 和 23%，流通损耗率分别为 25%、12% 和 15%，均高于发达国家 5% 的水平。

国内生鲜农产品全程冷链覆盖率低的原因，一方面在于冷链投资和运营成本较高，而多数生鲜农产品价格水平偏低且生产经营分散，难以通过规模效应取得合理的利润。为提升冷库周转率、冷藏车的装载率、保障盈利，国内冷链投资必然向价格水平高且需求集中、稳定的消费地倾斜。另一方面，或者说更深层的原因在于国内农产品流通环节复杂分散，采收、运输、仓储、加工、销售等各个环节主体缺乏利益共享机制。由于产地收购价格低，且利益独立分割，前端主体对降低损腐率的动力不足，而采收（屠宰）后的预冷保鲜，以

及随后的冷链运输恰恰是降低整体损腐率的最关键节点。后端主体即使有动力降低损腐率，有能力进行冷藏保鲜但往往为时已晚。

（三）中间环节多，配套服务落后，流通成本高

传统国内生鲜农产品流通一般经过农户、经纪人、运销商、一级批发商、二级批发商、零售商等多个环节。层层转手过程不但增加了周转时间造成额外损耗，而且使得各环节的成本和利润不断叠加，直接推高了总体流通成本。

流通层级过多与国内生鲜农产品经营规模小，风险保障机制不健全密切相关。国内流通主体较为薄弱和分散，规模效应难以发挥，加上生鲜农产品价格波动大，信息服务、安全检测、仓储保鲜等配套服务滞后，客观上要求产业链增加层级，分担经营风险。这种被动的适应机制反过来又进一步制约了现代流通体系建设的升级与良性发展，仅仅依靠流通主体自身的努力难以摆脱上述困境。

九 解决农产品流通问题的几点思路

（一）加强主体培育，提升流通主体组织化、规模化水平

从组织化入手，加强农业生产和农产品流通各环节产业主体的培育，发展适度的规模化经营，提高企业自身造血和调节能力，并在此基础上促进流通产业链的一体化建设。

在生产环节，扶持发展家庭农场、农业合作社、农业产业化龙头企业和农业产业化基地的发展建设，加大对农业生产和经营者的教育培训力度，提升人员素质。在运销环节，鼓励物流企业兼并与联合，推动社会化物流平台建设。在批发环节，鼓励批发市场"内升外拓"，在实现信息化、网络化运营的同时向生产源头和零售终端延伸，构建更为高效的一体化流通体系。在零售终端环节，继续推进农超对接，加快线上与线下的融合，鼓励连锁零售企业向全渠道模式转型。

（二）调节利益分配机制，重点提高生产环节的利润水平

促进农产品流通组织化、一体化建设的一个重要目的就是在于理顺流通各环节的利益分配机制，弥补流通体系的短板，降低流通损耗，提升整体流通效率。在一个初级、分散、低效的农业基础上无法建立一个现代高效的农产品流通网络。重点提升农业生产环节的利润水平，促进农业产业加快升级，对于我国农产品流通产业的现代化有着重要的现实意义。

（三）健全农产品流通社会化服务体系，提升农产品流通的公益属性

采取财政扶持、税费优惠、信贷支持等措施，加强农产品流通社会化服务，从最有效的方向入手，提高公共资源的使用效益，提升政府对农产品流通体系的实际调控能力。一方面加大交通、仓储等流通基础设施投入，降低相关收费标准，消除市场壁垒，促进全国流通大市场的形成。另一方面加强流通信息化服务建设，密切跟踪市场变化，及时、准确、客观、公正地发布农产品价格、供求和质量安全等方面信息，进而调整优化农产品流通体系，提高流通效率。此外，还要加快制定和完善相关法律法规和流通行业标准，使得农产品流通产业更有章可循，有法可依，提高整体运行效率。

结 构 篇

B.3

2013 年中国农产品流通生产性
服务功能发展状况

濮晓鹏　牛燕艳*

摘　要：

本文针对信息化时代的特点对我国农产品流通生产性服务功能进行了重新诠释，对农产品流通在信息化条件下的产业特征进行了归纳，重点阐述了当前我国农产品批发、交通运输、仓储、加工、配送、金融和信息 7 个流通服务产业的发展现状、发展趋势以及技术革新、信息化应用对其功能的再界定和融合。

关键词：农业品流通　生产性服务　信息化

* 濮晓鹏，中国国际电子商务中心内贸信息中心经济师，高级分析师，主要从事农产品市场研究；牛燕艳，北京中新农产品流通研究院研究员，主要从事农产品流通研究。

一 农产品流通生产性服务业体系

（一）生产性服务业

1. 生产性服务业内涵界定

生产性服务业是从企业内部生产服务部门分离和独立发展起来的，主要为生产经营主体而非直接向消费者提供的服务，其本质上是一种中间投入。生产性服务业不仅为制造业提供中间服务，也可为第一产业和第三产业提供中间服务。生产性服务业作为经济发展的"黏合剂"和"引擎"，是现代服务业体系中最有活力和增长最快的部门。

2. 生产性服务业划分

当前国内外对生产性服务业的分类标准尚不统一，但普遍认为交通运输、现代物流、金融服务、技术研究与开发、信息服务和商务服务等行业构成了生产性服务业的主体。2009 年北京市统计局将生产性服务业划分为流通服务、信息服务、金融服务、商务服务、科技服务五大类别（见表1）。

表1 生产性服务业统计分类

产业大类	细分行业
流通服务	铁路运输业、道路运输业、水上运输业、航空运输业、管道运输业、装卸搬运和其他运输服务业、仓储业、邮政业、批发业
信息服务	电信和其他信息传输服务业、计算机服务业、软件业
金融服务	银行业、证券业、保险业、其他金融活动
商务服务	租赁业、商务服务业
科技服务	研究与试验发展、专业技术服务业、科技交流和推广服务业地质勘查业

资料来源：北京统计局。

2012 年国务院《服务业发展"十二五"规划》又将生产性服务业细分为金融服务业、交通运输业、现代物流业、高技术服务业、设计咨询、科技服务业、商务服务业、电子商务、工程咨询服务业、人力资源服务业、节能环保服务业、新型业态和新兴产业等若干个子行业。

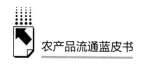

（二）农产品流通生产性服务业

生产性服务业的产生与发展，是社会分工和专业化的必然结果。农业生产性服务业是生产性服务业的重要组成部分，是指生产性服务业在农产品流通领域中以各级农产品市场为核心，以农产品收购、初加工、运输、储存、装卸、搬运、包装、流通加工、配送和信息处理等农产品运销服务为主体，以农产品信息、金融、商务和科技等相关服务为配套的综合性服务体系。

二　农产品流通生产性服务功能现状分析

（一）农产品批发服务

批发市场是农产品流通体系的中心环节，既是农产品流通生产性服务功能的重要内容，也是其他很多生产性服务功能存在的平台。围绕着农产品批发市场，农民经纪人、农产品运销大户乃至农产品物流企业得以迅速发展，同时也促进连锁经营、直销配送、电子商务、拍卖交易等现代农产品流通方式的发展。

1. 农产品批发市场总体发展情况

截至 2012 年年末，国内现有亿元以上农产品交易市场 1759 家，市场总营业面积达到 6327.27 万平方米，市场摊位总数 112.55 万个，其中年末出租摊位 102.05 万个，摊位出租率为 90.7%，市场成交总额 20726.511 亿元（见表2），占当年社会消费品零售总额的 9.9%。

表2　2012 年亿元以上农产品交易市场基本情况

种　　类		市场数量（家）	摊位数（个）	年末出租摊位数（个）	营业面积（平方米）	成交额（亿元）
农产品交易市场		1759	1125487	1020478	63272724	20726.511
农产品综合市场		715	465317	423936	20555855	7012.871
农产品专业市场		1044	660170	596542	42716869	13713.640
交易品种	粮油	111	50234	45036	3949882	1641.260
	肉禽蛋	121	42181	38238	2775796	1029.068
	水产品	160	114682	105609	4890307	2974.122

续表

种 类		市场数量 （家）	摊位数 （个）	年末出租 摊位数（个）	营业面积 （平方米）	成交额 （亿元）
交易品种	蔬菜	312	262071	234367	15589465	3601.074
	干鲜果品	147	71551	65915	5823879	2004.461
	棉麻土畜烟叶	24	14705	14281	4024691	628.878
	其他	169	104746	93096	5662849	1834.779

数据来源：《中国商品交易市场统计年鉴（2013）》。

2. 农产品批发市场现状分析

2012 年，亿元以上农产品交易市场中，以批发经营为主业的批发型市场有 1009 家，占农产品交易市场总数的 57.4%。主营批发的农批市场共有摊位 76.76 万个，营业面积 5533.23 万平方米，年成交额 18113.24 亿元（见表 3），各占总量的 68.2%、87.5% 和 87.4%。与 2011 年相比，国内亿元农批市场进一步向批发主业聚焦。批发型市场数量增加 9 家，摊位总数增加 27516 个（其中年末出租摊位数增加 25143 个），营业面积增加 344.88 万平方米，成交额增加 1687.86 亿元，分别增长 0.9%、3.7%、6.6% 和 10.3%。

表3　2012 年亿元以上批发型农产品交易市场基本情况

种 类		市场数量 （家）	摊位数 （个）	年末出租 摊位数（个）	营业面积 （平方米）	成交额 （亿元）
农产品交易市场		1009	767579	697411	55332289	18113.24
农产品综合市场		197	216796	199675	15355591	5234.56
农产品专业市场		812	550783	497736	39976698	12878.67
交易品种	粮油	103	40621	35433	3735090	1585.82
	肉禽蛋	76	22556	21692	2401335	872.57
	水产品	120	96826	89508	4503129	2819.68
	蔬菜	278	251262	224170	15318335	3521.47
	干鲜果品	143	70152	64530	5795719	1982.04
	棉麻土畜、烟叶	23	14587	14171	4015371	626.96
	其他	69	54779	48232	4207719	1470.15

数据来源：《中国商品交易市场统计年鉴（2013）》。

从分类看，专业市场在批发型农批市场中占据着主导地位。2012 年，以专业类批发为主的市场有 812 家，实现成交金额 12878.67 亿元，分别占主营批发的农批市场总量的 80.5% 和 71.1%。各类专业市场中，蔬菜、水产品和干鲜果品市场成交额占比领先，分别占批发型市场总成交金额的 19.4%、15.6% 和 10.9%（见图 1）。

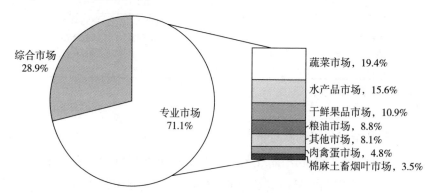

图1　2012 年亿元以上批发型农批市场成交额构成

数据来源：《中国商品交易市场统计年鉴（2013）》。

从单位规模和效益看，与零售型农批市场相比，批发型市场优势明显。2012 年，平均每个批发型市场有摊位 761 个，每市营业面积 5.48 万平方米（见表 4），分别是零售型市场的 1.6 倍和 5.2 倍。同期，批发型市场平均每市成交额和摊位平均成交额分别为 17.95 亿元和 259.32 万元，分别是零售型市场的 5.2 倍和 3.1 倍。与 2011 年相比，批发型市场每市成交额增长 9.3%，摊位平均成交额增长 6.3%，增速较零售市场分别高出 8.5 个和 2.4 个百分点。

表4　2012 年亿元以上批发型农产品交易市场单位规模

种　　类	平均每市摊位数（个）	平均每市营业面积（平方米）	摊位平均营业面积（平方米）	平均每市成交额（亿元）	摊位平均成交额（万元）	每平方米成交额（万元）
农产品交易市场	761	54839	72.1	17.95	259.7	3.3
农产品综合市场	1100	77947	70.8	26.57	262.2	3.4
农产品专业市场	678	49232	72.6	15.86	258.7	3.2
粮油	394	36263	91.9	15.40	447.6	4.2
肉禽蛋	297	31597	106.5	11.48	402.3	3.6
水产品	807	37526	46.5	23.50	315.0	6.3
蔬菜	904	55102	61.0	12.67	157.1	2.3
干鲜果品	491	40530	82.6	13.86	307.2	3.4
棉麻土畜烟叶	634	174581	275.3	27.26	442.4	1.6
其他	794	60981	76.8	21.31	304.8	3.5

数据来源：《中国商品交易市场统计年鉴（2013）》。

2012 年，在各类专业批发型市场中，棉麻土畜烟叶市场以每市成交额 27.26 亿元排名首位，其后为水产品市场和其他类市场，每市成交额分别 23.50 亿元和 21.31 亿元；粮油市场摊位平均成交额最高，达到 447.6 万元，棉麻土畜烟叶市场和肉禽蛋市场摊位平均成交额分别为 442.4 万元和 402.3 万元。

（二）交通运输服务

农产品物流是物流业的重要组成部分，交通运输服务作为物流业的基础，对于农产品物流业的整体发展起着关键作用。

1. 农产品物流情况

2012 年，我国农产品物流总额为 28891 亿元，相当于当年社会物流总额的 1.63%，比 2011 年增长 9.8%，按可比价格计算实际增长 4.5%（见表 5）。2013 年，我国农产品物流额进一步增加，按可比价格计算实际增长 4.0%，增幅比上年回落 0.5 个百分点。

表 5　2004～2013 年我国农产品物流总额

单位：亿元，%

年份	农产品物流总额	社会物流总额	农产品物流占比	同比增长
2004	11970	383829	3.12	6.3
2005	12748	481983	2.64	6.5
2006	13546	595976	2.27	6.3
2007	15849	752283	2.11	17.0
2008	18638	899793	2.07	17.6
2009	19439	966538	2.01	4.3
2010	22355	1254130	1.78	15.0
2011	26312	1583542	1.66	17.7
2012	28891	1773156	1.63	9.8
2013	—	1978000	—	9.5

数据来源：根据《中国物流年鉴》《中国第三产业统计年鉴》和中国物流与采购联合会数据整理计算。

（1）公路运输情况

公路运输是国内农产品物流的主渠道。截至 2013 年年末，国内公路里程达到 435.62 万公里，比上年末增加 11.87 万公里（见表 6）；公路密度为百平方公里 45.38 公里，比上年提高 1.24 公里。高速公路里程 10.44 万公里，比上年末增加 0.82 万公里；全国农村公路（含县道、乡道、村道）里程达 378.48 万公里，比上年末增加 10.64 万公里。村道新增里程 8.52 万公里，占农村公路新增里程的 80%。全国通公路的乡（镇）已占全国乡（镇）总数 99.97%，通公路的建制村占全国建制村总数 99.70%。

表6　2004～2013 年我国公路运输情况

年份	公路里程（公里）	载货汽车数量(万辆)	货运量（亿吨）	货物周转量（亿吨公里）	平均运距（公里）
2004	1870661	628.09	124.50	7840.9	62.98
2005	3345187	604.82	134.18	8693.2	64.79
2006	3456999	640.66	146.63	9754.25	66.52
2007	3583715	684.49	163.94	11354.69	69.26
2008	3730164	760.97	191.66	32868.19	171.48
2009	3860823	906.56	212.78	37188.82	174.77
2010	4008229	1050.19	244.81	43389.67	177.24
2011	4106387	1179.41	282.01	51374.74	182.17
2012	4237508	1253.19	318.85	59534.86	186.72
2013	4356200	1419.48	307.66	557738.08	181.16

数据来源：国家统计局。

2013 年年末，国内共有公路营运汽车 1504.73 万辆，其中载货汽车 1419.48 万辆、9613.91 万吨位。普通货车 1080.75 万辆、5008.34 万吨位；专用货车 46.21 万辆、514.45 万吨位。

2013 年，全国营业性货运车辆完成货运量 307.66 亿吨、货物周转量 55738.08 亿吨公里，按可比口径比上年分别增长 10.9% 和 11.2%；平均运距 181.16 公里，比上年减少 5.56 公里。

（2）铁路运输情况

2013 年，津秦、西宝、宁杭、盘营、杭甬等高铁开通运营，国内高铁营业里程突破 1 万公里。"四纵四横"客运专线主骨架已经建设完成，为推进铁路客货分离，提升铁路运能打下了坚实的基础。"四纵"中，京沪、京广、杭福深客运专线已经基本建成，京哈客运专线中哈大高铁已经建成通车，京沈高铁已于 2014 年 2 月开始动工建设；"四横"中，沪汉蓉客运专线已基本建成，徐兰专线、沪昆和青太客运专线已建成部分路段。

2013 年，铁路货运组织改革加快推进，实货制运输取得成效，铁路发运客户较货改前增长 8%，零散白货当日受理率达 99% 以上。全路门到门运输办理站数量达到 1909 个。全路零担办理站从货改前的 29 个增加至 181 个。

据 2013 年交通运输行业发展统计公报，截至 2013 年年末，全国铁路营业里程达到 10.31 万公里，比上年末增加 5519 公里，增长 5.7%（见表 7）。其中，高铁营业里程达到 1.1 万公里；复线里程为 4.83 万公里，电气化里程为 5.58 万公里，比上年末分别增加 4538 公里和 4782 公里。复线率和电气化率分别为 46.8% 和 54.1%，比上年分别提高 2.0 个和 1.8 个百分点。西部地区铁路营业里程达到 4 万公里，比上年增加 2245 公里，增长 6.0%。

表 7　2004～2013 年我国铁路运输情况

年份	营业里程（公里）	铁路货车数量（辆）	货运量（亿吨）	货物周转量（亿吨公里）	平均运距（公里）
2004	74408	526894	24.90	19288.80	774.60
2005	75438	548368	26.93	20726.00	769.64
2006	77084	564899	28.82	21954.41	761.71
2007	77966	577521	31.42	23797.00	757.29
2008	79687	591793	33.04	25106.28	759.98
2009	85518	603082	33.33	25239.17	757.14
2010	91178	628887	36.43	27644.13	758.89
2011	93250	651175	39.33	29465.79	749.26
2012	97625	670656	39.05	29187.09	747.55
2013	103144	688042	39.61	29031.61	732.94

数据来源：国家统计局，《2013 年铁道统计公报》《2013 年交通运输行业发展统计公报》。

截至 2013 年年末，国家铁路货车拥有量为 68.80 万辆，比上年增加 1.74 万辆，增长 2.6%。全国铁路完成货物发送量 39.61 亿吨，货物周转量 29031.61 亿吨公里，比上年分别增长 1.5% 和 0.5%。其中，国家铁路完成 32.16 亿吨、26702.85 亿吨公里，分别下降 0.3% 和 1.1%。粮食运量完成 1.10 亿吨，增长 5.4%。

（3）水路运输情况

2013 年年末，全国内河航道通航里程为 12.59 万公里，比上年末增加 858

公里（见表8）。港口泊位3.18万个，其中万吨级以上泊位2001个，比上年增加115个。万吨以上粮食专业散装泊位36个，比上年增加2个。

表8　2004～2013年我国水路运输情况

年份	内河航道通航里程 （公里）	货运量 （亿吨）	货物周转量 （亿吨公里）	平均运距 （公里）
2004	123300	18.74	41428.70	2210.78
2005	123263	21.96	49672.30	2261.45
2006	123388	24.87	55485.75	2231.00
2007	123495	28.12	64284.85	2286.10
2008	122763	29.45	50262.70	1706.66
2009	123683	31.90	57556.67	1804.31
2010	124242	37.89	68427.53	1805.72
2011	124612	42.597	75423.84	1770.65
2012	124995	45.87	81707.58	1781.27
2013	125853	55.98	79435.65	1419.04

数据来源：国家统计局，《2013年交通运输行业发展统计公报》。

2013年年末，全国拥有水上运输船舶17.26万艘，比上年末减少3.4%；净载重量24401.03万吨，增长6.8%；平均净载重量1414.11吨/艘，增长10.5%；集装箱箱位170.16万TEU，增长8.1%；船舶功率6484.66万千瓦，增长1.5%。

2013年，全国完成水路货运量55.98亿吨、货物周转量79435.65亿吨公里，比上年分别增长22.0%和-2.8%，平均运距1419.04公里。在全国水路货运中，内河运输完成货运量32.39亿吨、货物周转量11514.14亿吨公里；沿海运输完成货运量16.47亿吨、货物周转量19216.14亿吨公里；远洋运输完成货运量7.12亿吨、货物周转量48705.37亿吨公里。

2013年，全国规模以上港口粮食吞吐量为2.25亿吨，其中外贸吞吐量为0.81亿吨，比上年分别增长12.7%和6.7%；农林牧渔业产品吞吐量4200万吨，其中外贸吞吐量2100万吨，比上年分别下降3.6%和3.9。

2. 粮食物流情况

（1）粮食生产及布局情况

2013年，国内粮食总产量60193.5万吨，比上年增加1235.6万吨，增产

2.1%，实现"十连增"。其中，玉米产量 21773.0 万吨，比上年增产 1211.6
万吨，增长 5.9%；稻谷产量 20329 万吨，比上年下降 0.5%，10 年来首度下
滑；小麦产量 12172.0 万吨，比上年增加 69.7 万吨，增产 0.6%，连续第 10
年增产；2013 年国内大豆降至 1250 万吨左右，创 1993 年以来新低。

我国粮食生产主要集中在东北、华北和长江中下游地区，2012 年黑龙江
与河南产量最高，分别达到 5761 万吨和 5639 万吨，产量前 10 位省份占比合
计为 64.5%。稻谷生产主要集中在华中、东北以及长江中下游地区，2012 年
湖南以 2632 万吨排在首位，产量前 10 位省份占比合计为 79.2%。小麦生产主
要集中在华中、华东、华北等地区，2012 年河南产量为 3177 万吨，产量前 10
位省份占比合计为 92.0%，在主要粮食品种中生产集中度最高。玉米生产主
要集中在东北、华北等地区，黑龙江和吉林产量最高，分别为 2888 万吨和
2579 万吨，产量前 10 位省份占比合计为 79.6%；豆类生产主要在黑龙江、内
蒙古和云南等省份，产量前 10 位省份占比合计为 74.7%（见表 9）。

表9 2012 年我国粮食分地区产量

单位：万吨，%

位次	粮食		稻谷		小麦		玉米		豆类	
	地区	产量	地区	产量	地区	产量	地区	产量	地区	产量
1	黑龙江	5761	湖　南	2632	河　南	3177	黑龙江	2888	黑龙江	480
2	河　南	5639	黑龙江	2171	山　东	2180	吉　林	2579	内蒙古	163
3	山　东	4511	江　西	1976	河　北	1338	山　东	1995	云　南	130
4	江　苏	3372	江　苏	1900	安　徽	1294	内蒙古	1784	安　徽	121
5	吉　林	3343	湖　北	1651	江　苏	1049	河　南	1748	四　川	94
6	四　川	3315	四　川	1536	新　疆	577	河　北	1650	河　南	85
7	安　徽	3289	安　徽	1394	四　川	437	辽　宁	1424	江　苏	81
8	河　北	3247	广　西	1142	陕　西	436	山　西	904	吉　林	53
9	湖　南	3007	广　东	1127	湖　北	371	四　川	701	重　庆	45
10	内蒙古	2529	云　南	645	甘　肃	279	云　南	700	陕　西	43
前 5 位占比	38.4		50.6		74.7		53.5		57.0	
前 10 位占比	64.5		79.2		92.0		79.6		74.7	

数据来源：根据国家统计局数据整理计算。

（2）粮食市场化情况

商品率是反映农产品市场化情况的主要指标，是指当期生产的农产品进入流通领域的比率。2012年，国内稻谷、小麦、玉米和大豆商品率分别为77.57%、81.54%、96.30%和96.69%，与上年相比分别提升4.28、4.99、7.64和0.20个百分点。结合产量数据，2012年国内稻谷商品量约为15842.6万吨，比上年增长8.6%；小麦商品量为9868.2万吨，增长13.7%；玉米商品量为19800.6万吨，增长6.9%；豆类商品量为1673.2万吨，下降8.5%。

分地区看，北方粮食产区商品量普遍高于南方产区。2012年黑龙江和湖南稻谷商品量最高，分别达到2168万吨和2068万吨（见表10）。黑龙江粳稻商品率为99.86%，高出湖南籼稻平均商品率21.27个百分点。河南小麦商品率为90.96%，仅次于四川的97.00%和江苏的91.09%，商品量达到2890万吨，超过山东1230万吨。国内玉米商品率普遍较高，各个主产区商品率均在95%以上，黑龙江和吉林玉米商品量分别达到2879万吨和2579万吨。国内大豆市场化程度也比较高，主产区商品率除陕西外都在90%以上。

表10 2012年国内产量前10地区粮食商品量和商品率

单位：万吨，%

位次	稻谷			小麦			玉米		
	地区	商品量	商品率	地区	商品量	商品率	地区	商品量	商品率
1	黑龙江	2168	99.86	河 南	2890	90.96	黑龙江	2879	99.68
2	湖 南	2068	78.59	山 东	1660	76.18	吉 林	2579	100.00
3	江 西	1649	83.47	安 徽	1148	88.68	山 东	1953	97.92
4	江 苏	1508	79.36	江 苏	955	91.09	内蒙古	1782	99.85
5	湖 北	1478	89.49	河 北	876	65.46	河 南	1676	95.87
6	四 川	1417	92.25	新 疆	459	79.55	河 北	1569	95.10
7	安 徽	1139	81.75	四 川	424	97.00	辽 宁	1400	98.35
8	广 西	590	51.70	陕 西	356	81.72	山 西	890	98.45
9	广 东	816	72.45	湖 北	341	91.92	四 川	689	98.26
10	云 南	258	39.97	甘 肃	159	57.06	云 南	680	97.13

数据来源：根据国家统计局和发改委数据整理计算。稻谷商品量为估计值，区域稻谷商品率以当地各种稻谷商品率平均值估算。

从粮油销售情况看，五大销售市场中江苏、浙江和广东 3 个南方省份分别排在第 1、第 2 和第 4 位（见图 2）。随着中国粮食主产区的逐步北移，国内粮食产销格局已由"南粮北调"变为"北粮南运"。黑龙江超过河南，成为国内粮食产量和商品量双第一的省份，是稻谷和玉米的主要外运地。其他五大跨地区粮食物流通道包括黄淮海地区小麦流出通道、长江中下游地区稻谷流出通道以及玉米流入通道、华东粮食流入通道、华南沿海粮食流入通道以及京津粮食流入通道。

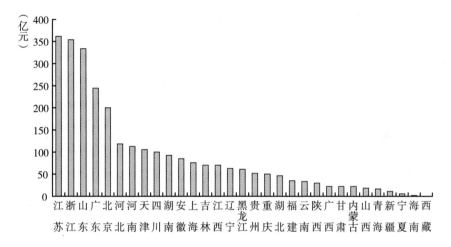

图 2　2012 年各地区粮油成交情况

数据来源：《中国商品交易市场统计年鉴（2012）》。

（3）粮食运输情况

国内粮食运输主要靠铁路运输和水上运输。2013 年全国铁路运输粮食运量完成 11005 万吨，比上年增长 5.4%；规模以上港口粮食吞吐量为 2.25 亿吨，比上年增长 12.7%。外贸吞吐量为 0.81 亿吨，增长 6.7%；内贸吞吐量为 1.44 亿吨，增长 16.4%。

国内原粮主要以包装方式进行运输。以人工拆包入库、灌包出库为特征的"散存包运"的作业模式造成粮食流通损耗大、费用高、效率差，是制约粮食流通现代化的主要瓶颈。《国家粮食安全中长期规划纲要（2008～2020 年）》指出，要推进粮食物流"四散化"变革，实现粮食的散装、散卸、散运和散储；重点改造和建设跨地区粮食物流通道；在交通枢纽和粮食主要集散地，建设一批全国性重要粮食物流节点和粮食物流基地；积极培育大型跨区域粮食物流企业；大力发展铁海联运，完善粮食集疏运网络；提高粮食物流技术装备水平和信息化程度。

3. 生鲜农产品物流

生鲜农产品主要包括蔬菜、水果、肉类、蛋类、奶类和水产品等生鲜初级产品，其主要特征是易腐、易损，鲜活程度是决定生鲜农产品价值的重要指标。

（1）生鲜农产品生产情况

2012年，蔬菜、水果、肉类、蛋类、奶类和水产品六大类生鲜农产品产量合计为11.6亿吨，比2011年增长4.6%；生鲜农产品产量占主要农产品总产量的59.9%，比2011年提高0.1个百分点。

分品种看，2012年国内蔬菜产量70883万吨，约占生鲜农产品总产量的61.1%；水果产量24057万吨，占生鲜农产品总产量的20.7%；肉类、水产、奶类和禽蛋产量分别为8387万吨、5908万吨、3875万吨和2861万吨（见图3），分别占生鲜总产量的7.2%、5.1%、3.3%和2.5%。

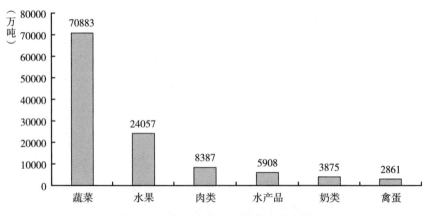

图3　2012年国内主要生鲜农产品产量

资料来源：国家统计局，农业部。

（2）生鲜农产品生产区域情况

国内蔬菜生产以优势产区和都市周边蔬菜基地共同承担，区域集中度相对较低。国内六大蔬菜优势区域为华南和西南地区冬春蔬菜、长江流域冬春蔬菜、黄土高原夏秋蔬菜、云贵高原夏秋蔬菜、北部高纬度夏秋蔬菜、黄淮海与环渤海设施蔬菜等。各产区蔬菜品种互补、上市档期"接力"分布，有效缓解了淡季蔬菜供求矛盾，为保障全国蔬菜均衡供应发挥了重要作用。2012 年，山东、河北、河南、江苏和四川蔬菜产量排在前 5 位，产量分别为 9386 万吨、7695 万吨、7012 万吨、4985 万吨和 3765 万吨（见表 11），各占全国总产量的 13.2%、10.9%、9.9%、7.0% 和 5.3%。

表 11　2012 年我国生鲜农产品分地区产量

单位：万吨，%

	蔬菜		水果		肉类		水产品		牛奶		禽蛋	
	地区	产量	地区	产量	地区	产量	地区	产量	地区	产量	地区	产量
1	山东	9386	山东	2925	山东	764	山东	842	内蒙古	910	河南	404
2	河北	7695	河南	2535	河南	677	广东	790	黑龙江	560	山东	402
3	河南	7012	河北	1815	四川	670	福建	629	河北	470	河北	343
4	江苏	4985	陕西	1694	湖南	515	浙江	540	河南	316	辽宁	280
5	四川	3765	广东	1390	广东	443	江苏	494	山东	284	江苏	197
6	湖北	3506	广西	1325	河北	443	辽宁	479	陕西	142	四川	146
7	湖南	3481	新疆	1222	辽宁	419	湖北	389	新疆	132	湖北	139
8	广东	2983	湖南	909	湖北	412	广西	304	辽宁	125	安徽	123
9	辽宁	2978	辽宁	894	广西	411	江西	237	宁夏	103	黑龙江	108
10	广西	2357	湖北	886	安徽	398	湖南	221	山西	80	吉林	100
前5	46.3		43.1		36.6		55.9		67.9		56.8	
前10	67.9		64.8		61.4		83.6		83.4		78.4	

资料来源：国家统计局，农业部。

水果生产受地域影响较大，总体分布相对分散，品种分布较为集中。2012 年，山东、河南、河北和陕西等北方 4 省水果产量最高，分别为 2925 万吨、2535 万吨、1815 万吨和 1694 万吨，各占全国水果总产量的 12.2%、10.5%、7.5% 和 7.0%。广东和广西热带水果产量最高，分别以 1390 万吨和 1325 万吨，排在第 5 和第 6 位。分品种看，2012 年陕西和山东苹果产量最高，产量占比分别为 25.1% 和 22.6%，远高于第 3 位河南 11.3% 的水平；两湖、两广地区柑橘产量最高，湖南、广东、湖北和广西产量分别占全国总产量的 15.3%、13.1%、12.2% 和 12.1%；国内最大的梨产区是河北，2012 年产梨 445 万吨，占全国总产量的 26.1%，占比高出第 2 位的辽宁 17 个百分点；新疆、河北和山东葡萄产量最高,分别达到209万吨、124万吨和105万吨,产量占比分别为9.8%、11.8%和10.0%;广东、广西、云南和海南香蕉产量分别达到403万吨、230万吨、218万吨和209万吨,合计占全国总产量的80%。

肉类生产多数来本埠屠宰场,国内肉类特别是猪肉生产较为分散。2012年,山东、河南、四川和湖南肉类产量超过500万吨,产量占比分别为9.1%、8.1%、8.0%和6.1%。分品种看,四川猪肉产量最高,达到494万吨,占比为9.3%;河南牛肉产量最高,达到80万吨,占比为12.1%;肉类中羊肉生产集中度最高,2012年内蒙古羊肉产量为89万吨,占比为22.1%,高出新疆10.1个百分点。

国内水产品、牛奶和禽蛋生产较为集中。国内水产品生产主要集中在东部沿海地区,2012年山东、广东、福建、浙江和江苏产量占比分别达到14.3%、13.4%、10.7%、9.2%和8.4%。由于沿江淡水养殖业的增长较快,上述5个沿海产区产量占比均有下滑。受气候、饲料与奶牛品种因素影响,国内牛奶十大产区均处于北方,内蒙古、黑龙江与河北三省产量占比合计超过50%。禽蛋生产也以北方地区为主,十大产区中北方地区占6个,河南、山东、河北和辽宁等北方4省产量相当于全国总产量的一半。

(3)生鲜农产品运输情况

蔬菜运输情况。2012年,国内蔬菜主销区的山东、浙江、河北、江苏、北京、河南与广东7省,亿元以上批发市场蔬菜摊位成交总额均在300亿元以上(见图4),分别占全国总成交额的14.9%、9.8%、9.4%、8.6%、7.0%、7.0%和6.4%。其中,山东、河北、江苏、河南与广东既是主销区也是主产区,上市蔬菜主要销往外地;浙江和北京属于纯销区,蔬菜运输方向以外省输入为主。北京市农业局数据显示,2012年,北京市重点批发市场蔬菜上市量为861.80万吨,来自河北、山东、辽宁、海南的蔬菜比例分别为32.0%、26.6%、5.1%、4.6%,本地蔬菜供应批发市场比率为11.5%。北京新发地农产品批发市场数据显示,2013年新发地上市蔬菜主要来自山东、河北和东北三省,各占总量的22%、18%和10%,本地菜仅占4%。

水果运输情况。2012年,国内水果主销区的浙江、广东、山东、北京、河南、江苏、河北与湖南8省,亿元以上批发市场水果摊位年成交总额均在

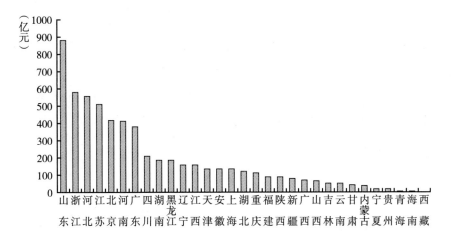

图4 2012 年各地区蔬菜成交额分布

数据来源：《中国商品交易市场统计年鉴（2013）》。

200 亿元以上（见图5）。广东、山东、河南、河北与湖南既是主产区又是主销区，地产水果以外销为主。浙江、北京和江苏属于纯销区，水果运输方向以外省输入为主。北京新发地农产品批发市场数据显示，2013 年新发地水果主要来自河北、广东、山东和海南，各占交易总量的 14%、13%、10% 和 10%，本地产水果仅占 3%。

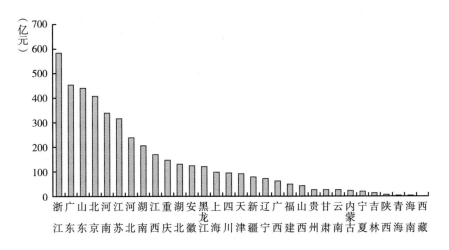

图5 2012 年各地区水果成交额分布

数据来源：《中国商品交易市场统计年鉴（2013）》。

水产品运输情况。2012年，国内水产品交易额最大的浙江、山东和江苏3省，亿元以上批发市场水产品摊位年成交总额均在500亿元以上（见图6）。此外，广东、辽宁、北京、福建、上海等地水产品成交额也在200亿元以上。上述8个省份中，浙江、山东、江苏、广东、辽宁、福建等东部沿海地区既是主产区又是主销区，海水产品主要销往外地；北京和上海本地水产品供给量小，主要依靠外省输入。

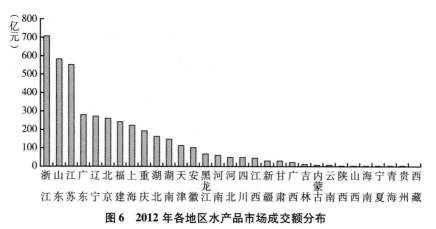

图6　2012年各地区水产品市场成交额分布

数据来源：《中国商品交易市场统计年鉴（2013）》。

肉禽蛋运输情况。2012年，国内肉禽蛋交易额最高的江苏、浙江和广东3省，亿元以上批发市场肉禽蛋摊位年成交总额均在300亿元以上（见图7），各

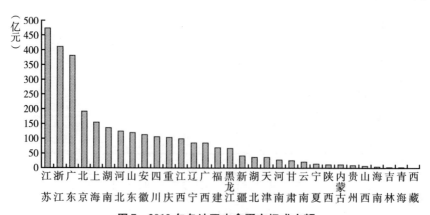

图7　2012年各地区肉禽蛋市场成交额

数据来源：《中国商品交易市场统计年鉴（2013）》。

占全国总交易额的 15.8% 、13.7% 和 12.8% 。江苏肉类产量占全国的 4.7% ，禽蛋产量占 6.9% ，与 15.8% 的销售额相比明显偏低，上市肉禽蛋相当一部分仍需要外省供给。广东肉类产量占全国总产量的 5.3% ，禽蛋产量只占 1.1% ，上市肉类仍有部分需要外省供给，上市禽蛋则主要来自外省。三大主销区中，浙江本地肉禽蛋产量更少，分别只占全国总产量的 2.6% 和 1.7% ，上市肉禽蛋主要来自外省。

（三）仓储服务

农产品仓储，是指农产品在从产地向消费地转移过程中，在一定地点、一定场所、一定时间的停滞。如果说农产品运输创造了产品的"空间价值"，那么农产品仓储则是创造了农产品的"时间价值"。仓储主要包括农产品检验、保管、包装、加工、转运等多种作业，在农产品流通过程中起到调节、配置供需的"蓄水池"作用。建设布局合理的仓库和物流中心网络，推广使用高效的仓储设施和信息管理系统，可以显著提高库存单位容积率，降低农产品库存损耗，更经济合理地配置农产品资源，产生更大的经济与社会效益。

1. 粮食仓储情况

（1）农户储粮量下降。当前我国实行中央储备、地方储备和农户自储三级粮食储备制度。近年来，我国农户家庭储存的粮食每年约为 5000 亿斤，相当于同期全国粮食总产量的 50% 。农户储粮在我国粮食储备体系中占据着重要地位，是国家粮食安全的稳定器。

2013 年，农业部对黑龙江、吉林、内蒙古、山东、河南、江苏、湖南、江西、安徽、四川、甘肃、陕西等 12 个省份的 67 个县 686 家农户（116 家规模种植户，570 家一般农户）进行了农户储粮情况的专项调查。调查结果显示，2013 年被调查农户家中常规储粮平均 2256 斤，与 5 年前和 10 年前相比，分别下降 304 斤和 509 斤，降幅为 11.9% 和 18.4% 。

从品种看，2013 年样本户均储稻谷 962 斤、玉米 806 斤、小麦 488 斤，分别占储粮总量的 42.6% 、35.7% 和 21.6% 。与 5 年前和 10 年前相比，小麦户均储粮降幅最大，分别减少 119 斤和 251 斤，下降 19.6% 和 34.0% ；玉米户均储粮分别减少 60 斤和 142 斤，下降 6.9% 和 15.0% ；稻谷户均储粮分别减

少 125 斤和 116 斤,下降 11.5% 和 10.8%。

从区域看,东北粮食主产区吉林、黑龙江和内蒙古农户储粮较多,2013年户均储粮 3484 斤;陕西、甘肃、四川等西部农户平均储粮 2004 斤,处于中游水平;河南、安徽、江西和湖南等中部 4 省农户储粮最少,平均只储粮1628 斤。与 5 年前和 10 年前相比,各地区农户储粮均有下滑,其中中部地区农户储粮降幅最大。东北户均储粮分别减少 748 斤和 811 斤,下降 17.7% 和18.9%;中部户均储粮分别减少 357 斤和 842 斤,分别下降 18.0 和 34.1%;西部户均储粮分别减少 132 斤和 321 斤,分别下降 6.2% 和 13.8%。

从规模看,2013 年规模户平均储粮 2559 斤,一般农户平均储粮 2195 斤,规模户比一般农户平均储粮高 16.6%。由于三种粮食的规模化生产发展水平不同,规模户玉米存储比例最高,一般户水稻存储比例最大。规模户小麦、玉米和水稻储存的比例分别为 8.2%、51.7% 和 40.1%,而一般户三种粮食的储存比例为 24.8%、31.9% 和 43.3%。

从储粮用途看,农户储粮以口粮消费为主,饲用为辅。12 个省份农户储粮用于口粮部分占 59%,用于饲料占 37%,留用种子占 4%。由于各地区种植、养殖条件和饮食习惯的不同,储粮使用情况在不同地区有着较大差异。东北地区食用和饲用比例为 30% 和 70%;中部地区食用、饲用和种用的比例分别为 81%、15%、4%。

粮食稳定增产、粮价稳中有升、粮食销售渠道多元化以及农户口粮消费减少是国内农户储粮下降的重要原因。另外,农户存粮设施不足也是制约农村储粮增加的关键因素。由于储粮条件差,保管水平低,鼠害、虫害和霉变严重,国内农户储粮损失较大。据国家粮食局调查,全国农户储粮损失率平均为 8% 左右,每年损失粮食约 400 亿斤。从 2011 年开始,国家开始实施新型农户科学储粮示范仓专项建设工作,在专项投资中国家、省和农户投资比例分别为 3:3:4。农户储粮设施不足和技术水平差的局面有望得到明显改观。

(2)国储粮库容保持高位,“危仓老库”加速改造。2013 年,国内粮食库存总量保持历史较高水平,库存消费比仍处于安全合理的区间。据统计,目前全国有 897 亿公斤储粮规模的“危仓老库”已不具备安全储粮功能。3 月,为了健全粮食收纳体系,进一步提高粮食仓储水平,国家粮食局公布了《修复"危仓老库"实施规划》，根据仓库的具体情况实施了分类维修和改造。2013 年中央财政加大了地方"危仓老库"维修改造的扶持力度。中央补助资金达 10 亿元，补助范围覆盖 26 个省份，其中黑龙江、江苏、江西和湖南等 4 个重点支持省共安排中央补助资金 6 亿元。

（3）政策性粮食投放大幅增加。为保证粮食市场供应、维护粮食价格基本稳定，2013 年国内共投放政策性粮食 696 亿斤，是上年投放量的 1.9 倍；组织跨省移库 270 亿斤，比上年增加 205 亿斤；产销对接 382 亿斤，减少 105 亿斤。

2. 棉花仓储情况

2013 年中国棉花协会棉花仓储分会共有会员企业 168 家，比 2012 年增加 36 家。由于棉花市场需求萎缩，棉花收储和放储继续成为市场购销的主渠道。全年共临时收储棉花 485 万吨，比上年减少 9.5%，占同期国内棉花产量的 71.6%。截至 2013 年 12 月，国内商品棉周转库存总量约为 31 万吨，同比减少 16.0%。2014 年"中央一号文件"决定在新疆实行棉花目标价格补贴试点，探索价格形成机制与政府补贴脱钩，棉花将重回市场机制。

3. 生鲜农产品仓储情况

国内生鲜农产品仓储以常温自然储存为主。国家发改委《农产品冷链物流发展规划》指出，2010 年国内果蔬、肉类和水产品冷链流通率只有 5%、15%、23%。计划到 2015 年果蔬、肉类和水产品的冷链流通率将分别提高到 20%、30% 和 36%。

据冷链委调研统计，2013 年全国单体 1000 吨以上的公共型冷库容量共计 2637.09 万吨，折合面积 7127 万平方米。以公共冷库与自用冷库库容占比 8∶2 的比例估算，2013 年国内千吨以上冷库的库容总量在 3300 万吨左右。

2014 年 4 月，中国冷链物流联盟 680 家规模企业调研数据显示，调查企业冷库总库容达到 5754.71 万立方米（参考储量 2046.97 万吨），冷藏车 29444 辆。其中，高温库 370 个，库容 1692.16 万立方米，占总库容 29.4%；低温库 532 个，库容 3188.95 万立方米，占总库容 55.4%；超低温库 180 个，库容 873.60 万立方米，占总库容 15.2%。从单体规模看，低温库平均库容最高，达到 5.99 万立方米，分别比高温库（4.57 万立方米）和超低温库（4.85

万立方米）多出 31.1% 和 15.2%。分地区看，江苏、上海、山东、湖南和广东 5 省冷库容量超过百万吨，库容合计为 1076.49 万吨，占总库容的 18.7%。

（四）加工服务

农产品加工是以农业物料，包括人工种养和野生动植物资源为原料进行生产活动的总和。农产品加工业包括农副食品加工业、食品制造业、饮料制造业、烟草加工业、纺织业、服装及其他纤维制品制造业、皮革毛皮羽绒及其制品业、木材加工及竹藤棕草制品业、家具制造业、造纸及纸制品业、印刷业记录媒介的复制和橡胶制品业等 12 个子行业。其中，农副食品加工业和食品制造业与农产品流通的关系最为紧密。农产品加工业的发展对于推进农业组织化和产业化进程，扩大农产品流通规模，提高流通效率，促进农民增收进而培育农村消费市场有着重要意义。

1. 产地初加工情况

我国农产品的产地初加工一半以上由农户自行完成，由于加工设施简陋、工艺落后，产后损失严重。从 2012 年开始，我国正式启动"农产品产地初加工补助项目"。当年中央财政安排 5 亿元转移支付资金，在 11 个省份的 157 个县（旗）和团场实施项目补助政策，帮助农户和专业合作社建设马铃薯贮藏窖、果蔬贮藏库和烘干房等三大类 19 种规格的初加工设施。2013 年，中央财政继续安排 5 亿元资金进行专项补贴，实施省份为 13 个，项目县增加到 197个。2012 年和 2013 年，我国共帮助农民专业合作社和农户建设了 5 万座初加工设施，新增马铃薯贮藏能力 100 万吨、果蔬贮藏能力 60 万吨、果蔬烘干能力 60 万吨。[①] 一方面使得农产品销售期延长、销售范围扩大。西北、华北、东北等马铃薯主产区，马铃薯销售期从不到半个月延长到了 7 个月，实现错季择机销售，调节了市场供求，提高了农户收益；果蔬经预冷后销售半径明显增加，销售范围从产地周边扩大国内主销区以及海外市场。另一方面降低了产后损失，增加了有效供给。农户建设贮藏、烘干设施后，马铃薯、水果、蔬菜产

[①] 农业部、财政部：《2014 年农产品产地初加工设施补助政策问答》，《农产品加工业》2014 年第 4 期。

后损失率分别从 15% ~ 20%、15% ~ 20%、20% ~ 25% 降低到 6%、4% 和 6% 以下，相当于每年多增加 27.5 万吨产量。由于实施科学贮藏，马铃薯存放 3 ~ 4 个月不长芽、不皱缩，苹果、胡萝卜等果蔬存放 5 ~ 6 个月不腐烂、不萎蔫，保持了入库（窖）时的品质和外观。

2. 农副食品加工业和食品制造业情况

2013 年，在世界经济复苏乏力、国内经济下行压力加大的背景下，国内农副食品加工业和食品制造业发展增速均有放缓。其中，农副食品加工业增长 9.4%，增幅比上年回落 4.2 个百分点；食品制造业增长 10.0%，增幅比上年回落 1.8 个百分点（见图 8）。

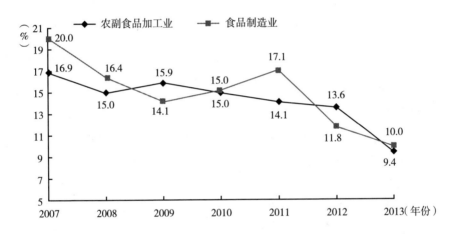

图 8 2007 ~ 2013 年我国农副食品加工业和食品制造业工业增长速度

数据来源：国家统计局，中经网。

（1）2013 年，国内共有规模以上农副食品加工企业 23080 家，比上年增加 724 家，增长 3.2%。其中，亏损企业 1657 家，比上年增加 231 家，增长 16.2%；亏损面为 7.2%，比上年扩大 0.8 个百分点。全年农副食品加工企业共完成主营业务收入 59497.12 亿元，实现利润总额 3105.3 亿元，均比上年增长 14.4%，增幅比上年分别回落 6.2 个和 6.3 个百分点。

从行业看，2013 年屠宰及肉类加工业、谷物磨制业、植物油加工业和饲料加工业主营业务收入较高，分别达到 12013 亿元、11511 亿元、10407 亿元和 9743 亿元。从利润总额看，屠宰及肉类加工业仍以 674 亿元排在第 1 位。

2013 年，制糖行业完成主营收入 1181 亿元，实现利润总额 53 亿元，在农副食品加工八大产业中排在末位。2013 年，其他农副食品加工业、水产品加工业和谷物磨制业发展较快，主营收入同比分别增长 16.2%、16.1% 和 16.0%。同期，制糖业主营收入增长 7.7%，发展较慢。与 2012 年相比，八大产业主营收入增幅较上年均有回落，其中植物油加工业和谷物磨制业增幅回落最为明显，分别下降了 11.0 个和 7.1 个百分点。

（2）截至 2013 年年底，国内共有规模以上食品制造企业 7531 家，比上年增加 225 家，增长 3.1%。其中，亏损企业 603 家，减少 28 家；亏损面为 8.0%，比上年降低 0.6 个百分点。全年食品制造企业共完成主营业务收入 18164.99 亿元，实现利润总额 1550 亿元，同比分别增长 15.9% 和 17.5%，增幅比上年分别回落 1.7 个和 8.3 个百分点。

从行业看，2013 年其他食品制造业、方便食品制造业和乳品制造业主营业务收入较高，分别达到 4640 亿元、3110 亿元和 2832 亿元。从利润总额看，其他食品和方便食品仍以 512 亿元和 233 亿元排在前两位，调味品和发酵制品以 197 亿元排在第 3 位。2013 年，其他食品制造业、糖果巧克力及蜜饯制造业和罐头食品制造业发展较快，主营收入同比分别增长 22.0%、17.3% 和 16.7%。方便食品制造业主营收入增长 10.7%，增速垫底。与 2012 年相比，罐头食品和其他食品制造业增速加快，分别提升 1.8 个和 0.4 个百分点；方便食品、调味品和发酵制品以及焙烤食品制造业增幅明显放缓，分别回落 6.4 个、3.5 个和 2.8 个百分点。

（五）配送服务

配送中心能够为特定客户或终端消费者提供高频率、小批量、多批次的配送服务。根据从属关系的不同，配送中心可以分为企业自有配送中心和第三方配送中心。配送中心的选址、人员、设备和信息化管理水平是决定配送效率的关键因素。农产品配送，特别是生鲜农产品配送，由于保鲜难度大，运输损耗多，收货要求高，对配送服务的质量和效率有着更高的要求。

1. 连锁零售企业配送

2012 年，国内连锁零售企业共有各类商品配送中心 2765 家，统一配送商品购进额 23976 亿元（见表 12），占商品购进总额的 77.8%，平均每一配送中心配送额为 8.67 亿元。与 2011 年相比，连锁零售企业配送中心数量增加 4 家，统一配送额增长 6.5%，平均配送额增长 6.4%，统一配送额占商品购进总额的比重提升了 1.2 个百分点。

表 12　2011～2012 年国内连锁零售企业配送中心基本情况

年度	配送中心数（家）	自有配送中心数（家）	统一配送商品购进额（亿元）	自有配送中心配送商品购进额（亿元）	非自有配送中心配送商品购进额（亿元）
2011	2761	2273	22511	13099	3308
2012	2765	2302	23976	13933	3523
同比增长%	0.1	1.3	6.5	6.4	6.4

数据来源：《中国零售和餐饮连锁企业统计年鉴（2013）》。

2012 年，国内连锁零售企业中自有商品配送中心有 2302 家，占配送中心总数的 83.3%；自有配送总额 13933 亿元，占统一配送总额的 58.1%；通过第三方配送中心配送到门店的商品额 3523 亿元，占统一配送总额的 14.7%；混合模式配送 6520 亿元，占 27.2%。与 2011 年相比，自有商品配送中心增加 29 家，增长 1.3%；自有配送额增长 6.4%，占统一配送总额的比重与上年基本相同。

从区域看，2012 年江苏、浙江和广东配送中心数量最多，分别达到 385 家、289 家和 269 家（见图 9）；广东、江苏和上海统一配送额最高，分别达到 3804 亿元、3707 亿元和 2558 亿元；上海、海南和天津平均配送规模领先，分别达到 42.63 亿元、42.38 亿元和 27.16 亿元。此外，广东、北京和辽宁配送中心平均配送额也在 10 亿元以上。与 2011 年相比，湖北和山东各新增配送中心 19 家和 10 家，发展势头强劲。山西、湖北、新疆、江西、贵州和海南统一配送额增长较快，分别增长 63.9%、31.0%、25.1%、24.9、23.9% 和 23.8%。

在自有配送中心方面，2012 年江苏、浙江和广东仍以 272 家、234 家和 224 家排在前 3 位，3 个省自有配送额分别为 3423 亿元、1755 亿元和 1190 亿元（见图 10）。从单体规模看，2012 年天津、上海和江苏自有配送中心规模

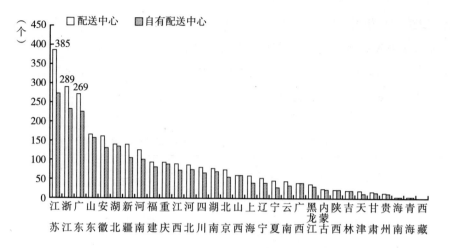

图9 2012年中国各省市配送中心和自有配送数量

数据来源：《中国零售和餐饮连锁企业统计年鉴（2013）》。

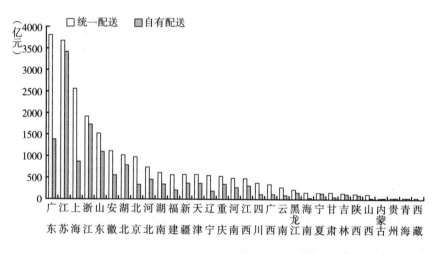

图10 2012年中国各省市统一配送和自有配送商品购进额

数据来源：《中国零售和餐饮连锁企业统计年鉴（2013）》。

最大，年平均配送额分别达到 26.59 亿元、19.71 亿元和 12.58 亿元。2012
年，自有配送中心配送额占比超 90% 的地区有宁夏、江苏、浙江和吉林，分
别占统一配送总额的 95.4%、92.3%、91.6% 和 90.1%，显示当地连锁零售
企业对配送环节的控制力较强；海南、青海和山西自有配送中心配送额占比只
有 0.3%、10.5% 和 19.7%，当地连锁零售企业力量较弱，配送环节主要依靠

第三方；广东、北京和上海等连锁零售发达地区由于第三方配送较为成熟，自有配送额占比也只有 31.3%、32.4% 和 33.9%。

2. 快递服务

快递是兼有邮递功能门对门的物流活动，随着网络购物市场的兴起，我国快递服务业进入高速发展期。2013 年国内规模以上快递企业完成快递业务量91.9 亿件，比上年增长 61.1%，连续三年增幅在 50% 以上（见图 11）；实现快递业务收入 1441.7 亿元，增长 36.6%。全年快递业务量已接近美国，位居全球第 2 位。

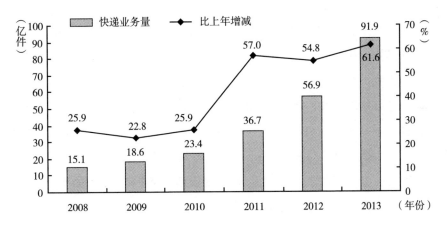

图 11 2008 ~ 2013 年我国快递业务量

数据来源：《2013 年邮政行业发展统计公报》。

从分类看，2013 年在同城、异地、国际快递业务中，同城快递业务增长尤为迅猛，业务量和业务收入占比均有提升。全年同城快递完成业务量 22.9亿件，实现业务收入 166.4 亿元，比上年分别增长 74.1% 和 51.0%；异地快递完成业务量 66.4 亿件，实现业务收入 829 亿元，分别增长 58.4% 和30.5%；国际快递完成业务量 2.6 亿件，实现业务收入 270.7 亿元，分别增长43.6% 和 31.7%。2013 年同城、异地、国际快递业务量的比重分别为 24.9%、72.2% 和 2.9%；业务收入的比重分别为 11.5%、57.5% 和 18.8%。与 2012年相比，同比快递业务量占比提升 1.8 个百分点，业务收入占比提升 1.1 个百分点。

从区域看，2013 年东、中、西部快递市场均呈现高速增长态势，市场占比基本稳定。东部地区继续处于主导地位，全年完成快递业务量 74.7 亿件，实现业务收入 1199.2 亿元，比上年分别增长 60.4% 和 38.1%；中部地区完成快递业务量 9.9 亿件，实现业务收入 132.8 亿元，分别增长 66.3% 和 34.5%；西部地区完成快递业务量 7.3 亿件，实现业务收入 109.7 亿元，分别增长 67.8% 和 23.9%。2013 年，广东、浙江、江苏、上海和北京快递业务量排在全国各省份的前 5 位，业务量合计占总量的 68.4%；进入快递业务收入前 5 位的省份依次是广东、上海、浙江、江苏和北京，快递业务收入合计占全部快递业务收入的 70.1%。

从企业角度看，国内快递市场集中度较高，2013 年"三通一达"（申通快递、圆通速递、中通快递、韵达快递）、顺丰速运和邮政速递等 6 家企业快件业务量约占我国快件业务总量的 80%，比上年提升 5 个百分点。

从业务结构看，2013 年"网购"快递约占到快递业务量的 70% 左右，消费类快件超过商务类快件成为我国快递市场的主力。2013 年，京东、苏宁易购、1 号店、我买网等电商企业自营快递流继续向二三线城市扩张。京东的"211 限时达"、苏宁的"半日达"等便捷快递服务抬高了竞争门槛，改善了客户体验，提高了市场竞争力。

（六）金融服务

1. 信贷服务情况

长期以来，我国农村金融体系表现为"供给领先"特征，国家在农村金融组织建设、信贷资金供给等方面居于主导地位。2013 年，我国涉农信贷规模继续扩大，银行业金融机构涉农贷款余额达到 20.8 万亿元，同比增长 18.2%，高出本外币各项贷款平均增速 4.3 个百分点。

国家为农产品流通领域提供的信贷服务主要包括为粮、棉、油、糖等大宗农产品的收购主体，以及农产品批发和零售企业、农产品仓储运输企业和农业经纪人等其他流通主体提供信贷支持。国内大宗农产品收购信贷主要是由中国农业发展银行提供。2013 年，农发行发放的粮食收购贷款和支持粮食收购的数量均创历史新高，全年累计发放粮食收储贷款 4044.10 亿元，比上年增长

31.2%；发放油料收购贷款 319.80 亿元，增长 8.4%；支持企业收购油料 158.44 亿斤，增长 6.0%。农发行开户企业粮食收购量占全社会收购量的 61.5%，市场份额扩大了 10 个百分点。截至 2013 年年末，全行粮油贷款余额 达到 10374.54 亿元。

2013 年，农发行积极落实国家棉花临时储备政策，发放国家储备棉贷款 1390.98 亿元，支持收储棉花 12955 万吨；发放地方储备棉贷款 1 亿元，支持 棉花收购 10.16 万吨；累计发放棉花收购贷款 897.21 亿元，支持企业收购皮 棉 9402.09 万担（2013 年发放棉花收购贷款 843.57 亿元，收购皮棉 8680.54 万吨），约占当年棉花全国产量的 67%。此外，农发行还累计发放糖、肉、羊 毛等专项储备贷款 235.95 亿元，支持国产糖临时收储 180 万吨；支持国产冻 肉收储 24.38 万吨，出库 14.38 万吨。

2013 年，农发行还对农村流通体系建设提供了贷款支持，全年投放贷款 102.1 亿元，其中短期贷款 66.85 亿元，中长期贷款 35.26 亿元。截至 2013 年 年末，全国农村流通体系建设贷款余额达到 222.61 亿元，累计支持贷款客户 544 家。其中，纳入农业部"农产品批发市场升级改造工程"项目 21 个，累 计发放贷款 42.99 亿元；纳入商务部"双百市场工程"项目 11 个、"万村千 乡市场工程"项目 51 个，分别累计发放贷款 25.29 亿元和 46.52 亿元；纳入 供销社"新网工程"项目 5 个，累计发放贷款 3.96 亿元。

2013 年，农发行重点支持了"名优特新"的林业、水果、中药材、园艺、 茶等农业产业化企业，累计发放贷款 293.05 亿元，年末贷款余额 363.73 亿 元。此外，农发行还"审慎稳健"发展糖、毛绒、丝、麻、烟等农业产业化 龙头企业贷款业务，全年累计发放贷款 162.31 亿元，其中糖料贷款 92.04 亿 元、毛绒类贷款 49.38 亿元、麻类贷款 8.67 亿元、烟草类贷款 0.23 亿元。

2. 保险服务情况

农业是面临自然和经济双重风险的产业，发展农业保险对于分散和转移农 业风险，提高农业抗风险能力，稳定农业生产，保障农产品供给与流通有着重 要意义。

2007 年，我国开始实施农业保险保费补贴政策，中央财政拨出 10 亿元专 项补贴资金，通过地方财政资金的配套，对内蒙古、吉林、江苏、湖南、新疆和四川6省份，为棉花、玉米、水稻、大豆、小麦五类作物予以保险补贴。这项政策明显改善了农险经营的外部环境，农业保险由此进入快速发展期。2007～2011年，中央财政累计给予农业保险费补贴达264亿元，覆盖地域扩展至全国，农险补贴品种扩大到15个，各级财政对主要农作物的保险费补贴合计占应收保险费的比例达到80%。

2013年，国内共有25家财产保险公司涉足农业保险业务，其中人保财险农业保险规模最大、产品最多，已开办农险60多类，产品超过500个。2013年年末，我国农业保险参保农户突破2亿户次，同比增加0.17亿户次，比2007年增加1.5亿户次；全年农业保险保费收入306.6亿元，向受灾农户支付赔款208.6亿元，比上年分别增长27.4%和41.0%；主要农作物承保面积达到11亿亩，提供风险保障1.4万亿元，承保面积相当于全国主要农作物播种面积的45%。

自2013年3月1日起，我国《农业保险条例》正式实施，为促进农业保险持续健康发展打下了牢固的制度基础。4月，保监会下发《关于加强农业保险条款和费率管理通知》，明确禁止"封顶赔付"和"平均赔付"，推动了大灾风险制度的建立。12月，财政部发布的《关于印发农业保险大灾风险准备金管理办法》指出，经营农险的机构应分别按照农业保险保费收入和超额承保利润的一定比例计提大灾准备金，逐年滚存，增强农险企业的风险抵御能力。

3. 期货服务情况

价格发现和规避风险是农产品期货交易的两大基本功能。通过期货交易形成的农产品期货价格，具有真实性、预期性、连续性和权威性的特点，能够比较真实地反映未来价格变动的趋势。农产品市场经营者可以根据期货市场提供的价格信号和相关信息制定相应的经营决策。

农产品期货合约是具有法律约束力的协议，除价格外，对于农产品买卖数量、预期交货时间和地点以及产品质量都有统一的规定。由于农产品价格波动大，风险性高，农产品相关经营者可以通过期货合约提前锁定理想的卖出价或者买入价，实现套期保值。此外，农产品期货合约还有风险投机的作用，各种风险程度不同的期货合约可以为投资者提供盈利机会。

在我国 4 家期货交易所中经营农产品期货交易的有郑州商品交易所和大连商品交易所。2013 年，国内农产品期货品种已经发展到 16 类 20 个品种，全年农产品期货市场成交量达到 72551 万手，占全国期货市场总成交量的 35.2%；成交金额 31.53 万亿元，占全国期货市场总成交额的 11.8%。与 2012 年相比，农产品期货成交量基本稳定，但成交额下降 12.2%。分品种看，大商所豆粕年成交 26536 万手，实现成交额 88417 亿元，成交量和成交额均排在各品种首位比上年分别下降 18.6% 和 23.7%。2013 年，国内成交额过万亿元的其他农产品期货品种还包括豆油、棕榈油、菜籽粕和白糖，成交额分别为 72192 亿元、50846 亿元、39194 亿元和 36309 亿元。11 月，国内首个鲜活期货品种——鸡蛋在大连商品交易所顺利上市，至年末，共成交 195.13 万手（合 975.65 万吨），实现成交额 798 亿元。

（七）信息服务

农产品流通信息服务是信息服务提供者为满足农产品流通主体的信息需求，所开展的信息搜集、生产、加工、传播等服务。信息服务贯穿于农产品流通全过程，是农产品流通顺利完成的"融合剂"。农产品流通信息服务涉及的要素：一是信息服务的对象，包括农产品流通经纪人、流通企业、运销大户、批发市场等各类参与流通过程的主体；二是信息服务的主体，包括各级农业部门、农产品流通行业组织、批发市场、专业从事信息服务的企业等；三是信息服务的内容，包括宏观经济信息、农产品产销信息和具体的农产品交易信息等；四是信息服务的载体，包括报刊、书籍、广播电视、电话、互联网等。

1. 信息服务基础设施建设

工信部数据显示，2013 年国内电话用户达到 14.96 亿户，比上年增长 7.6%，电话普及率达到 110 部/百人。其中，移动电话用户 12.29 亿户，增长 10.5%，移动电话用户普及率达到 90.8 部/百人，比上年提高 8.3 部/百人。固定宽带接入用户达到 18891 万户，比上年增长 7.8%。2013 年 8 月，国务院发布了"宽带中国"战略实施方案，"宽带战略"从部门行动上升为国家战略，宽带首次成为国家战略性公共基础设施，城乡宽带网络普及水平和接入能力加快提升。

中国互联网络信息中心调查数据显示，2013 年，国内网民规模达到 6.18 亿人，比上年增长 9.5%；互联网普及率达到 45.8%，比上年提高 3.7 个百分点。其中，城镇网民 4.41 亿人，农村网民 1.77 亿人，比上年分别增长 8.0% 和 13.5%，各占网民总数的 71.4% 和 28.6%。国内手机网民数量达到 50006 万人，比上年增长 19.1%，手机网民渗透率比上年提高 6.5 个百分点至 81.0%。

2. 农产品流通信息服务

2013 年的"中央一号文件"指出："加快用信息化手段推进现代农业建设，启动金农工程二期，推动国家农村信息化试点省建设。发展农业信息服务，重点开发信息采集、精准作业、农村远程数字化和可视化、气象预测预报、灾害预警等技术。"

2013 年，科技部启动新一轮国家农村信息化示范省试点工作，明确浙江、江西、青海、贵州和云南 5 省入列建设试点，至此农村信息化示范省已扩展到 12 个省份。

2013 年，农业部依托 565 个统计基点县和 325 个物价基点县、400 个农产品批发市场、3000 名乡村调查员、17 万个调查农户，开展了 18 个品种的成本调查、60 个农产品和农资品种城镇集贸市场价格调查、300 多种农产品批发价格调查、150 余种蔬菜农户出售价格调查，全年累计获取调查数据 4000 多万条。

随着金农工程一期项目的顺利竣工，带动新建和完善了 1500 多个县级农业信息服务平台，建成了 1.1 万多个"六有"乡（镇）信息服务站和"五个一"标准的村级信息服务点，累计培训农村信息员 21 万人次。统一电子政务标准规范体系建设为全国农业信息化标准奠定了基础，农业监测预警为防范农业风险和政府科学决策提供了有力支撑，农业科技市场信息为引导农业生产和促进农民增收提供了有力支持。

3. 农产品流通电子商务发展

农产品电子商务主要包括 B2B（农产品生产企业对下游企业）、B2C（农产品生产企业对消费者）、C2C（单个农产品生产者对消费者）三种类型。

2013 年，国内互联网应用程度进一步加深。至年底，网络购物市场交易规模达到 1.85 万亿元，比上年增长 40.9%，相当于社会消费品零售总额的 7.9%；网络购物用户规模达到 3.02 亿户，同比增长 24.7%，网络购物渗透率提升了 6 个百分点至 48.9%。其中，农村网络购物用户 5485 万户，增长 21.5%；农村网购渗透率 31.1%，比上年增加了 2.1 个百分点，比城镇使用率仍低 24.1 个百分点。国内中小企业中用计算机办公的比例达到 93.1%，比上年提升 1.8 个百分点；使用互联网办公的比例达到 83.2%，提升了 4.7 个百分点；企业固定宽带普及率为 79.6%，提升了 8.6 个百分点；开展在线销售、在线采购的比例分别达到 23.5% 和 26.8%，利用互联网开展营销推广活动的比例为 20.9%。

2013 年，国内涉农电子商务快速发展。京东商城、我买网、一号店、苏宁易购、顺风优选等主流电商企业加大对生鲜农产品领域的投入；传统农产品批发零售企业也着力推进线下和线上融合，加速向全渠道转型；农业合作社、农产品生产加工企业、中小农产品经销商、垂直电商也纷纷入驻淘宝 C2C 平台，阿里巴巴 B2B 平台，天猫、京东、1 号店、苏宁易购等 B2C 电商平台，拓展农产品网络销售渠道。《阿里农产品电子商务白皮书（2013 年）》数据显示，2013 年在阿里平台上农村卖家约有 72 万家，比上年增长 20.9%，其中淘宝（含天猫）卖家近 48 万家，阿里巴巴诚信通账户 24 万户；在阿里平台上经营农产品卖家数量达到 39.40 万家，其中淘宝（含天猫）卖家 37.79 万家，比上年增长 45.0%；阿里巴巴 B2B 平台上经营农产品的中国供应商和诚信通账号约为 1.6 万个。

B.4
2013 年中国农产品流通生活性服务功能发展状况

魏 刚 聂建波*

摘 要：

本文对我国农产品流通领域中的生活性服务功能进行了分类阐
述，分析了在新的时代和环境下我国农产品流通生活性服务功
能的变化，对其新的特点进行了归纳总结，重点阐述了当前我
国农产品零售业及农产品流通支持下的餐饮业发展现状和趋势。

关键词：

农产品 流通 生活性服务

一 农产品流通生活性服务业体系

（一）生活性服务业

1. 生活性服务业内涵界定

生活性服务业是与生产性服务业相对的概念，属于服务业中不与制造业直
接相关的服务业，属于向消费者提供直接的、独立的产品和服务，是服务经济
的主要组成部分。生活性服务业直接向居民提供物质和精神生活消费产品及服
务，其产品、服务用于解决购买者生活中的各种需求，生活性服务业也是国民
经济的基础性支柱产业。

---

* 魏刚，北京中新农产品流通研究院研究员，主要从事农产品流通研究；聂建波，北京中新农产
品流通研究院研究员，主要从事农产品供应链研究。

2. 生活性服务业划分

生活性服务业主要包括餐饮业、住宿业、旅游业、休闲产业、家政服务业、洗染业、美发美容业、沐浴业、人像摄影业、维修服务业、楼宇经济（含房地产）、零售业、再生资源回收业，以及教育、医疗保健、文化娱乐等服务业态。

国家重点支持的生活性服务业领域主要包括餐饮业、旅游业、邮政业、文化产业、教育卫生与体育业、家政服务业等，其中餐饮业、旅游业与农产品流通直接相关。

2012 年，国务院《服务业发展"十二五"规划》又将生活性服务业细分为商贸服务业、文化产业、旅游业、健康服务业、法律服务业、家庭服务业、体育产业、养老服务产业和房地产等九个子行业。

（二）农产品流通生活性服务业

农产品流通生活性服务业本质上就是生活性服务业在农产品流通渠道中的应用，主要包括农产品零售业、农产品支持的餐饮业和农产品支持的观光农业。

同时，农产品流通生活性服务业还包括对农产品流通自身行业进行服务的部分，即面向农产品流通领域的生活性服务体系，主要包括教育、卫生、体育、餐饮、住宿和房屋租赁、家政、信息和网络服务等。

二　农产品零售业发展现状

农产品零售业直接面对居民需求，除生产者的部分自给以外，主要通过农产品流通体系实现居民的生活性服务。农产品零售业构成了农产品流通生活性服务业的主体。

我国农产品零售主要包括指向最终农产品消费者个人或者社会集团出售社会消费品及相关服务，以供其最终消费之用的全部活动；而与农产品零售相关的农产品零售业是指销售的多环节终端，属于消费终端交易体系的主要组成部分。目前农产品零售销售终端业态主要包括农贸集市（菜市场）、零售型农产

品批发市场、连锁超市生鲜部（柜组）、社区店（社区菜市场）、果菜专业店（水果超市）、电商和其他新型模式等。

（一）农贸市场发展状况

城乡农贸市场当前仍是我国农产品零售的主流渠道。欧睿（Euromonitor）数据显示，2013 年生鲜农产品零售市场中传统渠道的销售占比为 61.3%，虽比上年减少 0.8 个百分点，但仍占六成以上。

我国农村农贸市场（集市）一般定期开放，经营者多数为本地农户。城镇农贸市场靠近居民社区，主要由个体商贩常年经营，进货渠道以附近批发市场为主，主要实行当日小批量进货，采购、运输、装卸、理货过程精心细致，上市品种多、品相好，价格也较为便宜。近年来，随着标准化菜市场建设的不断推进，国内城镇农贸市场发展进入新阶段，质量价格监管力度明显加强，购物环境大幅改善，市场的公益属性更加突出。

2011 年，全国 29 个省份的 117 个城市中，共有近 1500 个标准化菜市场实现升级改造。在原来标准化菜市场示范工程的基础上，商务部选择北京、上海、天津等 9 城市开展城市便民菜市场建设试点，并且将原来单一的菜市场建设拓展为包括菜市场、生鲜超市、社区连锁菜店、售菜亭、流动售菜车等多业态零售终端体系建设。截至 2013 年 5 月，试点城市共新建改造菜市场 115 家、生鲜超市 99 家、社区连锁菜店 439 家、新建加工配送中心 21 个、回购回租菜市场 30 家、开设时段售菜点 163 个。

（二）零售型农产品交易市场发展情况

2012 年，在亿元以上农产品交易市场中，以零售经营为主业的零售型市场有 750 家，占农产品交易市场总数的 42.6%；共有摊位 35.79 万个，营业面积 7940.44 万平方米，年成交金额 2613.27 亿元（见表 1），分别占农产品交易市场总量的 31.8%、12.5% 和 12.6%。与 2011 年相比，零售型市场数量增加 28 家，出租摊位数增加 2445 个，营业面积增加 44.2 万平方米，成交金额增加 117.31 亿元，分别增长 3.9%、0.7%、0.6% 和 4.7%。

从分类来看，以零售为主农产品交易市场中综合型市场占据着主导地位。

2012 年，综合类零售为主市场有 518 家，实现成交额 1778.31 亿元，分别占总量的 69.1% 和 68.0%。各类专业市场中，其他农产品、肉禽蛋和水产品市场成交额领先，分别达到 364.63 亿元、156.50 亿元和 154.44 亿元，分别占零售型市场总成交额的 14.0%、6.0% 和 5.9%。

表 1　2012 年亿元以上零售型农产品交易市场基本情况

交易种类		市场数量（家）	摊位数（个）	年末出租摊位数（个）	营业面积（平方米）	成交额（亿元）
农产品交易市场		750	357908	323067	7940435	2613.27
农产品综合市场		518	248521	224261	5200264	1778.31
农产品专业市场		232	109387	98806	2740171	834.97
交易品种	粮油	8	9613	9603	214792	55.44
	肉禽蛋	45	19625	16546	374461	156.50
	水产品	40	17856	16101	387178	154.44
	蔬菜	34	10809	10197	271130	79.61
	干鲜果品	4	1399	1385	28160	22.42
	棉麻土畜烟叶	1	118	110	9320	1.92
	其他	100	49967	44864	1455130	364.63

数据来源：《中国商品交易市场统计年鉴（2013）》。

从单位规模和效益看，2012 年，零售型市场平均每市有摊位 477 个，营业面积 1.06 万平方米，相当于批发型市场平均每市摊位数的 62.7%，营业面积的 19.3%；零售型市场平均每市成交额和摊位平均成交额分别为 3.48 亿元和 80.89元，分别只有批发型市场的 19.4% 和 31.1%；零售型市场每平方米成交额为 3.29 万元，略好于批发市场（见表 2）。与 2011 年相比，零售型市场平均每市成交额增长 0.8%，摊位平均成交额增长 3.9%，增幅均明显落后于批发型市场。

表 2　2012 年亿元以上零售为主农产品交易市场单位规模及效益

交易种类	平均每市摊位数（个）	平均每市营业面积（平方米）	摊位平均营业面积（平方米）	平均每市成交金额（亿元）	摊位平均成交金额（万元）	每平方米成交金额（万元）
农产品交易市场	477	10587	22.2	3.48	80.89	3.29
农产品综合市场	480	10039	20.9	3.43	79.30	3.42
农产品专业市场	471	11811	25.1	3.60	84.51	3.05

续表

交易种类		平均每市摊位数（个）	平均每市营业面积（平方米）	摊位平均营业面积（平方米）	平均每市成交金额（亿元）	摊位平均成交金额（万元）	每平方米成交金额（万元）
交易品种	粮油	1202	26849	22.3	6.93	57.74	2.58
	肉禽蛋	436	8321	19.1	3.48	94.59	4.18
	水产品	446	9679	21.7	3.86	95.92	3.99
	蔬菜	318	7974	25.1	2.34	78.07	2.94
	干鲜果品	350	7040	20.1	5.60	161.87	7.96
	棉麻土畜、烟叶	118	9320	79.0	1.92	174.80	2.06
	其他	500	14551	29.1	3.65	81.28	2.50

数据来源：《中国商品交易市场统计年鉴（2013）》。

在各类专业零售型市场中，粮油市场以平均每市成交额 6.93 亿元排名首位，其后依次为干鲜果品市场和水产品市场，平均每市成交额分别 5.60 亿元和 3.86 亿元；棉麻土畜、烟叶市场和干鲜果品市场摊位平均成交额分别达到 174.80 万元和 161.87 万元。2012 年，每平方米成交额最高的零售型市场是干鲜果品市场，达到 7.96 万元，是零售型市场平均平效的 2.4 倍。

（三）生鲜超市发展情况

近年来，国内连锁超市业进入稳定发展期，超过百货业成为快速消费品零售的主导力量。在生鲜农产品方面，随着农超对接模式的不断推进，超市业态的渠道占比也在逐年扩大，目前在零售市场中接近 40% 的鲜活农产品通过超市渠道销售给消费者。欧睿数据显示，2013 年生鲜农产品零售市场中连锁超市的渠道占比为 37.8%，比上年增加 0.5 个百分点，比 2008 年增加 3.1 个百分点（见图 1）。另据中国连锁经营协会调查，2010 年调查超市企业生鲜类商品销售额相当于销售总额的 24.5%，比 2009 年提高 5.2 个百分点，比 2008 年提高 12.0 个百分点。2013 年在上市超市企业中，永辉超市（601933）生鲜及加工业务收入 134.61 亿元，比上年增长 22.8%，相当于主营业务总收入的 46.1%；人人乐（002336）生鲜收入 21.07 亿元，与上年略减 0.06%，占主营收入的 18.5%；新华都（002264）生鲜收入 16.72 亿元，增长 17.1%，占

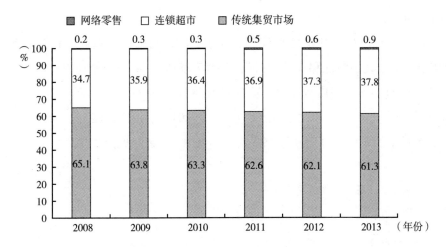

图 1　2008～2013 年生鲜农产品零售的渠道占比

数据来源：欧睿咨询。

主营收入的 28.2%；三江购物（601116）生鲜收入 13.93 亿元，下降 5.4%，占主营收入的 30.9%。为集聚客流、带动其他商品销售、增加顾客黏性、加快资金周转，越来越多的超市不断加码生鲜品类经营。

在便利店、折扣店、超市、大型超市和仓储会员店 5 种主要连锁超市业态中，大型超市和仓储会员店生鲜农产品销售占比最高。《中国零售和餐饮连锁企业统计年鉴（2013）》数据显示，截至 2012 年年末，国内共有大型超市总店 180 家，门店为 11947 家，从业人员 53.16 万人，营业总面积达到 2744.86 万平方米，各类商品销售额 4221.95 亿元，其中零售额 3438.61 亿元。国内有仓储会员总店 5 家，旗下门店 351 家，从业人员 1.40 万人，营业总面积 90.44 万平方米，各类商品销售额（同时也为零售额）216.30 亿元。与 2011 年相比，大型超市门店数增长 4.4%，从业人员增长 4.3%，营业总面积增长 12.0%，商品销售额增长 9.9%，零售额增长 7.8%；仓储会员店门店数增加 81 个，增长 30.0%，从业人员增长 15.8%，营业面积增长 8.0%，销售额增长 8.0%。

从单体效益看，仓储会员店的平效、劳效和单店销售额均明显好于大型超市。2012 年仓储会员店平效为 2.39 万元/平方米，劳效为 165.15 万元/人，单店销售额为 7386 万元，分别是大型超市相应指标的 1.6 倍、1.9 倍和 1.7 倍。

从地区看，2012 年浙江、江苏、辽宁、广东与河南大型超市门店数均在 500 个以上，其中浙江和江苏各有门店 4667 家和 3754 家，分别占门店总数的 39.1% 和 31.4%。门店数超过 100 家的地区还有上海（283 家）、福建（263 家）、湖南（174 家）和北京（104 家）。与 2011 年相比，江苏、浙江和广东门店数量增加较多，分别新增 190 家、91 家和 85 家（见图 2）。

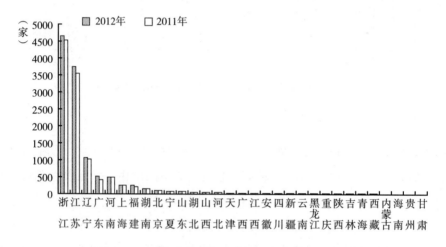

图 2　2011 年和 2012 年国内各地区大型超市门店数

数据来源：《中国零售和餐饮连锁企业统计年鉴（2013）》。

从销售额方面看，2012 年上海大型超市销售额最高，年销售额为 1045 亿元，占大型超市销售总额的 24.7%。此外，江苏、广东、福建、北京和山东销售额也在 200 亿元以上，分别达到 888 亿元、464 亿元、254 亿元和 201 亿元（见图 3）。与 2011 年相比，山西、宁夏、江西、安徽、河南等中西部省份销售额增幅最为明显，分别增长 90.2%、42.1%、25.6%、25.2% 和 20.8%；上海销售额增长 9.6%，增幅在销售额前 5 位的地区中继续领先；北京销售额增幅较慢，只增长 4.3% 落后山东 15.3 个百分点，两地销售差额进一步缩减。

与大型超市比，国内仓储会员店分布更为集中。2012 年，浙江、上海、北京和江苏分别有仓储会员门店 274 家、64 家、7 家和 6 家。以销售额计算，

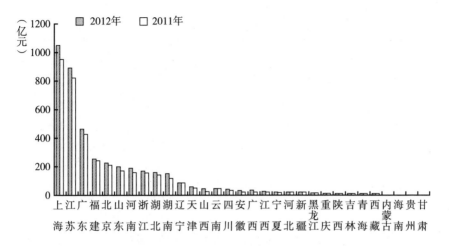

图 3　2011~2012 年国内各地区大型超市销售额

数据来源：《中国零售和餐饮连锁企业统计年鉴（2013）》。

2012 年上海仓储会员店以 176 亿元的销售额排在首位，相当于仓储会员店销售总额的 81.4%，是第 2 位北京销售额的 4.6 倍。与 2011 年相比，浙江新增门店 69 家，销售额增长 28.2%，增速领先；湖北门店个数持平，销售额增长 10.8%；上海新增门店 8 家，销售额增长 10.0%；北京门店零增长，销售额略增 1.3%，增速较全国平均值低 7.1 个百分点。

（四）生鲜电商发展情况

自 2012 年以来，淘宝、京东、中粮我买网等主流电商企业纷纷转战生鲜食品市场；2013 年，"1 号店"、苏宁易购也相继开通生鲜频道，加速布局生鲜网购市场。随着供应链建设特别是冷链配送环节建设的推进，国内生鲜网购业务进入快速发展阶段（见表 3）。《阿里农产品电子商务白皮书（2013）》指出，在淘宝网（含天猫）平台上，2013 年生鲜类食品销售比上年增长 194.6%，为涉农品类中的最高增幅。同期，中粮"我买网"生鲜食品销售增长 108.9%，也领先于"我买网"其他食品类。欧睿数据显示，2013 年生鲜零售市场中网络购物渗透率为 0.9%，比上年提高 0.3 个百分点，是 2008 年渗透率的 4.5 倍。

表3　国内主要生鲜电商企业情况

商业模式	电商	生鲜频道上线时间	主营生鲜品类	配送模式及区域
平台	天猫喵鲜生 miao.tmall.com	2011年1月	进口水果、海鲜、肉类和大米	第三方配送,供应全国
	淘宝生态农业 ny.taobao.com	2012年6月	蔬菜水果、海鲜、有机肉禽蛋	第三方配送,供应全国
	苏宁易购 www.suning.com	2013年7月	蔬菜水果、海鲜水产、鲜肉蛋类、速冻食品、加工肉食	第三方配送,供应全国
	亚马逊 www.amazon.cn	2012年6月	入驻鲜码头海鲜商城	第三方配送,供应全国
平台+自营	京东商城 www.jd.com	2012年7月	蔬菜水果、海鲜水产、肉禽蛋奶	自营配送+第三方配送,供应全国
	1号店 www.yhd.com	2013年3月	蔬菜水果、海鲜水产、肉禽蛋奶、熟食方便菜	自营配送+第三方配送,供应全国
自营	中粮我买网 www.womai.com	2012年7月	蔬菜水果、海鲜水产、肉禽蛋奶、熟食方便菜、冷冻冷藏食品	自营配送+第三方配送,供应全国
	顺风优选 www.sfbest.com	2012年5月	蔬菜水果、肉禽蛋奶、海鲜水产、速冻主食、肉类熟食	自营配送,供应北京、上海、天津、广州、深圳、东莞、佛山、杭州、嘉兴、苏州、无锡等11个城市
	易果网 www.yiguo.com	2005年10月	蔬菜水果、肉类、禽蛋、蛋类	北京、上海自营配送,其他地区为第三方配送
	本来生活 www.benlai.com	2012年7月	蔬菜水果、肉禽蛋奶、海鲜水产	自营配送+第三方配送,供应华北、华东和广东
	沱沱工社 www.tootoo.cn	2010年4月	蔬菜水果、肉禽蛋奶、海鲜水产	自营配送+第三方配送（宅急送）,供应北京、上海、天津、河北、河南、山东、山西、江苏、浙江和辽宁等10省
	鲜码头 www.xmato.com	2012年	鲜活海鲜、大闸蟹、冰冻海鲜	第三方配送,进驻天猫（淘宝）、京东和亚马逊平台,供应全国

续表

商业模式	电商	生鲜频道上线时间	主营生鲜品类	配送模式及区域
自营	美味七七 www. yummy77. com	2011 年 2 月	蔬菜水果、肉禽蛋奶、海鲜水产	自营配送，供应上海（一日三送），苏州
	家事易 www. justeasy. com. cn	2011 年 6 月	蔬菜水果、中央厨房、鲜肉禽蛋、海鲜水产、冷冻冷藏食品	自营配送，智能生鲜便民柜（社区自取菜箱），供应武汉
连锁超市线上平台	山姆会员网上商店 www. samsclub. cn	2013 年 4 月	果汁乳品，蔬菜水果，肉蛋水产，冷冻冷藏食品	自营配送 + 第三方配送，供应深圳、北京、上海、广州、大连、福州、杭州、苏州

长期来看，国内生鲜电商仍有较长的路要走。制约国内生鲜电商发展的主要因素包括：生鲜品类投入大，供应链管理要求高；国内生鲜农产品标准化程度低，货源分散，季节性强；顾客对生鲜商品品质要求更为"苛刻"，逆向物流比重大。

三　餐饮业发展情况

餐饮业属于传统服务性行业，是通过即时加工制作、商业销售和服务性劳动于一体，向消费者专门提供各种酒水、食品，消费场所和设施的生活性服务行业。按欧美"标准行业分类法"的定义，餐饮业是指以商业赢利为目的的餐饮服务机构。按我国《国民经济行业分类注释》的定义，餐饮业是指在一定场所，对食物进行现场烹饪、调制，并出售给顾客主要供现场消费的服务活动。

餐饮业主要分为旅游饭店、餐厅（中餐、西餐）、自助餐和饭盒业、冷饮业和摊贩五大类。按消费档次具体又可分为便利型大众餐饮、高档型餐饮、气氛型餐饮。其中便利型大众餐饮面向大众消费市场，高档型餐饮面向高端客户市场，气氛型餐饮则介于高档和低档之间，主要包括一些主题餐厅或者气氛餐厅。

从经营业态上看，据中国烹饪协会将餐饮业分为火锅、快餐送餐、餐馆酒楼、休闲餐饮、西式正餐、宾馆餐饮、综合餐饮和其他（团膳）八大业态；《中国零售和餐饮连锁企业统计年鉴》将餐饮业还可分为正餐、快餐、饮料及冷饮服务和其他餐饮服务四大类。其中，正餐是指提供各种中西式炒菜和主食，并由服务员送餐上桌的餐饮服务，包括各种中式正餐和西式正餐；快餐是指服务员不送餐上桌，由顾客自己领取食物的一种自我服务的餐饮活动，包括各种中式快餐和西式快餐；饮料及冷饮服务主要包括茶馆、咖啡馆、酒吧服务；茶馆以现场提供现场消费茶饮料为主，兼卖各式点心和小食品，包括各种茶艺馆、茶楼、茶铺；咖啡馆以现场制作现场消费咖啡饮料为主，兼卖各式点心和小食品，包括各种咖啡馆、咖啡厅、咖啡屋等；酒吧是指以出售各种酒及酒精饮料为主，兼卖各式点心和小食品；其他餐饮服务是指上述未列明的餐饮活动。

（一）连锁餐饮行业总体情况

《中国零售和餐饮连锁企业统计年鉴（2013）》数据显示，截至 2012 年年末，国内共有连锁餐饮总店 456 家，旗下门店 18153 家，从业人员 80.55 万人，营业总面积 869.23 万平方米，餐位数 286.46 万位，营业总额 1283.26 亿元；其中餐费收入及商品销售额 1280.31 亿元，占总营业额的 99.8%。与 2012 年相比，国内餐饮连锁门店增加 2045 家，增长 12.7%；从业人员增长 7.8%，餐饮营业面积增长 9.8%，餐位数量增长 7.9%，营业额增长 13.7%（见表 4）。

表 4　2012 年国内连锁餐饮行业基本情况

服务类型	总店数（家）	门店数（家）	年末从业人员（万人）	年末餐饮营业面积（万平方米）	年末餐位数（万位）	营业额（亿元）	餐费收入及商品销售额（亿元）
全国总体	456	18153	80.55	869.23	286.46	1283.26	1280.31
正餐	271	6275	32.18	523.00	164.12	452.09	450.10
快餐	155	10412	45.97	324.63	117.27	778.96	778.00
饮料及冷饮服务	15	976	1.57	14.64	3.80	38.54	38.53
其他餐饮服务	15	490	0.83	6.95	1.27	13.68	13.68

数据来源：《中国零售和餐饮连锁企业统计年鉴（2013）》。

国内连锁餐饮业以快餐和正餐业态为主。2012 年快餐和正餐营业额分别为 778.96 亿元和 452.09 亿元，各占连锁餐饮营业总额的 60.7% 和 35.2%；年末从业人员分别达到 45.97 万人和 32.18 万人，各占总量的 57.1% 和 40.0%；餐饮营业面积分别为 523.00 万平方米和 324.63 万平方米，各占总量的 37.3% 和 60.2%。与 2011 年相比，快餐门店数量增长 17.2%，从业人员数增长 10.4%，餐饮营业面积增长 16.3%，营业额增长 15.7%，各项指标增速均高于正餐业水平。

从单体规模和效益看，2012 年国内连锁餐饮企业平均有门店 40 家、从业人员 1767 人，实现营业额 2.81 亿元，比上年分别增长 5.8%、1.2% 和 6.7%；平效、劳效、单店平均营业额以及餐位平均营业收入分别为 1.48 万元/平方米、15.93 万元/人、706.92 万元/店和 4.47 万/餐位，比上年分别增长 3.5%、5.5%、0.9% 和 5.4%（见表5）。

表5　2012 年国内连锁餐饮行业单位规模与效益

服务类型	平均门店数（家）	总店平均从业人员（人）	总店平均营业额（亿元）	单店平均营业额（万元）	人均营业额（万元）	每平方米营业额（万元）	餐位平均营收（万元）
全国总体	40	1767	2.81	706.92	15.93	1.48	4.47
正餐	23	1188	1.67	720.46	14.05	0.86	2.74
快餐	67	2966	5.03	748.13	16.94	2.40	6.63
饮料及冷饮服务	65	1044	2.57	394.83	24.60	2.63	10.13
其他餐饮服务	33	555	0.91	279.19	16.43	1.97	10.81

数据来源：根据《中国零售和餐饮连锁企业统计年鉴（2013）》数据整理计算。

分业态看，2012 年快餐企业平均规模最大，平均有门店 67 家，从业人员 2966 人，实现营业额 5.03 亿元，比上年分别增长 8.9%、2.6% 和 7.5%，均好于餐饮行业平均发展水平。快餐企业单店平均营业额为 748.13 万元，虽然增幅比上年回落 1.3 个百分点，但仍领先于其他三种业态。饮料企业平效和劳效水平最高，餐位平均营收也排在第 2 位，三项指标分别为 2.63 万元/平方米、24.60 万元/人和 10.13 万元，分别是餐饮行业均值的 1.5 倍、1.7 倍和 2.3 倍。

从经营方式看，直营店继续占据主导地位。2012 年国内连锁餐饮企业中直营店和加盟店分别有 14024 家和 4129 家，各占总量的 77.3% 和 22.7%；与

2011 年相比，国内新增直营店 1868 家，加盟店 177 家，直营店数量占比提升 1.8 个百分点。直营店从业人、营业额和餐费及商品销售收入和占比更是超过了八成，比 2011 年分别提升 1.1 个、0.7 个和 0.6 个百分点。

表6 2011 年和 2012 年国内连锁餐饮企业直营店与加盟店情况

各项指标	直营店		加盟店		直营店占比（%）	
	2011 年	2012 年	2011 年	2012 年	2011 年	2012 年
门店数量（家）	12156	14024	3952	4129	75.5	77.3
年末从业人员（万人）	59.47	65.04	15.28	15.51	79.6	80.7
年末餐饮营业面积（万平方米）	591.92	657.31	199.40	211.92	74.8	75.6
年末餐位数（万个）	185.30	204.33	80.26	82.12	69.8	71.3
营业额（亿元）	973.40	1115.10	155.30	168.17	86.2	86.9
餐费及商品销售收入（亿元）	971.67	1112.68	154.90	167.63	86.3	86.9

数据来源：根据《中国零售和餐饮连锁企业统计年鉴（2013）》数据整理计算。

（二）连锁餐饮行业区域发展情况

2012 年广东和北京连锁餐饮总店分布最为集中，分别达到 90 家和 79 家。浙江、湖北、重庆、江苏和河南连锁餐饮总店数量也在 20 家以上，上海、福建、四川、辽宁、湖南、天津和山东总店数量在 10~20 家之间排在第三梯队（见图 4）。

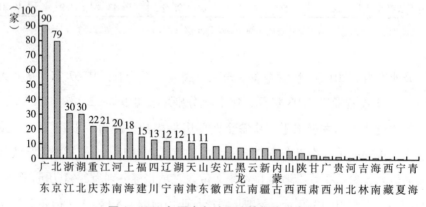

图4 2012 年国内各地区连锁餐饮总店数

数据来源：《中国零售和餐饮连锁企业统计年鉴（2013）》。

从门店数来看，2012 年北京连锁餐饮门店数量最多达到 3079 家（见图 5），比第 2 名广东多出 287 家。同期，重庆、上海、浙江和江苏门店分布也较为集中，均在千家以上。与 2011 年相比，广东新增门店数量最多，达到 427 家。其后依次为北京、上海、福建和湖北，各新增门店 341 家、230 家、143 家和 141 家。

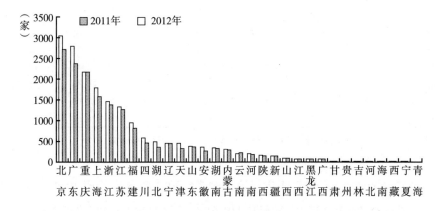

图 5 2011 年和 2012 年国内各地区连锁餐饮门店数

数据来源：《中国零售和餐饮连锁企业统计年鉴（2013）》。

从营业额来看，北京、广东、重庆、上海和浙江仍然排在前 5 位。其中北京和广东 2012 年营业额超过 200 亿元，分别达到 244.64 亿元和 201.14 亿元，比上年分别增长 14.0% 和 16.4%，各占连锁餐饮企业营业总额的 19.1% 和 15.7%。

在快餐业中，广东、北京、江苏和上海等地最为发达，2012 年各有快餐门店 2097 家、1854 家、1183 家和 962 家，分别实现营业额 162.51 亿元、109.92 亿元、85.34 亿元和 82.97 亿元，合计营业额 440.74 亿元（见表 7），占全国总额的 56.6%。与 2011 年相比，北京和广东营业额增幅较大，分别增长 16.7% 和 16.3%；江苏和上海营业额增幅分别为 12.0% 和 15.0%，与北京和广东的差距进一步拉大。

2012 年，上海单店营业额最高，达到 862.52 亿元，其后依次为广东 774.97 万元、江苏 721.36 万元和北京 592.89 万元。与 2011 年相比，江苏和上海单店营业额分别增长 4.1% 和 0.9%，继续处于增长期；广东和北京分别下降 2.1% 和 0.1%，市场趋于饱和。

表7 2012年我国连锁快餐行业前10位发展情况（以营业额排序）

地区	总店数（家）	门店数（家）	年末从业人员（万人）	年末餐饮营业面积（万平方米）	年末餐位数（万位）	营业额（亿元）	餐费及商品销售收入（亿元）
广 东	35	2097	10.65	61.51	24.47	162.51	162.40
北 京	27	1854	5.60	51.60	18.69	109.92	109.68
江 苏	11	1183	5.76	38.20	13.12	85.34	85.34
上 海	7	962	3.74	36.02	8.31	82.97	82.97
浙 江	6	839	4.67	22.61	8.67	57.07	57.00
辽 宁	6	397	1.10	11.05	5.90	54.33	54.33
天 津	8	427	3.23	16.70	5.20	43.45	43.45
四 川	5	475	1.80	13.73	6.19	30.68	30.68
山 东	7	363	0.64	13.05	6.13	27.60	27.60
湖 北	3	357	1.89	13.09	3.57	26.64	26.64

数据来源：《中国零售和餐饮连锁企业统计年鉴（2013）》数据整理计算。

在正餐业中，北京和重庆市场遥遥领先。2012年各有门店1037家和2001家，分别实现营业额125.99亿元和119.61亿元（见表8），相当于全国正餐连锁总额的27.9%和26.5%。与2011年相比，北京营业额增长11.1%，高出全国平均水平2.3个百分点；重庆营业额增长4.1%，较全国平均水平低4.8个百分点。

表8 2012年我国连锁正餐行业前10位发展情况（以营业额排序）

地区	总店数（家）	门店数（家）	年末从业人员（万人）	年末餐饮营业面积（万平方米）	年末餐位数（万位）	营业额（亿元）	餐费收入及商品销售额（亿元）
北 京	49	1037	7.65	110.38	25.25	125.99	125.64
重 庆	18	2001	10.26	140.99	63.55	119.61	119.55
浙 江	22	600	2.25	65.90	14.05	37.12	37.10
广 东	48	298	1.68	26.26	7.80	30.32	30.25
福 建	9	566	1.78	13.77	6.43	25.32	25.32
湖 北	26	131	1.32	32.34	11.79	20.83	20.46
上 海	8	384	1.16	11.64	5.33	19.27	19.27
内蒙古	7	314	0.60	16.03	2.24	15.09	15.09
陕 西	3	127	0.97	5.32	1.86	11.32	11.32
安 徽	6	137	0.81	36.67	4.56	8.26	7.69

数据来源：《中国零售和餐饮连锁企业统计年鉴（2013）》数据整理计算。

2012 年，北京正餐单店营业额平均为 1214.95 万元，是重庆单店营业额的 2 倍，是全国平均水平的 1.7 倍。与 2011 年相比，北京和重庆单店营业额分别增长 7.0% 和 5.9%，明显好于全国 3.5% 的平均增长水平。

（二）2013 年餐饮行业发展情况

1. 餐饮行业收入增速明显放缓

受经济结构调整，以及中央改进作风的"八项规定"以及厉行勤俭节约、反对铺张浪费的政策影响，2013 年国内高档餐饮需求明显减少，对餐饮业整体带来较大冲击，仅北京一地就有超过 2000 家中高档餐厅关店结业。国家统计局数据显示，2013 年限额以上企业餐饮收入 8181 亿元，比上年下降 1.8%，改革开放以来首次出现负增长。从全口径看，2013 年国内餐饮行业收入 25392 亿元（见图 6），相当于同期社会消费品零售总额的 10.8%。与上年相比，餐饮行业收入实际增长 9.0%，增速比 2012 年回落 4.6 个百分点，比同期社会消费品零售额增速低 2.5 个百分点。2013 年餐饮行业收入对社会消费品零售总额的增长贡献率为 8.7%，贡献率比上年下降 3.6 个百分点。

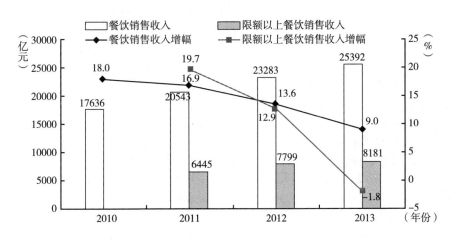

图 6　2010~2013 年国内餐饮销售收入及增幅

数据来源：国家统计局，中经网。

2. 百强餐饮企业运营情况

中国烹饪协会百强餐饮企业调查显示，2013 年国内餐饮百强企业（名单见

表9) 营业额为1911.1亿元, 比上年增长5.7%, 增速比上年大幅下降10.8个百分点, 首次低于全国餐饮收入的平均增长水平。其中, 百胜餐饮集团中国事业部、天津顶巧餐饮服务咨询有限公司、四川海底捞餐饮股份有限公司、香港稻香集团、河北千喜鹤饮食股份有限公司、内蒙古小尾羊餐饮连锁有限公司、浙江两岸食品连锁有限公司、重庆市毛哥食品开发有限公司、重庆刘一手餐饮管理有限公司和福州佳客来餐饮连锁有限公司居前10位, 年营业收入均超过30亿元, 合计收入884.8亿元, 占百强总营业收入的46.3%, 占比较上年回落1.1个百分点; 排名在11~30位的企业营业收入在20亿~30亿元之间, 营业收入占比为23.0%, 较上年提升1.3个百分点; 排名在30位之后的企业营业收入均在20亿元以下, 由于市场疲软, 新入围企业仅有5家, 入围门槛较上年也有下降。

表9　2013年度中国百强餐饮企业名单

排名	企业名称	排名	企业名称
1	百胜餐饮集团中国事业部	22	北京李先生餐饮管理股份有限公司
2	天津顶巧餐饮服务咨询有限公司	23	重庆市朝天盟餐饮管理有限公司
3	四川海底捞餐饮股份有限公司	24	呷哺呷哺餐饮管理有限公司
4	香港稻香集团	25	大娘水饺餐饮集团股份有限公司
5	河北千喜鹤饮食股份有限公司	26	重庆巴将军饮食文化发展有限公司
6	内蒙古小尾羊餐饮连锁有限公司	27	浙江凯旋门澳门豆捞控股集团有限公司
7	浙江两岸食品连锁有限公司	28	重庆秦妈餐饮管理有限公司
8	重庆市毛哥食品开发有限公司	29	江苏品尚餐饮连锁管理有限公司
9	重庆刘一手餐饮管理有限公司	30	北京吉野家快餐有限公司
10	福州佳客来餐饮连锁有限公司	31	陕西一尊餐饮管理有限公司
11	中国全聚德(集团)股份有限公司	32	深圳市麦广帆饮食策划管理有限公司
12	真功夫餐饮管理有限公司	33	北京西贝餐饮管理有限公司
13	重庆德庄实业(集团)有限公司	34	永和大王餐饮集团
14	重庆陶然居饮食文化集团(股份)有限公司	35	广州酒家集团股份有限公司
15	味千(中国)控股有限公司	36	绍兴市咸亨酒店有限公司
16	小南国(集团)有限公司	37	重庆市巴江水饮食文化有限公司
17	北京华天饮食集团公司	38	乡村基(重庆)投资有限公司
18	内蒙古草原牧歌餐饮连锁股份有限公司	39	内蒙古三千浦餐饮连锁有限责任公司
19	北京东来顺集团有限责任公司	40	大连彤德莱餐饮管理有限公司
20	重庆五斗米饮食文化有限公司	41	索迪斯大中国区
21	北京黄记煌餐饮管理有限责任公司	42	宁波白金汉爵酒店投资有限公司

续表

排名	企业名称	排名	企业名称
43	北京首都机场餐饮发展有限公司	72	重庆和之吉饮食文化有限公司
44	重庆佳永小天鹅餐饮有限公司	73	成都大蓉和餐饮管理有限公司
45	重庆奇火哥快乐餐饮有限公司	74	河北大胖人餐饮连锁管理有限责任公司
46	眉州东坡餐饮管理(北京)有限公司	75	河南百年老妈饮食管理有限公司
47	湖南湘西部落餐饮连锁有限公司	76	安徽老乡鸡餐饮有限公司
48	厦门豪享来餐饮娱乐有限公司	77	北京胜利穆斯林文化园有限公司(阳坊涮羊肉)
49	宁波市海曙顺旺基餐饮经营管理有限公司	78	四川麻辣空间餐饮管理有限公司
50	宁波海曙新四方美食有限公司	79	福州豪亨世家餐饮管理有限公司
51	唐宫(中国)控股有限公司	80	快客利(中国)控股集团有限公司
52	浙江外婆家餐饮有限公司	81	上海老城隍庙餐饮(集团)有限公司
53	安徽包天下餐饮管理有限公司	82	河南阿五美食有限公司
54	安徽同庆楼餐饮发展有限公司	83	西安饮食股份有限公司
55	净雅食品股份有限公司	84	四平李连贵饮食服务股份有限公司
56	成都巴国布衣餐饮发展有限公司	85	浙江老娘舅餐饮有限公司
57	上海世好餐饮管理有限公司	86	北京新辣道餐饮管理有限公司
58	安徽蜀王餐饮投资控股集团有限公司	87	东莞市鸿骏膳食管理有限公司
59	权金城企业管理(北京)有限公司	88	深圳市誉兴饮食管理有限公司
60	苏州市七欣天餐饮管理连锁有限公司	89	如一坊餐饮文化管理有限公司
61	北京湘鄂情集团股份有限公司	90	济南骄龙豆捞餐饮有限公司
62	北京健力源餐饮管理有限公司	91	常州丽华快餐集团有限公司
63	北京金百万餐饮管理有限责任公司	92	浙江五芳斋实业股份有限公司
64	温州云天楼实业有限公司	93	宁波石浦酒店管理发展有限公司
65	深圳面点王饮食连锁有限公司	94	乌鲁木齐市苏氏企业发展有限公司
66	武汉市小蓝鲸酒店管理有限责任公司	95	武汉湖锦娱乐发展有限责任公司
67	厦门市舒友海鲜大酒楼有限公司	96	北京翠峰苑企业管理有限责任公司
68	重庆武陵山珍经济技术开发(集团)有限公司	97	北京金丰餐饮有限公司
69	大连亚惠美食有限公司	98	杭州新开元大酒店有限公司
70	北京金汉斯餐饮连锁管理有限责任公司	99	徐州海天管理有限公司
71	南京大惠企业发展有限公司	100	昆明大滇园美食有限公司

数据来源：中国烹饪协会。

　　从分业看，快餐、火锅、餐馆酒楼仍是 2013 年餐饮百强的主流，企业总数达到 85 家，营业收入占比为 85.9%。其中，快餐营业收入为 732 亿元，火锅营业收入为 485.4 亿元，餐馆酒楼营业收入为 424.3 亿元，分别占餐饮百强总营业收入的 38.3%、25.4% 和 22.2%。与 2012 年相比，西餐、团膳和火锅营业收入增速领先，分别增长了 19.0%、13.7% 和 11.1%；快餐和酒楼营业收入增幅大幅回落，分别只增长了 1.0% 和 3.0%；休闲餐饮和宾馆餐饮营业收入下滑，其中宾馆餐饮降幅达到 8.0%。

分地区看，百强餐饮企业覆盖国内 22 个省份，其中北京、重庆和浙江百强餐饮企业分布较为集中，而上海百强餐饮企业营业收入占比最高。2013 年，总部设在北京的百强餐饮企业有 22 家，比 2012 年增加 4 家，营业收入总额相当于百强总额的 14.6%。重庆、浙江百强企业也有 10 家以上，营业收入占比分别达到 13.7% 和 7.2%。由于百胜中国总部位于上海，带动上海营业收入占比达到 30.2%。

从经营方式看，餐饮百强企业中采用全部直营连锁或者承包模式的占 41%，采取直营＋加盟（＋承包）模式的占 59%。为适应快速扩张的需要，火锅业加盟经营比重最高，直营加盟比达到 2∶5；西餐加盟经营比重排在第 2 位，其直营加盟比为 1∶2，为实现快速扩大，外资的西餐企业直营加盟比更是达到 1∶4。国内快餐和餐馆酒楼业以直营为主。随着品牌的发展与培育，快餐和餐馆酒楼业进入稳定发展期，减少加盟规模、强化门店直营，成为业内的主要共识。2013 年快餐和餐馆酒楼加盟比重继续下降，其中快餐业直营加盟比达到 3∶1。团膳企业由于经营模式的特殊性，全部采取直营连锁或承包的经营方式。

从经营效益看，百强餐饮企业成本费用快速增加，盈利水平普遍下滑。2013 年，餐饮百强企业营业成本、人工费用、房租费用和能源费用增幅均超过 10%，高于同期营业收入增长水平，导致营业利润较上年大幅下降 10.8%，利润总额、净利润分别仅增长 1.3% 和 1.4%，净利率下降 3.6 个百分点至 4.1%。百强餐饮企业中超过 20% 的企业营业收入出现负增长，超过 40% 的企业净利润出现负增长，湘鄂情等 6 家企业更是出现巨额亏损。与中高端市场相比，大众化餐饮受到经济与政策冲击较小，2013 年百强餐饮企业净利润增长超过 20% 的企业有 29 家，全部主营大众化餐饮。

3. 重点餐饮企业运营情况

（1）百胜餐饮集团中国事业部

百胜餐饮集团中国事业部隶属于美国纽约证券交易所上市的百胜餐饮集团。百胜餐饮集团是全球餐厅网络最大的餐饮集团之一，在全球 128 个国家和地区拥有超过 40000 家连锁餐厅，员工人数 150 多万人。2013 年，百胜餐饮集团实现营业收入 130.84 亿美元，比上年下降 4%。

百胜餐饮集团中国事业部于 1993 年在上海成立，旗下拥有肯德基、必胜客、必胜宅急送、东方既白和小肥羊等多个品牌，是中国最大的餐饮集团，多年位列中国餐饮百强企业榜首。截至 2014 年 2 月，百胜集团在中国大陆 950 多个城镇开设肯德基餐厅超过 4600 家，在 290 多个城市开设必胜客餐厅 1100 余家。此外，百胜中国还拥有 200 余家必胜宅急送、近 30 家东方既白和近 400 家小肥羊餐厅，员工人数超过 41 万人。2013 年，百胜中国新增门店 740 家，其中肯德基餐厅 428 家，必胜客餐厅 247 家，全年营业总额达到 501 亿元，比上年下降 3.5%。

（2）中国全聚德（集团）股份有限公司

中国全聚德（集团）股份有限公司于 1994 年在北京成立，经营全聚德、仿膳饭庄、丰泽园饭店、四川饭店等多个老字号餐饮品牌。在北京、上海、杭州、无锡、常州、青岛、沈阳、长春、合肥、郑州、重庆、乌鲁木齐等城市设有直营门店 30 余家。2013 年，公司新开全聚德品牌企业 10 家。其中，直营店 2 家，"三合一"模式店 4 家，加盟店 4 家。

2013 年，全聚德集团位列中国餐饮百强企业第 11 位，全年实现主营业务收入 18.60 亿元，其中餐饮收入 14.15 亿元，商品销售收入 4.45 亿元，分别占主营收入的 76.1% 和 23.9%。与 2012 年相比，全聚德餐饮业务有所下滑，接待宾客人次下降了 3.4%，人均消费下降了 2.2%，上座率下降了 4.1%，餐饮业务收入下降了 5.6%，餐饮毛利率下降了 1.0 个百分点至 62.1%。应对不利局面，全聚德调整发展思路，积极开发大众餐饮消费市场，研发了 20 道以中、低价位为主的"全聚德京味菜"，企业菜品结构得到调整。"全聚德京味菜"一经推出取得良好销量，赢得了消费者的普遍好评和认可。

（3）小南国（集团）有限公司

小南国集团在 1987 年创立于上海，位列 2013 中国餐饮百强企业第 16 位。2012 年"小南国"旗下经营中餐连锁业务的小南国餐饮控股有限公司登陆香港证券市场。小南国餐饮控股有限公司拥有上海小南国、慧公馆、南小馆 3 个品牌，分别对应中高端、高端和中端（休闲用餐）3 个市场。截至 2014

年1月，小南国在17个城市开设上海小南国72家，在1个城市开设慧公馆3家，在3个城市开设南小馆7家。其中，2013年新开设14家上海小南国餐厅，5家南小馆餐厅，关闭8家发展前景差的餐厅。

2013年，小南国实现营业收入13.86亿元，比上年增长4.0%。期间毛利小幅增长2.1%至9.27亿元，毛利率为66.9%。由于同店销售下降10%以及关闭门店的一次性撇账，企业净利润出现大幅跳水，较上年下降99.4%至67万元。面对中高端餐饮市场的萎缩，小南国对主品牌上海小南国餐厅进行了调整，目标客户扩展至非公款商务宴请和中档次家庭消费，带动同店客流增长0.7%。春节、五一、中秋、国庆假日期间，上海小南国同店客流增长13.8%，同店收入增长1.6%。2013年上海小南国收入仅下降0.6%，在国内中高端餐饮品牌中表现突出。

(4) 唐宫（中国）控股有限公司

唐宫（中国）控股有限公司成立于1997年，2011年在香港联交所主板上市，现位列2013年中国餐饮百强企业第51位。唐宫（中国）旗下经营唐宫海鲜舫、唐宫膳、唐宫壹号、盛世唐宫、忍者居日本料理、樱川日本料理、胡椒厨房和金爸爸8个品牌。截至2013年年底，唐宫在北京、天津、上海、深圳、澳门、苏州、杭州、东莞等城市设有餐厅50家，其中唐宫海鲜舫等中式餐厅有24家，占据主导地位。2013年，唐宫新设中式餐厅2家、胡椒厨房餐厅8家、金爸爸餐厅2家。面对配合快速变化的市场，唐宫中国积极扩展以胡椒餐厅为代表的休闲餐饮业务，同时维持稳定发展中式餐饮业务。企业全年实现营收9.02亿元，比上年增长9.4%。其中，唐宫海鲜舫、唐宫壹号、盛世唐宫和胡椒厨房营业收入分别占总额的64.8%、14.2%、7.9%和7.5%。与2012年相比，唐宫休闲餐饮业务与高端业务营业收入占比有所提升，中高端业务营业收入占比有所下降。2013年胡椒厨房（人均消费40.3元）和唐宫壹号营业收入（人均消费296.6元）占比分别提升3.1个和2.4个百分点；唐宫膳（人均消费124.5元）、唐宫海鲜舫（人均消费145.2元）和盛世唐宫（人均消费96.9元）营业收入占比分别减少3.5个、1.3个和1.0个百分点。

(5) 北京湘鄂情集团股份有限公司

北京湘鄂情集团股份有限公司成立于1999年，2009年在深交所挂牌上市，位列 2013 年中国餐饮百强企业第 61 位。湘鄂情传统业务为中高端餐饮服务。2013 年随着公务宴请市场的快速降温，湘鄂情经营面临困境，全年餐饮业务收入为 7.93 亿元，比上年大幅下降 39.6%。面对困局，湘鄂情开始向大众化市场艰难转型：采取了取消高价菜、主推亲民价位菜品、酒水平价销售、取消包房服务费、不设最低消费等应对措施；关停了亏损严重扭亏无望的部分门店；收购了味之都、龙德华，扩展快餐、团餐等大众餐饮业务。由于湘鄂情的房租、待摊费用和人工费用偏高，加上中高端品牌形象深入人心，企业转型的过程十分艰难。

B.5

2013 年信息化浪潮下农产品
零售业发展状况

刘大成　侯翔宇　牛津姝*

摘　要：

本报告讨论了信息化浪潮下农产品零售业的发展情况，对中国
农产品零售行业的总体状况和零售终端分布进行了调研，分析
了农产品零售业信息化的驱动力，提出了信息化对农产品零售
的营销和管理服务两个方面的影响，进而对信息化浪潮下农产
品零售行业的发展趋势进行了分析，并提出相关的政策建议。

关键词：

农产品流通　零售业　信息化　电子商务

一　农产品零售业的信息化

（一）农业现代化与农业信息化

在信息技术快速发展的今天，农业信息化是技术浪潮推动下的必然结果，
也是推进农业现代化的有力手段。农业信息化内涵广阔，包括生产中农业技术
的信息化、农业环境信息化，流通环节中农业经营的信息化等。在生产流通
中，信息化不仅作用巨大，其自身更是具有相当规模的新兴产业。在农产品流

---

* 刘大成，工学博士，清华大学工业工程系副教授、博士生导师、博士后合作导师，研究方向为
现代物流与供应链管理、企业诊断与效率改善、产业集群与园区规划等；侯翔宇，清华大学工
学博士生，研究方向为易变质品多级库存、农业产业规划、备品备件多级库存等；牛津姝，清
华大学工业工程系工学学士，研究方向为农产品物流、多级库存优化等。

通产业的零售端，信息化为农产品流通业转型、推进现代流通产业发展提供了强大的助力，同时，农产品零售业信息化也酝酿了巨大的商机。

（二）农产品零售业的信息化

在农产品流通的零售端，信息化的内涵和外延都极为丰富，既包括了信息技术驱动的营销手段，如平台型生鲜电商、线下生鲜商铺的上线经营等，又包括了在信息技术影响下的运营、服务水平提高，如超市生鲜产品的精细化管理、高端生鲜产品的追踪溯源体系等。信息作为媒介将消费者、资金、产品、商家等更紧密地联系起来，大幅提升了销售、运营中各环节的效率，并催生了许多成功的商业模式。

1. 信息化驱动的农产品营销手段革新

以互联网为代表的信息技术在促进商业信息流通中起到了巨大作用。通过网络，农产品供给信息能直接传递给消费者，避免了在供应链中层层筛选最终只保留少数需求量大的品类提供给市场；同时，消费者需求信息也能直接传递给生产端，使产品在市场上获得更广泛的青睐。信息化将生产与需求更紧密地联合，使市场得到范围的扩大，同时也要求零售环节采取新的经营模式，提供更完善、更有效的服务来获取终端零售的市场份额。这一趋势主要体现在两个方面，一是借助互联网，越来越多农产品零售的平台型电商涌现，脱离传统的实体店铺经营，以"电商＋配送"完成农产品的终端零售功能。二是传统的农产品零售部门开始借助信息技术的力量，将销售业务拓展到线上，在线上电子商务遭遇发展瓶颈时，借 O2O（线上线下，Online-to-Offline）模式将线上营销与传统的线下业务结合起来。

信息化对营销手段的变革将产生巨大的影响。2012 年我国食品消费支出总额为 5.79 万亿元，若未来信息技术驱动的新型营销体系的渗透率以 10% 计算，这一新型业态将享有千亿元的大市场。作为农产品零售业营销手段变革的重要体现，食品生鲜 B2C（商家对顾客，Business-to-Customer）电商在被誉为生鲜电商元年的 2012 年出现了爆炸式的增长；虽然当年市场规模仅为 40.5 亿元，相对其发展规模的上限而言，信息化驱动的零售业营销体系的变革，可以说才处于发轫之初，这是未来农产品零售环节信息化最为主要的一个方面。

2. 信息化对农产品零售运营、服务的促进

信息技术对零售环节的运营、服务水平产生了巨大的影响。这一影响首先

作用于超市这一现代化的零售业态，随着超市进入农产品零售市场，倒逼传统农产品零售业使用信息技术提高其运营、服务水平以应对超市带来的竞争。在运作上，超市首先开始将农产品包装并用条码和信息系统进行管理，使结算、库存控制、供应链协作等操作从随意、无规范的粗放型管理模式转变为定量、精细的信息化管理。基于运作层面的信息化，衍生出了农产品的库存管理、供应链下多级库存优化、供应链协作等课题的研究，降低了损耗，节约了成本，提升了管理绩效。在服务上，信息技术使得在流通过程中对产品的监控成为可能，整个产业链信息化的提高，最终体现在零售环节服务水平的大幅提升。在现代化的超市、生鲜电商等经营业态中，高端产品可以实现从产地到消费者的全程监控（时间、温度、环境等生鲜产品要求的诸多因素），零售端的经营者直接面向消费者，并替消费者对生产流通的全过程进行监管，保障了产品质量，提升了消费者的满意度。

考虑到传统农产品零售业中经营者规模偏小、资本不足的境况，在未来相当长的时间内，信息技术对运营、服务水平的提高仍将主要集中于超市、电子商务等新兴经营业态中。然而这些新兴的经营业态若能在信息技术的支持下以更低成本提供更优质的服务，必将一步步渗透、侵蚀传统个体经营模式所占据的零售市场。如何利用信息技术提高零售环节的运作效率，降低运营成本，提高服务水平，是在农产品零售信息化这一不可避免的趋势下值得关注的重要课题，必将影响到消费者感受、经营者收益等诸多方面，并最终影响到农产品传统零售模式的转型升级。

二　农产品零售业的发展

（一）农产品零售业的总体状况

1. 农产品生产基本状况

我国是农产品生产与消费的大国。据《中华人民共和国 2013 年国民经济和社会发展统计公报》，2013 年中国农产品总产量为 99423 万吨（不包括木材 8367 万立方米），同比增长 1.8%。粮食再获丰收。全年粮食产量 60194 万吨，同比增长 2.1%（其中稻谷产量 20329 万吨，减产 0.5%；小麦产量 12172 万吨，增产 0.6%；玉米产量 21773 万吨，增产 5.9%）；棉花产量 631 万吨，同比下降 7.7%；油料产量 3531 万吨，同比增长 2.8%；糖料 13759 万吨，同比增长 2.0%；茶叶产量 193 万吨，同比增长 7.9%；肉类总产量 8536 万吨，同比增长 1.8%（其中猪肉 5493 万吨，同比增长 2.8%；牛肉 673 万吨，同比增长 1.7%；羊肉 408 万吨，同比增长 1.8%；禽肉 11798 万吨，同比下降 1.3%）；禽蛋产量 2876 万吨，同比增长 0.5%；牛奶产量 3531 万吨，同比下降 5.7%；水产品产量 6172 万吨，同比增长 4.5%（其中养殖水产品 4547 万吨，同比增长 6.0%；捕捞水产品 1625 万吨，同比增长 3.5%）。[①]

在农产品进出口方面，谷物及谷物粉进口 1458 万吨，同比增长 4.3%，成交金额 51 亿美元，同比增长 6.6%；大豆进口 6338 万吨，同比增长 8.6%，成交金额 380 亿美元，同比增长 8.6%；食用植物油进口 810 万吨，同比下降 4.2%，成交金额 81 亿美元，同比降低 16.7%。

2. 居民消费状况

中国农产品消费主要集中在蔬菜、粮食、水果、肉类、水产品、奶类和禽蛋类（见表 1）；而西方则集中在牛肉类、奶类和水果。

表 1　2012 年中国城乡居民家庭人均食品消费量

单位：千克，%

食品类	城镇居民家庭		农村居民家庭		全国城乡居民家庭		主要农产品	
	人均食品消费量	同比增长	人均食品消费量	同比增长	食品消费量	同比增长	人均消费量	同比增长
粮　食	78.76	-2.42	164.27	-3.79	119.32	-4.22	437.0	3.09
鲜　菜	112.33	-1.95	84.72	-5.19	99.23	-2.98	—	—
食用油	9.14	-1.30	7.83	4.68	8.52	1.55	6.0	
猪　肉	21.23	2.91	14.40	-0.14	17.99	2.22	47.4	-19.80
牛羊肉	3.73	-5.57	1.96	3.16	2.89	-2.02		
禽　类	10.75	1.51	4.49	-1.10	7.78	1.84	21.2	37.39
鲜　蛋	10.52	3.95	5.87	8.70	8.31	6.32		
水产品	15.19	3.90	5.36	0.00	10.53	4.13	43.7	5.05
鲜　奶	13.95	1.82	5.29	2.52	9.84	3.17	27.7	-2.12
鲜瓜果	56.05	7.75	22.81	7.09	40.28	8.73	177.7	5.15

注：1. 全国城乡居民家庭人均食品消费量的计算按当年城乡人口比例进行加权得出；2. 总人口按照 135404 万人计算（2012 年）。

---

① 《中华人民共和国 2013 年国民经济和社会发展统计公报》。

在国内尽管农产品总产量和人均产量均呈现上升水平，但是粮食和蔬菜方面的人均消费水平均却呈现下降趋势，而城镇居民在食用油和牛羊肉方面的人均消费量也呈现下降趋势；猪肉、鲜奶、水产品，以及水果、禽类、蛋类的人均消费量呈现小幅度上升。农村居民在食用油和牛羊肉方面的人均消费量与城镇居民的趋势相反呈现上升，在蛋类和奶类方面的人均消费量比城镇居民的人均消费量提高更快，说明了城乡之间的人均消费量差距在逐步缩小。

2013 年市场销售平稳较快增长，社会消费品零售总额 237810 亿元，比上年增长 13.1%，扣除价格因素，实际增长 11.5%。其中商品零售额 212241 亿元，增长 13.6%，占社会消费品零售总额的比重为 89.25%。在限额以上企业商品零售额中，粮油、食品、饮料、烟酒类零售额比上年增长 13.9%；餐饮收入额 25569 亿元，增长 9.0%。

按照经营地划分，城乡之间的消费仍然具有较大的差距，但从消费结构来看差异并不太大，如农村居民食品消费支出占其消费总支出的比重为 34.41%，城镇则为 36.23%（见表 2）。

表2 2008~2012 年城镇、农村居民消费情况

单位：元

消费项 年份		2008	2009	2010	2011	2012
总消费	居民	111670.40	123584.62	140758.65	168956.63	190423.77
	农村居民	27677.26	29005.33	31974.60	38969.59	42310.38
	城镇居民	83993.15	94579.29	108784.05	129987.04	148113.39
城镇	居民家庭人均消费	11242.90	12264.60	13471.50	15160.90	16674.30
	居民家庭人均食品消费	4259.80	4478.50	4804.70	5506.30	6040.90
农村	居民家庭人均消费	3159.40	3504.80	3859.30	4733.40	5414.50
	居民家庭人均食品消费	1135.20	1180.70	1313.20	1651.30	1863.10

3. 零售行业就业

2012 年，全国第三产业从业人员总计为 27690 万人，占总从业人员的 36.1%，同比增长 1.5%。批发和零售业从业人员为 985.6 万人，同比增长 9.38%；其中，批发业从业人员为 410.4 万人，同比增长 9.88%；零售业从

业人员为 575.2 万人，同比增长 9.02%。批发和零售业法人企业有 138865 个，同比增长 10.9%；其中，批发业法人企业为 72944 个，同比增长 9.28%；零售业法人企业为 65921 个，同比增长 12.7%。

零售业营业面积为 25134.9 万平方米，同比增长 18.4%；商品购进额为 74028.0 亿元，同比增长 19.2%；商品销售额为 83441.3 亿元，同比增长 16.2%；期末商品库存额为 7735.4 亿元，同比增长 16.3%。

以上数据说明零售业就业人数增速高于第三产业从业人员增速，营业面积、商品销售额均呈现快速增长趋势。尽管农产品零售业就业人口缺乏统计口径，但是从广义上说，在乡镇人口中，有接近一半的农民直接从事农产品交换。2012 年农村人口为 62961 万人，同比增长 1.96%，有 3 亿名左右的农民从事了农产品交换，特别是商品零售。与此同时，城镇中的农产品零售行业就业人数也逐年上升（见图 1、图 2）。

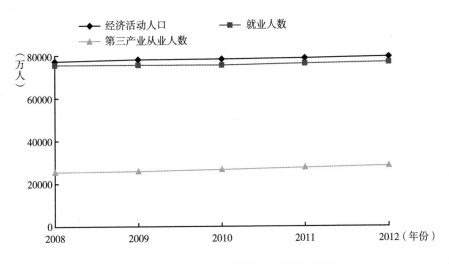

图 1　2008～2012 年各类从业人口统计趋势图

4. 收入贡献

2013 年农村居民人均纯收入 8896 元，比上年增长 12.4%，扣除价格因素，实际增长 9.3%；农村居民人均纯收入中位数为 7907 元，增长 12.7%。城镇居民人均可支配收入 26955 元，比上年增长 9.7%，扣除价格因素，实际增长 7.0%；城镇居民人均可支配收入中位数为 24200 元，增长 10.1%。农村

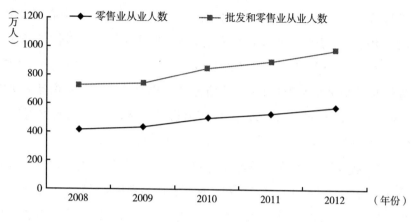

图 2　2008～2012 年零售业人口发展趋势图

居民食品消费支出占消费总支出的比重为 37.7%，比上年下降 1.6 个百分点；城镇为 35.0%，下降 1.2 个百分点。

5. CPI 影响

目前，食品中对 CPI 影响最大的依然为粮食、食用油、蔬菜、肉类、禽类、蛋类、水产品等。2013 年居民消费价格比上年上涨 2.6%，食品价格上涨 4.7%，其中城市食品价格上涨 4.6%，农村食品价格上涨 4.9%。城市食品价格涨幅比 2012 年有所下降，而农村食品价格比 2012 年有所增加。农产品生产者价格上涨 3.2%。高于 2011 年的涨幅（见图 3）。

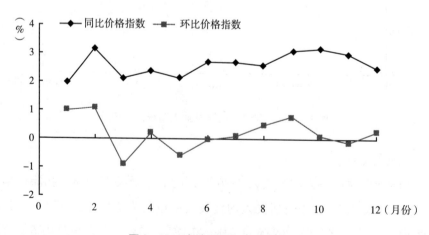

图 3　2013 年全国居民消费者价格

6. 行业从业主体和经营状况

农产品零售业的主体依赖于产业类型，主要包括农贸集市（菜市场）、连锁超市的生鲜部（柜组）、社区店（社区菜市场）、果菜专业店（生鲜超市）、电子商务平台（电子商城）、农游对接的观光农园、农校对接的食堂、农餐对接的餐饮企业、农批直销便民店以及不超过 30 公里范围覆盖 5 亿农村人口的地产地销的农产品经纪人和农户等（见表 3）。

表 3　农产品零售业从业主体及其经营状况

种类	主体	经营状况	服务特点	覆盖范围
农贸集市（菜市场），包括马路市场、大棚市场、室内市场等	个体商户、产地农民，管理主体也呈现多样性	交易量最大、品种最多，由若干经营者组成，管理主体多样，进货渠道多样，产品类型多样；在水果、蔬菜与水产品方面具有竞争优势，每天进货开业；在运输及储存中注意保护产品，操作细心，理货合理，注意保鲜，损耗率小；小本经营，利润薄弱，摊位费 600 ~ 900 元/月	设施简陋（如厂棚、水泥台案等）、规模小、档次低；较早开始营业，较早开始结束；价格便宜适中，服务方便，功能齐全，质量差异大，消费者信任度低；主要经营新鲜度高、保存期短且消费者价格敏感产品；定位在低端产品	覆盖几个到十几个社区
社区店（社区菜市场），包括周末菜市场	个体商户、产地农民	租金便宜或者免费，销售价格不高，利润薄弱，公益性大于营利性	便民，需求稳定；营业面积为 1500 ~ 3000 平方米，提供 8000 ~ 10000 种产品，投资额在 50 万左右	在 3 万人口以内可设立社区菜市场
连锁超市的生鲜部（柜组）	大型连锁超市（如沃尔玛等）或专业农产品销售公司（如友谊集团超市中的佟颜蔬菜合作社）	具有完善的零售业管理体系，全球采购系统，信息化管理技术和专业人才；但采购难，成本过高、毛利率低、食品安全要求高、损耗率较大且管理要求细致；购物环境舒适、开放时间长、产品质量有保证、明码实价，注重品牌管理，产品前段处理方式丰富，具有选址网络布局和店内设施规划，自有配送	投资巨大，社会化、专业化、智能化和标准化程度高，多具有冷链；大小不一，有的超过上万平方米，有的则面积较小，种类有限，投资不足；主要在肉类、冷冻食品方面具有竞争优势；定位在高档和中高端产品	覆盖区域范围广，具有合理的网络布局

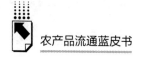

续表

种类	主体	经营状况	服务特点	覆盖范围
果菜专业店（生鲜超市）	专业农产品销售公司（如深圳绿田果菜专营店）或投资基地	减少中间环节,是大超市的"填空者"和传统农贸市场的"替代者"	与专门的蔬菜种植基地或者水果种植基地相连,也可以由种植基地投资兴办;投资额有限,布局不足,服务范围有限	覆盖几个到十几个社区,经常是居民聚集地,以及大超市不愿意布局的地方
电子商务平台(电子商城)	专业农产品销售公司、电子商务公司、农合组织等	网络支持、第三方配送,产品标准化要求高	整合资源,制定标准	覆盖整个城市中的主体城区
观光农园,农业公园、教育公园、森林公园和民俗观光村等	专业农产品销售公司、农合组织或者以村,组为单位的联合经营的农户及个体商户	旅游和农业结合起来的旅游活动,重在旅游、休闲、体验;价格高,利润大	有特色的农产品,有特色的环境风光;有特定的客户群或者农业经营形态	依托城市度假休闲
对接食堂	农合组织、个体商户或者农户	减少中间环节,降低成本	特定的合作关系,营业时间双方约定	覆盖对口单位
对接餐饮	农合组织、个体商户或者农户	减少中间环节,降低成本	特定的合作关系,营业时间双方约定	覆盖餐饮企业
农批对接的便民店	批发市场、农合组织或者个体商户	统一配送,直接上市,价格低廉	批发市场投资,或者对接个体商户	覆盖3万人口以内的社区
地产地销	个体农户	自销比例逐年下降	自产自销,甚至易货	不超过30公里,甚至村口

（二）农产品零售业体系及其分布

1. 农产品零售业体系

《中国商品交易市场统计年鉴（2014）》显示,我国农产品综合市场与农产品专业市场从总体上均有不同幅度的增加,农产品综合市场从2012年的702个增加到2013年的715个；总摊位数略有减少,从2012年的470260个下降到 2013 年的 465317 个。2013 年，中国农产品专业市场从 1020 个增加到 1044 个，总摊位数也从 628303 个增加到 660170 个（见表4）。

表4　2013 年农产品综合市场及农产品专业市场总体情况

单位：%

项目	市场数量（个）		总摊位数（个）		年末出租摊位数(个)		营业面积（平方米）		成交额(万元)	
	数量	同比增长	数量	同比增长	数量	同比增长	数量	同比增长	数量	同比增长
农产品综合市场	715	1.9	465317	-1.1	423936	-1.2	205555855	15.5	70128710	10.9
农产品专业市场	1044	2.4	660170	5.1	596542	5.8	42716869	2.7	137136418	8.9
粮油市场	111	0.0	50234	8.9	45036	9.1	3949882	-7.2	16412602	14.2
肉禽蛋市场	121	6.1	42181	19.2	38238	27.4	2775796	14.4	10290680	15.0
水产品市场	160	1.9	114682	6.2	105609	6.0	4890307	2.3	29741219	8.6
蔬菜市场	312	-0.3	262071	3.2	234367	2.7	15589465	1.4	36010737	10.3
干鲜果品市场	147	0.0	71551	-4.4	65915	1.3	5823879	-0.9	20044608	6.1
棉麻土畜及烟草市场	24	-29.4	14705	-34.2	14281	-32.9	4024691	-12.2	6288778	-30.8
其他农产品市场	169	17.4	104746	19.7	93096	18.9	5662849	32.0	18347794	25.5

注：农产品综合市场：指经营两类及两类以上农产品的交易市场，交易对象主要是商品使用者和消费者；农产品专业市场以经营某一类农产品的交易市场；其他农产品市场是指以上未提及的或经营两种以上农产品的专业市场。

2013 年，农产品综合市场的数量较上年有小幅增长，营业面积和成交额较上年分别增长了 15.5% 和 10.9%。农产品专业市场的总摊位数增长了 5.1%，市场数量和营业面积同比增长分别为 2.4% 和 2.7%，成交额则增长了 8.9%。在所有农产品专业市场中，蔬菜市场在市场数量和总摊位数上都占到了最大份额，在市场数量上水产品市场和干鲜果品市场居中，在总摊位数上水产品市场紧随蔬菜市场其后。棉麻土畜及烟草市场的市场数量和总摊位数最少，且较上年的降幅分别达到了 29.4% 和 34.2%，其成交额也大幅下降了 30.8%。在成交额方面增长较大的是粮油市场、肉禽蛋市场和蔬菜市场，增幅都超过了 10%。

从农产品零售市场的总体情况来看，农产品综合市场有 518 个，摊位 248521 个，年末出租摊位数 224261 个，营业面积 5200264 平方米，成交额

17783062 万元；农产品专业市场有 232 个，总摊位数 109387 个，年末出租摊位数 98806 个，营业面积 2740171 平方米，成交额 8349677 万元（见表5）。

表5　中国2013年农产品零售市场总体情况

单位：%

项目	市场数量（个）		总摊位数（个）		年末出租摊位数（个）		营业面积（平方米）		成交额（万元）	
	数量	同比增长	数量	同比增长	数量	同比增长	数量	同比增长	数量	同比增长
农产品综合市场	518	2.37	248521	-3.29	224261	-3.84	5200264	3.79	17783062	2.83
农产品专业市场	232	7.41	109387	7.75	98806	13.05	2740171	10.13	8349677	9.07
粮油市场	8	-27.27	9613	-8.77	9603	-8.86	214792	-8.79	554437	-15.21
肉禽蛋市场	45	2.27	19625	7.80	16546	10.91	374461	-0.43	1565009	12.80
水产品市场	40	11.11	17856	6.53	16101	6.35	387178	-5.48	1544393	-9.90
蔬菜市场	34	3.03	10809	-13.95	10197	-2.82	271130	20.29	796075	9.70
干鲜果品市场	4	33.33	1399	-41.51	1385	585.64	28160	-67.95	224195	-10.11
棉麻土畜及烟草市场	1	-80.00	118	-94.40	110	-93.91	9320	-96.53	19228	-96.67
其他农产品市场	100	19.05	49967	28.26	44864	30.77	1455130	64.42	3646340	55.34

资料来源：《中国商品交易市场统计年鉴（2013）》《中国商品交易市场统计年鉴（2014）》。

在零售业中肉禽蛋、水产品和蔬菜的专业市场数量最多，成交额则是肉禽蛋和水产品最高。在零售业的农产品综合市场方面，摊位数和年末出租摊位数较上年有超过3%的下降，而营业面积和成交额则分别增加了近3.79%和2.83%。在农产品专业市场方面，市场数量和总摊位数较前一年的增幅均超过了7%，营业面积和成交额的增幅则接近10%。具体而言，肉禽蛋市场的成交额增长12.80%，蔬菜市场的成交额增量9.7%，而粮油市场、水产品市场、干鲜果品市场和棉麻土畜及烟草市场的成交额则出现了不同幅度的下降，分别下降了15.21%、9.90%、10.11%和96.67%。

目前，农产品综合市场逐步聚集在农产品批发市场，而农产品专业市场则聚集在零售型农产品市场；特别是肉禽蛋市场向零售业转移。

2. 农产品零售业市场分布

农产品市场一般从两个层面进行分布，一个是常年营业与季节性营业的时间分布；另一个是面向各地区各地域的空间分布。

农产品市场的时间分布与空间分布具有一定的相关性，特别是各个区域和地域的资源条件不同，经济发展程度不同，因此呈现出在市场数量和交易量方面的明显差异。

常年营业的农产品市场与农产品生产情况基本一致，即常年营业的农产品综合市场的市场总数和总摊位数与前一年变化不大，营业面积和成交额分别增加 15.63% 和 11.05%；常年营业的农产品专业市场数量增加 3.38%，总摊位数增加近 5.76%，营业面积增加 4.07%，成交额则增加了 9.41%（见表6）。

表6 2013 年常年营业的农产品市场总体情况

单位：%

项目	市场数量（个）		总摊位数（个）		年末出租摊位数(个)		营业面积（平方米）		成交额（万元）	
	数量	同比增长	数量	同比增长	数量	同比增长	数量	同比增长	数量	同比增长
农产品综合市场	713	2.15	464465	-0.63	423169	-0.78	20527090	15.63	70063287	11.05
农产品专业市场	979	3.38	629862	5.76	568785	6.57	39135597	4.07	132634947	9.41
粮油市场	109	1.87	50084	9.15	44886	9.34	3937882	3.94	16357265	16.88
肉禽蛋市场	121	6.14	42181	19.20	38238	27.42	2775796	14.36	10290680	14.95
水产品市场	155	1.97	113916	6.69	104934	6.34	4829017	2.95	29429461	8.85
蔬菜市场	280	1.08	247256	3.87	219997	3.52	13432965	0.64	33421276	9.96
干鲜果品市场	128	0.79	58748	-4.90	55037	2.19	4793537	-0.69	19058581	7.20
棉麻土畜、烟叶市场	19	-32.14	13952	-35.31	13567	-33.99	3877411	-12.00	5923079	-31.61
其他农产品市场	167	17.61	103725	20.42	92126	19.53	5488989	33.32	18154605	25.93

季节性营业的农产品市场在减小。农产品综合市场的数量、总摊位数与上一年持平，农产品专业市场的市场数量、总摊位数、营业面积和成交额也都有不同程度的减少，分别下降了 12.33%、7.76%、10.17% 和 4.99%，说明专业市场正逐步走向常年营业的专业化方向（见表7）。

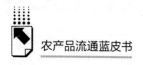
表7　2013年季节性营业的农产品市场总体情况

单位：%

项目	市场数量（个）		总摊位数（个）		年末出租摊位数（个）		营业面积（平方米）		成交额（万元）	
	数量	同比增长	数量	同比增长	数量	同比增长	同比增长	数量	数量	同比增长
农产品综合市场	1	0.00	450	0.00	380	0.00	0.00	6965	53767	13.41
农产品专业市场	64	-12.33	30188	-7.76	27637	-7.58	-10.17	3576322	4485858	-4.99
粮油市场	2	-50.00	150	-36.17	150	-36.17	-97.44	12000	55337	-85.26
水产品市场	4	-20.00	646	-48.53	555	-41.39	-37.01	56340	296145	-16.26
蔬菜市场	32	-11.11	14815	-7.19	14370	-7.80	6.71	2156500	2589461	14.98
干鲜果品市场	19	-5.00	12803	-2.31	10878	-2.71	-2.07	1030342	986027	-11.15
棉麻土畜、烟叶市场	5	-16.67	753	-3.34	714	-4.16	-16.36	147280	365699	-13.76
其他农产品市场	2	0.00	1021	-26.55	970	-19.83	-0.02	173860	193189	-6.52

　　各地区自然禀赋条件不同，生活水平不同，不仅在农产品市场区域分布上不同（见表8），而且在市场数量、营业面积和成交额等方面也存在着较大的差异（见图4～图6）。

表8　2013年全国农产品综合市场的区域分布

地区	市场数量（个）	总摊位数（个）	年末出租摊位数（个）	营业面积（平方米）	成交额（万元）
全　　国	715	465317	423936	20555855	70128710
东部地区	497	294665	269397	14274957	46345041
北　京	17	29409	26634	2428946	9985952
天　津	8	6562	5558	584739	2050971
河　北	25	30891	30685	2224257	2735171
上　海	40	14717	13537	2631166	3595062
江　苏	123	65792	61487	1855009	9787108
浙　江	165	72838	64521	1525415	8582197
福　建	45	18962	16407	322206	1501253
山　东	25	20991	19302	1149175	1941158
广　东	48	33832	30595	1552844	6152122
海　南	1	671	671	1200	14047
东北地区	27	15673	15127	751365	2776044
辽　宁	15	7551	7133	381740	856325
吉　林	2	762	762	11795	27273
黑龙江	10	7360	7232	357830	1892446

续表

地　区	市场数量 （个）	总摊位数 （个）	年末出租 摊位数（个）	营业面积 （平方米）	成交额 （万元）
中部地区	104	71626	63801	3485873	12776893
山　　西	5	3600	3600	382735	376910
安　　徽	20	15599	13462	454502	3063566
江　　西	12	8477	7790	233567	2167523
河　　南	8	7980	7215	928538	2224903
湖　　北	17	9660	8342	133400	456145
湖　　南	42	26310	23392	1353131	4487846
西部地区	87	83353	75611	2043660	8230732
内　蒙　古	2	1242	564	118052	146764
广　　西	16	11972	11347	333975	1207653
重　　庆	23	17763	15106	490935	3208320
四　　川	20	31047	30176	351334	2179340
贵　　州	4	1378	1267	28564	100082
云　　南	7	6399	5943	105618	234916
陕　　西	2	2190	2030	57000	29380
甘　　肃	1	900	890	10000	17285
青　　海	1	2500	1231	100000	103990
宁　　夏	3	2183	1921	87020	115354
新　　疆	8	5779	5136	361162	887648

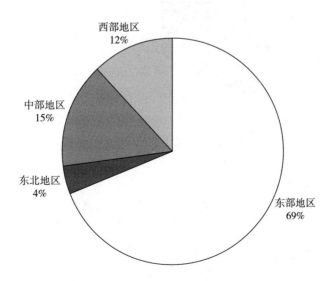

图4　2013 年全国农产品综合市场数量在各区域的分布

213

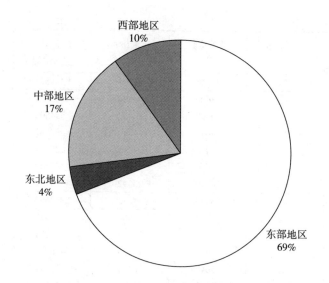

图5　2013年全国农产品综合市场营业总面积在各区域的分布

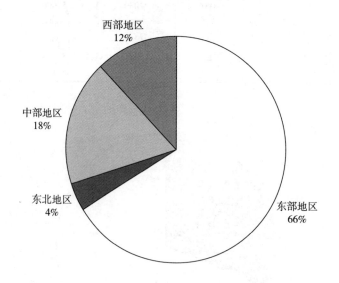

图6　2013年全国农产品综合市场成交额在各区域的分布

　　东部地区的农产品综合市场总数、营业面积和交易额均占大部分份额。

　　2013年，全国农产品专门市场的区域分布以及市场数量、营业面积和成交额的分布均与农产品综合市场的分布基本相同（见表9，图7～图9）。

表9　2013 年全国农产品专门市场的区域分布

地　区	市场数量（个）	总摊位数（个）	年末出租摊位数(个)	营业面积（平方米）	成交额（万元）
全　国	1044	660170	596542	42716869	137136418
东部地区	658	465040	421566	28188444	91404372
北　京	22	24358	13922	1044724	5817842
天　津	12	14333	12969	767182	2859369
河　北	90	113620	106990	5004785	9121675
上　海	30	16712	15424	621862	4473686
江　苏	81	34873	32120	2998156	11527185
浙　江	141	78577	68237	2936834	17984714
福　建	39	10093	9480	596578	3384177
山　东	159	141250	135116	11988463	24452517
广　东	82	30342	26499	2217860	11743953
海　南	2	882	809	12000	39254
东北地区	77	29925	26973	2495771	8416347
辽　宁	47	18227	15617	1432153	4265036
吉　林	12	7434	7199	663683	1510151
黑龙江	18	4264	4157	399935	2641160
中部地区	176	88929	80563	5585445	20507283
山　西	6	2994	2960	245053	558092
安　徽	33	15277	13100	1013237	2478809
江　西	19	10681	10114	514457	2584823
河　南	40	25582	22712	2056159	7621522
湖　北	31	15631	14346	958482	4276007
湖　南	47	18764	17331	798057	2988030
西部地区	133	76276	67440	6447209	16808416
内蒙古	22	11193	9137	1388188	1081414
广　西	13	9331	8839	766228	1374131
重　庆	17	9102	8644	476023	3642875
四　川	18	13086	12722	481653	3362828
贵　州	9	3210	2709	171206	989257
云　南	9	4300	4035	367683	1255920
陕　西	12	6450	6175	333284	1417621
甘　肃	10	7609	6084	242085	1374173
青　海	3	793	688	174203	258571
宁　夏	7	6314	4549	956587	549183
新　疆	13	4888	3858	1090069	1502443

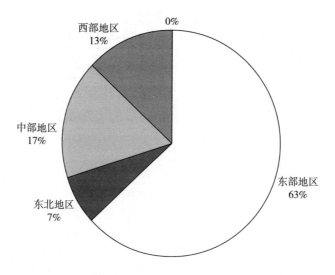

图7 2013年全国农产品专门市场数量在各区域的分布

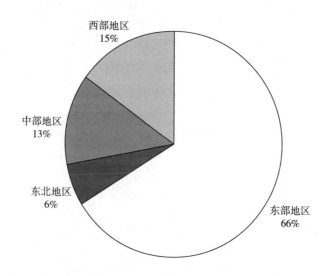

图8 2013年全国农产品专门市场营业总面积在各区域的分布

东部和西部在农产品综合市场和农产品专门市场的占比相对较高与其在全国GDP的占比相对较高是一致的（见图10）。

就农村地区而言，东部和东北地区的粮食消费量低于中部和西部，但食用油、蛋类及其制品、水产品以及酒类则恰好相反，远高于中部和西部，进一步证明东部和东北区域消费水平较高；蔬菜则在东北和中部消费量大，但猪、

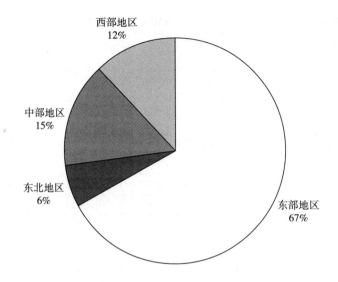

图9　2013 年全国农产品专门市场成交额在各区域的分布

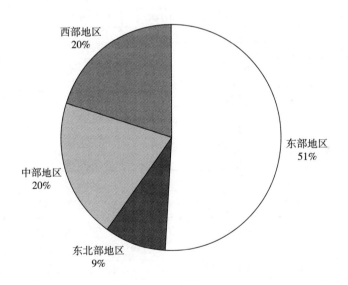

图10　2013 年各区域 GDP 产值占比

牛、羊肉和食糖则是东部和西部大于中部和东北区域，这说明东部消费水平高，而西部高于中部和东北区域的原因在于其饮食习惯；水产品则是东部一枝独秀，即反映了其饮食习惯和高消费水平（见表10）。

对比环渤海、长三角和珠三角三大地带的农产品市场情况看，长三角在农产品市场中占有绝对优势（见表11）。在肉禽蛋专业市场、水产品专业市场、蔬菜市场以及棉麻土畜、烟叶市场的摊位数和成交额排序为环渤海、长三角和珠三角城市群，粮油专业市场的摊位数和成交额排序为珠三角、长三角和环渤海城市群，干鲜果品专业市场的摊位数和成交额排序为环渤海、珠三角和长三角城市群（见表12）。

表10　2012年各区域城镇和农村居民家庭平均购买的主要农产品情况

单位：公斤

	指　标	东部地区	中部地区	西部地区	东北地区
	鲜菜	106.32	113.85	119.14	119.6
城镇居民家庭	食用植物油	8.02	9.77	9.84	10.91
	猪肉	21.61	20.14	23.99	16.65
	牛羊肉	3.53	3.51	4.25	3.96
	鲜蛋	11.26	10.75	7.93	12.16
	鲜奶	15.41	10.33	15.53	13.12
	鲜瓜果	56.62	56.3	51.74	61.78
	煤炭	14.8	31.86	24.35	38.78
农村居民家庭	粮食	142.51	162.90	181.83	156.42
	蔬菜	79.72	92.58	73.85	99.48
	食油	8.54	8.36	6.85	10.11
	猪牛羊肉	17.14	12.61	19.41	13.51
	禽类	6.67	3.69	3.68	3.08
	蛋类及其制品	7.92	6.38	3.41	7.57
	水产品	12.26	4.85	1.45	4.41
	食糖	1.21	1.43	1.14	0.80
	酒	12.69	8.70	7.23	19.57

表11　2013年中国31个城市农产品综合市场和专业市场分布情况

地区		市场数量（个）	总摊位数（个）	年末出租摊位数（个）	营业面积（平方米）	成交额（亿元）
农产品综合市场	三大地带合计	351	199546	181368	10226971	3877.68
	环渤海	37	44116	39815	3621625	1404.62
	均值	5.29	6302.29	5687.86	517375	200.66
	长三角	284	131243	120492	5212096	1933.59
	均值	18	8203	7531	325756	120.85
	珠三角	30	24187	21061	1393250	539.46
	均值	4	3455	3009	199036	77.07

续表

地区		市场数量（个）	总摊位数（个）	年末出租摊位数(个)	营业面积（平方米）	成交额（亿元）
农产品专业市场	三大地带合计	346	215247	183490	11705911	5550.98
	环渤海	90	92358	75105	5008425	1812.58
	均值	13	13194	10729	715489	258.94
	长三角	187	96025	85245	4815509	2690.65
	均值	11	6002	5328	300969	168.17
	珠三角	69	26864	23140	1881977	1047.74
	均值	8	2985	2571	209109	116.42

表 12 中国 31 个城市农产品专业市场（包括专业零售市场）摊位数及成交额分布

单位：个，元

地区	粮油市场		肉禽蛋市场		水产品市场	
	总摊位	成交额	总摊位	成交额	总摊位	成交额
三大地带合计	14617	6947472	15302	5709238	67494	15637052
环渤海	4154	2195084	3657	241649	23417	7052089
均值	831	439017	914	738299	3345	1007441
长三角	7843	3082614	5534	3449848	41183	7483198
均值	871	342513	953	344985	2574	467700
珠三角	2620	1669774	6111	2017741	2894	1101765
均值	1310	834887	1019	336290	579	220353

地区	蔬菜市场		干鲜果品市场		棉麻土畜、烟叶市场	
	总摊位	成交额	总摊位	成交额	总摊位	成交额
三大地带合计	58211	8651318	16387	8581468	3674	3557629
环渤海	43710	4288048	5481	832250	694	396540
均值	6244	612578	1096	166450	347	198270
长三角	11631	3597974	6982	3658796	2980	3161089
均值	1163	359797	873	457350	993	1053696
珠三角	2870	765296	3924	4090422	—	—
均值	1435	382648	654	681737	—	—

注：环渤海包括北京、天津、唐山、沈阳、大连、济南、青岛 7 个城市，长三角包括上海、南京、苏州、无锡、常州、镇江、南通、扬州、泰州、杭州、宁波、嘉兴、湖州、绍兴、舟山共 15 个城市，珠三角包括广州、深圳、珠海、佛山、江门、东莞、中山、惠州、肇庆 9 个城市。

三 农产品零售业的信息化

（一）农产品零售业信息化的驱动力

自 20 世纪 50 年代后期开始，信息技术的发展越来越深刻地改变了人类生活，信息化被称作人类社会自农业文明、工业文明以来的第三次浪潮。尽管信息技术的发展日新月异，工商业信息化程度越来越高，但农业信息化进程一直相对滞后，在农产品流通中，信息化一直未能颠覆传统的运作模式。随着人们生活水平的提高，传统经营模式下的农产品流通、零售问题日益凸显，从业者不得不寻找新的出路；而消费者经济实力的增强和消费习惯的改变使得他们愿意为获取更高品质的产品和服务支付更多费用，这使得需要一定投入的解决方案成为可能。正是在此基础上，信息技术在流通和零售中能够为农产品增加价值，以缓和、解决人们关注的现实问题；信息技术自身的发展和在其他行业、领域的应用，大大降低了其进入和改善农产品流通、零售的成本，使得信息化的浪潮在农产品零售领域渐渐铺开，飞入寻常百姓家。

1. 现实问题要求农产品零售业进行创新、变革

任何模式、制度的改变，技术的创新，都有其深刻的社会背景和问题根源，改革是由问题倒逼而产生的。农产品流通领域的变革，同样也是实际问题和客观需求产生的结果。人们关注最多的食品安全问题、农产品价格和流通成本问题，都属于此类倒逼改革的实际问题。尽管从根本上解决这些问题需要从整个农产品流通产业链入手，但由于实际问题更多地体现在影响人们基本生活的需求端，人们更容易通过零售领域的创新、变革来寻求矛盾的缓解和问题的改善。

近年来，各种食品安全"门"不断考验着消费者的承受力，一扇扇"门"的开启如同打开了潘多拉盒子，让人们对食品安全产生了担忧，消费者信心不断下滑。在不断处理解决各类食品安全问题的同时，人们反思得出结论，是问责和监管机制的欠缺使得食品安全问题屡屡出现。在解决食品安全问题时，要求经营者从生产、流通的各个环节中加强对农产品质量、安全的监管。而消费者对食品安全标准要求的提高，也使得来路不明、缺乏监管的产品越来越难入消费者法眼。在零售环节，越来越多的消费者要求农产品说清楚来源，这要求从生产到流通再到零售的各个环节，详细地记录农产品相关的产地、时间甚至温度等信息，信息化便成为详细记录此类信息、加强品质监管的重要手段。因为食品安全问题的频繁出现，消费者愿意付出一定成本以了解农产品生产流通零售中的详细信息以保障安全，这一倾向在零售端反映最为显著，使得在产业链各个环节中，零售端对信息化有着最强的动机。

供应链上下游信息传递不畅导致农产品价格持续上涨，也有力地促进了农产品流通、零售信息化进程的开展。当媒体连篇累牍地报道"糖高宗""蒜你狠""姜你军"等农产品价格疯涨的现象时，消费者很容易将通货膨胀下的物价上涨与农产品流通中应供需不平衡引起的价格波动画上等号。一方面，供需不平衡属于正常的市场现象，但价格波动给消费者以物价飞涨的错觉，给政府、经营者施加了极大的压力；另一方面，政府和经营者在着力解决这一问题时，又不得不将行动落实到控制供需不平衡带来的价格波动这一经济现象。这要求在流通中信息能够顺畅地传递，市场需求信息、产地供给信息缺一不可。同样由于消费者对波动价格的敏感，零售端有很强的动机保持物价稳定，以致在零售端出现了联通生产和消费的全新的电子商务模式，同时传统的经营模式也全力推进信息化以促进整个供应链的协作。

2. 消费者群体属性改变扩大了农产品零售转型升级的发展空间

正所谓"民以食为天"，食品消费支出一直是居民消费支出中最重要也是最根本的成分之一。改革开放以来，随着经济社会的不断发展，我国城乡居民收入稳步增长；与此同时，新中国成立以来推行的高积累低消费的经济政策逐渐发生改变，农业生产力充分释放，食品工业和饮食服务业得到了长足的发展。我国居民食品消费支出持续增长，人民生活资料日益丰富，生活质量显著改善（见图 11）。

随着食品消费支出的增长，消费者食品消费日趋多元化，食品结构也日趋合理，更加向着多样化、健康化和便捷化的方向发展。多样化不仅要求注重粗细搭配、荤素相宜，而且讲究膳食结构，追求营养均衡。越来越多的消费者追求高蛋白质、高维生素、低糖、低脂肪的饮食，使得肉禽、水产、鲜果等更符

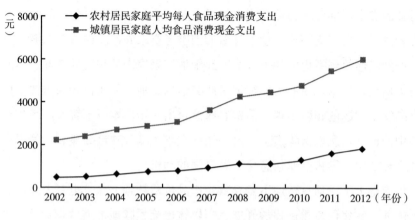

图11　2002~2012年中国城乡居民食品消费现金支出

合人体营养需求，需要更多生产投入的生鲜品类的消费需求大幅增长，而营养价值较低的主粮和蔬菜的消费需求降低（见图12、图13）。出于绿色、天然的理念，人们对食品原料的要求更高，生态、有机食品受到更多的关注，走上餐桌的农产品越来越需要生产者悉心培育、严格管理、精细搭配和加工。出于安全、健康的考虑，更多的消费者注重食品生产过程当中的过程监控，希望食品的质量安全从原料生产、加工、储存、运输、销售等全过程受控且易观测，食品质量安全水平有所保障。出于快速、便捷的需求，真空冷冻干燥食品、速冻调理食品等成为人们追求的焦点，庞大的食品工业体系随之建立，在生产流通中越来越依赖科学、复杂的操作和处理。众多因素使得农产品从田间地头生产到零售终端销售中的各个环节都不再是传统的生产运营模式，都需要更复杂的操作和更细致的管理，这些变化催生了农产品在生产、流通、零售中对信息化的需求，其凝聚的更多附加劳动导致了供应链价值提升，为信息化和产业升级提供了发展空间。

此外，居民消费指数CPI的连年增长使得消费者的群体分化更加明显，各群体对于通货膨胀的应对方式不同，从不同方向诱导了农产品零售的信息化进程。较高收入人群对于食品价格的增长反应较小。此类人群对于食品有较高的品质追求，对于产品的品种、产地甚至包装都有一定的要求，对于进口食品、野生和新鲜度较高的产品有更大程度的喜爱；同时崇尚更加及时和便利的服务，这都给零售端的服务水平提出了更高的要求，催生了依赖于信息化运作的

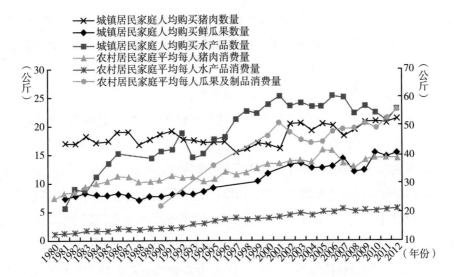

图 12　1980～2012 年中国城乡居民肉类、水产、瓜果消费量

注：其中城镇居民鲜瓜果购买量增幅较大，为显示趋势，将其数值对应右侧纵轴次坐标。

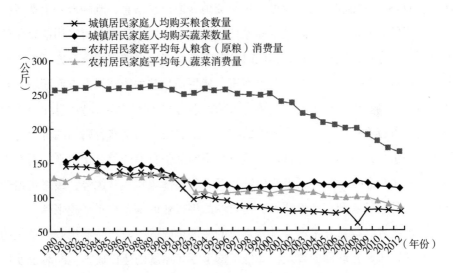

图 13　1980～2012 年中国人均粮食、鲜菜消费变化情况

高端农产品零售模式（如生鲜电商）及配套设施（如冷链物流）。而较低收入人群则对食品价格的提升较为敏感，激励了现有零售终端借助信息技术提高运

作水平，在生产、物流、营销、支付等诸多环节通过信息化管理降低成本。消费者在对网络社交和信息分享运用得越来越娴熟的情况下，零售终端对信息化的需求日益加强，路径分化日益明显。

3. 信息技术为农产品增加价值降低成本

解决农产品流通、零售中出现的问题有多种办法，信息化在众多路线中脱颖而出，既得益于信息技术使消费者、商家、产品、资金、信息的结合更加紧密，对解决当下困境大有裨益且给经营者带来的效益明显，又得益于以互联网为代表的信息技术的迅速发展和普及，使得消费者易于接受新的商业、服务模式。

信息技术为农产品流通和零售提供的附加价值，在前述问题中体现为食品生产流通信息对保障食品安全的价值和供需信息对调节生产稳定物价的价值，但信息化能产生的价值远不止如此。商业活动的核心要素是产品和资金的交换，而信息在这之中可以发挥更多作用，提升经营者的整体能力。运用信息技术，可以将零售端的消费者需求信息准确地反馈给生产端，帮助供应链上的经营者合理地计划；消费者可以通过信息追踪到流通中产品的品质，为消费者判别产品质量提供便利；消费者可以更便捷地获取产品信息，既降低了消费者搜寻、购买的时间成本，又降低了商家信息投放的成本；消费者可采用信息化的支付手段，更高效地利用资金，同时分散于消费者手中的零散资金亦可集中起来产生投资效益；等等。对经营者而言，使用信息技术能够从方方面面增强自身能力，为消费者提供更便捷、更有价值的服务。由于在零售端信息化与传统经营结合可以在许多方面产生显著的收益，信息技术为消费者附加的价值将产生范围经济，形成的正反馈将促使经营者不断加强自身的信息化水平。而在市场中，采用信息技术的经营者对传统经营者将逐渐累积经营优势，最终将迫使整个市场的经营者利用信息技术，使农产品零售业的信息化水平越来越高。

除此之外，信息技术本身日新月异的发展也降低了农产品零售业信息化的门槛。计算机、互联网的普及，降低了网上零售系统的建设成本，同时也使广大消费者能普遍地使用这一新兴技术。一般消费品零售领域的信息化在过去十年中已经取得了巨大的成功，一系列成功的 B2C、C2C（消费者之间，Customer-to-Customer）电子商务平台的产生，网上支付体系的建立和完善，相关物流业务的发展，培养了消费者网上购物、支付的生活习惯，在年轻人中获得了尤其巨大的市场份额。消费者对网购的熟悉、习惯，使农产品零售的线上经营更容易获得客流。而 RFID（射频识别）芯片等物联网技术的发展，冷藏车等温度控制设备的普及，都使得信息技术能为消费者提供更有价值的服务，并从其他方面更好地辅助农产品零售业的经营。

（二）信息化驱动的农产品营销手段革新

信息化驱动的新型零售在零售业中占据一定的市场份额是不可扭转的趋势，而农产品零售业有数万亿元的庞大规模，却只有屈指可数的几家千万元规模的新型信息化零售企业，可以说市场几乎处于空白状态。因此，人们普遍对以电子商务网站为代表的农产品信息化零售业的未来表示乐观。时至今日，尽管出现了如顺丰优选、本来生活等生鲜电商的佼佼者，但鉴于其规模与市场预期体量仍有巨大差距、O2O 趋势对电子商务发展的巨大影响，以及传统零售业在信息化道路上所做的尝试，未来信息化驱动的农产品零售市场的格局仍旧扑朔迷离，信息化最终将如何影响农产品营销手段依然存在变数。

1. 信息化驱动的农产品零售业市场规模

近年来，农产品零售端的电子商务有了爆发式的增长。根据阿里巴巴的调研报告，2012 年淘宝和天猫经营的农产品网店数量为 26 万家，涉农商品有1004 万个，交易额达到近 200 亿元，相比 2010 年的 37 亿元，保持年均翻番的增长速度，并预计在未来若干年内仍能保持这个增速。新鲜水果、蔬菜、肉类、水产等生鲜农产品，作为百姓生活有刚性需求的品类，规模巨大、毛利率高、用户黏性高、重复购买率高，是农产品零售市场中不可忽视的重要部分，但由于易变质、经营管理难度大，被称为电商领域最后一块"蓝海"业务。2012 年各大电商巨头争相进入这一领域，吸引市场广泛的注意，被誉为生鲜电商元年。但在这之前几年，生鲜电商一直进行着从无到有的野蛮生长。根据易观智库的调查，2010 年全国食品生鲜类 B2C 市场成交额仅 4.2 亿元，到2012 年达到 40.5 亿元，年均增长率达到 310.5%（见图 14）。而据阿里研究中心的数据，2013 年，淘宝、天猫经营的生鲜产品增幅同样超过 300%。生鲜电商作为农产品零售电子商务的难点，其强劲的发展势头确凿地证明了近年来信息平台下农产品零售业迅猛增长的态势和潜力无限的未来。

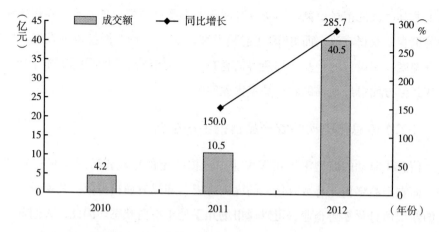

图 14　2010～2012 年食品生鲜类市场 B2C 成交额

资料来源：易观国际·易观智库·eBI 中国互联网商情。

近年来，农产品零售端的电子商务尽管有了如此迅猛的增长，但是仍然远未达到预期市场规模，仅就阿里巴巴集团而言，预计 2013 年各平台农产品销售额将达到 500 亿元，比 2012 年翻番增长。2012 年国内网络零售交易规模为1.31 万亿元，食品类电商占比不足 1%，远未达到食品支出占全部消费支出的比例。2012 年全国食品消费支出总额为 5.79 万亿元，食品的网络交易额规模差得更远；与此形成鲜明对比的是 2011 年化妆品的网络零售渗透率达到16.3%，3C 类商品达到 15.6%，服装达到 14.3%，相比之下，农产品网络零售还有巨大的增长空间。

2. 生鲜电子商务的现状和未来

信息技术将带动农产品营销手段的革新。人们在讨论线上销售农产品时，往往聚焦于生鲜品类，这是因为生鲜作为生活必需品同时具有满足需求量大、采购频率高、品类繁多等特点，是农产品零售中最难经营的一类，占据生鲜市场，做好生鲜零售，再将业务延拓到其他农产品便是举手之劳。现有规模较大的经营农产品零售的电商中，无不把生鲜业务作为发展重点，因而研究中往往以生鲜电商为代表讨论信息化对农产品营销手段的影响。

生鲜农产品网络零售有区分于一般电子商务的显著特征。生鲜产品具有易变质、高损耗的特性，但毛利高；消费主要集中于城市，需求集中于下班时段；对配送时间要求高，配送中往往使用冷链技术导致物流成本居高不下；在销售中，由于产品不同于标准化的工业生产品，因此多采用品牌化战略，在广告等营销上投入较大。损耗成本、物流成本、营销成本叠加导致生鲜农产品的网络零售一般只集中于高端市场。同时，由于其需要将信息精确传递给消费者、精确控制物流等经营行为，使其必须依赖于信息系统对经营数据进行分析以优化经营策略。

实际经营中，各大生鲜电商的运作模式和服务政策稍有不同。一般将生鲜电商分作垂直型、平台型和综合型三类。

以生鲜品类为主打的垂直型生鲜电商是电子商务市场的后入者，因而专注于生鲜这一"蓝海"发展，其主要特点有专注于大城市高端客户，产品品类有限，在大城市有完善的冷链物流系统，但冷链物流成本极高，部分开始与线下实体店合作寻求经营模式的突破（如顺丰优选）。其主要优势为专注于生鲜市场，冷链等设施相对完备，具有专业优势，损耗率低；劣势是规模一般较小且集中于局部市场，品牌知名度低，扩张需要巨额资金投入；主要机遇在于生鲜高端市场需求的爆发，有巨大的成长空间；挑战在于如何通过管理经验的积累和制度创新降低高昂的物流成本。

综合型电商仅以生鲜品类作为其部分业务，其本来的电商零售平台与生鲜业务互相促进，能吸引足够的客流；一般依托于大型集团，集团内资源共享，使其对供应商的控制力较强，且易于与实体店经营结合；本身物流体系完备。其主要优势在于不同品类间的范围经济，分享客流、分担成本，以及集团内部的资源共享；劣势在于借助已有平台发展，难于在冷链物流环节有颠覆性的革新，经营体制相对不适应生鲜业务；主要机遇在于消费者还未对垂直型生鲜电商的优质服务形成依赖，若能提前抢占市场，则凭借其全品类运营提供给顾客的一站式体验，将抢得相当的市场份额；而挑战在于生鲜业务建立在一般零售业务的基础之上难以进行有针对性的调整，对企业管理层是极大的考验。

平台型电商为广大生产者提供了网络营销平台，用户基数庞大，虽然物流网络发达，但不是冷链物流，平台对商家（同时也是上游供货者）有相当大的影响力，但同样并非专注于生鲜经营，在系统建设、运营体制等方面的专业性相对较差。平台型电商经营生鲜业务的优势在于庞大的客户基数使得产品容易吸引到客流,借助第三方物流体系服务覆盖范围广泛;劣势在于物流体系几乎不可能采用专业冷链体系,运营生鲜品难度较大;主要机会在于有地方特色的、需求量相对较少的特色农产品细分市场,以及需快速组织供应链在突发情形下爆发式市场的抢占能力;挑战在于平台商家鱼龙混杂,统一管理、质量管控等问题教大。

受制于生鲜品类经营难度较大,配送环节物流成本一直居高不下。以顺丰优选为例,配送成本约40元,每客单价200元左右(见表13),市场参与者大多只能锁定在高端农产品零售市场进行经营。短期来看,高端市场的体量足以支撑现有经营者的生存、发展。长期而言,随着经营体系的持续建设、经验的积累,未来生鲜电商经营的品种将逐步丰富,品牌逐渐树立并使客户形成购买习惯,形成较高的客户黏性;物流系统成本虽会略有降低,但最后一公里是配送的根本难题,在生鲜品类下很难突破,因而物流成本很难有大幅缩减。未来生鲜电商的高端市场更有可能被垂直型、综合型电商所瓜分,而非生鲜的特产、临时性需求则更可能集中于平台型电商。随着高端市场的饱和,电商仍会试水中低端市场,在物流成本的硬约束下,通过商业模式创新实现线上、线下的合作,有可能打破生鲜电商中低端市场的禁区。目前来看,顺丰布局便利店,可能通过O2O(Online-to-Offline)模式成为其未来生鲜中低端市场的突破口;综合型电商平台的预售模式尝试,也有可能在中低端市场起到一定效益。

表13 各生鲜电商基本信息比较

网站	上线时间	类别	配送物流	销售区域	退货政策	营业收入	每客单价
沱沱工社	2010.4	垂直型	自营以及宅急送、顺丰,全程冷链配送	北京、天津等10个省(份)	本人签收,签收后不退货	0.9亿元(2013)	220元
本来生活	2012.7	垂直型	自建仓储,第三方物流,全程冷链	华北站、华东站、广州站覆盖下的上百个城市	本人签收,签收后不退货	0.5亿元(2013)	200元左右
顺丰优选	2012.5	垂直型	自营仓储、物流,全程冷链	覆盖北京、天津等11个城	本人签收,签收后不退货	1.8亿元(2013)	200元

续表

网站	上线时间	类别	配送物流	销售区域	退货政策	营业收入	每客单价
淘宝/天猫	2013.7	平台型	第三方物流,部分为全程冷链,其余为半冷链	广州、深圳、杭州、重庆等26个城市	本人签收,签收后不退货	—	海产260元
京东	2012.7	平台型	第三方冷链物流	北京五环以内,上海外环以内	本人签收,签收后不退货	—	—
1号店	2013.4	综合型	第三方物流,全程冷链	自营以北京为主,商城商家覆盖较多省份	本人签收,签收后不退货	40亿元(食品部分)	150元
我买网	2011.8	综合型	自有冷链库存和冷链物流,配送全程冷链	北京、上海、广州等全国几大一、二线城市	本人签收,签收后不退货	3.9亿元	170元

(三)信息化对农产品零售运营、服务的促进

信息化技术对零售端的管理运作有着极大的帮助。传统的农产品零售一般由个体在社区或农贸市场经营,规模小、经营品类较少、管理难度低,大多凭借经营者的个人能力和经验即可实现较好的运营。然而,超市、便利店等现代经营体制下,经营规模更大,种类也不限于农产品,且农产品不同于标准化的工业产品,种类繁多,数量、质量标准不明晰,在客流量大、采购种类多时,人力已经很难负担盘点、结算时的信息处理量,这要求使用条码、POS机等技术将产品信息化,在运作层面以信息技术辅助日常运营。对现代化零售终端而言,确定经营管理策略时,经营者已经很难凭借经验决策,更需要基于翔实数据实施定量的现代运作管理体系,这使管理层面需要信息化。学术界为现代化的运作管理体系的高效运营提供了非常丰富的工具,在农产品零售领域,考虑其易变质特性和供应链协调,开发了许多有意义的优化工具,如多级库存管理模型、供应链协作合同等。这些理论工具结合信息技术对经营信息进行数字化的处理,可大幅优化农产品营销、库存管理等诸多方面的运营管理绩。在零售端提高其运作、管理水平方面,信息技术有着极大的作用。此外,在零售端与上游供应商合作的过程中,信息技术也充当着协调运营、交换信息的重要接口。例如,使用

信息化技术可以将市场的价格、需求信息及时反馈给生产商指导生产，零售端的库存信息反馈给供应商以便合理组织调度货源，又如在日常操作中进货入库等简单操作中，信息化也为不同经营者的协调衔接提供了极大的帮助。

信息技术能辅助零售端管控产品品质，提升零售环节服务水平，为消费者提供更安全健康的农产品。美国质量管理大师威廉·戴明博士一针见血地指出，"产品质量是生产出来的，不是检验出来的"，这在农产品生产流通领域同样有效。消费者被屡屡发生的食品安全问题困扰时，以超市为代表的现代零售终端有很强的意愿保障食品安全、提升服务水平以扩大自身的市场份额。然而零售环节的质量检验并不能根治这一问题，直到以物联网为代表的信息技术的发展为农产品质量控制提供了可能。零售端要控制从生产到消费中的产品质量，需要以一个或多个标准为基础鉴别供应链各个环节中产品的特性，要获得这种追溯能力，依赖于农产品加工过程或供应链体系中跟踪产品流向或产品特征的记录体系，这也是"农产品可追溯系统"的意义所指。实施农产品溯源，首先需确定供应链全过程中对质量控制有价值的溯源信息，而后建立有效的信息系统，最后确定质量问题出现时的应对体系。其中，有效的信息系统是可追溯系统的核心，其有效运行既依赖于对产品及其属性以及参与方信息进行有效的信息化标识，也依赖于相关信息的获取、传输以及管理。近年来物联网技术的发展，包括 RIFD、条形码、传感器、执行器等技术，为信息标识、采集、传输和控制提供了低成本、便利、形式多样、可复用的解决方案；而数据库、分布式计算等技术的大量应用，则可有效地存储、处理海量信息，使管理整个供应链的农产品质量管理系统成为可能。超市、便利店等现代零售终端有很强的意愿改善食品安全问题，在其主导的供应链上，亦有能力影响上游供应商，不断选择信息化程度高、产品质量管理能力强的供应商。因而，信息技术作用于此类现代化零售终端、提高其产品质量和服务水平，将随着农产品零售业的发展而不断进行下去。

四 未来趋势与政策建议

（一）信息化潮流下各种零售终端的发展趋势

毫无疑问，信息技术将对农产品零售业的营销模式、管理手段等造成巨大的影响。随着新型信息化零售主体进入市场，传统的经营主体将采取不同的应对策略，在信息化浪潮下寻找适合自身的发展道路。信息化带来市场格局的改变，新兴、传统的经营主体都将根据自身特点和优势重新定位，最终形成新的市场均势。目前，我们看到以生鲜电商为代表的新型零售业态直接得益于这一浪潮，借助信息技术介入农产品零售市场，市场规模迅速扩大的同时不断调整自身以适应农产品流通、零售产业链的实际情况。超市等现代零售经营形态借助信息技术，大幅提升其管理、服务水平，并渐渐引入电子商务技术促进其营销。社区菜市场、农贸市场等传统的经营模式受信息化浪潮影响较小，多数并未产生根本的改变，但随着人们收入水平的提高、越来越追求生活质量，受食品卫生、安全等问题所逼，传统的经营形态也需要信息化的技术来改善管理，社区菜市场、农贸市场等零售终端也出现了新的信息化机会。

可以预见，以生鲜电商为代表的信息化农产品零售平台将持续增长，但渗透率不会达到3C产品、化妆品等品类的10%以上。原因有多个方面，一是农产品零售涉及人们生活，在实体市场选购的习惯仍将很大程度保留下来，对价格不敏感的高端客户更有可能支付高昂的价格获取高品质的产品、服务，多数客户仍会保留精挑细选、当面交易的消费习惯。二是降低配送成本需要长时间的优化和经验的积累，在短期内仍难以有较大改善。电商行业经过多年尝试，已大浪淘沙般地淘汰了许多立足中低端市场却没有实质性商业创新的经营者。配送环节的设备成本和最后一公里问题仍将长期存在，向中低端市场扩张的进程将取决于生鲜电商O2O的推进程度和商业模式的创新，尽管已有领跑者开始跨行业地布局尝试，但成功与否难于预测。三是电商送货上门的模式在人口密度大的大型城市更容易形成规模经济，在城镇化战略中，大型城市的发展需要限制，这也就决定了此模式很有可能只会在一定地域发展良好。但除了高端市场，信息化农产品零售平台仍有其他机会。例如，阿里研究院的报告指出，2012年《舌尖上的中国》播出后，节目中出现的各类农产品销量都有成倍增长。这种热点事件在电视等媒体形成扩散效应，电商平台迅速推出相应产品满足瞬间激增的新需求的商业模式被其归纳为F2O（Focus-to-Online）模式。由于中国地大物博、市场广阔，地方特色农产品通过传统的供应链组织货源送至消费者手中需要漫长的过程，对突发的需求、零散规模较小的需求，信息化的零售模式在迅速组织供应链、化零为整等功能上有着无可替代的优势。而这些潜在的市场，依赖于对信息化零售模式特性的进一步挖掘，这也意味着未来农产品线上零售的发展还有着无限可能。简而言之，对电商等新型信息化零售业态而言，信息技术主要在高端市场和突发、离散的特殊市场改善了营销，其市场份额将保持高速增长，并最终成为农产品零售体系中重要的一部分。

现代零售业如超市、便利店受信息化浪潮的影响主要体现在管理运作、服务水平上，然而不同于西方发达国家，信息化的现代化运作模式并不能帮助超市在农产品零售端的竞争中取得主导。尽管依靠信息技术使现代零售业的服务、运作水平高于传统的零售终端，但农村、城市中下层劳动力富足的现状导致了农产品零售市场类似"内卷化"的经济现象。富余的劳动力使得农产品这一进入门槛极低的行业聚集了过多的劳动者，只要有满足个人、家庭生活的利润空间，便会有新的经营者涌入，尽管并未采用信息技术等现代化的运作模式，但凭借分布广、盈利低的特点，也遏制了超市、便利店等现代零售业的发展，形成了今日的市场格局。因此，尽管信息技术能武装现代化的零售体系，但并非最关键的因素，要使农产品零售这一行业彻底改头换面，还依赖于农村人口的城市化、劳动者素质的提高等诸多因素，仍需要时日。但是，超市、便利店等现代零售终端相对于传统零售体系，由于资本充足、运作模式先进，在利用信息技术上仍有巨大的优势，更有能力开拓农产品线上销售业务。随着生鲜零售电商在配送环节遭遇发展瓶颈及O2O趋势的兴起，已经有线上商城转向线下寻求依托，超市、便利店零售网络发达且信息化水平较高，极有可能与线上经营模式结合，孕育新的商业模式开拓信息化营销的中低端市场。简而言之，对超市、便利店等现代零售终端而言，信息技术能改善其运作、服务水平，但并不能帮助其取代传统的经营模式，其市场份额的增长依赖于其他诸多社会、经济因素；但信息化有可能使其与电商等新兴零售模式结合，共同开拓中低端市场，未来在此领域可能出现商机。

传统的社区菜市场、农贸市场及其中的个体经营，由于资本少、经营能力不足，受信息化影响较小，但在相当长的一段时间内仍具有很强的生命力。这些经营业态在信息化浪潮下仍有改进的空间。例如农贸市场改造时可以使用信息化的结算技术避免了与钱币接触造成的不卫生，用信息技术可以监控市场环境等；社区菜市场可与其他社区服务结合，用统一的信息化平台控制、管理；个体经营中许多行为如采购中的运输都相当低效而且造成了巨大浪费，如果在经营中使用了信息技术，则有可能将此类低效高成本的业务外包，用专业化的第三方经营来改善经营绩效。简而言之，信息化目前对传统经营模式影响最小，但未来有可能逼迫其使用信息技术提升运作、服务水平；此外，分布广泛的传统经营模式有可能通过信息技术，将农产品零售与其他领域的业务跨界结合，对这些经营个体进行适度的信息化改造可能成为一种投资，未来将可能成为跨界运作的接口。

（二）政策建议

1. 科学地影响农产品零售终端体系建设

简政放权、释放制度活力是我国政府的经济发展战略之一，李克强总理多次在不同场合强调，政府要把不该管的放给市场，让企业充分行使经营自主权，营造公平竞争环境，让企业放胆、科研人员放心，没有后顾之忧地投身创新创业，把市场活力和社会创造力充分激发出来，转化为发展的巨大推力。这意味着政府将逐渐缩减自身对经济活动的影响，让市场经济更自由。要求政府转变影响市场的方式、限制影响市场的范围，并不意味着政府应完全退居市场的"守夜人"。大量案例告诉我们，政府采用强制性的行政手段干预市场，并不能取得良好的效果，只会引起各种市场反作用及权力寻租等恶果，相对而言，通过免税、补贴之类经济手段改变经营成本，从而影响市场，市场反弹相对较小，更能科学地影响市场。有研究表明，在城市发展的初期，政府的干预、引导对农产品零售终端分布有着重大的影响，将直接影响消费者购买生鲜等农产品的价格、便利程度、消费感受，但随着城市的发展，人口密度的增加、居民收入的提高、超市等取决于整个零售业需求的零售终端的介入，政府干预的作用将逐渐减弱，投入效益迅速减少。政府的干预行为需要经过科学、严格的论证，定量地分析城市的人口、收入水平、零售业环境等诸多因素，再决定政府行为的方式和力度。大体言之，在城镇化的初级阶段，人口密度较低，市场力量虚弱之时，适度的政府干预有助于迅速建成零售体系，提高消费者满意度，并通过对农产品零售体系的影响，进行合理化的城市布局。但在城市发展成熟，市场力量强大时，政府的干预很难起到理想效果，相反，若此阶段还对市场呼来唤去、任意驱使，不仅难以得偿所愿，反倒可能更进一步抑制农产品零售信息化的进程，阻滞产业升级转型。在农产品零售这一直接关系到百姓生活水平的行业，政府既不能过度干预，也不能完全不作为，在制定相关政策时需全盘考虑城市发展的诸多因素，科学选取合适的手段和力度来影响市场发展。

2. 有差别地支持信息化建设，鼓励商业模式创新

农产品零售业信息化是不可逆转的趋势，对推进农产品流通产业升级和农业现代化有着重要的意义。毫无疑问，政府支持、鼓励信息化建设将弥补这一分散的市场力量散弱的缺陷，对提速信息化进程有着举足轻重的影响。但政府的支持需要对不同市场主体进行区分，针对其自身特点以及未来定位，有差别地制定引导方针。

对新兴的信息化零售模式如生鲜电商，政府诚然可以加大投入，补贴其在冷链建设等方面的巨大支出，但这一领域未来市场有巨大的成长空间，对市场参与者而言，所有投入都是有着可期回报的投资，因此政府补贴与否并不会根本性地影响行业的发展，更合理的做法是将其交还市场，由市场的资本投资、获利，其效率将高于政府的投入行为。鉴于此行业处于起步阶段，缺乏标准、规范可能会导致参与者们各自为政，无法形成规模效应，投资效率降低。政府则应该引导行业协会和市场参与者共同协商制定行业标准、形成广泛的业内共识，使各方力量向共同的方向集中，避免不必要的重复建设和浪费。

对现代化的零售终端如超市、便利店，政府无须投入引导其信息化建设，市场需求本身会迫使经营者做出选择。然而在涉及跨行业协作时，政府却能充当桥梁的作用。例如，零售业与农业生产结合时，政府组织上游农场与超市的对接会或鼓励超市往上游发展等，都具有很强的现实意义。又如，新兴农产品零售终端要突破中低端市场，可能要借助超市、便利店的实体终端，政府可鼓励其合作并为其减少政策上的障碍。政府还可以鼓励、支持涉及跨领域合作的农产品零售小微企业，借助市场的力量来选择、培育创新的商业模式，以解决农产品零售中存在的诸多问题。

对传统的零售终端而言，政府为提高人民生活质量保障食品安全，有必要增加其基础设施建设的投入。包括对菜市场、个体店进行改造，补贴其升级信息化管理设施，使其能满足顾客日益增长的品质、安全要求。在信息化建设中，可考虑个体经营的农产品零售终端与其他业务的组合，预留信息接口，未来终端个体经营者收入水平能否提高有赖于其能否提供更有价值的服务，政府若投入资金支持其信息化建设，则可一并考虑其未来复合经营的可能，使信息技术成为其未来创新发展的接口。

理 论 篇

B.6

2013年农产品流通产业信息化
现状与发展趋势[*]

周伟 宋斌 符史径[**]

摘 要：

本文从总结回顾及趋势展望两个方面展开对农产品流通信息化
的研究，对农产品批发市场、农产品电子商务和农产品流通全
链条的信息化做出重点分析；在总结回顾的基础上提出了我国
农产品流通信息化存在的五大问题；基于信息化促进产业发展
的机理、宏观政策环境和农产品流通行业本身的发展趋势，提
出了我国农产品流通信息化发展的趋势要点；在应用层面，对

* 本文得到国家科技支撑计划"物流农产品品质维持与质量安全控制技术研究与应用"（项目编
号：2013BAD19B00）的支持。
** 周伟，博士，北京中新农产品流通研究院副院长、高级经济师，主要从事农产品流通信息化、供
应链管理与产业金融研究；宋斌，地利集团战略规划部经理、经济师，主要从事农产品流信息化、
农产品电子商务、农产品批发市场战略的研究和规划工作；符史径，北京中新农产品流通研究院
技术总监，主要从事农产品流通领域信息化应用系统规划、架构设计与开发实施。

农产品流通信息服务、农产品物流信息化、农产品电子商务、农产品标准化和新技术做了重点探讨；从提升公共服务水平、规范农产品标准化体系、扶持信息技术创新、推动重点环节信息化升级、鼓励流通方式创新等角度提出了政策建议。

关键词：

农产品流通　信息化　电子商务

一　概念界定

（一）农产品流通产业

农产品流通是指农产品在供应地向接受地的实体流动中，将农产品生产、收购、运输、储存、加工、包装、配送、分销、信息处理、市场反馈等功能有机结合、优化管理来满足用户需求，并实现农产品价值增值的过程。[①] 农产品流通产业是指从事农产品流通相关经济活动的、分工不同的行业形态集合。

（二）农产品流通信息化

流通产业信息化是指根据信息化社会的总体特征和要求，以信息技术应用为手段，以提升农产品流通产业效益为目标，对农产品流通过程中的物流、资金流、业务流、价值流等要素优化配置和整合，并对流通模式和流程优化重构的过程。

农产品流通产业的信息化包括四个层面：一是企业层面的信息化，主要是农产品流通活动参与主体管理的信息化；二是行业层面的信息化，主要是流通环节间交易的信息化，或者农产品流通经营方式的信息化；三是产业链的信息化，指贯穿农产品流通产业链上下游各环节、整体的信息化；四是服务层面的信息化，指以农产品流通活动为服务对象的信息化服务。

农产品流通主体（交易主体、中介组织）的信息化，是指批发商、零售

---

① 李瑾、秦向阳：《北京市农产品流通信息化发展的思考》，《农村经营管理》2008 年第 12 期。

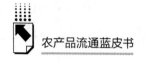

商、配送商等交易主体库存管理、客户关系管理、订单管理、财务管理、销售管理、物流管理的信息化，批发市场登记、交易、结算和服务的信息化。

农产品流通经营方式的信息化，是指电子商务体系在农产品流通上的应用，包括通过信息技术（渠道）寻找交易对手、达成交易意向、签订交易合同、实现电子结算、跟踪物流、社区互动等。

贯穿农产品流通产业链上下游各环节、整体的信息化，指各流通主体基于共同目标，根据统一的标准规范建立信息化系统，制定步调一致、协同配合的标准业务流程，并通过接口和平台实现业务信息互联、互通，发挥信息协同作用，广范围、体系化、深层次的信息应用。

农产品流通信息服务，包括以政府为主导的农产品流通服务（专项、综合）和企业提供的面向农产品流通各环节的社会化服务。

二 农产品流通信息化的外部环境

（一）农产品流通产业的发展

1. 农村现代流通网络基础增强

2005 年，商务部开始实施"万村千乡市场工程"和"双百市场工程"，截至 2011 年年底，全国累计建设或改造农家店突破 60 万个，覆盖 75% 的行政村。"十一五"时期，在农村支持建设 2667 个物流配送中心，每个县平均拥有 0.9 个；支持 740 家农产品批发市场和农贸市场，覆盖 56% 的地级市。[①]农村流通网络的建设和升级改造，强化了流通基础设施建设，对农产品流通信息化提供了前端的硬件保障。

2. 农产品流通组织化水平提高

我国农产品市场已形成了较为庞大的农产品经纪人队伍。据中国农产品流通经纪人协会调查统计，目前全国有农产品经纪人约 600 万人，取得国家职业

---

① 国家统计局：《"十一五"我国消费品市场在平稳运行中加快发展》，中央人民政府网站，2011年 3 月 3 日。

技能鉴定机构颁发资格证书的有 40 万人，其中具有中高级资格证书的近 2 万人；在各级工商管理机关登记注册的 60 余万户，经纪执业人员逾 100 万人。同时，一些地区还成立了农产品合作经济组织和经纪人协会。

3. 农产品生产、流通更趋规范

近年来，我国不断加强农产品标准化生产和无公害生产，规范农产品流通。在农产品生产方面，出台了《中华人民共和国农产品质量安全法》《蔬菜标准园创建规范（试行）》等。在农产品流通领域，出台了《流通领域食品安全管理办法》，发布了《黄瓜流通规范》《鲜食马铃薯流通规范》《番茄流通规范》《青椒流通规范》《洋葱流通规范》《豇豆流通规范》《冬瓜流通规范》7 项流通标准。

4. 农产品流通渠道整体趋于扁平化

以批发交易为中介的"农—批—零"模式仍为农产品流通主渠道。但在政策引导扶持力度加大和企业一体化经营战略的推动下，农产品流通环节趋于减少，农超对接覆盖面不断扩大、水平不断提升，据商务部数据，截至 2011 年年底，全国开展农超对接的规模以上连锁经营企业已逾 800 家，从业人员 200 余万人，与超市对接的合作社已突破 1.56 万个，社员总数超过 100 万人；开展农超对接的连锁经营企业门店总数超过 5 万个，总营业面积达 4600 万平方米。

（二）政策引导扶持

从近年来的"中央一号文件"看，2004～2014 年，党中央、国务院连续 11 年就"三农"问题颁布"中央一号文件"，显示出国家对"三农"问题的重视。历年的"中央一号文件"从多个角度对农业农村信息化，包括农产品流通信息化做了工作部署。如 2004 年"中央一号文件"，从培育农产品营销主体角度提出支持对农民专业合作组织进行信息服务；2007 年"中央一号文件"，从信息基础设施、农业信息资源、信息服务平台等方面，强调了农业信息化建设。2012 年"中央一号文件"提出建立多层次的农产品信息平台，加强农业统计调查和预测分析，推行重大信息及时披露和权威发布制度。同时，还首次针对农产品电子商务提出要"充分利用现代信息技术手段，发展农产品电子商务等现代交易方式"。

在农产品电子商务方面，农业部、科技部等部委提出围绕重点农产品扶植建立一批跨区域、专业化的特色网站和交易网络，形成以批发市场、商贸中心、物流调度中心和商品集散地为依托的农业电子商务服务体系。

在农产品流通信息服务方面，《全国农业农村信息化发展"十二五"规划》从探索信息服务长效机制、完善信息服务体系、打造信息服务平台入手，加强信息服务，提出"加强与电信运营商、IT企业等的合作，充分利用3G、互联网等现代信息技术，建设覆盖部、省、地市、县的四级农业综合信息服务平台，完善呼叫中心信息系统、短彩信服务系统、手机报、双向视频系统等信息服务支持系统，为广大农民、农民专业合作社、农业企业等用户提供政策、科技、市场等各个方面的信息服务"。

在重大农产品流通试点工程上，农产品流通信息化建设得以体现，成为重点建设内容。商务部在"万村千乡市场工程""南菜北运农产品流通综合试点""西果东送农产品流通综合试点"等重大项目上，通过支持企业建立信息管理系统、流通追溯系统等，加强了农产品流通信息基础设施建设，并通过建立公益性的农产品公共信息服务平台提升了服务能力。

（三）信息化基础

信息基础设施建设加强，具备广泛应用的条件。伴随着国家大力推动"3G网络建设""宽带普及提速"工程，光纤入户率、固定宽带普及率、移动宽带普及率、固定宽带端口速率等相关指标大幅提升。[①]

互联网普及率提高，用户群体持续增长。据中国互联网络信息中心第33次《中国互联网络发展状况统计报告》，截至2013年12月，我国网民规模达6.18亿人，互联网普及率为45.8%，较2012年提升了3.7个百分点。据工信部《2013年中国工业通信业运行报告》，截至2013年11月，全国移动电话用户达到12.23亿户，其中3G用户为3.87亿户，占比达到31.6%。互联网宽带接入用户达到1.88亿户，其中4M以上宽带用户比例达到77.4%；农村地区宽带接入用户达到4699.7万户，城市和乡村宽带用户比例由上年同期的3.31:1缩小到3.0:1。

---

① 秦海等：《中国信息化发展水平评估报告（2013）》，人民出版社，2014。

（四）信息化应用

以信息技术应用为主要特点的电子商务发展迅速，已成为重要的社会商品和服务流通方式。商务部提出，到 2015 年，电子商务交易额有望超过 18 万亿元，应用电子商务完成进出口贸易额或达到我国当年进出口贸易总额的 10%以上，网络零售额相当于社会消费品零售总额的 10% 以上，我国规模以上企业应用电子商务比例达 80% 以上。[①]

信息服务创新加快，信息应用灵活多样。企业信息服务创新特点鲜明，打车应用、网络购物节、微博商业化、微信社交、余额宝理财等成为互联网商业应用的典范。网络购物成为我国居民重要的消费方式。CNNIC 调查结果表明，28.4% 的用户习惯使用网络获取社会消费品的信息，并在社交网络上分享购物信息，消费习惯的改变又推动传统零售商开通网络渠道。据统计，截至 2012 年 6 月，我国网络购物用户规模达到 2.1 亿户，网民使用率提升至 39.0%，较 2011 年用户增长 8.2%。从 2011 年开始，网络购物的用户增长逐渐平稳。[②] 手机购物应用在智能手机上得到普及，挖掘消费者闲暇时购物的欲望。据 CNNIC 调查，53.6% 用户使用手机客户端登录网站浏览，分别有 13.9% 和 10.6% 的用户是在乘坐公共交通工具和排队等候时用手机购物。

三　我国农产品流通信息化发展现状

（一）我国农产品流通信息化发展阶段

1. 我国信息化发展阶段

改革开放以来，我国的信息化发展可以分为六个阶段：一是 1978～1983 年，为信息化酝酿阶段。1978 年全国科学大会后，信息化问题已经引起了有关单位和部分科研人员的关注，但仍处在酝酿阶段，尚未走上运作轨道。二是

[①]　商务部：《关于促进电子商务应用的实施意见》，2013 年 10 月 31 日。

[②]　阿里研究院：《农产品电子商务白皮书（2012）》，2013 年 1 月 11 日。

1984～1992 年，为信息化起步阶段。"863"计划、"火炬"计划将信息技术作为重点发展和推广领域，把集成电路、电子计算机、程控换机、软件列为优先发展的高新技术产业。三是 1993～1997 年，为信息化全面推进阶段。各领域应用现代化电子信息技术取得长足进展，在生产、工作和生活中的普及程度有很大提高，初步建立了以宽带综合业务数字技术为支撑的国家信息基础设施。四是 1998～2001 年，为信息化加速发展阶段。信息技术应用相关的法律法规逐步健全，通信领域进一步打破垄断，竞争格局逐步明朗，国民经济信息化程度显著提高。五是 2002～2007 年，为信息化广泛应用阶段。信息技术已全面与各传统行业融合，应用于各社会领域，从政府行业管理到企业经营，从网络社交到居家消费，信息化已无处不在。六是自 2008 年以来，进入信息化全面创新应用阶段。信息化技术不断更新，物联网、云计算、移动互联等技术与商业密切结合，迅速应用到社会经济各领域，极大地改变了社会生产和居民生活方式。

2. 我国农产品流通信息化发展阶段

（1）信息时代背景下的普及阶段。伴随全球计算机工业的高速发展和 2000 年前后全球互联网行业的迅速崛起，我国各行业对计算机、互联网的应用迅速普及。农产品流通行业经营主体经济实力相对弱小、信息化人性相对稀缺，因而信息化在农产品流通行业的普及上略有滞后。这一阶段信息化的实质是数据电子化，利用软件工具把人事信息、客户信息、库存信息、销售凭证、采购凭证等以软件设定的格式录入到数据库，以数字的形式进行存储，通过软件实现查询和基本分析。在 2000 年以前，农产品流通行业对信息化工具的应用主要为内部管理方面基本的信息处理，如报表制作、财务管理等。

（2）结合行业特点的深入应用阶段。进入 21 世纪以后的 10 年，是结合农产品流通行业特点广泛开展信息化应用的阶段。这一阶段信息化的实质是业务管理电子化，通过应用软件系统实现企业固化业务流程的操作和管理，提高各业务节点工作的工作效率和规范性。在此期间，一些结合农产品流通业务流程，基于服务农产品流通企业设计、开发的应用软件开始广泛地应用于农产品流通企业的客户管理、物流管理、订单管理、电子结算等方面。

（3）农产品流通与信息化密切融合阶段。自 2010 年以来，是我国农产品流通产业与信息化的密切融合阶段。计算机、互联网在我国各行业以及居民日常生活中的广泛应用，电子商务成为成熟的商业模式，也成为消费者重要的消费渠道。起初，由于农产品不同于工业品的诸多特性，农产品电子商务起初面临标准化程度低、物流保障差等困难，农产品电商的发展同样落后于家电、服装等工业消费品和餐饮、娱乐等服务业。

在工商业资本介入、产销一体化经营、新农人兴起的推动下，农产品生产流通企业组织化程度提高、经济实力增强、从业人员信息化技能提升，信息化管理和电子商务活动快速发展。电子商务包括供应链管理、电子交易市场、网络营销、电子支付、在线事务处理、电子数据交换（EDI）、存货管理和自动数据收集系统，是基于电子设备和网络技术的商业模式。客观上，农产品电子商务活动的迅速发展促进了整个农产品流通产业与信息化的融合；从实践角度看，以电子商务为支撑的农超对接、原产地直销等新型流通方式迅速扩张，农产品流通的订单、库存管理、在线支付、物流管理、消费互动等环节已全面与信息化应用相融合。

（二）农产品流通信息化总体特点

1. 基础条件加强，信息应用发展迅速

从宏观上看，以农业经营主体网络及信息设备应用角度看，信息化基础条件逐步加强。据农业部数据，目前全国已有99%的乡（镇）和87.9%的行政村接入宽带，农村网民达到1.56亿户，占全国网民总量的27.6%。每百户农村家庭计算机和移动电话拥有量分别为18台和179.7部。①

信息技术发展迅猛，网络社交、网络购物、即时通信等已密切融入居民生活，在这样的信息时代背景下，农产品流通从业者利用信息化手段的意识逐步加强。开通门户网站、利用网络平台发布供求信息、开展电子商务、利用网络媒体传播等手段已为广大农产品流通从业者熟练应用。

2. 信息应用水平与组织化程度密切相关

从微观上看，组织化程度能够直接反映农产品流通企业的实力和经营方

---

① 农业部：《中国农业农村信息化发展报告（2013）》。

式，与信息化水平关系密切。我国农产品流通存在多种模式，不同模式下各环节经营主体的性质、组织化程度、经营方式等差异很大，在信息获取和应用方式上同样有巨大差异。目前各种流通模式下经营主体类型主要有自产自销的农民、农业专业合作社、运销专业户（或企业）、经纪人（采购、代销）、批发市场、批发商、超市、农贸市场、零售商户等。

根据笔者对山东、海南、北京等地农产品流通情况的调研，受经济实力、外部环境、经营方式等因素影响，个体农产品流通从业者，如自销的农民、运销专业户、经纪人、个体批发商、零售商户在经营上以在实体市场场内随机交易和固定的生意合作为主。在既有流通模式和经营方式下，再加上有效信息获取渠道少，个体流通从业者在信息化上的投入较少。

调研发现，组织化程度较高的从业主体，如农产品批发市场、公司化经营的运销企业、大型连锁超市信息化投入相对较高，实际应用领域广、程度深。总体特点是不同企业的信息化重点领域集中在与盈利密切相关的业务流程节点，如批发市场信息化重点在电子结算系统、收费系统上，连锁超市信息化集中在结算系统、内部订单管理等方面。

3. 政策引导扶持力度大、投入多

从政策导向看，近年来，各级政府在一系列农产品流通扶持政策上，包括在农产品流通体系规范和创新上，都对信息化做了重点部署和要求。产业信息化能够有效降低产业成本，防范和减少不确定性。

在公共信息服务方面，2011年发布《国务院办公厅关于加强鲜活农产品流通体系建设的意见》提出："强化信息体系建设，引导生产和消费。加强部门协作，健全覆盖生产、流通、消费的农产品信息网络，及时发布蔬菜等鲜活农产品供求、质量、价格等信息，完善市场监测、预警和信息发布机制。联通主要城市大型农产品批发市场实时交易系统，加强大中城市鲜活农产品市场监测预警体系建设。"

（三）农产品批发市场的信息化

农产品批发市场基础设施升级改造和以降成本、提效率为目的交易方式创新一直是重要的政策导向。在信息化应用领域，各批发市场在政策引导、扶持下做了大量探索和投入，在市场公共信息服务上，部分农产品批发市场以市场交易信息为基础，建立了面向场内客商和社会公众的农产品信息采集发布平台。其发布的农产品价格、交易量、供求信息和物流信息，对服务政府调控决策，促进产销衔接、稳定市场供应、引导农民调整种植结构、增加农民收入发挥了重要作用。在市场内部管理信息化上，经济实力较强的农产品批发市场充分利用现代信息技术，实现了客户管理、人事管理、财务管理、统一结算、收费管理、治安管理的信息化。在结算方式上，以寿光农产品物流园、合肥周谷堆农产品批发市场为代表的批发市场结束了"一手交钱、一手交货"的现金交易方式，实现了电子统一结算。在创新交易方式上，一些农产品批发市场如深圳福田农产品批发市场、昆明国际花卉拍卖交易中心等尝试推行了电子拍卖交易。

1. 批发市场电子结算

电子结算系统是农产品批发市场信息化的核心，对农产品批发市场而言，实现电子结算后能够做到精细化管理，从技术上支持收费模式向收取交易佣金转变。从监管角度看，通过电子结算系统不但可以掌握市场的每笔交易情况，规范市场管理，也为准确采集价格和交易量等信息提供了有利条件。在杜绝管理漏洞、增加市场收益的同时，能够向客户提供更为贴心的个性化服务。在电子结算支持下，通过各种实时的统计数据，管理人员可以更准确地了解市场的经营状况，是批发市场信息化管理和开展追溯等工作的重要基础。对场内交易双方而言，电子结算要求买卖双方现场刷卡交易、凭票出场，从而杜绝了因赊账问题产生的纠纷。

目前，按照买卖双方的资金通过银行系统直接划转或通过市场内部结算中心划转，农产品批发市场电子结算模式可分为"银行划转"和"市场划转"两种。在"银行划转"模式下，批发市场与合作银行共同发行联名卡，结算时由批发市场结算系统向银行系统实时发送结算指令，将资金直接由买方银行账户直接划转至卖方账户。该模式具体包括两种方式：一是单独结算，即市场方联合银行在批发商处安装 POS 机；二是统一结算，批发市场在场内建立收银台进行统一刷卡结算。在"市场划转"模式下，由市场发卡，通过场内封闭的交易中心实现资金预存和结算，买方入场时提前充值，卖方离场时到结算中心办理取现或将资金转至银行账户（也可在结算中心暂存）。具体也包括两种方式：一是凭卡在统一结算中心结算，二是用 POS 机（部分市场采用带有结算功能的电子秤）结算。两种电子结算模式的本质区别在于前者通过银行系统进行转账结算，后者通过批发市场自建的"准银行系统"进行结算。

案例　寿光农产品物流园电子结算流程

首先，交易双方凭有效证件办理 IC 卡。进入市场交易的买卖双方，首次进入批发市场交易前必须凭有效证件到电子结算中心办理 IC 卡，其功能主要是充值、刷卡交易、取钱、转账，在批发市场内具有银行卡的部分功能。批发市场在办卡的同时，登记持卡人的相关信息，完成对进场交易人员的备案过程，为批发市场以后针对不同交易主体的不同需求提供不同的服务打下基础。办卡后，买方根据交易需要确定充值额度，在结算中心为 IC 进行充值，供后续的结算支付。

其次，交易双方持卡交易。购买方确定拟购买的农产品后，将其运至地磅秤上，卖方刷卡后，电子秤启动，重量信息自动上传到电子秤显示屏上，卖方在选择交易品种、确认价格后，系统自动计算交易额；买方确认金额无误后，刷卡并输入密码确认，资金通过后台系统自动转账。

再次，农产品经销商交易完成后到结算中心取现或转至银行账户。农产品购买方在完成采购之后，可到电子结算中心取走卡内剩余资金或转账。

最后，购买方凭小票出场。批发市场在出口处设置专门人员查验小票，要求出场的商品种类、数量与票据相符。出口查验小票的目的主要是杜绝交易双方私下现金交易，或双方串通输入低价规避市场佣金。确保市场统计交易信息的客观、真实，也有利于逐笔记录市场交易信息，支持农产品流通追溯。

2. 农产品电子拍卖交易

目前，在国际市场上，电子化的拍卖制等交易方式已成为比较普遍的交易方式，而我国农产品批发市场上仍以对手交易为主。[①] 在对手交易方式下，交

---

① 刘志雄、熊志云：《农产品批发市场价格形成中的问题及分析》，《世界农业》2004 年第 9 期。

易主体规模较小、单次交易量较少，客流量较多，导致信息采集成本高、准确度低、及时性差等问题，不利于价格形成机制发挥作用，是我国农产品长期以来产需阶段性、结构性失衡，卖难与买难交替发生的重要原因之一。近年来，国内也陆续有批发市场尝试开展电子交易，运营较为成熟的如昆明国际花卉拍卖交易中心。

案例　昆明国际花卉拍卖交易中心花卉电子拍卖

昆明国际花卉交易中心于 2002 年 12 月建成并投入运行，是目前国内最大、亚洲第二大的交易中心，拥有 600 个交易席位、6 个交易大钟。2013 年年底启用的新交易系统增加了数据分析，为花卉供销企业提供科学决策依据。鲜切花交易实现了带数量（桶装）成效功能、多笔撮合竞价，还可实时远程交易、远程货运交易及拍前预售等多种交易模式。可依托互联网及无线网络技术，为供货双方提供包括市场行情发布、交易信息查询、电子订货、市场动态分析在内的信息服务。经过 10 多年发展，现在来自全国各地的购买商已达 2100 多户，日均成交量超过 200 万枝，高峰时突破 500 万枝。形成了以玫瑰、非洲菊、满天星、康乃馨为主，其他 100 多个品类为辅的花卉交易品种，其中玫瑰交易量占整个云南玫瑰产量的 70%，满天星占 90%。

昆明国际花卉拍卖交易中心已成为国内花卉行业的价格形成中心、市场信息中心、物流集散中心、行业服务中心，并有力促进了花卉产业各方面的发展，品牌意识已深入到所有加入拍卖行列的生产者。

（四）农产品电子商务发展现状

农产品电子商务快速发展，商务部电子商务和信息化司数据显示，目前全国涉农电子商务平台已超 3 万家，其中农产品电子商务平台达 3000 家。

1. 商品类别与经营方式

从商品类别上看，可划分为干货和生鲜。其中，干货一部分是耐储存、易运输的商品，如粮油；另一部分是特产，如特色水果、茶和野生、土家概念的商品。生鲜主要集中于有机农产品（蔬菜）和价值较高的水产品。总体来说，集中于价值较高、相对易储运的商品。

在模式上，有研究者将其总结为三种：B2C 模式、家庭会员宅配模式和新型的订单农业模式。顺丰优选、本来生活、沱沱工社是 B2C 模式的典型代表。其中，根据产品来源于自有基地或向上游采购，又可分为纯商家模式和"自有农场 + B2C"模式两种。①

本文认为"家庭会员宅配"模式和新型的"订单农业"模式是两种新型的农产品流通方式，只是在经营过程中或多或少应用了网络平台，并不是严格意义上的电子商务。农产品电子商务可分为 B2C 和 C2C 两种模式。其中，按照经营主体类别和渠道，B2C 模式又可分为平台自营型、旗舰店型和垂直型。企业自建基地或建立规模化采购渠道，售予消费者。商家实力较强、经营商品范围较广，多为综合性经营或专注于某一类（较全）商品。由于基础和优势的不同，其发展路径也不同。例如，基于规模化生产优势的中粮，基于物流渠道优势的顺丰，其他则是瞄准有机农产品市场发展前景，其切入点不同，经营策略和方式也不尽相同。C2C 模式下，多为自产自销的生产者或代理人，产品线较窄，通过入驻淘宝、京东等平台建立网店销售。

2. 农产品电商发展规模

（1）淘宝、京东等大型电子商务平台纷纷试水农产品电商。淘宝开辟生态农业频道，以有机农产品交易为主，包括蔬菜水果、肉禽蛋类和粮油副食，货源主要由 1000 多家具有企业性质的正规农场提供。京东自 2012 年 7 月起涉足生鲜农产品销售，在多地建立了京东农产品直供基地，通过 B2B 和 B2C 方式连续做了澳洲脐橙、加拿大北极虾、法国鳕鱼等进口产品，以及阳澄湖大闸蟹、新疆苹果、福建蜜柚、河北有机蔬菜等内地生鲜农产品的网上销售。②

（2）C2C 农产品电子商务异军突起。截至 2013 年 8 月，进驻京东生鲜频道的合作商家已超过 300 家，覆盖蔬菜、水果、海鲜水产、半成品、冻品、禽蛋、鲜肉、加工肉类八大类目。据《阿里农产品电子商务白皮书（2013）》介绍，2013 年阿里平台上经营农产品的卖家数量为 39.4 万个，其中淘宝（含天

---

① 野地里的辛巴：《农产品电商的三种经营业态》，2013。

② 商务部驻天津特派员办事处：《京东联手产地"农电对接"拓展农产品销售渠道》，商务部网站，2013 年 8 月 9 日。

猫）卖家 37. 79 万个，较上年增长 45%。

（3）农产品电商销售规模激增。《阿里农产品电子商务白皮书》系列数据
显示，2010 年，阿里各平台农产品交易以干果山货、粮油米面、鲜花园艺为
主，完成销售额 37. 35 亿元；2011 年，增加了花卉蔬果、植物树木等类目，
销售额攀升到 113. 66 亿元；2012 年，增加了茶叶和生鲜水产两个大类目，销
售额达到 198. 61 亿元；2013 年，阿里农产品销售额保持快速增长，较上年增
长 112. 15%。

3. 县域政府主导的农产品电商

农产品行业分析师"野地里的辛巴"将县域政府主导的农产品电商分为
三种模式：一是以遂昌为代表的平台化模式，二是以成县为代表的资源整合模
式，三是以通榆为代表的品牌化模式。并总结了以农产品电商为核心的农村电
子商务成功的三个必要条件，即必须借助县级以上政府的公信力、必须实现专
业的品牌化、必须借助地域特色找出差异化。①

本文将遂昌、成县、通榆三地由当地政府推动的农产品电子商务做了对比
（见表 1）。

表 1 遂昌、成县、通榆三地的农产品电子商务对比

地区	优势资源及特色产品	电商基础（前期）	运作方式（目前）	政府角色	协会角色	运营主体	农户角色
遂昌	"中国竹炭之乡""中国菊米之乡""中国龙谷丽人名茶之乡"；竹炭、烤薯、笋干、菊米	电商开展已颇具规模	协会出面对网商进行培训和规范，同时成立麦特龙分销平台组织供应、组织订单（B2C + C2C）	引导，规范，扶持，宣传（职责和权力授予遂昌县网店协会）	遂昌网店协会，为服务商开店培训，不赚取中间价的统一采购、统一仓储、统一配送、统一物流、统一包装等零成本开店的运营服务	遂昌网店协会、个体经营者	农产品供应者，网店创业和经营者

———————

① 野地里的辛巴：《我看到的农村电子商务三种模式》，虎嗅网，http://www.huxiu.com/article/21507/1.html，2013 年 10 月 16 日。

地区	优势资源及特色产品	电商基础（前期）	运作方式（目前）	政府角色	协会角色	运营主体	农户角色
成县	"陇右江南""陇南粮仓"，山核桃、土蜂蜜	基础一般，有零星网商	政府牵头组织培训班教授网店开设、经营知识，鼓励农民开店创业，成立协会发展会员店铺（C2C），利用微博、微信进行社会化营销	引导，推动，扶持，宣传	农林产品电子商务协会，负责发展会员店铺，推介特色产品	个体经营者为主	农产品供应者，网店创业和经营者
通榆	世界三大黑土地之一，杂粮杂豆、葵花籽、具有国家地理标识的草原红牛肉	基础薄弱	政企合作，创立"三千禾"品牌，企业在淘宝商城开设旗舰店经营（B2C）	发起，推动，宣传	农产品电子商务发展中心，代理政府与企业合作	杭州常青藤实业有限公司经营旗舰店，云飞鹤舞运营检测检验监测平台	农产品供应者，将农产品售予旗舰店

（五）农产品流通链条的信息化

根据流通链条主导主体的不同，农产品流通链条信息化分三类：一是全产业链经营的企业流通链条信息化，二是政府基于部门管理职能主导的覆盖农产品流通各环节的信息化工程，三是农产品流通龙头企业主导的由内部信息化管理向上下游延伸的信息化。本文重点对前两者做总结。

1. 全产业链经营的流通链条信息化

实现产业一体化经营的企业，在信息化方面具备优势：一方面，实现产业化经营的农产品企业经济实力较强，在信息化设备、软件和人才上具备基础条件。另一方面，一体化经营的企业将农产品生产、加工、流通等过程内部化，具备以信息手段统筹业务流程的便利条件，能够以信息系统统筹管理全产业链的物流、资金流、商流，做到精细化管理，提高整个链条的运行效率。

从另一个角度看，以信息化手段为支撑的精细化管理也是产业一体化经营企业规范内部管理、切实保障质量的必然要求。近年来，食品安全事件频发，农产品质量安全成为全社会关注的焦点。2013 年国务院办公厅下发了《关于加强农产品质量安全监管工作的通知》，要求从产地环境管理、农业投入品监管、生产过程管控、包装标识、准入准出等方面入手，贯穿农产品生产经营链条，加强质量安全保障。农产品从农田到餐桌，要经过多个环节，供应链条长，运用技术复杂，加之农产品品质和规格不易统一，农产品质量安全监管难度大，必须找准关键节点，采取针对性监管措施，形成全程监管链条。企业是农产品质量安全的第一责任人，产业一体化经营的农产品企业具备在信息化基础上实现全程跟踪、追溯的条件。

2. 农产品流通追溯

近年来，农产品质量安全事件频发，农产品安全日益成为社会各界广泛关注的领域，各政府部门基于职能分工，以农产品流通主体责任追溯、农产品质量问题溯源为重点开展了一些涉及面较广的信息化工程。

案例　肉类蔬菜追溯体系

2010 年，商务部、财政部为贯彻落实《中华人民共和国食品安全法》《中华人民共和国农产品质量安全法》《生猪屠宰管理条例》，开始在有条件的城市进行肉类蔬菜流通追溯体系建设试点。

肉类蔬菜追溯体系以中央、省、市三级追溯管理平台为核心，以屠宰厂追溯子系统、批发市场追溯子系统、零售市场追溯子系统、超市追溯子系统、团体采购追溯子系统为支撑。

在全国追溯体系设计架构下，各试点城市按照"五统一"的技术要求，建立了以城市管理平台为中心、以流通节点追溯子系统为基础、以追溯信息链条完整性管理为重点的追溯体系，利用现代信息技术实现了肉类蔬菜"来源可追溯、去向可查证、责任可追究"追溯体系，强化政府公共服务、行业自律和消费者监督相结合的长效机制。截至 2013 年年底，商务部、财政部分三批支持 35 个城市开展了试点，其中首批 10 个城市建成的追溯体系，共覆盖

3007 个企业，包括 134 个屠宰场、77 个批发市场、1766 个菜市场、631 个大型连锁超市、399 个团体消费单位。①

3. 农产品流通信息服务平台

信息不对称是农产品价格波动大、"卖难买贵"交替出现的重要原因，客观、权威的信息渠道有助于解决信息不对称问题。农产品流通公共信息服务具有公共产品的特性，成为政策强调的重点，国务院办公厅《关于加强鲜活农产品流通体系建设的意见》、商务部《关于加快推进鲜活农产品流通创新的指导意见》提出要构建覆盖农产品生产、流通、消费的农产品信息网络，充分整合利用农产品批发市场交易信息，有效开展市场监测预警。

农业、商务部等主管部门进行了探索尝试。商务部门结合现代农产品流通综合试点支持部分试点省市建设了农产品流通信息服务平台，并建立了统一的"全国农产品流通体系建设管理信息平台"。

案例一　海南农产品流通公共信息服务平台②

该平台是"南菜北运农产品现代流通综合试点"工作中信息体系部分的建设内容，具备供求双方网络洽谈、协议对接和农产品流通追溯等功能（见图1）。海南农产品流通公共信息服务平台采集指标，包括种植产量信息、流量流向信息和产地销地价格信息。样本包括产地集配中心、运销企业、批发市场和销地批发零售企业 3000 余家。采集技术先进，利用在线与无线相结合、人工报送与信息泵自动泵取相结合的方式采集信息。系统功能包括市场行情、销售信息、生产概况、出岛信息、市场分析、产销对接、咨询服务、流通追溯和政策发布等栏目。

---

① 商务部市场秩序司：《商务部启动第四批肉菜流通追溯体系建设》，商务部网站，2013 年 11 月 30 日。
② 海南省商务厅办公室：《海南农产品流通公共信息服务平台正式开通》；海南省人民政府网站，http：//www.hainan.gov.cn/data/news/2011/04/127840/，2011 年 4 月 28 日。

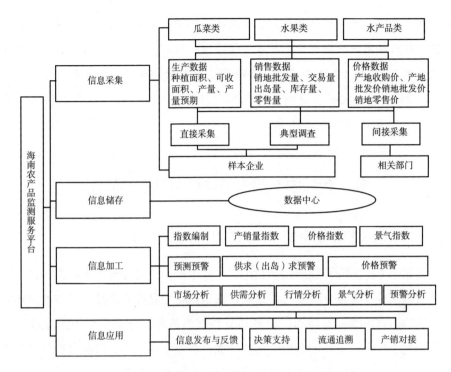

图1　海南农产品流通公共信息服务平台整体结构

案例二　新疆农产品流通公共信息服务平台①

为整合农产品生产、加工和流通信息，完善信息采集、处理、查询、发布、产销对接和物流调运等功能，增强信息服务功能，促进新疆特色农产品销售"线上""线下"无缝对接，提高农产品产销对接水平，打造"永不落幕的产销对接会"，新疆商务厅结合"西果东送"试点，建设了农产品流通公共信息服务平台。

农产品流通公共信息服务平台主要包括市场资讯、购销对接、咨询互动、生产溯源和项目管理等核心功能，并利用移动互联网、二维码、智能数据交换等现代信息技术，建立农产品生产溯源管理系统、信息指数评价系统、手机客户端等应用服务。平台为全疆各类农产品流通主体提供全方面的市场信息服

① 新疆商务厅：《自治区农产品流通公共信息服务平台开通运行》，商务部网站，http://www.mofcom.gov.cn/article/difang/xinjiang/201308/20130800268829.shtml，2013 年 8 月 27 日。

务，展示新疆农产品生产布局、流通网络、供需信息等各类信息，促进新疆特色农产品对接内地主要市场、扩展营销渠道。目前，平台已经收集各类农产品流通主体 2175 家（其中涉农企业 945 家、合作社 109 家、经纪人 879 人、种养大户 242 个），发布新疆各类特色农产品 100 余个，各类农产品供求信息 4482 条，企业产品信息 1616 条。

四 我国农产品流通信息化存在的问题

（一）流通整体水平低下与信息化应用的矛盾

在流通主体方面，长期以来我国农产品生产、流通经营者主要是分散的农户个人和家庭，受教育程度总体偏低，而信息化工具在农产品流通中的应用需要一定的前瞻思维和专业知识，尤其是在探索阶段。流通主体组织化程度偏低、规模小也在一定程度上对信息化构成制约。在主观上，以家庭成员、合作伙伴为主的小规模经营，其人员精力有限，难以在信息化应用上投入人力；在客观上，信息化引导其他要素的配置，需要在较大经营规模的基础上才能显现效率的提高和效益的增长。

从农产品自身属性看，其流通过程中信息化应用的难度较大。相对工业品而言，农产品具有自身的特殊属性，其单位价值低、易损耗等特点决定了无论从经济性还是技术手段上看农产品都不宜长期储存，仓储和物流环节周期相对较短。因此，对部分传统流通模式下的农产品流通经营者而言，信息化管理的必要性不大。另外，大宗农产品的包装散乱，甚至没有包装，且流通过程中要经过多次拆分、组合，难以划分单元附着信息载体进行信息化管理。

体现在标准化水平上，商品标准化是流通信息化应用的重要基础，在小规模生产背景下，农产品标准的建立和应用范围还比较狭窄。对于在商品交易所进行期货交易的农产品，相关标准的制定和应用已非常成熟，但对于多数通过传统方式收购、批发、分销、零售的农产品而言，标准化的目标远未实现。

（二）信息化投入与产出间的矛盾

农产品流通过程中信息技术的应用，是典型的"土洋结合"。商业起源于农产品的市场化交易，由来已久；农产品流通主要经营者是农户家庭，交易场所是田间地头、农产品批发市场、农贸市场；农产品价格与工业品价格长期存在"剪刀差"，农产品单位价值偏低。而信息技术对从业人员专业知识、网络环境、硬件设备、软件系统都有较高的要求。一方面在粗放的经营方式下，各环节经营主体规模偏低、赢利方式主要是赚取差价、交易方式主要是对手谈判交易，效益总体不高；另一方面信息技术应用需要人、财、物等方面的较大投入。在传统流通方式下，从实际效果看，这些信息化方面的投入往往难以明显提升经营者的效益，因此多数小规模经营者在信息化上投入的动力不足。

近年来，各级政府和部门出台的农产品流通扶持政策、组织实施的农产品流通试点工程，也在鼓励和补贴各环节、各类经营主体的信息基础设施建设、硬件设备购置、应用软件系统配备等，但实际效果不佳。多数企业（合作社、农户家庭）往往是项目补贴申请阶段积极投入和应用，而在相关补贴落实后的实际运营过程中则处于闲置状态。

农产品流通经营者信息化动力不足的根本原因在于经济利益驱动机制尚未理顺，实际投入较大，而这些投入没有带来经营效益的提升，甚至连提升的预期都没有。若能建立相应的利益驱动机制，使经营者的信息化投入能够实现扩大农产品销路、提高产品附加值、降低损耗、减少其他要素投入，则政府只需提供公共服务和技术指导。

（三）农产品电子商务面临多重困难

2013 年，我国农产品电子商务开展得如火如荼，自营电商纷纷试水、平台电商开辟专栏、垂直电商各携优势资源强势介入。但这些案例并不代表农产品电子商务活动已经成熟，目前电商涉及的农产品类别有限、覆盖的消费群体较窄、赢利状况不佳，大范围开展电子商务还面临多重困难。

第一，消费习惯有待进一步培育。就主要购买群体的年龄结构而言，农产品不同于工业品，工业消费品消费群体的年龄分布相对平均，而农产品购买者主要集中于年长的群体。根据对零售市场（农贸市场、超市）的调查，目前85%以上的农产品购买者是家庭主妇和退休人员，整体平均年龄在40岁以上。而目前经常利用互联网并进行网络购物的群体以40岁以下为主。

第二，农产品的标准化问题是开展农产品电子商务的重要制约因素，尤其是对于大宗的鲜活农产品而言，其品种、等级的划分在技术上难度大，没有公认的标准，从而造成商务洽谈时缺乏统一的依据。

第三，冷链物流发展缓慢对农产品电子商务构成制约，农产品尤其是鲜活产品具有易腐烂、损耗高的特点，达成交易后，由于冷链物流应用范围仍较窄，多数农产品在运输过程中必然产生损耗，买卖双方的责任难以界定，承运人的选择及责任的界定也很难。

总体来看，农产品电子商务总体上滞后于工业消费品，与其消费的时限性、难于标准化、质量隐匿性、效用滞后性、测定毁灭性等特性有关。这些特性增加了农产品电子商务的难度、影响了流通效率、增加了交易成本。

（四）信息共享广度、深度不够

在经营主体信息化上，内部信息技术应用分散、孤立，缺乏整合与关联。农产品流通环节较长、涉及环节多、经营主体类型多、组织化程度不一，使得信息化在不同主体间应用的情况差异较大。据调研，在传统流通模式下的农产品经营主体对信息技术的应用总体而言：应用范围以库存管理、财务管理、设备操作控制为主，各系统相互孤立，欠缺关联，难以通过信息整合带动管理上的全面提升；在信息系统建设上，绝大多数企业（合作社、家庭农户）不具备自行设计、开发信息系统的能力，定制开发也需要较大的资金投入，多以采购成熟软件产品为主，不同应用软件完全独立，这就在技术上对农产品流通主体自身的信息整合构成制约。在产业信息化上，有限的信息化应用之间远没有达到信息互联互通。

（五）信息化应用层次不高

根据对海南、云南、河南、山西等地农产品流通企业的调研，投入不足、缺乏长效运行机制以及信息源可靠性差等原因，使得有效农产品信息少，针对性、时效性、实用性不强，服务功能单一，难以达到支持流通从业者决策的目标。此外，一些地区在农村虽然建立了信息服务站点，向周边农户提供信息服务，但服务机制有待进一步探索，提供的内容也难以直接支持农产品购、销。这些信息服务站点，仍以向政府部门提供信息为主。

五 我国农产品流通产业信息化发展的趋势构想

我国农产品流通产业发展及信息化应用，正处于较为落后和分散的阶段，主要表现在：一是从事农产品流通活动的主体组织形式差距大，生产流通兼营农户家庭、专业运销户（包括经纪人）、专业合作经济组织、公司化经营并存，而且各种形式的经营者的规模普遍偏低，总体而言比较分散。二是各种形态的流通模式并存，传统的农批、批零和现代的农超对接、农社对接以及电子商务支持下的原产地直销、预售并存，小批量的、分散的集散、配送仍是主流。三是层次不一的交易方式，如原始的对手交易、批发市场电子交易、期货交易和网上交易并存，其中分散的对手交易是最主要的交易方式。四是主体规模小、流通渠道多元化等因素，制约了农产品流通信息化应用的广度和深度。

随着科技进步带来生产效率提升，农产品继工业品之后也由短缺转为总体充足，农产品市场成为买方市场，农产品产业链的发展、升级也逐步转向以下游为主导，处在下游的农产品流通水平的提升将有力带动整个农产品行业的发展。因此，农产品流通信息化的发展不仅是农产品流通产业跨越式发展的必要条件，也在一定程度上承担着促进我国农业现代化和跨越式发展的使命，对农业产业升级具有重大意义。

（一）信息化促进农产品流通产业发展的机理

1. 有效降低信息搜寻成本

信息技术的应用能够有效降低农产品流通企业（家庭农场、运销户、合作社、公司化经营者）内部和外部的信息搜集成本。

从内部看，经营者为进行有效的资源配置，需要收集、分析和处理内部各类相关的信息。从外部看，流通信息化有利于降低农产品流通企业的信息搜寻成本，在农产品生产、消费均高度分散的情况下，有效信息对经营者决策至关重要，信息技术的应用能够大大降低流通企业的信息搜寻成本。[①]

2. 有助于减少流通环节，提升流通效率

随着道路等基础设施的改善，跨区域农产品流通规模迅速扩大，在流通模式上以"农批、批零"为主，这样的方式有其经济上的合理性。跨区域的流通面临几个重点环节，包括交易对手搜寻的成本高，跨区域的物流需要达到一定的规模才能因规模效应降低单位成本。产销两端一头是分散的小规模生产，一头是分散的居民消费，客观上需要有中间环节的衔接，但同时也增加了交易环节、降低了流通效率、增加了流通成本。信息平台提供了供求双方跨越空间限制的渠道，使两端的群体能够规避中间环节进行交易洽谈，达成交易意向。

第三方物流通过集合供求双方的物流需求实现了规模经济，交易机制的设计解决了交易双方面临的诚信风险。信息时代对企业经营和居民生活带来的重大改变之一在于信息的产生、传播和交互突破了空间的限制，因此信息化提供了便利的供求信息获取渠道。随着互联网的发展，信息的应用不仅在于技术上对传统产业的改造和推动产业升级，而且开辟了一个虚拟的社区，网络社区改变了社交，其与商业相结合后带来了商业模式上的创新。对于农产品的生产和消费而言，生产者面临的潜在销售对象不再局限于周边的经纪人、产地市场经销商和本地消费者，在互联网平台的支持下生产者可以通过网络搜寻交易对手，达成供求协议、实现网上交易。同样，消费者可选的商品也突破了地域的限制，通过互联网根据自己的消费偏好在更广阔的上市商品范围内选择消费。

3. 信息化推进商业模式创新

作为一个完全不同于传统行业的虚拟领域，互联网行业没有成熟的营销方式、赢利方式可借鉴。20世纪末以来，互联网行业急剧扩张，在一定程度上得益于商业模式创新。以雅虎为代表的硅谷企业创造性地提出开放和免费的模式，取得了巨大成功，商业模式创新成为互联网创业重要的考量因素。

---

① 林卫通：《流通信息化对流通产业发展的促进作用研究》，南京财经大学硕士学位论文，2012。

随着信息产业与传统行业的融合，商业模式创新尤其是结合信息技术和互联网的创新、改造也成为传统行业企业改变赢利方式实现战略转型的重要方式。

（二）农产品流通信息化的国家战略和政策背景

以"三农"为服务对象的信息化建设和应用是国家重要的战略部署，在一系列重大发展规划和政策文件中均有体现。

1. 国家层面信息化发展战略将"三农"领域的信息服务作为重点

《2006～2020 年国家信息化发展战略》提出，信息化是充分利用信息技术，开发利用信息资源，促进信息交流和知识共享，提高经济增长质量，推动经济社会发展转型的历史进程。广泛应用、高度渗透的信息技术正孕育着新的重大突破。信息资源日益成为重要生产要素、无形资产和社会财富。信息网络更加普及并日趋融合。提出的第一个具体目标就是推进面向"三农"的信息服务。

2. 近年来"中央一号文件"连续就"三农"领域信息化建设做出要求和部署

主要从农村信息化基础设施建设、农产品流通渠道建设和农业信息化试点建设等方面展开。具体包括：在农村基础信息化设施建设方面，明确提出加快宽带网络等农村信息基础设施建设；在培育现代流通方式和新型流通业态方面，发展农产品网上交易、连锁分销和农民网店；在农业信息化试点建设方面，用信息化手段推进现代农业建设，开展"金农工程"二期建设，推动国家农村信息化试点省建设。

3. 流通主管部门将信息化作为农产品流通创新的核心动力

2014 年 2 月，商务部等 13 个部委联合发布了《关于进一步加强农产品市场体系建设的指导意见》，将农产品流通信息化、标准化作为推动农产品流通创新主要动力。意见提出，要"建设互联互通的信息化体系"，重点提升农产品批发市场信息化水平，逐步推广批发交易电子结算系统；构建覆盖生产、流通、消费的全国公共信息服务平台和多层次的区域性信息服务平台；编制和发布农产品市场指数及统计数据；支持引导农产品市场积极参与农产品流通追溯体系建设。要"大力发展农产品电子商务"，把农产品电子商务作为重要战略制高点，发展多元化的农产品电子商务模式；支持农产品批发市场依托交易、配送基础开展线上线下相结合的产销一体化经营。

（三）农产品流通产业发展趋势

1. 农产品流通产业自身发展规律和趋势

产业的发展有其自身规律和趋势，信息化与传统产业的融合也必定要遵循传统产业发展规律，在此基础上结合传统产业发展趋势进行改造和提升。农产品流通信息化的拓展和深化方向也应遵从农产品流通产业的规律和趋势。

农产品流通产业本身的发展趋势可概括为，一是基础设施更趋完善，为流通创造更加便利的条件；二是标准体系更趋健全，可以有效规范市场，让消费者满意放心；三是上下游产业链得到延伸，经营趋于一体化，可以有效减少流通环节，降低流通成本；四是产业发展集约化，可以提高运输能力及利用率，节约运输成本。

2. 农产品流通模式的发展趋势

（1）从目标导向看，农产品流通模式创新的出发点在于提高效率、降低成本，因此创新的途径主要有降低流通过程中的交易成本和减少流通环节两个方面。从降低交易成本的角度讲，创建以农产品加工、配送龙头企业为主导的农产品协议流通模式，通过流通联盟的"类企业化"来降低市场上交易主体之间产生的各类交易费用。从减少流通环节的角度讲，以"农超对接"为代表的市场外流通能够减少流通环节，交易规模将逐步扩大，但受制于生产分散、物流成本高等因素，市场外流通规模扩大的发展空间有限。

（2）从模式创新的内在驱动看，分析流通模式的发展趋势应该从生产组织形式、消费行为趋势和流通自身改进三个方面展开。在生产方面，规模小、组织化程度低一直是农业生产主体的主要特点，土地承包经营权的流转逐步放开，加上资本的介入使规模扩大成为必然趋势。扩大化的生产将提高生产者协议销售的积极性和市场议价能力，进一步增强了农超对接、订单生产的可行性，在客观上促进农超对接规模的扩大。在消费方面，随着生活水平、食品安全意识的提高，需求结构出现分化，对绿色、有机食品的需求巨大；随着消费群体的更迭，对农产品的消费不再局限于吃饱、吃好，还要消费食物的内涵、背后的故事。这些消费需求，是传统的农产品流通无法满足的。在农产品流通自身改进方面：一方面有新的企业以新的方式进入流通，如城市配送、电子商务；另一方面有传统企业的自我提升，如批发市场建立社区菜店，超市向生产端延伸等。

（3）趋势要点。一是渠道模式将呈现多样化态势，渠道扁平化，批发市场经由率有所下降但仍维持较高水平，"农批零"模式仍是主流。从宏观上看，批发市场一端组织供应，一端组织需求，使微观上的无序变成宏观上有序的流通；从功能上看，批发市场的地位不可替代，其不仅提供交易场所、市场信息、商品集散，更重要的是价格发现、形成和结算；从发展规律上看，生产、消费的改变是一个长期的过程，农超对接规模受限。二是商业模式向产销一体化联合经营发展，由粗放转向集约。产销一体化经营趋势的政策导向是鼓励减少环节，扶持（政策优惠、直接补贴）产业化龙头企业；一体化经营具有经济上的可行性，零售商采取一体化的组织方式，提高自身竞争力，从物流和供应链管理角度看，纵向联合可以让企业从"经营的黑暗大陆"寻找更多的利润空间；从理论上讲，分工有利于效率的提高，但同时也产生了交易费用，农产品价值低、损耗高、流通环节费用相对较高，使得产销一体化经营具有经济性；从客观上讲，随着土地经营权流转放开、生产规模扩大，上下游间的相互延伸成为必然趋势。经营由粗放转向集约，传统方式是摊位费、交易佣金，多级经销商赚取差价；而新的趋势是流通渠道扁平化，批发市场服务水平提升，服务收入比重扩大。

（四）我国农产品流通产业信息化的发展趋势要点

信息时代背景下，农产品流通产业的信息化成为必然发展趋势。对我国而言，农产品流通产业信息化应用的拓宽和深化，不仅是农产品流通本身创新、改造、实现跨越式发展的重要途径，而且将在一定程度上促进整个农业产业结构的优化和升级。农产品商品化后，从其商品活动路径来看，农产品流通过程是商品从生产者经过各流通环节最终到达消费者手中的过程，形成了由生产者、经纪人、批发商、零售商等构成的农产品供应链；从农产品流通过程实现的价值看，作为商品的农产品在流通过程中伴随着多次交易实现其价值增值,构成了农产品流通的价值链;农产品流通中涉及参与主体的沟通、商品的交易、物理空间的转换,产生了大量信息,这些信息汇集成农产品流通的信息链。[①]

1. 农产品供应链稳固、高效化

农产品供应链是由核心流通企业(或其他类型流通从业者)主导的,将农业生产者、经纪人、批发商、零售商直至消费者串联形成的功能链。供应链各环节主体构成一个虚拟性的,基于上下游交易关系形成的协作组织。

从农产品流通企业角度看,供应链管理不仅是管理方式的变化,而且是企业经营战略的提升,是企业提高经营效率、增强核心竞争力的重要途径。现代企业管理的提升不再局限于从企业内部优化要素配置,而是强调企业所处供应链上下游的整合、协同,对于流通企业其重要性更加突出。

从农产品流通产业角度看,农产品流通过程中交易分散、环节多、季节性强的特点,使得其注重供应链管理的必要性更为突出。信息化能够促进农产品流通供应链的形成和稳定,能够提高供应链上下游主体间的协作效率,降低上下游环节间的信息搜寻成本,降低交易费用。信息化既是改造农产品供应链的重要条件,又是农产品供应链管理发展的必然趋势。

从实践来看,在商务部等部委组织实施的"南菜北运"农产品现代流通综合试点中,已从农产品供应链的形成和稳固入手做了尝试。鼓励产销两地通过投资合作,建立上联生产基地、下联销售终端,形成长期稳定购销关系的供应链条,以实现农产品销售和通过物流作业配送到销地终端市场。具体扶持内容除了检测、储藏、加工、包装、配送的基础项目外,还强调了供应链的信息化,重点支持农产品流通可追溯、信息平台和交易结算等项目建设。[②]

2. 农产品流通价值链增值多元化

农产品流通企业根据行业分工进行各不相同的经营活动,通过农产品的交易相互关联,各参与主体在生产、服务活动中创造价值,通过连续的商品交易实现,构成了农产品流通的价值链。

---

① 张弘:《中国流通产业信息化:理论与实践》,经济管理出版社,2012。
② 罗霞:《海南农产品现代流通综合试点项目建设规范出台》,海南省人民政府网站,http://www.hainan.gov.cn/data/news/2011/02/123734/,2011年2月25日。

（1）农产品流通信息化将促流通产业职能和企业经营策略扩展、提升。信息化的农产品流通产业职能由单纯的商品媒介，转变为以商品媒介为主，向加工、包装、仓储以及信息等服务领域延伸，农产品流通价值链的增值随着职能的拓展趋向多元。随着流通职能的扩展，流通企业经营也将由单纯的获取交易价差向提供流通服务创造价值延伸。

（2）农产品流通产业信息化将促使流通渠道将由传统的单一、线性的渠道转向多维、立体的渠道。信息化打破了空间限制，提供了农产品供求双方信息全方位对接的渠道，构成了流通渠道多维、立体化的基础条件。

（3）农产品流通信息化将继续促进农产品流通经营方式的转变。信息技术改变了生产、生活方式，也对商业模式进行了重构。消费者多元化、个性化消费需求的信息时代得到彰显，信息搜寻成本下降使得消费者特殊的、个性化的消费需求也能为商品供应者把握和利用。信息化也为消费者提供了消费体验反馈和传播的渠道，促进了农产品流通企业营销方式的转变和提升。对农产品消费而言，消费者吃饱、吃好的基本需求得到满足后，对农产品质量安全提出了更高的要求，对农产品的产地特色、生态环境、饮食文化甚至背后蕴含的故事也有消费需求。这些需求是传统的农产品流通难以满足的，满足零散的、个性化的需求意味着更高的信息搜集成本、更高的交易费用和更低的流通效率，但信息化、专业化的农产品流通体系能够有效地降低流通费用，从传统农产品流通难以企及的维度实现价值增值。

3. 农产品流通信息链趋向整合、实效化

传统信息链的形成以及价值实现多是由专门的信息数据机构通过收集各类信息进行分析处理，形成各种形式的分析报告和预测结果，再通过专门渠道输出来实现价值。流通产业信息化在信息链层面的表现是通过信息技术的普及和运用，量化分析流通产业信息，提高科学性、客观性和预测的准确性。[①]

在农产品流通供应链和价值链实现增值的过程中，会产生大量信息，包括生产信息、上市信息、市场行情、订单信息、物流信息等，这些信息分布在各流通企业、信息服务企业和不同政府部门间，大量的信息需要经过整合、加

---

① 徐雪慧：《流通技术重新：历史演进与发展重点》，南京财经大学硕士学位论文，2007。

工、传播才能发挥作用。

随着农产品流通体制机制的进一步理顺和软硬件建设水平的提升，农产品供应链信息和价值链信息形成的信息链将向整合利用、服务实效的方向发展。对于以政府为主导建设的信息服务平台，将通过互联互通实现信息资源共享，在此基础上进行统计分析、预测预警、数据挖掘，通过专业的表达方式输出结果，支持企业经营和政府决策。同时，在市场机制驱动下，以促进农产品流通供应链、价值链增值为目标实现市场价值的社会化信息服务也将继续突出实效，以更精准的切入点向更宽的服务范围拓展。

（五）农产品流通信息化重点领域发展趋势探讨

1. 农产品流通信息服务

从业务流程的角度看，农产品流通公共信息服务覆盖信息采集、加工处理和应用服务等阶段。信息采集阶段主要由信息采集网络建设和运行维护两项内容。其中，农产品信息采集网络建设包括样本布局、品种选择、指标设计、软硬件建设等；运行维护包括运行机制设计、样本培训、数据质量控制、信息反馈等。加工处理阶段主要包括统计分析、数据挖掘、预测预警等。应用服务阶段包括政府决策支持、企业经营信息服务等。总体来看，整个过程需要复杂的协调配合和大量的资源投入。

从服务的对象和方式看，农产品流通信息服务具有外部性；从建设和维护的投入看，在信息采集、加工处理和应用服务三个环节上投入较大；从收益看，公共信息服务内容涉及面广且服务对象类别多，因此针对性和深度均有局限，直接实现收益的难度较大。农产品流通公共信息服务属于公共产品具有很强的外部性，因此适合由政府财政资金投入建设。目前农产品公共信息服务主要各部门基于职能划分独立建设，随着农产品流通职能的扩展和产销一体化经营的推进，分段建设的信息服务将难以满足社会需求，未来将向互联互通、联合建设、协同运行的方向发展。

从发达国家经验看，尽管政府在发达国家的农产品市场信息系统的建立和运行中起着重要的作用，但是仍有各类民间信息媒体、中介组织积极介入提供农产品市场信息服务。例如，美国政府网站提供多种市场信息服务，而电子商务服务则由农业网络公司提供；在法国，农业商会在农业信息服务方面具有很重要的地位，主要是传播高新技术信息，举办各类培训班，组织专家、学者讲学和发表文章。[①]

对农产品流通经营主体而言，政府提供的公共信息服务满足了经营的基础信息需求，但基于其经营范围需要更为垂直和针对性更强、更深入的信息，需要以市场机制驱动建立社会化农产品信息服务体系。例如，批发市场商户对本地和传统供应地区农产品生产概况、预期上市情况以及批发市场实时交易情况有着强烈的需求，此类信息只能由专业的社会化信息服务提供。从经济实力和操作的可行性看，由批发市场基于市场交易服务的基础开展专业化、个性化的信息服务具有优势。

综上所述，农产品流通信息服务将由以政府投入建设为主向公共服务与社会化服务并重过渡。

2. 农产品物流信息化

农产品物流是流通过程中的重要环节，物流信息化是农产品流通信息化的重要组成部分。农产品物流信息技术是指将现代信息技术应用于农产品物流领域。通过对信息和知识及时、准确、有效地获取和处理，准确地传递到农产品供应链主体中，进而实现农产品物流产业化、信息化。根据物流的功能以及特点，物流信息技术分为信息分类编码技术、条码技术、射频识别技术、电子数据交换技术、全球定位系统、地理信息系统等。

农产品物流信息技术的应用能大幅度提高农村商品流通效率、管理和经营决策水平，扩大传统农村商品流通的销售规模和交易范围，加快交易频率和速度，进而有效解决农村商品流通中存在的问题。[②]

农产品物流信息化作为农产品物流信息技术应用的高级阶段，能够提高农产品市场流通效率，保证农业信息畅通，有利于实现市场供需平衡，促进农业生产要素的合理流动；有利于降低农产品交易成本，促进农产品的商品流通，克服低层次的农产品相对过剩。通过农业信息服务，可以进一步推动收集、加

---

① 马晓丽：《国外农产品市场信息服务建设研究及启示》，《农村观察》2010 年第 2 期。
② 刘德军、张广胜：《现代农产品物流信息化及技术现状分析》，《安徽农业科学》2009 年第 37 期。

工、处理、分析以及农业信息中介、网上教育、网上农产品交易、网上结算、订单农业、物流配送等一系列农业信息活动。

现代物流与传统物流在区别在于：一是在核心资源上，现代物流从传统的注重基础设施、硬件设备建设转向强调物流信息的准确、及时获取和发挥作用，强调利用信息技术对物流进行全程跟踪控制，并支持运营决策。二是在物流技术上，现代物流利用信息技术不仅提高了物流系统内部运行效率，还大大提高了物流服务质量和消费者的用户体验。

从信息引导物流资源配置的角度看，相对一般货物而言的农产品对物流资源高效、合理配置的要求更为突出。农产品生产具有季节性，多数农产品具有保质期，农产品对物流信息的准确性、时效性有更高要求。产地预冷资源、运力供求、道路条件、市场仓储等物流信息是农产品交易协议洽谈过程中双方考虑的重要因素。同时，因为农产品的易腐性，农产品物流对物流效率和及时性也有更高的要求。

从物流技术角度看，农产品存在单位价值低与物流条件要求高的矛盾。由于产业比价低，多数农产品单位价值较低，但农产品的特性使其对物流技术条件要求更高，一般货物物流为常温物流，而部分生鲜农产品需要具有冷藏或保鲜功能的冷链物流，在仓储、包装、运输过程中对温湿度均有要求，以信息技术实现精准控制能有效保证产品质量、降低在途损耗。

农产品物流信息化通过物流信息的传递促进物流资源合理配置，通过开展精准化管理降低损耗。同时，农产品物流信息化也是农产品追溯和网络营销（包括电子商务）活动的基础。技术进步将进一步降低各项技术的应用成本，一些新技术也将继续涌现，农产品物流信息化发展前景广阔。

3. 农产品电子商务

（1）推动力多元化。政府推进、商业资本介入和新农人兴起共同成为农产品电子商务蓬勃发展的推动力。以遂昌、成县、通榆为代表的县级政府结合本地农产品生产特点和电子商务的社会基础，采取了各具特点的农产品网络营销活动，得到了社会的广泛关注，拓宽了本地农产品的销售渠道，实现了农产品销售规模增长。电子商务的成功开展具有示范意义，各地政府以促进本地农业产业结构优化升级为动力，将调动资源推动本地农产品电子商务发展。商业资本是近年来农产品电子商务发展的核心动力，巨大的人口基数、居民消费结构升级、个性化的消费需求与传统流通模式间的矛盾蕴含了可观的商业空间，使得农产品电子商务成为吸引商业资本的蓝海。现阶段，农产品电子商务虽然开展得如火如荼，但同样面临多重困难，垂直、精细、专业发展有望成为趋势。新农人的兴起则进一步为市场注入了活力，这一群体扎根农村、需求敏感度强、经营策略灵活，提高了农产品流通人才素质，成为农村电子商务活动的从业者、创业范本和代理人，将成为农产品电子商务发展的生力军。

（2）经营方式创新化。电子商务平台承袭了互联网极具开放性的特点，再加上进入门槛较低，成为农产品流通从业者创新经营方式的平台。农产品网络预售、原产地直销、跨境农产品电子商务等新的经营方式不断涌现。阿里开始尝试私人订制农场，即 C2B（消费者需求—商家响应）的预售定制模式。随着土地承包经营权流转放开、标准化基础巩固、冷链物流的发展等基础条件的改观，商业资本、新农人不断注入新的要素和活力，农产品电子商务的经营方式将继续创新发展。

（3）线上线下一体化。根据美国等网络购物高度发达国家的消费结构数据，网络购物在消费者支出中占比不足 10%，当电子商务发展到一定规模后，持续增长将面临消费结构瓶颈。因此，主要以满足消费者本地化消费为目标的 O2O（线上到线下）电子商务模式被各界认为是具有广阔市场空间和发展前景的。相对其他消费品，农产品的诸多特性决定居民消费以本地购买为主，对农产品电子商务而言，O2O 模式的重要性更为突出。

（4）第三方服务专业化、精细化。我国电子商务的竞争已经跨越了初期货源、营销等低层次竞争阶段，进入以运营竞争为核心的阶段。与工业消费品电子商务相比，农产品电子商务的运营水平相对落后。随着电子商务技术的进步和农产品电子商务市场规模的扩大，相应的社会分工将更趋精细，在农产品电子商务的强烈需求拉动下，众多专业化提供精细化服务的农产品电商服务商将涌现，并成为连接农产品生产者、流通从业者、消费者、地方政府和第三方电子商务平台的纽带。

4. 农产品标准化发展

农产品标准化是电子商务大规模开展的必要条件，其必要性在于三个方面：一是保证农产品质量安全水平达到市场准入门槛，保障农产品的消费安全；二是提高农产品的品质规格，满足消费者对农产品优质化、规格化的要求；三是促进农产品流通，提高农产品的市场竞争力。[①] 日本政府于 1997 年制定了生鲜食品电子交易标准，统一和规范了生鲜食品订货、发货、结算等流程，并对日本各地的批发市场进行了电子化交易的改造。交易双方根据标的商品的规格等级即可判断待售商品的详细信息，提高了商品甄别和挑选的效率，降低了交易成本。

经过多年探索实践，我国已就部分大宗农产品在流通领域建立了完备的标准体系，尤其是具有成熟期货或电子交易市场的商品，如粮食、食用油、油料、棉花等，但对包括蔬菜、水果在内的多数生鲜产品而言，其标准化体系尚待完善。2010 年，为引导农民进行标准化生产，推动农产品质量等级化、包装规格化、产品品牌化，提高流通效率，保障农产品质量安全，商务部发布了 7 项国内贸易行业标准。"规范"对商品质量、等级、包装、标识做出了规定，对产地采购、运输、批发、零售等流通过程提出了要求。

此外，在电子商务的驱动下，一些领域开始尝试自行建立具有适用性的标准。2013 年，遂昌网店协会在红提葡萄预售活动中大胆尝试了"自订标准"的做法。对产品进行了严格的筛选，对果穗重量、单粒果重、颗粒大小、着色、甜度、农药检测等方面都做了详细的规定。

在农产品电子商务巨大的需求驱动下，无论是政府推动还是行业自发建立的农产品流通标准将加速健全发展，电子商务活动的标准化基础将得到巩固。

5. 新技术的应用

在信息时代背景下技术创新日新月异，新的技术将继续涌现并应用到农产品流通领域；在"摩尔定律"作用下新技术带来软硬件性能快速提升，客观上使得技术应用的成本快速降低，信息化的投入与单位农产品间的比价越来越低，使信息技术在农产品流通上的应用具备了经济性。随着信息技术与传统农业的深度融合，物联网、云计算、移动互联、数据挖掘等信息技术在农产品流

---

① 张旭东：《破解农产品电子商务难题的关键是标准化演进》，易观网，http：//www.eguan.cn/guanchajiashijiao/6618.html，2013 年 4 月 11 日。

通领域得到广泛应用。

农产品流通信息服务从业务流程上分为信息采集、信息加工处理和信息应用（服务送达）三个阶段。在信息采集阶段，以移动互联、物联网为代表的技术是未来的应用重点；在信息加工处理阶段，数据挖掘将成为重点方向；在信息向流通从业者等服务对象送达上，便捷、灵活的移动终端将得到更为广泛的应用。

农产品物流信息化是提高流通效率、降低流通成本、减少在途损耗的重要手段，农产品物流信息化关键信息技术包括：信息采集和跟踪技术、信息传输交换技术、信息处理技术。例如，条形码技术、智能包装技术、地理信息系统、全球卫星定位系统、移动互联技术、射频识别技术等。

电子商务是农产品流通产业提升和信息化发展的重要领域，电子商务的常用技术包括互联网网络技术、Web 技术、数据库技术、信息安全技术等。为保证电子商务交易能顺利进行，电子商务平台要稳定可靠，不中断地提供服务。任何系统的中断，如硬件、软件错误、网络故障、病毒等都可能导致电子商务系统不能正常工作，而使交易数据传输的有效性得不到保证，往往会造成巨大的经济损失。值得一提的是电子商务以计算机网络为基础载体，大量重要的身份信息、会计信息、交易信息都需在网上进行传递。在这种情况下，电子商务的安全性是影响其成败的一个关键因素。这就需要不断加强身份识别技术、数据加密技术、数字签名技术和防火墙技术。

六 政策建议

（一）加大投入、促进整合，提升公共信息服务水平

农产生产、流通等基础数据资源主要集中于政府部门，这些基础数据的采集、整理需要大量人、财、物的投入，而且部分数据采集需有相关统计制度支持，需要公共资源的投入，应由政府部门主导；面向农产品流通产业的全面信息服务具有外部性，资金投入的社会效益大于直接的经济效益，属于公共产品范畴，应由公共财政加大投入建设发挥其公益性。

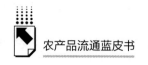

目前，面向农产品的生产、流通信息服务已取得长足进展，初步形成了覆盖流通产业链的信息服务网络。由于政府部门职能分工和服务区域的区别，不同环节、不同区域的信息服务间资源共享不充分，后期的发展应注重信息服务的可扩展性，重视不同环节、不同区域信息资源的互联互通，形成综合的信息服务体系。

（二）建立健全符合市场发展规律的农产品标准化体系

从已在部分市场实现电子交易的品种开始，结合场内交易规则，组织制订行业规范标准，市场行为，为农产品流通信息应用的深化提供基础条件，促进全国农产品电子交易、电子商务健康发展。

在实践方面，以农产品批发市场为主要突破口，鼓励农产品批发市场、流通从业者开展订单交易、电子交易，结合市场交易实践，在主产区、集散中心、主销区局部范围探索和试行，结合发达国家成熟经验，逐步建立符合市场规律、业内认可的农产品生产和流通标准。

（三）引导扶持社会化信息服务和流通领域信息技术创新

鼓励企业在特色农产品产区或依托农产品批发市场，提供包括农产品电子商务代理服务、营销培训、品牌塑造、网络营销在内的社会化服务。在企业登记注册、经营范围扩展、金融、税收等方面给予政策支持，对具有典型性、代表性的信息服务企业给予财政补贴。

同时，引导、扶持信息技术企业在农产品生产、流通领域加大技术和资金投入，支持条码技术、智能包装技术、冷链物流技术、无线射频技术、全球定位系统、地理信息系统、移动互联技术与农产品流通应用的结合；鼓励信息技术企业与农产品流通企业联合探索农产品物流（仓储、运输、冷藏）、交易结算、电子商务等领域的信息技术创新和研发。

（四）推动大型批发市场信息管理升级，拓展信息服务业务

支持批发市场信息基础设施建设，引导市场加强内部信息化管理，巩固信息管理和服务基础。注重综合管理系统（包括人事管理、租赁管理、财务管理、摊位管理、仓储管理、信息发布管理、系统管理、市场网站等功能模

块）、电子结算系统、质量安全追溯系统、物流配送系统建设。

提高批发市场信息服务能力，在加强内部信息管理的同时，支持批发市场开展电子交易和电子结算，在此基础上进行信息收集和挖掘，并向上下游延伸进行信息采集，对场内经销商和外部提供信息服务。

（五）增强服务能力，鼓励以信息化为支撑的流通方式创新

农产品电子商务是信息技术与农产品流通结合对农产品流通方式的创新应用，也是农产品流通创新的战略重点。

通过成立农产品电子商务协会、非营利性社会组织等方式，增强服务能力，对农产品生产、流通从业者提供信息应用培训，培育农产品电子商务服务企业和带头人。引导农业从业者以本地特色农产品为突破口，结合自身条件开展网络营销和电子商务活动，推动本地农产品流通方式创新发展。

鼓励农业从业者依托农产品田头市场、集散中心、销区市场，结合自身的产品特色优势、产业集聚优势、客户资源优势，探索农产品原产地直销、网络预售、个性化消费订制、跨境农产品贸易等模式的电子商务活动。在营销方式上，积极探索开展线上线下相结合的形式。

产业管理篇

B.7

2013年中国农产品流通政策
回顾与评述

李想　邓婷*

摘　要：

　　本文归纳整理了"十二五"以来我国政府各部门在农产品流通
领域出台的主要政策，重点总结出 2013 年我国农产品流通政策
的四大新特点，提出当前我国农产品流通政策上存在的 7 点不
足和问题，并针对如何完善农产品流通政策提出了一系列政策
建议。

关键词：

　　农产品流通　流通体制　政策

---

* 李想，农业部信息中心信息分析处分析师，主要从事农业信息化、农产品市场分析及农业产业
支持政策研究工作；邓婷，北京中新农产品流通研究院研究员，主要从事农产品物流信息化、
农产品流通政策研究。

我国是农产品生产和消费大国，也是农产品流通的大国。由于生产条件、生产效率所限，农业在全世界都是弱势产业，各国特别是发达国家都一以贯之地实行支持农业、扶持农民的政策。对于农产品流通，发达国家和地区也是高度重视的，放到与农业生产同等重要的地位，采取法律规制、政府调控、公共政策支持等措施，来保障市场稳定和农民受益。改革开放后，我国政府不断加大对农产流通流域的政策支持和资金投入，2004～2013 年连续 10 年发布的"中央一号文件"均聚焦"三农"问题，并连续对加强农产品流通体系建设做出部署，尤其是《国务院办公厅关于加强鲜活农产品流通体系建设的意见》（国办发〔2011〕59 号）和《国务院关于深化流通体制改革加快流通产业发展的意见》（国发〔2012〕39 号）的出台，对未来一定时期内的流通产业发展进行了系统规划，提出了一揽子支持措施，农产品流通产业迎来重要发展契机。2013 年是落实《国务院关于深化流通体制改革加快流通产业发展的意见》的开局之年，国家关于农产品流通产业的政策体现出很明显的连续性，并且对农产品流通产业的支持力度进一步加大。

一　2013 年我国农产品流通政策的主要内容

2013 年农产品流通产业政策基本以对《国务院关于深化流通体制改革加快流通产业发展的意见》贯彻落实为主，政策集中的焦点是降低流通成本、创新流通方式、保障供应能力、培育流通主体、规范流通秩序等。

（一）降低农产品流通直接成本，保障农产品市场价格稳定

近年来，国家通过各种方式降低流通环节税费以抑制流通成本上涨，但流通成本上涨压力持续存在，保持流通成本平稳是政府的常项工作。《国务院关于落实〈政府工作报告〉和国务院第一次全体会议精神重点工作部门分工的意见》（国发〔2013〕17 号）提出要切实保障重要商品供给，搞活流通，降低物流成本，加强市场价格监管，保持物价总水平基本稳定，全年居民消费价格涨幅控制在 3.5% 左右。

1. 直接降低油、气、场地租金等费用

人力、油、汽、场地租金等费用的快速增长，是流通成本上升的直接原因，降低上述费用的政策简便易行而且效果显著。《国务院办公厅关于保障近期蔬菜市场供应和价格基本稳定的紧急通知》（国办发明电〔2013〕4 号）对蔬菜等农产品流通中用电用水等实行支持性价格政策，规范和降低农产品市场收费，利用价格调节基金支持降低农产品流通成本。菜价涨幅较高的地区，在春节前后要积极协调批发市场、农贸市场等减免进场费、摊位费，必要时对减免收费的批发市场和农贸市场，以及当地农产品冷链物流和便民菜场、直营菜店、平价商店给予补贴。《国务院办公厅关于印发降低流通费用提高流通效率综合工作方案的通知》（国办发〔2013〕5 号）提出要降低农产品生产流通环节用水电价格和运营费用，农产品批发市场、农贸市场用水，在已按要求简化用水价格分类的地区，执行非居民用水价格；在尚未简化分类的地区，按照工商业用水价格中的较低标准执行。农产品冷链物流的冷库用电与工业用电同价；规范和降低农产品市场收费，清理经营权承包费，加强成本核算，降低农产品批发市场、农贸市场和社区菜市场摊位费收费标准。政府投资建设或控股的农产品批发市场、农贸市场和社区菜场收费，实行政府指导价，由地方政府按保本微利原则从低核定收费标准。利用价格调节基金，支持降低农产品生产流通成本。

2. 直接降低运输费用

随着我国工业化、城镇化的快速推进，大中城市的"菜园子"都已经缩小或消失，农产品生产逐渐形成了产业集聚和区域集聚，农产品需要大量远距离调入，如海南、广西、云南等省份生产了全国绝大部分的反季蔬菜和水果，这使得农产品运输成本居高不下。农产品流通绿色通道有效降低了降低运输成本。《国务院办公厅关于保障近期蔬菜市场供应和价格基本稳定的紧急通知》要求交通运输、公安部门要严格落实"绿色通道"政策，确保整车合法装载运输鲜活农产品的车辆免缴车辆通行费和优先便捷通行；要严格规范执法，提高检测效率，坚决杜绝随意拦截和查扣鲜活农产品运输车辆，严格禁止乱罚款行为。《国务院办公厅关于印发降低流通费用提高流通效率综合工作方案的通知》提出要完善公路收费政策，严格执行鲜活农产品运输绿色通道政策，将免收通行费措施落实到位，结合实际完善适用品种范围。

3. 直接降低税收负担

2012 年，国家税务总局出台《农产品增值税进项税额核定扣除试点实施办法》（财税〔2012〕38 号），将以购进农产品为原料生产销售液体乳及乳制品、酒及酒精、植物油的增值税一般纳税人，纳入农产品增值税进项税额核定扣除试点范围。2013 年出台了《关于扩大农产品增值税进项税额核定扣除试点行业范围的通知》（财税〔2013〕57 号），扩大实行核定扣除试点的行业范围，各省、自治区、直辖市、计划单列市可结合本地特点，选择部分行业开展核定扣除试点工作。《国务院办公厅关于印发降低流通费用提高流通效率综合工作方案的通知》提出，要开展农产品增值税进项税额核定扣除试点，完善农产品增值税政策，继续对鲜活农产品实施从生产到消费的全环节低税收政策，将免征蔬菜流通环节增值税政策扩大到部分鲜活肉蛋产品。2013～2015年，免征了农产品批发市场、农贸市场城镇土地使用税和房产税；抓紧落实提高小型微型企业增值税和营业税起征点政策，减轻流通业小型微型企业税收负担；加快推进营业税改征增值税试点，完善试点办法，降低交通运输业税收负担。

（二）创新农产品流通方式，提升流通效率

传统上，鲜活农产品进入零售环节可分为两种途径，一种是农民自销，或农民专业合作社直接卖给超市等大型零售企业、院校等集团用户，或直接进入菜市场进行直供直销；另一种是经销商分销，通过经纪人，经销企业、经销大户向农户或农民专业合作社买断产品，贩运至批发市场，再经菜贩、零售商等进入城镇农贸市场，在从批发市场进入零售市场这个过程中大部分要经过一级甚至几级批发市场，每增加一级流通主体，增加一部分流通成本，减少流通环节能够有效提高流通效率，降低流通成本。《国务院办公厅关于保障近期蔬菜市场供应和价格基本稳定的紧急通知》要求减少流通环节，商务、农业部门和供销合作社要积极引导产区农民专业合作社、农业产业化龙头企业与超市等大型流通企业和学校、酒店等最终用户对接，加大蔬菜直采量；城市人民政府要支持城郊蔬菜生产基地在社区设立蔬菜直供直销点，支持批发市场开展农产品批发零售对接，建立社区平价菜店和开通蔬菜流动售卖车，鼓励批发市场开设农民自产自销专区，并减免租金、摊位费等费用。《国务院办公厅关于印发降低流通费用提高流通效率综合工作方案的通知》提出，农产品批发市场、农贸市场要开设专门区域，供郊区农户免费进场销售自产鲜活农产品。《商务部办公厅关于2013年加强农产品流通和农村市场体系建设工作的通知》（商办建函〔832〕号）提出，要支持农产品现代流通体系建设，积极推动农产品流通创新，加快构建以农批对接为主体、以农超对接为方向、以直供直销为补充、以电子商务为探索的农产品现代流通体系。

除了从传统渠道挖掘潜力外，随着互联网经济的深入发展，2013年农产品电子商务呈燎原之势，涉农电商服务蓬勃发展。阿里研究院的数据显示，"2013年，淘宝网经营农产品的卖家37.79万个，较2012年增长45%，销售额较2012年增长112%"。各部委围绕农产品电子商务出台了多部指导性文件。《商务部关于促进电子商务应用的实施意见》（商电函〔2013〕911号）明确提出，要加强农村和农产品电子商务应用体系建设，一要结合农村和农产品现代流通体系建设，在农村地区和农产品流通领域推广电子商务应用；二要深化与全国党员远程教育系统合作，深入开展农村商务信息服务；三要融合涉农电子商务企业、农产品批发市场等线下资源，拓展农产品网上销售渠道。鼓励传统农产品批发市场开展包括电子商务在内的多形式电子交易；探索和鼓励发展农产品网络拍卖；鼓励电子商务企业与传统农产品批发、零售企业对接，引导电子商务平台及时发布农产品信息，促进产销衔接；推动涉农电子商务企业开展农产品品牌化、标准化经营。2013年4月国家发改委发布《关于进一步促进电子商务健康快速发展有关工作的通知》（发改办高技〔2013〕894号），提出要继续促进农产品电子商务发展，农业部应加强农产品电子商务模式研究，规范农业生产经营信息采集，推动供需双方网络化协作，完善农产品电子商务体系，推进农业领域电子商务应用并开展相关试点工作。2013年6月，在江苏宜兴召开的全国农业信息化工作会议提出加快实现农业经营网络化的目标，提出了以信息化促进农业产业升级，确保农产品有效供给等10项重点任务。目前，农业部已围绕当前农业农村经济发展中的关键和热点问题，研究设计了未来5年的农业信息化建设总体框架，形成了《益（e）农计划财政专项建议》，编制完成了《信息服务进村入户工程实施方案（讨论稿）》等。

（三）加强现代流通服务体系建设，规范流通市场秩序

农产品交易市场规模越来越大，品种越来越丰富，但与之相对应的是农产品流通服务体系建设滞后，农产品市场信息服务、标准缺乏，农产品"卖难""暴涨"轮番上演；物流配送体系不健全，要求专门的储存、配送、运输条件，冷链物流技术研发和推广滞后成为农产品物流的瓶颈；社会诚信体系不完善，市场秩序不规范，标准建设建设滞后，有毒、有害、假冒、伪劣农产品事件频发。

2013 年"中央一号文件"提出要加强农产品期货市场建设，适时增加新的农产品期货品种，培育具有国内外影响力的农产品价格形成和交易中心。继续实施"北粮南运""南菜北运""西果东送"，以及万村千乡市场工程、新农村现代流通网络工程，启动农产品现代流通综合示范区创建。支持供销合作社、大型商贸集团、邮政系统开展农产品流通。深入实施商标富农工程，强化农产品地理标志和商标保护。《关于进一步促进电子商务健康快速发展有关工作的通知》指出，农业部应负责研究制定农产品分类定级等标准规范，并与相关部门共同研究探索推进以农业产业化龙头企业、农民专业合作社、家庭农场等新型农业经营主体为纽带的农产品质量安全追溯体系、诚信体系建设。《商务部办公厅关于 2013 年加强农产品流通和农村市场体系建设工作的通知》提出，支持农村现代市场体系建设，引导大型流通企业进入农村，实施万村千乡市场工程，完善农村流通设施，发展现代流通方式和技术，建立适应城镇化的农村日用消费品流通体系、农资流通体系、物流配送体系、社会化服务体系和流通信息体系。《商务部关于加强集散地农产品批发市场建设的通知》提出，加强市场信息系统建设，完善交易信息采集、分析、处理和发布机制；健全覆盖全国集散地农产品批发市场的信息网络，促进市场间交易数据的互联互通和信息共享，编制发布信息指数，引导农业生产，指导市场交易。

诚信是市场的灵魂，社会诚信体系建设需要政府的倡导与支持。2013 年的《政府工作报告》指出，推动诚信体系建设，以政务诚信带动商务诚信和社会诚信，形成良好的社会风尚。《国务院办公厅关于印发 2013 年全国打击侵犯知识产权和制售假冒伪劣商品工作要点的通知》（国办发〔2013〕36 号）提出，要编制社会信用体系建设规划纲要。加快质量信用征信体系建设，逐步

完善全国企业质量信用档案、产品质量信用信息平台,推动质量信用信息社会共享,推进企业信用分级分类监管,引导行业协会做好行业信用评价。《国务院办公厅关于印发 2013 年食品安全重点工作安排的通知》(国办发〔2013〕25 号)指出,要加强食品安全诚信体系建设,提出进一步加强食品安全信用体系建设工作的指导意见,完善诚信信息共享机制和失信行为联合惩戒机制;建立实施"黑名单"制度,公布失信食品企业名单,促进行业自律;加快规模以上乳制品、肉类食品加工企业和酒类流通企业诚信管理体系建设。

(四)加强基础设施建设,保障供应能力

加快流通产业发展,要坚持发挥市场作用与完善政府职能相结合,既充分发挥市场配置资源的基础性作用,又切实提升政府公共服务能力,统筹规划农产品流通设施布局,加强对公益性市场等流通设施建设的支持。

2013 年"中央一号文件"提出统筹规划农产品市场流通网络布局,重点支持重要农产品集散地、优势农产品产地市场建设;加快推进以城市标准化菜市场、生鲜超市、城乡集贸市场为主体的农产品零售市场建设。《国务院办公厅关于印发降低流通费用提高流通效率综合工作方案的通知》指出,保障必要的流通行业用地,"城市人民政府在制定调整土地规划、城市规划时,要优先保障农产品批发市场、农贸市场、社区菜市场和便民生活服务网点用地。严格控制将社区便民商业网点改作其他用途。鼓励地方政府以土地作价入股、土地租赁等形式支持农产品批发市场建设。鼓励各地选择合适区域、时段,开辟免摊位费、场地使用费、管理费的早市、晚市、周末市场、流动蔬菜车等临时交易场所和时段市场,其用地可按临时用地管理"。《商务部办公厅关于 2013 年加强农产品流通和农村市场体系建设工作的通知》提出,要重点支持加强农产品流通基础设施支撑体系、产销衔接促进体系、流通信息服务体系和流通技术保障体系建设等内容,突出农产品流通的公益性,倡导有条件的地区出台并落实公益性农产品市场建设规划;重点加强集散地和销地大型农产品批发市场、位于流通节点的大型农产品公共物流配送设施,以及农产品公共服务信息等主要农产品流通基础设施建设。2013 年 4 月商务部下发《商务部关于加强集散地农产品批发市场建设的通知》提出,力争经过 3~5 年的发展,在全国

打造一批具有国内外影响力的国家级农产品集散中心、价格形成中心、物流加工配送中心和国际农产品展销中心。培育一批市场规模大、辐射力强、具备区域性集散功能的农产品批发市场。

物流产业是农产品流通产业的重要组成部分，2013 年"中央一号文件"提出，要加强粮油仓储物流设施建设，发展农产品冷冻贮藏、分级包装、电子结算；健全覆盖农产品收集、加工、运输、销售各环节的冷链物流体系。《国务院办公厅关于印发降低流通费用提高流通效率综合工作方案的通知》提出，完善运输超限的不可解体物品车辆管理办法，引导物流企业合法装载，规范交通运输领域执法行为；指出城市配送车辆管理指导意见，为配送车辆进入城区道路行驶提供通行便利；鼓励发展统一配送、共同配送、夜间配送，降低配送成本。《商务部关于加强集散地农产品批发市场建设的通知》提出，要与大进大出的吞吐能力相适应，积极发展现代仓储物流，加快完善集配、储藏、理货、再包装、运输等中转批发配套设施；大力提升冷藏储运的标准化、信息化和自动化水平，增强全程冷链物流配套能力。

（五）培育新型经营主体，增强流通企业竞争力

农产品流通主体是指介于农产品生产者与消费者之间，参与农产品流通的各类组织。目前，农产品流通主体呈多元化格局。在参与农产品流通的各类市场主体中，相继出现了农村经纪人、农产品运销大户、农民专业合作社和相关龙头企业设立的"公司＋农户"合作组织等诸多形式的流通组织。推动新型农民合作组织发展并发挥其作用是增强经营主体竞争力，降低市场风险的有效措施。2013 年"中央一号文件"提出，要大力支持发展多种形式的新型农民合作组织，按照积极发展、逐步规范、强化扶持、提升素质的要求，加大力度、加快步伐发展农民合作社，切实提高引领带动能力和市场竞争能力。《国务院办公厅关于保障近期蔬菜市场供应和价格基本稳定的紧急通知》提出，商务、农业部门和供销合作社要积极引导产区农民专业合作社、农业产业化龙头企业与超市等大型流通企业和学校、酒店等最终用户对接，加大蔬菜直采量。《商务部关于加强集散地农产品批发市场建设的通知》提出，依托农产品批发市场培育一批有影响力的批发企业、流通加工企业和冷链物流企业。《关

于 2013 年加强农产品流通和农村市场体系建设工作的通知》指出，在加强农产品流通和农村市场体系建设工作中通过发挥骨干企业和项目的区域示范、引领和支撑作用，加快完善农产品流通和农村市场体系。财政部在《关于印发〈中央财政农民专业合作组织发展资金管理办法〉的通知》（财农〔2013〕156号）中指出，加强和规范中央财政农民专业合作组织发展资金使用管理，明确合作组织发展资金重点支持的范围，包括引进新品种和推广新技术，提供专业技术、管理知识培训及服务，组织标准化生产，农产品初加工、整理、储存和保鲜，获得认证、品牌培育、市场营销和信息咨询等服务，推动农民专业合作组织创新发展，改善服务手段和提高管理水平的其他事项。

部分省份也出台了更加具有可操作性的意见。为加快发展各类合作社和区域性、行业性的农民专业合作联合社，天津市专门出台了《天津市人民政府办公厅关于促进我市农民专业合作社加快发展的意见》（津政办发〔2013〕13号），提出逐步建立以各类合作社为基础，联合社为龙头的系统化、规模化的合作社组织体系，主要产品基本实现统一生产技术标准、统一投入品供应、统一质量认证、统一品牌注册和产品包装、统一组织销售的"五统一"生产经营组织化标准；合作社成员收入水平要比当地经营同类产业的未入社农民提高30%以上。安徽省出台了《安徽省人民政府关于深化农村综合改革示范试点工作的指导意见》专门提出发展提升农民合作社，依托优势产业和特色产品，组建各类合作社；培育壮大农业产业化龙头企业，支持龙头企业通过兼并、重组、收购、控股等方式组建大型企业集团；推动龙头企业与农户建立紧密型利益联结机制，采取保底收购、股份分红、利润返还等方式，使农户更多分享加工销售利益。

（六）继续做好农产品市场调控，保障市场稳定运行

2013 年"中央一号文件"提出要完善农产品市场调控。充分发挥价格对农业生产和农民增收的激励作用，按照生产成本加合理利润的原则，继续提高小麦、稻谷最低收购价，适时启动玉米、大豆、油菜籽、棉花、食糖等农产品临时收储。优化粮食等大宗农产品储备品种结构和区域布局，完善粮、棉、油、糖进口转储制度。健全重要农产品市场监测预警机制，认真执行生猪市场

价格调控预案，改善鲜活农产品调控办法。完善农产品进出口税收调控政策，加强进口关税配额管理，健全大宗品种进口报告制度，强化敏感品种进口监测。推动进口来源多元化，规范进出口秩序，打击走私行为。加强和完善农产品信息统计发布制度，建立市场调控效果评估制度。扩大农资产品储备品种。

国家发改委、财政部、国家粮食局、中国农业发展银行、中国储备粮管理总公司于 2013 年 5 月联合下发《关于印发 2013 年小麦最低收购价执行预案的通知》（发改经贸〔2013〕947 号），要求认真做好 2013 年小麦最低收购价执行预案的各项准备和组织实施工作，指导各收购主体有序入市收粮；9 月下发《关于印发 2013 年中晚稻最低收购价执行预案的通知》（发改经贸〔2013〕1836 号），要求积极组织企业入市收购，多措并举扩大收储能力并且加强政策执行检查，规范收储行为。11 月，国家发改委、国家粮食局、财政部、中国农业发展银行联合下发《关于 2013 年东北地区国家临时存储玉米和大豆收购有关问题的通知》（国粮调〔2013〕265 号），对临时收储玉米、大豆的价格、质量、收库点、收购时间、收购资金等做出了明确具体的规定。11 月财政部等 4 部门联合下发了《关于印发〈采购东北地区 2013 年新产粳稻和玉米费用补贴管理办法〉的通知》（财建〔2013〕826 号），对补贴使用进行了规范。

（七）强化监管体系建设，提升农产品质量安全水平

民以食为天、食以安为先，食品安全是关乎人人的重大基本民生问题。要加强食品安全监管，提升食品安全保障水平。

1. 建立长效机制

2013 年"中央一号文件"提出要改革和健全食品安全监管体制，加强综合协调联动，落实从田头到餐桌的全程监管责任，加快形成符合国情、科学完善的食品安全体系。《国务院批转发展改革委关于 2013 年深化经济体制改革重点工作意见的通知》（国发〔2013〕20 号）提出，要建立最严格的覆盖生产、流通、消费各环节的食品药品安全监管制度；建立健全部门间、区域间食品药品安全监管联动机制；完善食品药品质量标准和安全准入制度；充分发挥群众监督、舆论监督作用，全面落实食品安全投诉举报机制；建立实施黑名单制度，形成有效的行业自律机制。《国务院办公厅关于加强农产品质量安全监管

工作的通知》（国办发〔2013〕106 号）提出，要加强对农产品生产经营的服务指导和监督检查，督促生产经营者认真执行安全间隔期（休药期）、生产档案记录等制度。

2. 提升监管水平

2013 年"中央一号文件"要求支持农产品批发市场食品安全检测室（站）建设，补助检验检测费用；健全基层食品安全工作体系，加大监管机构建设投入，全面提升监管能力和水平。《国务院批转发展改革委关于 2013 年深化经济体制改革重点工作意见的通知》也提出，要加强基层监管能力建设。《国务院办公厅关于加强农产品质量安全监管工作的通知》要求，各级农业部门要加强农产品种植养殖环节质量安全监管，切实担负起农产品从种植养殖环节到进入批发、零售市场或生产加工企业前的质量安全监管职责。《国务院办公厅关于印发 2013 年食品安全重点工作安排的通知》提出，要开展对私屠滥宰和"注水肉"等违法违规行为专项整治；严格屠宰行业准入，加强定点屠宰企业资格证牌使用管理；规范屠宰检疫和肉品品质检验行为，落实"两章两证"（即肉品品质检验合格章、生猪检疫合格验讫章、肉品品质检验合格证、动物检疫合格证明）制度，严惩重处只收费不检疫等违法行为，严厉打击销售未经检疫检验或检疫检验不合格肉品的违法行为；坚决取缔私屠滥宰窝点；严惩收购加工病死畜禽、向畜禽注水或注入其他物质等违法违规行为；加强对农贸市场和超市等生鲜肉经营场所、肉制品加工企业和餐饮服务单位等生鲜肉采购单位的监督检查，督促落实进货查验、索证索票制度；支持农贸市场检验检测站建设，补助检验检测经费；严格检验机构管理，规范委托检验行为；规范食品快速检测试剂及设备的技术认定，明确生产资质要求；继续推动提升食品企业检测水平。

3. 健全追溯制度

2013 年"中央一号文件"提出要健全农产品质量安全和食品安全追溯体系。《国务院办公厅关于加强农产品质量安全监管工作的通知》提出，要加强检验检测和行政执法，推动农产品收购、储存、运输企业建立健全农产品进货查验、质量追溯和召回等制度。《国务院办公厅关于印发 2013 年食品安全重点工作安排的通知》提出，要推进食品安全监管信息化建设；根据国家重大信息化工程建设规划，充分利用现有信息化资源，按照统一的设计要求和技术标准，建设国家食品安全信息平台，在 2013 年年底前，完成主系统和子系统的总体规划和设计；统筹规划建设食品安全电子追溯体系，统一追溯编码，确保追溯链条的完整性和兼容性，重点加快婴幼儿配方乳粉和原料乳粉、肉类、蔬菜、酒类、保健食品电子追溯系统建设。

二　2013 年我国农产品流通政策的新特点

（一）注重政策的执行，强调政府监管责任

2013 年，国务院、各部门、各地方政府出台的流通政策基本上是对《国务院关于深化流通体制改革加快流通产业发展的意见》、2013 年"中央一号文件"的配套、分解、细化、落实，注重制定政策执行的具体举措。《国务院办公厅关于印发深化流通体制改革加快流通产业发展重点工作部门分工方案的通知》（以下简称《分工方案》）将深化流通领域改革 15 项 48 条工作任务细化分工到各部门，并要求有关部门按照《分工方案》的要求，将涉及本部门的工作进一步分解和细化，抓紧制定具体落实措施；同一项工作涉及多个部门的，牵头部门要加强协调，部门间要主动密切协作。《国务院办公厅关于落实中共中央国务院关于加快发展现代农业进一步增强农村发展活力若干意见有关政策措施分工的通知》（国办函〔2013〕34 号）将 13 条流通政策分派到国家发改委、农业部、商务部、财政部等 15 个部门，并要求在分工任务中，属于制度建设的，要抓紧研究，提出方案；属于项目实施的，要尽快制订具体落实方案和进度安排；属于原则性要求的，要认真调查研究，提出加强和推进有关工作的意见和措施。国家发改委会同工信部、公安部等 16 个部门出台了《降低流通费用提高流通效率综合工作方案》，提出了十大项具体落实措施。各地也纷纷出台本地配套政策，落实国务院有关精神。吉林省出台了《加快流通产业发展的流通意见》（吉政发〔2013〕11 号），安徽省制定了《深化流通体制改革加快流通产业发展重点工作分工方案》（皖政办秘〔2013〕119 号），福建省下发了《福建省人民政府关于加快流通产业发展若干措施的通知》（闽

政〔2013〕25号），江西省出台了《江西省人民政府办公厅关于进一步降低流通费用提高流通效率的实施意见》（赣府厅发〔2013〕6号）、《江西省人民政府关于加快流通产业发展的实施意见》（赣府发〔2013〕9号），山东省出台了《山东省人民政府关于加快现代流通业发展的意见》（鲁政发〔2014〕3号）、《山东省人民政府办公厅关于印发降低流通费用提高流通效率综合实施方案的通知》（鲁政办发〔2013〕20号）。

另外，在促进流通产业发展中，政府的支持方式也在转变，注重用市场经济的手段引导资源、资金流入流通产业，政府的投入主要体现在税费减免、建设公益性质的基础设施、人才培养等方面；同时，政府也加强了市场监管、规范管理、体制机制建设等方面的力度，使流通产业发展走上规范化、科学化、可持续发展道路。《国务院办公厅关于印发降低流通费用提高流通效率综合工作方案的通知》强调了政府监管在降低流通费用中作用，提出要强化零售商供应商交易监管，制定零售商供应商公平交易管理的法规，清理整顿大型零售企业向供应商违规收费，规范促销服务费；加强供水、供电、供气、供热、铁路、邮政等行业重点行业价格和收费监管；加大价格监督检查和反垄断监管力度，加强价格监管力量，组织开展专项检查，监督各项价格收费政策执行情况。

（二）更加注重顶层设计，政策持续性进一步加强

从2012年开始，农产品流通领域政策的制定基本摒弃了以往"头痛医头，脚痛医脚"的模式，注重全局筹划、顶层设计，着眼于整个市场的现实需求和未来发展制定政策。国务院及其各部门出台的政策上下一致，左右呼应，体现出政策制定的一致性和逻辑性。这样形成的政策体系避免了多头政令，便于地方政府在基层落实执行。如2013年"中央一号文件"针对农产品市场流通提出三个重点，即提高农产品流通效率、完善农产品市场调控和提升食品安全水平，国务院下发《国务院办公厅关于落实中共中央国务院关于加快发展现代农业进一步增强农村发展活力若干意见有关政策措施分工的通知》《国务院办公厅关于印发降低流通费用提高流通效率综合工作方案的通知》《深化流通体制改革加快流通产业发展重点工作部门分工方案》《国务院办公厅关于加强农产品质量安全监管工作的通知》等有关政策后，农业部、国家发改委、商

务部、财政部等部门也下发了相关措施，进一步分工、细化。

这些政策还体现出很强的持续性，政策重点和基调基本与 2012 年保持一致。从"中央一号文件"来看，2012 年提出农产品流通领域的重点是"加强农产品流通设施建设""创新农产品流通方式""完善农产品市场调控"，2013 年的表述与 2012 年几近一致。此外，各部门的具体措施也基本上是对 2012 年出台政策的进一步深化、推进，如流通基础设施投入、"绿色通道"政策、税费减免政策等。我们可以预测，在未来一段时间内，农产品流通政策提出的总体规划不会有太大变化，每年强调的重点领域和薄弱环节会有所调整，各有侧重。

（三）物联网和农产品电子商务成为新亮点

2013 年，政府对物联网和农产品电子商务的关注明显加强。多个文件肯定了农产品电子商务的重要意义和作用。2013 年"中央一号文件"提出要大力培育现代流通方式和新型流通业态，发展农产品网上交易、连锁分销和农民网店。《商务部关于促进电子商务应用的实施意见》（商电函〔2013〕911 号）提出到 2015 年，使电子商务成为重要的社会商品和服务流通方式，电子商务交易额超过 18 万亿元，应用电子商务完成进出口贸易额力争达到我国当年进出口贸易总额的 10% 以上，网络零售额相当于社会消费品零售总额的 10% 以上，促进电子商务服务业实现规模化、产业化、规范化发展。电子商务的出现使生产者在一级市场与消费者面对面成为现实，农产品流通要抓住这一契机，应对这一趋势，与时俱进，创新服务方式，开辟农产品流通的崭新领域。《工商总局关于加快促进流通产业发展的若干意见》（工商市字〔2013〕112 号）指出，要积极推动电子商务健康发展。积极支持鼓励流通企业发展网络商品交易，努力扶持培养一批专业化、市场化程度高的网络市场主体，促进传统交易模式和网络交易的融合发展；支持鼓励中小企业和公民个人开展网上商品交易，引导和促进中小企业发展和个人创业；积极支持农业龙头企业、农产品批发市场建立农产品网上交易市场，开展农产品网上集中交易活动，实现传统市场升级转型；支持鼓励网络商品交易平台向农村延伸、发展，提高农村市场流通效率，方便农民群众生活。

（四）将农产品流通过程质量安全控制纳入重要日程

近年来食品安全事件频发，食品安全成为人民群众关注和担忧的领域，党和国家领导也非常关注食品安全问题，习近平总书记在农村工作会议上指出，"食品安全是对执政能力的重大考验"，李克强总理在国务院食品安全委员会第五次全体会议上指出：筑牢食品安全防线，确保人民群众"舌尖上的安全"。加强流通环节食品质量安全监管十分必要。2013 年"重典治乱"，重拳出击整治食品安全，"中央一号文件"将"提升食品安全水平"作为重点任务提出，强调要改革和健全食品安全监管体制，加强综合协调联动，落实从田头到餐桌的全程监管责任，加快形成符合国情、科学完善的食品安全体系。国务院连续出台了《国务院办公厅关于加强农产品质量安全监管工作的通知》《2013 年食品安全重点工作安排》《国务院关于落实〈政府工作报告和国务院第一次全体会议精神〉重点工作部门分工的意见》《国务院办公厅关于落实中共中央国务院关于加快发展现代农业进一步增强农村发展活力若干意见有关政策措施分工的通知》，对加强食品安全工作进行部署，强调要建立长效机制、提高监管水平、构建追溯制度，从源头上管理食品安全。

各部门、各地方也非常重视流通环节食品安全工作，加强对农产品生产经营的服务指导和监督检查，加强检验检测和行政执法，推动农产品收购、储存、运输企业建立健全农产品进货查验、质量追溯和召回等制度，加强农业投入品使用指导，加强宣传和科普教育，普及农产品质量安全法律法规和科学知识，提高生产经营者和消费者的质量安全意识，在一定程度上遏制了食品安全恶化的态势。

三　当前我国农产品流通政策中存在的主要问题及建议

虽然近年来我国农产品流通政策日益完善，在农产品流通网络、机制建设等方面成效明显，但总体而言，农产品流通环节的政策体系还存在着诸多问题。

（一）存在的主要问题

1. 重硬件轻软件的倾向仍未扭转

在农产品流通网络建设中存在的"重硬件、轻软件"的倾向没有得到缓解。各级政府对农产品批发市场的信息化建设投入大量资金支持，使批发市场的基础设施改善明显，但是电子结算系统、市场信息采集发布系统、农产品质量安全检测体系等存在闲置和低效利用的现象仍然严重。政府扶持企业建设，企业从中获得低成本资金进行设施改造，但由于企业并没有动力去使用新技术或者执行相关规定，在硬件条件得到较大改善的同时，软件系统并未能同步使用。

2. 对配送网络建设的支持不足

目前政策对产地批发市场的支持力度较大，但对中心批发市场、物流枢纽、农产品公共集配中心等关键节点及农产品冷链物流、销区物流配送中心、社区零售商业等薄弱环节的政策支持仍然不足，妨碍农产品供应链或农产品流通网络功能的优化。

3. 调控政策对市场形成干扰

2013 年，农产品市场调控政策继续升级，小麦、水稻的支持价格和玉米、棉花、大豆的临储价格水平进一步提高。2013 年生产的小麦（三等）最低收购价提高到每 50 公斤 112 元，比 2012 年提高 10 元，提价幅度为 9.8%；2013 年生产的早籼稻（三等，下同）、中晚籼稻和粳稻最低收购价格分别提高到每 50 公斤 132 元、135 元和 150 元，比 2012 年分别提高 12 元、10 元和 10 元，提价幅度分别为 10.0%、8.0% 和 7.1%；国家临时存储玉米挂牌收购价格（国标三等质量标准）为每市斤内蒙古、辽宁 1.13 元，吉林 1.12 元，黑龙江 1.11 元，较上年提价 0.06 元；国家临时存储大豆挂牌收购价格（国标三等质量标准）为每市斤 2.30 元，与上年持平；棉花临时收储价格每吨再次上调 800 元，达到 20400 元。对农产品市场和价格的调控，效果差强人意。对大宗农产品的价格支持政策，无论是保护价政策、最低收购价政策还是临储政策，都造成了国内农产品向国有农产品储备部门集中，使得储备部门压力大，财政部门资金大量占用，中下游产业苦不堪言。补贴后的高价格助推了农产品进口量的快速增加，严重影响了市场机制作用的发挥。

4. 确保农产品批发市场公益性地位的政策尚不完善

农产品批发市场的公益性地位得到一定程度认同，但确保农产品批发市场公益性地位的政策尚不完善。

伴随农业现代化和城镇化的发展，我国农产品批发市场建设取得了明显成效，现有农产品批发市场已承担起 70% 以上的农产品流通任务。但是，长久以来，农产品批发市场一直是"谁投资、谁管理、谁受益"，主要是营利性质的。农产品批发市场完全按照企业性质开办，在市场化的运作中，随着土地、人工等成本不断上升，入门费、摊位费、管理费等在批发市场的主要支出随之大幅增长，收费环节多、收费高。据调查数据显示，蔬菜从批发市场到零售市场的流通环节中，市场管理费和摊位费占总流通成本的 44.75%，接近一半。

（二）政策建议

制定农产品市场法，规范农产品批发市场的开办形式、规划布局、功能以及政府责任成为需要解决的重要政策问题。

1. 支持中心批发市场和骨干零售商作为农产品供应链核心企业发挥作用

在支持农产品流通关键节点和薄弱环节建设中，应把支持农产品批发市场建设，放在比支持超市等大型零售商更为突出的地位。要将支持批发市场的重点，放在以优势农产品产业带为重点的产地专业化批发市场和以大城市、特大城市为重点的销地综合化批发市场上。与此同时，加强对农产品产销直接挂钩的支持，鼓励大型超市等大型零售商和销区农产品配送中心的支持。

2. 支持农产品物流枢纽、公共集配中心和电子商务平台的建设

农产品中心批发市场和骨干零售商是农产品流通体系的关键节点。支持农产品流通体系的关键节点建设，应优先支持其在推进农产品流通标准化、信息化改造和诚信环境建设中发挥先行示范和骨干带动作用，更好地促进农产品供应链或农产品流通网络中不同流通渠道、不同流通环节之间标准化、信息化的协调衔接或互联互通，更好地增强其系统功能。

3. 优先支持农产品流通融资渠道的拓展和服务能力的提升

加强对农产品冷链物流、销区配送中心、社区零售商业等薄弱环节以及对农产品供应链核心企业和流通关键节点、薄弱环节建设的支持，要考虑支持其

"做大做强",发挥其对农产品流通网络建设的辐射功能和流通产业发展方式转变的骨干带动作用,增强农产品供应链或农产品流通网络的整体功能,加快推进农产品流通体系建设由设施导向、主体导向向功能导向的转变,更好地增强农产品流通体系的综合功能和公益性质。

4. 积极开展公益性农产品市场实现形式和运行机制相关试点和示范活动

建议中央或省级财政通过设立专项资金,或在相关财政支持项目中单列的方式,围绕公益性市场实行形式和运行机制、现有市场向公益性市场转型以及农产品市场体系建设不同类型市场关系的处理等问题,鼓励开展试点、创建试验区和引导示范等活动。在今后相当长的时期内,农产品市场要维持公益性市场、经营性市场和半公益性市场并存、竞争发展的格局。

法律声明

　　"皮书系列"（含蓝皮书、绿皮书、黄皮书）之品牌由社会科学文献出版社最早使用并持续至今，现已被中国图书市场所熟知。"皮书系列"的LOGO（　）与"经济蓝皮书""社会蓝皮书"均已在中华人民共和国国家工商行政管理总局商标局登记注册。"皮书系列"图书的注册商标专用权及封面设计、版式设计的著作权均为社会科学文献出版社所有。未经社会科学文献出版社书面授权许可，任何使用与"皮书系列"图书注册商标、封面设计、版式设计相同或者近似的文字、图形或其组合的行为均系侵权行为。

　　经作者授权，本书的专有出版权及信息网络传播权为社会科学文献出版社享有。未经社会科学文献出版社书面授权许可，任何就本书内容的复制、发行或以数字形式进行网络传播的行为均系侵权行为。

　　社会科学文献出版社将通过法律途径追究上述侵权行为的法律责任，维护自身合法权益。

　　欢迎社会各界人士对侵犯社会科学文献出版社上述权利的侵权行为进行举报。电话：010－59367121，电子邮箱：fawubu@ssap.cn。

社会科学文献出版社

权威报告・热点资讯・特色资源

皮书数据库
ANNUAL REPORT(YEARBOOK)
DATABASE

当代中国与世界发展高端智库平台

S 子库介绍
ub-Database Introduction

中国经济发展数据库

涵盖宏观经济、农业经济、工业经济、产业经济、财政金融、交通旅游、商业贸易、劳动经济、企业经济、房地产经济、城市经济、区域经济等领域，为用户实时了解经济运行态势、把握经济发展规律、洞察经济形势、做出经济决策提供参考和依据。

中国社会发展数据库

全面整合国内外有关中国社会发展的统计数据、深度分析报告、专家解读和热点资讯构建而成的专业学术数据库。涉及宗教、社会、人口、政治、外交、法律、文化、教育、体育、文学艺术、医药卫生、资源环境等多个领域。

中国行业发展数据库

以中国国民经济行业分类为依据，跟踪分析国民经济各行业市场运行状况和政策导向，提供行业发展最前沿的资讯，为用户投资、从业及各种经济决策提供理论基础和实践指导。内容涵盖农业，能源与矿产业，交通运输业，制造业，金融业，房地产业，租赁和商务服务业，科学研究环境和公共设施管理，居民服务业，教育，卫生和社会保障，文化、体育和娱乐业等 100 余个行业。

中国区域发展数据库

以特定区域内的经济、社会、文化、法治、资源环境等领域的现状与发展情况进行分析和预测。涵盖中部、西部、东北、西北等地区，长三角、珠三角、黄三角、京津冀、环渤海、合肥经济圈、长株潭城市群、关中—天水经济区、海峡经济区等区域经济体和城市圈，北京、上海、浙江、河南、陕西等 34 个省份及中国台湾地区。

中国文化传媒数据库

包括文化事业、文化产业、宗教、群众文化、图书馆事业、博物馆事业、档案事业、语言文字、文学、历史地理、新闻传播、广播电视、出版事业、艺术、电影、娱乐等多个子库。

世界经济与国际政治数据库

以皮书系列中涉及世界经济与国际政治的研究成果为基础，全面整合国内外有关世界经济与国际政治的统计数据、深度分析报告、专家解读和热点资讯构建而成的专业学术数据库。包括世界经济、世界政治、世界文化、国际社会、国际关系、国际组织、区域发展、国别发展等多个子库。

"瘦"了，假西湖之名以行，"雅得这样俗"，老实说，我是不喜欢的。下船的地方便是护城河，曼衍开去，曲曲折折，直到平山堂，——这是你们熟悉的名字——有七八里河道，还有许多杈杈桠桠的支流。这条河其实也没有顶大的好处，只是曲折而有些幽静，和别处不同。

沿河最著名的风景是小金山，法海寺，五亭桥；最远的便是平山堂了。金山你们是知道的，小金山却在水中央。在那里望水最好，看月自然也不错——可是我还不曾有过那样福气。"下河"的人十之九是到这儿的，人不免太多些。法海寺有一个塔，和北海的一样，据说是乾隆皇帝下江南，盐商们连夜督促匠人造成的。法海寺著名的自然是这个塔；但还有一桩，你们猜不着，是红烧猪头。夏天吃红烧猪头，在理论上也许不甚相宜；可是在实际上，挥汗吃着，倒也不坏的。五亭桥如名字所示，是五个亭子的桥。桥是拱形，中一亭最高，两边四亭，参差相称；最宜远看，或看影子，也好。桥洞颇多，乘小船穿来穿去，另有风味。平山堂在蜀冈上。登堂可见江南诸山淡淡的轮廓；"山色有无中"一句话，我看是恰到好处，并不算错。这里游人较少，闲坐在堂上，可以永日。沿路光景，也以闲寂胜。从天宁门或北门下船，蜿蜒的城墙，在水里倒映着苍黝的影子，小船悠然地撑过去，岸上的喧扰像没有似的。

船有三种：大船专供宴游之用，可以狎妓或打牌。小时候常跟了父亲去，在船里听着谋得利洋行的唱片。现在这样乘船的大概少了吧？其次是"小划子"，真像一瓣西瓜，由一个男人或女人用竹篙撑着。乘的人多了，便可雇两只，前后用小凳子跨着：这也可算得"方舟"了。后来又有一种"洋划"，比大船小，比"小划子"大，上支布篷，可以遮日遮雨。"洋划"渐渐地多，大船渐渐地少，然而"小划子"总是有人要的。这不独因为价钱最贱，也因为它的伶俐。一个人坐在船中，让一个人站在船尾上用竹篙一下一下地撑着，简直是一首唐诗，或一幅山水画。而有些好事的少年，愿意自己撑船，也非"小划子"不行。"小划子"虽然便宜，却也有些分别。譬如说，你们也可想到的，女人撑船总要贵些；姑娘撑的自然更要贵啰。这些撑船的女子，便是有人说过的"瘦西湖上的船娘"。船娘们的故事大概不少，但我不很知道。据说以乱头粗服，风趣天然为胜；中年而有风趣，也仍然算好。可是起初原是逢场作戏，或尚不伤廉惠；以后居然有了价格，便觉意味索然了。

北门外一带，叫做下街，"茶馆"最多，往往一面临河。船行过时，茶客与乘客可以随便招呼说话。船上人若高兴时，也可以向茶馆中要一壶茶，或一两种"小笼点心"，在河中喝着，吃着，谈着。回来时再将茶壶和所谓小笼，连价款一并交给茶馆中人。撑船的都与茶馆相熟，他们不怕你白吃。扬州的小笼点心实在不错：我离开扬州，也走过七八处大大小小的地方，还没有吃过那样好的点心；这其实是值得惦记的。茶馆的地方大致总好，名字也颇有好的。如香影廊，绿杨村，红叶山庄，都是到现在还记得的。绿杨村的幌子，挂在绿杨树上，随风飘展，使人想起"绿杨城郭是扬州"的名句。里面还有小池，丛竹，茅亭，景物最幽。

这一带的茶馆布置都历落有致，迥非上海，北平方方正正的茶楼可比。

"下河"总是下午。傍晚回来，在暮霭朦胧中上了岸，将大褂折好搭在腕上，一手微微摇着扇子；这样进了北门或天宁门走回家中。这时候可以念"又得浮生半日闲"那一句诗了。

看　花

　　生长在大江北岸一个城市里，那儿的园林本是著名的，但近来却很少；似乎自幼就不曾听见过"我们今天看花去"一类话，可见花事是不盛的。有些爱花的人，大都只是将花栽在盆里，一盆盆搁在架上；架子横放在院子里。院子照例是小小的，只够放下一个架子；架上至多搁二十多盆花罢了。有时院子里依墙筑起一座"花台"，台上种一株开花的树；也有在院子里地上种的。但这只是普通的点缀，不算是爱花。

　　家里人似乎都不甚爱花；父亲只在领我们上街时，偶然和我们到"花房"里去过一两回。但我们住过一所房子，有一座小花园，是房东家的。那里有树，有花架（大约是紫藤花架之类），但我当时还小，不知道那些花木的名字；只记得爬在墙上的是蔷薇而已。园中还有一座太湖石堆成的洞门；现在想来，似乎也还好的。在那时由一个顽皮的少年仆人领了我去，却只知道跑来跑去捉蝴蝶；有时掐下几朵花，也只是随意揉弄着，随意丢弃了。至于领略花的趣味，那是以后的事：夏天的早晨，我们那地方有乡下的姑娘在各处街巷，沿门叫着，"卖栀子花来。"栀子花不是什么高品，但我喜欢那白而晕黄的颜色和那肥肥的个儿，正和那些卖花的姑娘有着相似的韵味。栀子花的香，浓而不烈，清而不淡，也是我乐意的。我这样便爱起花来了。也许有人会问，"你爱的不是花吧？"这个我自己其实也已不大弄得清楚，只好存而不论了。

在高小的一个春天，有人提议到城外F寺里吃桃子去，而且预备白吃；不让吃就闹一场，甚至打一架也不在乎。那时虽远在五四运动以前，但我们那里的中学生却常有打进戏园看白戏的事。中学生能白看戏，小学生为什么不能白吃桃子呢？我们都这样想，便由那提议人纠合了十几个同学，浩浩荡荡地向城外而去。到了F寺，气势不凡地呵叱着道人们（我们称寺里的工人为道人），立刻领我们向桃园里去。道人们踌躇着说："现在桃树刚才开花呢。"但是谁信道人们的话？我们终于到了桃园里。大家都丧了气，原来花是真开着呢！这时提议人P君便去折花。道人们是一直步步跟着的，立刻上前劝阻，而且用起手来。但P君是我们中最不好惹的；"说时迟，那时快"，一眨眼，花在他的手里，道人已跟跄在一旁了。那一园子的桃花，想来总该有些可看；我们却谁也没有想着去看。只嚷着，"没有桃子，得沏茶喝！"道人们满肚子委屈地引我们到"方丈"里，大家各喝一大杯茶。这才平了气，谈谈笑笑地进城去。大概我那时还只懂得爱一朵朵的栀子花，对于开在树上的桃花，是并不了然的；所以眼前的机会，便从眼前错过了。

以后渐渐念了些看花的诗，觉得看花颇有些意思。但到北平读了几年书，却只到过崇效寺一次；而去得又嫌早些，那有名的一株绿牡丹还未开呢。北平看花的事很盛，看花的地方也很多；但那时热闹的似乎也只有一班诗人名士，其余还是不相干的。那正是新文学运动的起头，我们这些少年，对于旧诗和那一班诗人名士，实在有些不敬；而看花的地方又都远不可言，我是一个懒人，便干脆地断了那条心了。后来到杭州做事，遇见了Y君，他是新诗人兼旧诗人，看花的兴致很好。我和他常到孤山去看梅花。孤山的梅花是古今有名的，但太少；又没有临水的，人也太多。有一回坐在放鹤亭上喝茶，来了一个方面有须，穿着花缎马褂的人，用湖南口音和人打招呼道，"梅花盛开嗒！""盛"字说得特别重，使我吃了一惊；但我吃惊的也只是说在他嘴里"盛"这个声音罢了，花的盛不盛，在我倒并没有什么的。

有一回，Y来说，灵峰寺有三百株梅花；寺在山里，去的人也少。我和Y，还有N君，从西湖边雇船到岳坟，从岳坟入山。曲曲折折走了好一会，又上了许多石级，才到山上寺里。寺甚小，梅花便在大殿西边园中。园也不大，东墙下有三间净室，最宜喝茶看花；北边有座小山，山上有亭，大约叫"望海亭"吧，望海是未必，但钱塘江与西湖是看得见的。梅树确是不少，密密地低低地整列着。那时已是黄昏，寺里只我们三个游人；梅花并没有开，但那珍珠似的繁星似的骨都儿，已经够可爱了；我们都觉得比孤山上盛开时有味。大殿上正做晚课，送来梵呗的声音，和着梅林中的暗香，真叫我们舍不得回去。在园里徘徊了一会，又在屋里坐了一会，天是黑定了，又没有月色，我们向庙里要了一个旧灯笼，照着下山。路上几乎迷了道，又两次三番地狗咬；我们的Y诗人确有些窘了，但终于到了岳坟。船夫远远迎上来道："你们来了，我想你们不会冤我呢!"在船上，我们还不离口地说着灵峰的梅花，直到湖边电灯光照到我们的眼。

　　Y回北平去了，我也到了白马湖。那边是乡下，只有沿湖与杨柳相间着种了一行小桃树，春天花发时，在风里娇媚地笑着。还有山里的杜鹃花也不少。这些日日在我们眼前，从没有人像煞有介事地提议，"我们看花去。"但有一位S君，却特别爱养花；他家里几乎是终年不离的。我们上他家去，总看他在那里不是拿着剪刀修理枝叶，便是提着壶浇水。我们常乐意看着。他院子里一株紫薇花很好，我们在花旁喝酒，不知多少次。白马湖住了不过一年，我却传染了他那花的嗜好。但重到北平时，住在花事很盛的清华园里，接连过了三个春，却从未想到去看一回。只在第二年秋天，曾经和孙三先生在园里看过几次菊花。"清华园之菊"是著名的，孙三先生还特地写了一篇文，画了好些画。但那种一盆一干一花的养法，花是好了，总觉没有天然的风趣。直到去年春天，有了些余闲，在花开前，先向人问了些花的名字。一个好朋友是从知道姓名起的，我想看花也正是如此。恰好Y君也常来园中，我们一天三四趟地到那些花下去徘徊。今年Y君忙些，我便一个人去。我爱繁花老干的杏，临风婀娜的小红桃，贴梗累累如珠的紫荆；但最恋恋的是西府海棠。海棠的花繁得好，也淡得好；艳极了，却没有一丝荡意。疏疏的高干子，英气隐隐逼人。可惜没有趁着月色看过；王鹏运有两句词道："只愁淡月朦胧影，难验微波上下潮。"我想月下的海棠花，大约便是这种光景吧。为了海棠，前两天在城里特地冒了大风到中山公园去，看花的人倒也不少；但不知怎的，却忘了畿辅先哲祠。Y告我那里的一株，遮住了大半个院子；别处的都向上长，这一株却是横里伸张的。花的繁没有法说；海棠本无香，昔人常以为恨，这里花太繁了，却酝酿出一种淡淡的香气，使人久闻不倦。Y告我，正是刮了一日还不息的狂风的晚上；他是前一天去的。他说他去时地上已有落花了，这一日一夜的风，准完了。他说北平看花，是要赶着看的：春光太短了，又晴的日子多；今年算是有阴的日子了，但狂风还是逃不了的。我说北平看花，比别处有意思，也正在此。这时候，我似乎不甚菲薄那一班诗人名士了。

1930 年 4 月

我所见的叶圣陶

我第一次与圣陶见面是在民国十年的秋天。那时刘延陵兄介绍我到吴淞炮台湾中国公学教书。到了那边，他就和我说："叶圣陶也在这儿。"我们都念过圣陶的小说，所以他这样告我。我好奇地问道："怎样一个人？"出乎我的意外，他回答我："一位老先生哩。"但是延陵和我去访问圣陶的时候，我觉得他的年纪并不老，只那朴实的服色和沉默的风度与我们平日所想象的苏州少年文人叶圣陶不甚符合罢了。

记得见面的那一天是一个阴天。我见了生人照例说不出话；圣陶似乎也如此。我们只谈了几句关于作品的泛泛的意见，便告辞了。延陵告诉我每星期六圣陶总回角直去；他很爱他的家。他在校时常邀延陵出去散步；我因与他不熟，只独自坐在屋里。不久。中国公学忽然起了风潮。我向延陵说起一个强硬的办法；——实在是一个笨而无聊的办法！——我说只怕叶圣陶未必赞成。但是出乎我的意外，他居然赞成了！后来细想他许是有意优容我们吧；这真是老大哥的态度呢。我们的办法天然是失败了，

103

风潮延宕下去；于是大家都住到上海来。我和圣陶差不多天天见面；同时又认识了西谛，予同诸兄。这样经过了一个月；这一个月实在是我的很好的日子。

我看出圣陶始终是个寡言的人。大家聚谈的时候，他总是坐在那里听着。他却并不是喜欢孤独，他似乎老是那么有味地听着。至于与人独对的时候，自然多少要说些话；但辩论是不来的。他觉得辩论要开始了，往往微笑着说："这个弄不大清楚了。"这样就过去了。他又是个极和易的人，轻易看不见他的怒色。他辛辛苦苦保存着的《晨报》副张，上面有他自己的文字的，特地从家里捎来给我看；让我随便放在一个书架上，给散失了。当他和我同时发见这件事时，他只略露惋惜的颜色，随即说："由他去末哉，由他去末哉！"我是至今惭愧着，因为我知道他作文是不留稿的。他的和易出于天性，并非阅历世故，矫揉造作而成。他对于世间妥协的精神是极厌恨的。在这一月中，我看见他发过一次怒；——始终我只看见他发过这一次怒——那便是对于风潮的妥协论者的蔑视。

风潮结束了，我到杭州教书。那边学校当局要我约圣陶去。圣陶来信说："我们要痛痛快快游西湖，不管这是冬天。"他来了，教我上车站去接。我知道他到了车站这一类地方，是会觉得寂寞的。他的家实在太好了，他的衣着，一向都是家里管。我常想，他好像一个小孩子；像小孩子的天真，也像小孩子的离不开家里人。必须离开家里人时，他也得找些熟朋友伴着；孤独在他简直是有些可怕的。所以他到校时，本来是独住一屋的，却愿意将那间屋做我们两人的卧室，而将我那间做书室。这样可以常常相伴；我自然也乐意。我们不时到西湖边去；有时下湖，有时只喝喝酒。在校时各据一桌，我只预备功课，他却老是写小说和童话。初到时，学校当局来看过他。第二天，我问他，"要不要去看看他们？"他皱眉道："一定要去么？等一天吧。"后来始终没有去。他是最反对形式主义的。

那时他小说的材料，是旧日的储积；童话的材料有时却是片刻的感兴。如《稻草人》中《大喉咙》一篇便是。那天早上，我们都醒在床上，听见工厂的汽笛；他便说："今天又有一篇了，我已经想好了，来的真快呵。"那篇的艺术很巧，谁想他只是片刻的构思呢！他写文字时，往往拈笔伸纸，便手不停挥地写下去；开始及中间，停笔踌躇时绝少。他的稿子极清楚，每页至多只有三五个涂改的字。他说他从来是这样的。每篇写毕，我自然先睹为快；他往往称述结尾的适宜，他说对于结尾是有些把握的。看完，他立即封寄《小说月报》；照例用平信寄。我总劝他挂号；但他说："我老是这样的。"他在杭州不过两个月，写的真不少，教人羡慕不已。《火灾》里从《饭》起到《风潮》这七篇，还有《稻草人》中一部分，都是那时我亲眼看他写的。

在杭州待了两个月，放寒假前，他便匆匆地回去了；他实在离不开家，临去时让我告诉学校当局，无论如何不回来了。但他却到北平住了半年，也是朋友拉去的。我前些日子偶翻十一年的《晨报副刊》，看见他那时途中思家的小诗，重念了两遍，觉得怪有意思。北平回去不久，便入了商务印书馆编译部，家也搬到上海。从此在上海待下去，直到现在——中间又被朋友拉到福州一次，有一篇《将离》抒写那回的别恨，是缠绵悱恻的文字。这些日子，我在浙江乱跑，有时到上海小住，他常请了假和我各处玩儿或喝酒。有一回，我便住在他家，但我到上海，总爱出门，因此他老说没有能畅谈；他写信给我，老说这回来要畅谈几天才行。

十六年一月，我接眷北来，路过上海，许多熟朋友和我饯行，圣陶也在。那晚我们痛快地喝酒，发议论；他是照例地默着。酒喝完了，又去乱走，他也跟着。到了一处，朋友们和他开了个小玩笑；他脸上略露窘意，但仍微笑地默着。圣陶不是个浪漫的人；在一种意义上，他正是延陵所说的"老先生"。但他能了解别人，能谅解别人，他自己也能"作达"，所以仍然——也许格外——是可亲的。那晚快夜半了，走过爱多亚路，他向我诵周美成的词，"酒已都醒，如何消夜永！"我没有说什么；那时的心情，大约也不能说什么的。我们到一品香又消磨了半夜。这一回特别对不起圣陶；他是不能少睡觉的人。他家虽住在上海，而起居还依着乡居的日子；早七点起，晚九点睡。有一回我九点十分去，他家已熄了灯，关好门了。这种自然的，有秩序的生活是对的。那晚上伯祥说："圣兄明天要不舒服了。"想起来真是不知要怎样感谢才好。

第二天我便上船走了，一眨眼三年半，没有上南方去。信也很少，却全是我的懒。我只能从圣陶的小说里看出他心境的迁变；这个我要留在另一文中说。圣陶这几年里似乎到十字街头走过一趟，但现在怎么样呢？我却不甚了然。他从前晚饭时总喝点酒，"以半醺为度"；近来不大能喝酒了，却学了吹笛——前些日子说已会一出《八阳》，现在该又会了别的了吧。他本来喜欢看看电影，现在又喜欢听听昆曲了。但这些都不是"厌世"，如或人所说的；圣陶是不会厌世的，我知道。又，他虽会喝酒，加上吹笛，却不曾抽什么"上等的纸烟"，也不曾住过什么"小小别墅"，如或人所想的，这个我也知道。

1930 年 7 月　北平清华园

论无话可说

十年前我写过诗；后来不写诗了，写散文；入中年以后，散文也不大写得出了——现在是，比散文还要"散"的无话可说！许多人苦于有话说不出，另有许多人苦于有话无处说；他们的苦还在话中，我这无话可说的苦却在话外。我觉得自己是一张枯叶，一张烂纸，在这个大时代里。

在别处说过，我的"忆的路"是"平如砥""直如矢"的；我永远不曾有过惊心动魄的生活，即使在别人想来最风华的少年时代。我的颜色永远是灰的。我的职业是三个教书；我的朋友永远是那么几个，我的女人永远是那么一个。有些人生活太丰富了，太复杂了，会忘记自己，看不清楚自己，我是什么时候都"了了玲玲地"知道，记住，自己是怎样简单的一个人。

但是为什么还会写出诗文呢？——虽然都是些废话。这是时代为之！十年前正是五四运动的时期，大伙儿蓬蓬勃勃的朝气，紧逼着我这个年轻的学生；于是乎跟着人家的脚印，也说说什么自然，什么人生。但这只是些范畴而已。我是个懒人，平心而论，又不曾遭过怎样了不得的逆境；既不深思力索，又未亲自体验，范畴终于只是范畴，此外也只是廉价的，新瓶里装旧酒的感伤。当时芝麻黄豆大的事，都不惜郑重地写出来，现在看看，苦笑而已。

先驱者告诉我们说自己的话。不幸这些自己往往是简单的，说来说去是那一套；终于说的听的都腻了。——我便是其中的一个。这些人自己其实并没有什么话，只是说些中外贤哲说过的和并世少年将说的话。真正有自己的话要说的是不多的几个人；因为真正一面生活一面吟味那生活的只有不多的几个人。一般人只是生活，按着不同的程度照例生活。

这点简单的意思也还是到中年才觉出的；少年时多少有些热气，想不到这里。中年人无论怎样不好，但看事看得清楚，看得开，却是可取的。这时候眼前没有雾，顶上没有云彩，有的只是自己的路。他负着经验的担子，一步步踏上这条无尽的然而实在的路。他回看少年人那些情感的玩意，觉得一种轻松的意味。他乐意分析他背上的经验，不止是少年时的那些；他不愿远远地捉摸，而愿剥开来细细地看。也知道剥开后便没了那跳跃着的力量，但他不在乎这个，他明白在冷静中有他所需要的。这时候他若偶然说话，决不会是感伤的或印象的，他要告诉你怎样走着他的路，不然就是，所剥开的是些什么玩意。但中年人是很胆小的；他听别人的话渐渐多了，说了的他不说，说得好的他不说。所以终于往往无话可说——特别是一个寻常的人像我。但沉默又是寻常的人所难堪的，我说苦在话外，以此。

中年人若还打着少年人的调子，——姑不论调子的好坏——原也未尝不可，只总觉"像煞有介事"。他要用很大的力量去写出那冒着热气或流着眼泪的话；一个神经敏锐的人对于这个是不容易忍耐的，无论在自己在别人。这好比上了年纪的太太小姐们还涂脂抹粉地到大庭广众里去卖弄一般，是殊可不必的了。

　　其实这些都可以说是废话，只要想一想咱们这年头。这年头要的是"代言人"，而且将一切说话的都看作"代言人"；压根儿就无所谓自己的话。这样一来，如我辈者，倒可以将从前狂妄之罪减轻，而现在是更无话可说了。

　　但近来在戴译《唯物史观的文学论》里看到，法国俗语"无话可说"竟与"一切皆好"同意。呜呼，这是多么损的一句话，对于我，对于我的时代！

1931 年 3 月

给 亡 妇

　　谦，日子真快，一眨眼你已经死了三个年头了。这三年里世事不知变化了多少回，但你未必注意这些个，我知道。你第一惦记的是你几个孩子，第二便轮着我。孩子和我平分你的世界，你在日如此；你死后若还有知，想来还如此的。告诉你，我夏天回家来着：迈儿长得结实极了，比我高一个头。闰儿父亲说是最乖，可是没有先前胖了。采芷和转子都好。五儿全家夸她长得好看；却在腿上生了湿疮，整天坐在竹床上不能下来，看了怪可怜的。六儿，我怎么说好，你明白，你临终时也和母亲谈过，这孩子是只可以养着玩儿的，他左挨右挨去年春天，到底没有挨过去。这孩子生了几个月，你的肺病就重起来了。我劝你少亲近他，只监督着老妈子照管就行。你总是忍不住，一会儿提，一会儿抱的。可是你病中为他操的那一份儿心也够瞧的。那一个夏天他病的时候多，你成天儿忙着，汤呀，药呀，冷呀，暖呀，连觉也没有好好儿睡过。哪里有一分一毫想着你自己。瞧着他硬朗点儿你就乐，干枯的笑容在黄蜡般的脸上，我只有暗中叹气而已。

从来想不到做母亲的要像你这样。从迈儿起，你总是自己喂乳，一连四个都这样。你起初不知道按钟点儿喂，后来知道了，却又弄不惯；孩子们每夜里几次将你哭醒了，特别是闷热的夏季。我瞧你的觉老没睡足。白天里还得做菜，照料孩子，很少得空儿。你的身子本来坏，四个孩子就累你七八年。到了第五个，你自己实在不成了，又没乳，只好自己喂奶粉。另雇老妈子专管她。但孩子跟老妈子睡，你就没有放过心；夜里一听见哭，就竖起耳朵听，工夫一大就得过去看。十六年初，和你到北京来，将迈儿，转子留在家里；三年多还不能去接他们，可真把你惦记苦了。你并不常提，我却明白。你后来说你的病就是惦记出来的；那个自然也有份儿，不过大半还是养育孩子累的。你的短短的十二年结婚生活，有十一年耗费在孩子们身上；而你一点不厌倦，有多少力量用多少，一直到自己毁灭为止。你对孩子一般儿爱，不问男的女的，大的小的。也不想到什么"养儿防老，积谷防饥"，只拼命的爱去。你对于教育老实说有些外行，孩子们只要吃得好玩得好就成了。这也难怪你，你自己便是这样长大的。况且孩子们原都还小，吃和玩本来也要紧的。你病重的时候最放不下的还是孩子。病的只剩皮包着骨头了，总不信自己不会好；老说："我死了，这一大群孩子可苦了。"后来说送你回家，你想着可以看见迈儿和转子，也愿意；你万不想到会一走不返的。我送车的时候，你忍不住哭了，说："还不知能不能再见？"可怜，你的心我知道，你满想着好好儿带着六个孩子回来见我的。谦，你那时一定这样想，一定的。

除了孩子，你心里只有我。不错，那时你父亲还在；可是你母亲死了，他另有个女人，你老早就觉得隔了一层似的。出嫁后第一年你虽还一心一意依恋着他老人家，到第二年上我和孩子可就将你的心占住，你再没有多少工夫惦记他了。你还记得第一年我在北京，你在家里。家里来信说你待不住，常回娘家去。我动气了，马上写信责备你。你教人写了一封复信，说家里有事，不能不回去。这是你第一次也可以说第末次的抗议，我从此就没给你写信。暑假时带了一肚子主意回去，但见了面，看你一脸笑，也就拉倒了。打这时候起，你渐渐从你父亲的怀里跑到我这儿。你换了金镯子帮助我的学费，叫我以后还你；但直到你死，我没有还你。你在我家受了许多气，又因为我家的缘故受你家里的气，你都忍着。这全为的是我，我知道。那回我从家乡一个中学半途辞职出来。家里人讽你也走。哪里走！只得硬着头皮往你家去。那时你家像个冰窖子，你们在窖里足足住了三个月。好容易我才将你们领出来了，一同上外省去。小家庭这样组织起来了。你虽不是什么阔小姐，可也是自小娇生惯养的。做起主妇来，什么都得干一两手；你居然做下去了，而且高高兴兴地做下去了。菜照例满是你做，可是吃的都是我们；你至多夹上两三筷子就算了。你的菜做得不坏，有一位老在行大大地夸奖过你。你洗衣服也不错，夏天我的绸大褂大概总是你亲自动手。你在家老不乐意闲着；坐前几个"月子"，老是四五天就起床，说是躺着家里事没条没理的。其实你起来也还不是没条理；咱们家那么多孩子，哪儿来条理？在浙江住的时候，逃过两回兵难，我都在北平。真亏你领着母亲和一群孩子东藏西躲的；末一回还要走多少里路，翻一道大岭。这两回差不多只靠你一个人。你不但带了母亲和孩子们，还带了我一箱箱的书；你知道我是最爱书的。在短短的十二年里，你操的心比人家一辈子还多；谦，你那样身子怎么经得住！你将我的责任一股脑儿担负了去，压死了你；我如何对得起你！

你为我的劳什子书也费了不少神；第一回让你父亲的男佣人从家乡捎到上海去。他说了几句闲话，你气得在你父亲面前哭了。第二回是带着逃难，别人都说你傻子。你有你的想头："没有书怎么教书？况且他又爱这个玩意儿。"其实你没有晓得，那些书丢了也并不可惜；不过教你怎么晓得，我平常从来没和你谈过这些个！总而言之，你的心是可感谢的。这十二年里你为我吃的苦真不少，可是没有过几天好日子。我们在一起住，算来也还不到五个年头。无论日子怎么坏，无论是离是合，你从来没对我发过脾气，连一句怨言也没有。——别说怨我，就是怨命也没有过。老实说，我的脾气可不大好，迁怒的事儿有的是。那些时候你往往抽噎着流眼泪，从不回嘴，也不号啕。不过我也只信得过你一个人，有些话我只和你一个人说，因为世界上只你一个人真关心我，真同情我。你不但为我吃苦，更为我分苦；我之有我现在的精神，大半是你给我培养着的。这些年来我很少生病。但我最不耐烦生病，生了病就呻吟不绝，闹那伺候病的人。你是领教过一回的，那回只一两点钟，可是也够麻烦了。你常生病，却总不开口，挣扎着起来；一来怕搅我，二来怕没人做你那份儿事。我有一个坏脾气，怕听人生病，也是真的。后来你天天发烧，自己还以为南方带来的疟疾，一直瞒着我。明明躺着，听见我的脚步，一骨碌就坐起来。我渐渐有些奇怪，让大夫一瞧，这可糟了，你的一个肺已烂了一个大窟窿了！大夫劝你到西山去静养，你丢不下孩子，又舍不得钱；劝你在家里躺着，你也丢不下那份儿家务。越看越不行了，这才送你回去。明知凶多吉少，想不到只一个月工夫你就完了！本来盼望还见得着你，这一来可拉倒了。你也何尝想到这个？父亲告诉我，你回家独住着一所小住宅，还嫌没有客厅，怕我回去不便哪。

前年夏天回家，上你坟上去了。你睡在祖父母的下首，想来还不孤单的。只是当年祖父母的坟太小了，你正睡在圹底下。这叫做"抗圹"，在生人看来是不安心的；等着想办法哪。那时圹上圹下密密地长着青草，朝露浸湿了我的布鞋。你刚埋了半年多，只有圹下多出一块土，别的全然看不出新坟的样子。我和隐今夏回去，本想到你的坟上来；因为她病了没来成。我们想告诉你，五个孩子都好，我们一定尽心教养他们，让他们对得起死了的母亲——你！谦，好好儿放心安睡吧，你。

1932 年 10 月

春

盼望着，盼望着，东风来了，春天的脚步近了。

一切都像刚睡醒的样子，欣欣然张开了眼。山朗润起来了，水涨起来了，太阳的脸红起来了。

小草偷偷地从土里钻出来，嫩嫩的，绿绿的。园子里，田野里，瞧去，一大片一大片满是的。坐着，躺着，打两个滚，踢几脚球，赛几趟跑，捉几回迷藏。风轻悄悄的，草绵软软的。

桃树、杏树、梨树，你不让我，我不让你，都开满了花赶趟儿。红的像火，粉的像霞，白的像雪。花里带着甜味，闭了眼，树上仿佛已经满是桃儿、杏儿、梨儿！花下成千成百的蜜蜂嗡嗡地闹着，大小的蝴蝶飞来飞去。野花遍地是：杂样儿，有名字的，没名字的，散在草丛里，像眼睛，像星星，还眨呀眨的。

"吹面不寒杨柳风"，不错的，像母亲的手抚摸着你。风里带来些新翻的泥土的气息，混着青草味，还有各种花的香，都在微微润湿的空气里酝酿。鸟儿将窠巢安在繁花嫩叶当中，高兴起来了，呼朋引伴地卖弄清脆的喉咙，唱出宛转的曲子，与轻风流水应和着。牛背上牧童的短笛，这时候也成天在嘹亮地响。

雨是最寻常的，一下就是三两天。可别恼，看，像牛毛，像花针，像细丝，密密地斜织着，人家屋顶上全笼着一层薄烟。树叶子却绿得发亮，小草也青得逼你的眼。傍晚时候，上灯了，一点点黄晕的光，烘托出一片安静而和平的夜。乡下去，小路上，石桥边，撑起伞慢慢走着的人；还有地里工作的农夫，披着蓑，戴着笠的。他们的草屋，稀稀疏疏的在雨里静默着。

天上风筝渐渐多了，地上孩子也多了。城里乡下，家家户户，老老小小，他们也赶趟儿似的，一个个都出来了。舒活舒活筋骨，抖擞抖擞精神，各做各的一份事去。"一年之计在于春"；刚起头儿，有的是工夫，有的是希望。

春天像刚落地的娃娃，从头到脚都是新的，它生长着。

春天像小姑娘，花枝招展的，笑着，走着。

春天像健壮的青年，有铁一般的胳膊和腰脚，他领着我们上前去。

1933 年 7 月

冬　天

　　说起冬天，忽然想到豆腐。是一"小洋锅"（铝锅）白煮豆腐，热腾腾的。水滚着，像好些鱼眼睛，一小块一小块豆腐养在里面，嫩而滑，仿佛反穿的白狐大衣。锅在"洋炉子"（煤油不打气炉）上，和炉子都熏得乌黑乌黑，越显出豆腐的白。这是晚上，屋子老了，虽点着"洋灯"，也还是阴暗。围着桌子坐的是父亲跟我们哥儿三个。"洋炉子"太高了，父亲得常常站起来，微微地仰着脸，觑着眼睛，从氤氲的热气里伸进筷子，夹起豆腐，一一地放在我们的酱油碟里。我们有时也自己动手，但炉子实在太高了，总还是坐享其成的多。这并不是吃饭，只是玩儿。父亲说晚上冷，吃了大家暖和些。我们都喜欢这种白水豆腐；一上桌就眼巴巴望着那锅，等着那热气，等着热气里从父亲筷子上掉下来的豆腐。

　　又是冬天，记得是阴历十一月十六晚上，跟 S 君 P 君在西湖里坐小划子。S 君刚到杭州教书，事先来信说："我们要游西湖，不管它是冬天。"那晚月色真好，现在想起来还像照在身上。本来前一晚是"月当头"；也许十一月的月亮真有些特别吧。那时九点多了，湖上似乎只有我们一只划子。有点风，月光照着软软的水波；当间那一溜儿反光，像新矸的银子。湖上的山只剩了淡淡的影子。山下偶尔有一两星灯火。S君口占两句诗道："数星灯火认渔村，淡墨轻描远黛痕。"我们都不说话，只有均匀的桨声。我渐渐地快睡着了。P君"喂"了一下，才抬起眼皮，看见他在微笑。船夫问要不要上净寺去；是阿弥陀佛生日，那边蛮热闹的。到了寺里，殿上灯烛辉煌，满是佛婆念佛的声音，好像醒了一场梦。这已是十多年前的事了，S君还常常通着信，P君听说转变了好几次，前年是在一个特税局里收特税了，以后便没有消息。

在台州过了一个冬天，一家四口子。台州是个山城，可以说在一个大谷里。只有一条二里长的大街。别的路上白天简直不大见人；晚上一片漆黑。偶尔人家窗户里透出一点灯光，还有走路的拿着的火把；但那是少极了。我们住在山脚下。有的是山上松林里的风声，跟天上一只两只的鸟影。夏末到那里，春初便走，却好像老在过着冬天似的；可是即便真冬天也并不冷。我们住在楼上，书房临着大路；路上有人说话，可以清清楚楚地听见。但因为走路的人太少了，间或有点说话的声音，听起来还只当远风送来的，想不到就在窗外。我们是外路人，除上学校去之外，常只在家里坐着。妻也惯了那寂寞，只和我们爷儿们守着。外边虽老是冬天，家里却老是春天。有一回我上街去，回来的时候，楼下厨房的大方窗开着，并排地挨着她们母子三个；三张脸都带着天真微笑地向着我。似乎台州空空的，只有我们四人；天地空空的，也只有我们四人。那时是民国十年，妻刚从家里出来，满自在。现在她死了快四年了，我却还老记着她那微笑的影子。

无论怎么冷，大风大雪，想到这些，我心上总是温暖的。

择　偶　记

　　自己是长子长孙，所以不到十一岁就说起媳妇来了。那时对于媳妇这件事简直茫然，不知怎么一来，就已经说上了。是曾祖母娘家人，在江苏北部一个小县份的乡下住着。家里人都在那里住过很久，大概也带着我；只是太笨了，记忆里没有留下一点影子。祖母常常躺在烟榻上讲那边的事，提着这个那个乡下人的名字。起初一切都像只在那白腾腾的烟气里。日子久了，不知不觉熟悉起来了，亲昵起来了。除了住的地方，当时觉得那叫做"花园庄"的乡下实在是最有趣的地方了。因此听说媳妇就定在那里，倒也仿佛理所当然，毫无意见。每年那边田上有人来，蓝布短打扮，衔着旱烟管，带好些大麦粉，白薯干儿之类。他们偶然也和家里人提到那位小姐，大概比我大四岁，个儿高，小脚；但是那时我热心的其实还是那些大麦粉和白薯干儿。

　　记得是十二岁上，那边捎信来，说小姐痨病死了。家里并没有人叹惜；大约他们看见她时她还小，年代一多，也就想不清是怎样一个人了。父亲其时在外省做官，母亲颇为我亲事着急，便托了常来做衣服的裁缝做媒。为的是裁缝走的人家多，而且可以看见太太小姐。主意并没有错，裁缝来说一家人家，有钱，两位小姐，一位是姨太太生的；他给说的是正太太生的大小姐。他说那边要相亲。母亲答应了，定下日子，由裁缝带我上茶馆。记得那是冬天，到日子母亲让我穿上枣红宁绸袍子，黑宁绸马褂，戴上红帽结儿的黑缎瓜皮小帽，又叮嘱自己留心些。茶馆里遇见那位相亲的先生，方面大耳，同我现在年纪差不多，布袍布马褂，像是给谁穿着孝。这个人倒是慈祥的样子，不住地打量我，也问了些念什么书一类的话。回来裁缝说人家看得很细：说我的"人中"长，不是短寿的样子，又看我走路，怕脚上有毛病。总算让人家看中了，该我们看人家了。母亲派亲信的老妈子去。老妈子的报告是，大小姐个儿比我大得多，坐下去满满一圈椅；二小姐倒苗苗条条的。母亲说胖了不能生育，像亲戚里谁谁谁；教裁缝说二小姐。那边似乎生了气，不答应，事情就摧了。

　　母亲在牌桌上遇见一位太太，她有个女儿，透着聪明伶俐。母亲有了心，回家说那姑娘和我同年，跳来跳去的，还是个孩子。隔了些日子，便托人探探那边口气。那边做的官似乎比父亲的更小，那时正是光复的前年，还讲究这些，所以他们乐意做这门亲。事情已到九成九，忽然出了岔子。本家叔祖母用的一个寡妇老妈子熟悉这家子的事，不知怎么教母亲打听着了，叫她来问，她的话遮遮掩掩的。到底问出来了，原来那小姑娘是抱来的，可是她一家很宠她，和亲生的一样。母亲心冷了。过了两年，听说她已生了痨病，吸上鸦片烟了。母亲说，幸亏当时没有定下来。我已懂得一些事了，也这末想着。

光复那年，父亲生伤寒病，请了许多医生看。最后请着一位武先生，那便是我后来的岳父。有一天，常去请医生的听差回来说，医生家有位小姐。父亲既然病着，母亲自然更该担心我的事。一听这话，便追问下去。听差原只顺口谈天，也说不出个所以然。母亲便在医生来时，教人问他轿夫，那位小姐是不是他家的。轿夫说是的。母亲便和父亲商量，托舅舅问医生的意思。那天我正在父亲病榻旁，听见他们的对话。舅舅问明了小姐还没有人家，便说，像 × 翁这样人家怎末样？医生说，很好呀。话到此为止，接着便是相亲；还是母亲那个亲信的老妈子去。这回报告不坏，说就是脚大些。事情这样定局，母亲教轿夫回去说，让小姐裹上点儿脚。妻嫁过来后，说相亲的时候早躲开了，看见的是另一个人。至于轿夫捎的信儿，却引起了一段小小风波。岳父对岳母说，早教你给她裹脚，你不信；瞧，人家怎末说来着！岳母说，偏偏不裹，看他家怎末样！可是到底采取了折衷的办法，直到妻嫁过来的时候。

1934 年 3 月作

123

说　扬　州

　　在第十期上看到曹聚仁先生的《闲话扬州》，比那本出名的书有味多了。不过那本书将扬州说得太坏，曹先生又未免说得太好；也不是说得太好，他没有去过那里，所说的只是从诗赋中，历史上得来的印象。这些自然也是扬州的一面，不过已然过去，现在的扬州却不能再给我们那种美梦。

　　自己从七岁到扬州，一住十三年，才出来念书。家里是客籍，父亲又是在外省当差事的时候多，所以与当地贤豪长者并无来往。他们的雅事，如访胜，吟诗，赋酒，书画名家，烹调佳味，我那时全没有份，也全不在行。因此虽住了那么多年，并不能做扬州通，是很遗憾的。记得的只是光复的时候，父亲正病着，让一个高等流氓凭了军政府的名字，敲了一竹杠；还有，在中学的几年里，眼见所谓"甩子团"横行无忌。"甩子"是扬州方言，有时候指那些"怯"的人，有时候指那些满不在乎的人。"甩子团"不用说是后一类；他们多数是绅宦家子弟，仗着家里或者"帮"里的势力，在各公共场所闹标劲，如看戏不买票，起哄等等，也有包揽词讼，调戏妇女的。更奇怪的，大乡绅的仆人可以指挥警察区区长，可以大模大样招摇过市——这都是民国五六年的事，并非前清君主专制时代。自己当时血气方刚，看了一肚子气；可是人微言轻，也只好让那口气憋着罢了。

从前扬州是个大地方，如曹先生那文所说；现在盐务不行了，简直就算个没"落儿"的小城。

可是一般人还忘其所以地要气派，自以为美，几乎不知天多高地多厚。这真是所谓"夜郎自大"了。扬州人有"扬虚子"的名字；这个"虚子"有两种意思，一是大惊小怪，二是以少报多，总而言之，不离乎虚张声势的毛病。他们还有个"扬盘"的名字，譬如东西买贵了，人家可以笑话你是"扬盘"；又如店家价钱要的太贵，你可以诘问他，"把我当扬盘看么?"盘是捧出来给别人看的，正好形容要气派的扬州人。又有所谓"商派"，讥笑那些仿效盐商的奢侈生活的人，那更是气派中之气派了。但是这里只就一般情形说，刻苦诚笃的君子自然也有；我所敬爱的朋友中，便不缺乏扬州人。

提起扬州这地名，许多人想到的是出女人的地方。但是我长到那么大，从来不曾在街上见过一个出色的女人，也许那时女人还少出街吧? 不过从前人所谓"出女人"，实在指姨太太与妓女而言；那个"出"字就和出羊毛，出苹果的"出"字一样。《陶庵梦忆》里有"扬州瘦马"一节，就记的这类事；但是我毫无所知。不过纳妾与狎妓的风气渐渐衰了，"出女人"那句话怕迟早会失掉意义的吧。

另有许多人想，扬州是吃得好的地方。这个保你没错儿。北平寻常提到江苏菜，总想着是甜甜的腻腻的。现在有了淮扬菜，才知道江苏菜也有不甜的；但还以为油重，和山东菜的清淡不同。其实真正油重的是镇江菜，上桌子常教你腻得无可奈何。扬州菜若是让盐商家的厨子做起来，虽不到山东菜的清淡，却也滋润，利落，决不腻嘴腻舌。不但味道鲜美，颜色也清丽悦目。扬州又以面馆著名。好在汤味醇美，是所谓白汤，由种种出汤的东西如鸡鸭鱼肉等熬成，好在它的厚，和啖熊掌一般。也有清汤，就是一味鸡汤，倒并不出奇。内行的人吃面要"大煮"；普通将面挑在碗里，浇上汤，"大煮"是将面在汤里煮一会，更能入味些。

扬州最著名的是茶馆；早上去下午去都是满满的。吃的花样最多。坐定了沏上茶，便有卖零碎的来兜揽，手臂上挽着一个黯淡的柳条筐，筐子里摆满了一些小蒲包分放着瓜子花生炒盐豆之类。又有炒白果的，在担子上铁锅爆着白果，一片铲子的声音。得先告诉他，才给你炒。炒得壳子爆了，露出黄亮的仁儿，铲在铁丝罩里送过来，又热又香。还有卖五香牛肉的，让他抓一些，摊在干荷叶上；叫茶房拿点好麻酱油来，拌上慢慢地吃，也可向卖零碎的买些白酒——扬州普通都喝白酒——喝着。这才叫茶房烫干丝。北平现在吃干丝，都是所谓煮干丝；那是很浓的，当菜很好，当点心却未必合适。烫干丝先将一大块方的白豆腐干飞快地切成薄片，再切为细丝，放在小碗里，用开水一浇，干丝便熟了；逼去了水，抟成圆锥似的，再倒上麻酱油，搁一撮虾米和干笋丝在尖儿，就成。说时迟，那时快，刚瞧着在切豆腐干，一眨眼已端来了。烫干丝就是清得好，不妨碍你吃别的。接着该要小笼点心。北平淮扬馆子出卖的汤包，诚哉是好，在扬州却少见；那实在是淮阴的名产，扬州不该掠美。扬州的小笼点心，肉馅儿的，蟹肉馅儿的，笋肉馅儿的且不用说，最可口的是菜包子菜烧麦，还有干菜包子。菜选那最嫩的，剁成泥，加一点儿糖一点儿油，蒸得白生生的，热腾腾的，到口轻松地化去，留下一丝儿余味。干菜也是切碎，也是加一点儿糖和油，燥湿恰到好处；细细地咬嚼，可以嚼出一点橄榄般的回味来。这么着每样吃点儿也并不太多。要是有饭局，还尽可以从容地去。但是要老资格的茶客才能这样有分寸；偶尔上一回茶馆的本地人外地人，却总忍不住狼吞虎咽，到了儿捧着肚子走出。

扬州游览以水为主，以船为主，已另有文记过，此处从略。城里城外古迹很多，如"文选楼"，"天保城"，"雷塘"，"二十四桥"等，却很少人留意；大家常去的只是史可法的"梅花岭"罢了。倘若有相当的假期，邀上两三个人去寻幽访古倒有意思；自然，得带点花生米，五香牛肉，白酒。

1934 年 11 月 20 日

南　京

　　南京是值得留连的地方，虽然我只是来来去去，而且又都在夏天。也想夸说夸说，可惜知道的太少；现在所写的，只是一个旅行人的印象罢了。

　　逛南京像逛古董铺子，到处都有些时代侵蚀的遗痕。你可以摩挲，可以凭吊，可以悠然遐想；想到六朝的兴废，王谢的风流，秦淮的艳迹。这些也许只是老调子，不过经过自家一番体贴，便不同了。所以我劝你上鸡鸣寺去，最好选一个微雨天或月夜。在朦胧里，才酝酿着那一缕幽幽的古味。你坐在一排明窗的豁蒙楼上，吃一碗茶，看面前苍然蜿蜒着的台城。台城外明净荒寒的玄武湖就像大涤子的画。豁蒙楼一排窗子安排得最有心思，让你看的一点不多，一点不少。寺后有一口灌园的井，可不是那陈后主和张丽华躲在一堆儿的"胭脂井"。那口胭脂井不在路边，得破费点工夫寻觅。井栏也不在井上；要看，得老远的上明故宫遗址的古物保存所去。

　　从寺后的园地，拣着路上台城；没有垛子，真像平台一样。

踏在茸茸的草上，说不出的静。夏天白昼有成群的黑蝴蝶，在微风里飞；这些黑蝴蝶上下旋转地飞，远看像一根粗的圆柱子。城上可以望南京的每一角。这时候若有个熟悉历代形势的人，给你指点，隋兵是从这角进来的，湘军是从那角进来的，你可以想象异样装束的队伍，打着异样的旗帜，拿着异样的武器，汹汹涌涌的进来，远远仿佛还有哭喊之声。假如你记得一些金陵怀古的诗词，趁这时候暗诵几回，也可印证印证，许更能领略作者当日的情思。

从前可以从台城爬出去，在玄武湖边；若是月夜，两三个人，两三个零落的影子，歪歪斜斜的挪移下去，够多好。现在可不成了，得出寺，下山，绕着大弯儿出城。七八年前，湖里几乎长满了苇子，一味地荒寒，虽有好月光，也不大能照到水上；船又窄，又小，又漏，教人逛着愁着。这几年大不同了。一出城，看见湖，就有烟水苍茫之意；船也大多了，有藤椅子可以躺着。水中岸上都光光的；亏得湖里有五个洲子点缀着，不然便一览无余了。这里的水是白的，又有波澜，俨然长江大河的气势，与西湖的静绿不同，最宜于看月，一片空蒙，无边无界。若在微醺之后，迎着小风，似睡非睡地躺在藤椅上，听着船底汩汩的波响与不知何方来的箫声，真会教你忘却身在那里。五个洲子似乎都局促无可看，但长堤宛转相通，却值得走走。湖上的樱桃最出名。据说樱桃熟时，游人在树下现买，现摘，现吃，谈着笑着，多热闹的。

清凉山在一个角落里，似乎人迹不多。扫叶楼的安排与豁蒙楼相仿佛，但窗外的景象不同。这里是滴绿的山环抱着，山下一片滴绿的树；那绿色真是扑到人眉宇上来。若许我再用画来比，这怕像王石谷的手笔了。在豁蒙楼上不容易坐得久，你至少要上台城去看看。在扫叶楼上却不想走；窗外的光景好像满为这座楼而设，一上楼便什么都有了。夏天去确有一股"清凉"味。这里与豁蒙楼全有素面吃，又可口，又贱。

莫愁湖在华严庵里。湖不大，又不能泛舟，春天却有荷花荷叶。临湖一带屋子，凭栏眺望，也颇有远情。莫愁小像，在胜棋楼下，不知谁画的，大约不很古吧；但脸子画得秀逸之至，衣褶也柔活之至，大有"挥袖凌虚翔"的意思；若让我题，我将毫不踌躇的写上"仙乎仙乎"四字。另有石刻的画像，也在这里，想来许是那一幅画所从出；但生气反而差得多。这里虽也临湖，因为屋子深，显得阴暗些；可是古色古香，阴暗得好。诗文联语当然多，只记得王湘绮的半联云："莫轻他北地胭脂，看艇子初来，江南儿女无颜色。"气概很不错。所谓胜棋楼，相传是明太祖与徐达下棋，徐达胜了，太祖便赐给他这一所屋子。太祖那样人，居然也会做出这种雅事来了。左手临湖的小阁却敞亮得多，也敞亮得好。有曾国藩画像，忘记是谁横题着"江天小阁坐人豪"一句。我喜欢这个题句，"江天"与"坐人豪"，景象阔大，使得这屋子更加开朗起来。

秦淮河我已另有记。但那文里所说的情形，现在已大变了。从前读《桃花扇》《板桥杂记》一类书，颇有沧桑之感；现在想到自己十多年前身历的情形，怕也会有沧桑之感了。前年看见夫子庙前旧日的画舫，那样狼狈的样子，又在老万全酒栈看秦淮河水，差不多全黑了，加上巴掌大，透不出气的所谓秦淮小公园，简直有些厌恶，再别提做什么梦了。贡院原也在秦淮河上，现在早拆得只剩一点儿了。民国五年父亲带我去看过，已经荒凉不堪，号舍里草都长满了。父亲曾经办过江南闱差，熟悉考场的情形，说来头头是道。他说考生入场时，都有送场的，人很多，门口闹嚷嚷的。天不亮就点名，搜夹带。大家都归号。似乎直到晚上，头场题才出来，写在灯牌上，由号军扛着在各号里走。所谓"号"，就是一条狭长的胡同，两旁排列着号舍，口儿上写着什么天字号，地字号等等的。每一号舍之大，恰好容一个人坐着；从前人说是像轿子，真不错。几天里吃饭，睡觉，做文章，都在这轿子里；坐的伏的各有一块硬板，如是而已。官号稍好一些，是给达官贵人的子弟预备的，但得补褂朝珠的入场，那时是夏秋之交，天还热，也够受的。父亲又说，乡试时场外有兵巡逻，防备通关节。场内也竖起黑幡，叫鬼魂们有冤报冤，有仇报仇；我听到这里，有点毛骨悚然。现在贡院已变成碎石路；在路上走的人，怕很少想起这些事情的了吧？

　　明故宫只是一片瓦砾场，在斜阳里看，只感到李太白《忆秦娥》的"西风残照，汉家陵阙"二语的妙。午门还残存着。遥遥直对洪武门的城楼，有万千气象。古物保存所便在这里，可惜规模太小，陈列得也无甚次序。明孝陵道上的石人石马，虽然残缺零乱，还可见泱泱大风；享殿并不巍峨，只陵下的隧道，阴森袭人，夏天在里面待着，凉风沁人肌骨。这陵大概是开国时草创的规模，所以简朴得很；比起长陵，差得真太远了。然而简朴得好。

雨花台的石子，人人皆知；但现在怕也捡不着什么了。那地方毫无可看。记得刘后村的诗云："昔年讲师何处在，高台犹以'雨花'名。有时宝向泥寻得，一片山无草敢生。"我所感的至多也只如此。还有，前些年南京枪决囚人都在雨花台下，所以洋车夫遇见别的车夫和他争先时，常说，"忙什么！赶雨花台去！"这和从前北京车夫说"赶菜市口儿"一样。现在时移势异，这种话渐渐听不见了。

燕子矶在长江里看，一片绝壁，危亭翼然，的确惊心动魄。但到了上边，逼窄污秽，毫无可以盘桓之处。燕山十二洞，去过三个。只三台洞层层折折，由幽入明，别有匠心，可是也年久失修了。

南京的新名胜，不用说，首推中山陵。中山陵全用青白两色，以象征青天白日，与帝王陵寝用红墙黄瓦的不同。假如红墙黄瓦有富贵气，那青琉璃瓦的享堂，青琉璃瓦的碑亭却有名贵气。从陵门上享堂，白石台阶不知多少级，但爬得够累；然而你远看，决想不到会有这么多的台阶儿。这是设计的妙处。德国波慈达姆无愁宫前的石阶，也同此妙。享堂进去也不小；可是远处看，简直小得可以，和那白石的飞阶不相称，一点儿压不住，仿佛高个儿戴着小尖帽。近处山角里一座阵亡将士纪念塔，粗粗的，矮矮的，正当着一个青青的小山峰，让两边儿的山紧紧抱着，静极，稳极。——谭墓没去过，听说颇有点丘壑。中央运动场也在中山陵近处，全仿外洋的样子。全国运动会时，也不知有多少照相与描写登在报上；现在是时髦的游泳的地方。

若要看旧书，可以上江苏省立图书馆去。这在汉西门龙蟠里，也是一个角落里。这原是江南图书馆，以丁丙的善本书室藏书为底子；词曲的书特别多。此外中央大学图书馆近年来也颇有不少书。中央大学是个散步的好地方。宽大，干净，有树木；黄昏时去兜一个或大或小的圈儿，最有意思。后面有个梅庵，是那会写字的清道人的遗迹。这里只是随宜的用树枝搭成的小小的屋子。庵前有一株六朝松，但据说实在是六朝桧；桧荫遮住了小院子，真是不染一尘。

　　南京茶馆里干丝很为人所称道。但这些人必没有到过镇江，扬州，那儿的干丝比南京细得多，又从来不那么甜。我倒是觉得芝麻烧饼好，一种长圆的，刚出炉，既香，且酥，又白，大概各茶馆都有。咸板鸭才是南京的名产，要热吃，也是香得好；肉要肥要厚，才有咬嚼。但南京人都说盐水鸭更好，大约取其嫩，其鲜；那是冷吃的，我可不知怎样，老觉得不大得劲儿。

1934 年 8 月 12 日作

潭柘寺 戒坛寺

　　早就知道潭柘寺，戒坛寺。在商务印书馆的《北平指南》上，见过潭柘的铜图，小小的一块，模模糊糊的，看了一点没有想去的意思。后来不断地听人说起这两座庙；有时候说路上不平静，有时候说路上红叶好。说红叶好的劝我秋天去；但也有人劝我夏天去。有一回骑驴上八大处，赶驴的问逛过潭柘没有，我说没有。他说潭柘风景好，那儿满是老道，他去过，离八大处七八十里地，坐轿骑驴都成。我不大喜欢老道的装束，尤其是那满蓄着的长头发，看上去啰里啰唆，龌里龌龊的。更不想骑驴走七八十里地，因为我知道驴子与我都受不了。真打动我的倒是"潭柘寺"这个名字。不懂不是？就是不懂的妙。躲懒的人念成"潭拓寺"，那更莫名其妙了。这怕是中国文法的花样；要是来个欧化，说是"潭和柘的寺"，那就用不着咬嚼或吟味了。还有在一部诗话里看见近人咏戒台松的七古，诗腾挪夭矫，想来松也如此。所以去。但是在夏秋之前的春天，而且是早春；北平的早春是没有花的。

　　这才认真打听去过的人。有的说住潭柘好，有的说住戒坛好。

有的人说路太难走，走到了筋疲力尽，再没兴致玩儿；有人说走路有意思。又有人说，去时坐了轿子，半路上前后两个轿夫吵起来，把轿子搁下，直说不抬了。于是心中暗自决定。不坐轿，也不走路；取中道，骑驴子。又按普通说法，总是潭柘寺在前，戒坛寺在后，想着戒坛寺一定远些；于是决定住潭柘，因为一天回不来，必得住。门头沟下车时，想着人多，怕雇不着许多驴，但是并不然——雇驴的时候，才知道戒坛去便宜一半，那就是说近一半。这时候自己忽然逞起能来，要走路。走吧。

　　这一段路可够瞧的。像是河床，怎么也挑不出没有石子的地方，脚底下老是绊来绊去的，教人心烦。又没有树木，甚至于没有一根草。这一带原有煤窑，拉煤的大车往来不绝，尘土里饱和着煤屑，变成黯淡的深灰色，教人看了透不出气来。走一点钟光景。自己觉得已经有点办不了，怕没有走到便筋疲力尽；幸而山上下来一条驴，如获至宝似地雇下，骑上去。这一天东风特别大。平常骑驴就不稳，风一大真是祸不单行。山上东西都有路，很窄，下面是斜坡；本来从西边走，驴夫看风势太猛，将驴拉上东路。就这么着，有一回还几乎让风将驴吹倒；若走西边，没有准儿会驴我同归哪。想起从前人画风雪骑驴图，极是雅事；大概那不是上潭柘寺去的。驴背上照例该有些诗意，但是我，下有驴子，上有帽子眼镜，都要照管；又有迎风下泪的毛病，常要掏手巾擦干。当其时真恨不得生出第三只手来才好。

　　东边山峰渐起，风是过不来了；可是驴也骑不得了，说是坎儿多。坎儿可真多。这时候精神倒好起来了：崎岖的路正可以练腰脚，处处要眼到心到脚到，不像平地上。人多更有点竞赛的心理，总想走上最前头去，再则这儿的山势虽然说不上险，可是突兀，丑怪，巉刻的地方有的是。我们说这才有点儿山的意思；老像八大处那样，真教人气闷闷的。于是一直走到潭柘寺后门；这段坎儿路比风里走过的长一半，小驴毫无用处，驴夫说："咳，这不过给您做个伴儿！"

墙外先看见竹子，且不想进去。又密，又粗，虽然不够绿。北平看竹子，真不易。又想到八大处了，大悲庵殿前那一溜儿，薄得可怜，细得也可怜，比起这儿，真是小巫见大巫了。进去过一道角门，门旁突然亭亭地矗立着两竿粗竹子，在墙上紧紧地挨着；要用批文章的成语，这两竿竹子足称得起"天外飞来之笔"。

正殿屋角上两座琉璃瓦的鸱吻，在台阶下看，值得徘徊一下。神话说殿基本是青龙潭，一夕风雨，顿成平地，涌出两鸱吻。只可惜现在的两座太新鲜，与神话的朦胧幽秘的境界不相称。但是还值得看，为的是大得好，在太阳里嫩黄得好，闪亮得好；那拴着的四条黄铜链子也映衬得好。寺里殿很多，层层折折高上去，走起来已经不平凡，每殿大小又不一样，塑像摆设也各出心裁。看完了，还觉得无穷无尽似的。正殿下延清阁是待客的地方，远处群山像屏障似的。屋子结构甚巧，穿来穿去，不知有多少间，好像一所大宅子。可惜尘封不扫，我们住不着。话说回来，这种屋子原也不是预备给我们这么多人挤着住的。寺门前一道深沟，上有石桥；那时没有水，若是现在去，倚在桥上听潺潺的水声，倒也可以忘我忘世。过桥四株马尾松，枝枝覆盖，叶叶交通，另成一个境界。西边小山上有个古观音洞。洞无可看，但上去时在山坡上看潭柘的侧面，宛如仇十洲的《仙山楼阁图》；往下看是陡峭的沟岸，越显得深深无极，潭柘简直有海上蓬莱的意味了。寺以泉水著名，到处有石槽引水长流，倒也涓涓可爱。只是流觞亭雅得那样俗，在石地上楞刻着蚯蚓般的槽；那样流觞，怕只有孩子们愿意干。现在兰亭的"流觞曲水"也和这儿的一鼻孔出气，不过规模大些。晚上因为带的铺盖薄，冻得睁着眼，却听了一夜的泉声；心里想要不冻着，这泉声够多清雅啊！寺里并无一个老道，但那几个和尚，满身铜臭，满眼势利，教人老不能忘记，倒也麻烦的。

第二天清早，二十多人满雇了牲口，向戒坛而去，颇有浩浩荡荡之势。我的是一匹骡子，据说稳得多。这是第一回，高高兴兴骑上去。这一路要翻罗喉岭。只是土山，可是道儿窄，又曲折；虽不高，老那么凸凸凹凹的。许多处只容得一匹牲口过去。平心说，是险点儿。想起古来用兵，从间道袭敌人，许也是这种光景吧。

戒坛在半山上，山门是向东的。一进去就觉得平旷；南面只有一道低低的砖栏，下边是一片平原，平原尽处才是山，与众山屏蔽的潭柘气象便不同。进二门，更觉得空阔疏朗，仰看正殿前的平台，仿佛汪洋千顷。这平台东西很长，是戒坛最胜处，眼界最宽，教人想起"振衣千仞冈"的诗句。三株名松都在这里。"卧龙松"与"抱塔松"同是偃仆的姿势，身躯奇伟，鳞甲苍然，有飞动之意。"九龙松"老干槎枒，如张牙舞爪一般。若在月光底下，森森然的松影当更有可看。此地最宜低徊流连，不是匆匆一览所可领略。潭柘以层折胜，戒坛以开朗胜；但潭柘似乎更幽静些。戒坛的和尚，春风满面，却远胜于潭柘的；我们之中颇有悔不该在潭柘的。戒坛后山上也有个观音洞。洞宽大而深，大家点了火把嚷嚷闹闹地下去；半里光景的洞满是油烟，满是声音。洞里有石虎，石龟，上天梯，海眼等等，无非是凑凑人的热闹而已。

　　还是骑骡子。回到长辛店的时候，两条腿几乎不是我的了。

1934 年 8 月 3 日作

《子恺漫画》代序

子恺兄：

　　知道你的漫画将出版，正中下怀，满心欢喜。

　　你总该记得，有一个黄昏，白马湖上的黄昏，在你那间天花板要压到头上来的，一颗骰子似的客厅里，你和我读着竹久梦二的漫画集。你告诉我那篇序做得有趣，并将其大意译给我听。我对于画，你最明白，彻头彻尾是一条门外汉。但对于漫画，却常常要像煞有介事的点头或摇头；而点头的时候总比摇头的时候多——虽没有统计，我肚里有数。那一天我自然也乱点了一回头。

　　点头之余，我想起初看到一本漫画，也是日本人画的。里面有一幅，题目似乎是《□□子爵の泪》（上两字已忘记），画着一个微侧的半身像：他严肃的脸上戴着眼镜，有三五颗双钩的泪珠儿，滴滴答答历历落落地从眼睛里掉下来。我同时感到伟大的压迫和轻松的愉悦，一个奇怪的矛盾！梦二的画有一幅——大约就是那画集里的第一幅——也使我有类似的感觉。那幅的题目和内容，我的记性真不争气，已经模糊得很。只记得画幅下方的左角或右角里，并排的画着极粗极肥又极短的一个"！"和一个"？"。可惜我不记得他们哥儿俩谁站在上风，谁站在下风。我明白（自己要脸）他们俩就是整个儿的人生的谜；同时又觉得像是那儿常常见着的两个胖孩子。我心眼里又是糖浆，又是姜汁，说不上是什么味儿。无论如何，我总得惊异；涂呀抹的几笔，便造起个小世界，使你又要叹气又要笑。叹气虽是轻轻的，笑虽是微微的，似一把锋利的裁纸刀，戳到喉咙里去，便可要你的命。而且同时要笑又要叹气，真是不当人子，闹着玩儿！

话说远了。现在只问老兄，那一天我和你说什么来着？——你觉得这句话有些儿来势汹汹，不易招架么？不要紧，且看下文——我说："你可和梦二一样，将来也印一本。"你大约不曾说什么；是的，你老是不说什么的。我之说这句话，也并非信口开河，我是真的那么盼望着的。况且那时你的小客厅里，互相垂直的两壁上，早已排满了那小眼睛似的漫画的稿；微风穿过它们间时，几乎可以听出飒飒的声音。我说的话，便更有把握。现在将要出版的《子恺漫画》，他可以证明我不曾说谎话。

你这本集子里的画，我猜想十有八九是我见过的。我在南方和北方与几个朋友空口白嚼的时候，有时也嚼到你的漫画。我们都爱你的漫画有诗意；一幅幅的漫画，就如一首首的小诗——带核儿的小诗。你将诗的世界东一鳞西一爪地揭露出来，我们这就像吃橄榄似的，老觉着那味。《花生米不满足》使我们回到惫懒的儿时，《黄昏》使我们沉入悠然的静默。你到上海后的画，却又不同。你那和平愉悦的诗意，不免要搀上了胡椒末；在你的小小的画幅里，便有了人生的鞭痕。我看了《病车》，叹气比笑更多，正和那天看梦二的画时一样。但是，老兄，真有你的，上海到底不曾太委屈你，瞧你那《买粽子》的劲儿！你的画里也有我不爱的：如那幅《楼上黄昏，马上黄昏》，楼上与马上的实在隔得太近了。你画过的《忆》里的小孩子，他也不赞成。

今晚起了大风。北方的风可不比南方的风，使我心里扰乱；我不再写下去了。

1926 年 11 月 2 日　北平

《白采的诗》

《羸疾者的爱》

　　爱伦坡说没有长诗这样东西；所谓长诗，只是许多短诗的集合罢了？因为人的情绪只有很短的生命，不能持续太久；在长诗里要体验着一贯的情绪是不可能的。这里说的长诗，大约指荷马史诗，弥尔登《失乐园》一类作品而言；那些诚哉是洋洋巨篇。不过长诗之长原无一定，其与短诗的分别只在结构的铺张一点上。在铺张的结构里，我们固然失去了短诗中所有的"单纯"和"紧凑"，但却新得着了"繁复"和"恢廓"。至于情绪之不能持续着一致的程度，那是必然；但让它起起伏伏，有方方面面的转折——以许多小生活合成一个大生命流，也正是一种意义呀。爱伦坡似乎仅见其分，未见其合，故有无长诗之论。实则一篇长诗，固可说由许多短篇集成，但所以集成之者，于各短篇之外，仍必有物：那就是长诗之所以为长诗。

　　在中国诗里，像荷马、弥尔登诸人之作是没有的；便是较为铺张的东西，似乎也不多。新诗兴起以后，也正是如此。可以称引的长篇，真是寥寥可数。长篇是不容易写的；所谓铺张，也不专指横的一面，如中国所谓"赋"也者；是兼指纵的进展而言的。而且总要深美的思想做血肉才行。以这样的见地来看长篇的新诗，去年出版的《白采的诗》是比较的能使我们满意的。《白采的诗》实在只是《羸疾者的爱》一篇诗。这是主人公"羸疾者"和四个人的对话；在这些对话里，作者建筑了一段故事；在这段故事里，作者将他对于现在世界的诅咒和对于将来世界的憧憬，放下去做两块基石。这两块基石是从人迹罕到的僻远的山角落里来的，所以那故事的建筑也不像这世间所有；使我们不免要吃一惊，在乍一寓目的时候。主人公"羸疾者"是生于现在世界而做着将来世界的人的；他献身于生之尊严，而不妥协地没落下去。说是狂人也好，匪徒也好，妖怪也好，他实在是个最诚实的情人！他的"爱"别看轻了是"羸疾者的"，实在是脱离了现世间一切爱的方式而独立的；这是最纯洁，最深切，无我的爱，而且不只是对于个人的爱——将来世界的憧憬也便在这里。主人公虽是"羸疾者"，但你看他的理想是怎样健全，他的言语又怎样明白，清楚。他的见解即使是"过求艰深"，如他的朋友所说；他的言语却决不"太茫昧"而"晦涩难解"，如他的朋友所说。这种深入浅出的功夫，使这样奇异的主人公能与我们亲近，让我们逐渐地了解他，原谅他，敬重他，最后和他作同声之应。他是个会说话的人，用了我们平常的语言，叙述他自己特殊的理想，使我们不由不信他；他的可爱的地方，也就在这里。

故事是这样的：主人公"赢疾者"本来是爱这个世界的；但他"用情太过度了"，"采得的只有嘲笑的果子"。他失望了，他厌倦了，他不能随俗委蛇，他的枯冷的心里只想着自己的毁灭！正在这个当儿，他从漂泊的途中偶然经过了一个快乐的村庄，"遇见那慈祥的老人，同他的一个美丽的孤女"。他们都把爱给他；他因自己已是一个赢疾者，不配享受人的爱，便一一谢绝。本篇的开场，正是那老人最后向主人公表明他的付托，她的倾慕；老人说得舌敝唇焦，他终于固执自己的意见，告别而去。她却不对他说半句话，只出着眼泪。但他早声明了，他是不能用他的手拭干她的眼泪的。"这怪诞的少年"回去见了他的母亲和伙伴，告诉他们他那"不能忘记的"，"只有一次"的奇遇，以及他的疑惧和忧虑。但他们都是属于"中庸"的类型的人；所以母亲劝他"弥缝"，伙伴劝他"諓诡，隐忍"。但这又有何用呢？爱他的那"孤女"撇下了垂老的父亲，不辞路远地跋涉而来；他却终于说，"我不敢用我残碎的爱爱你了！"他说他将求得"毁灭"的完成，偿足他"赢疾者"的缺憾。他这样了结了他的故事，给我们留下了永不解决的一幕悲剧，也便是他所谓"永久的悲哀"。

这篇诗原是主人公"赢疾者"和那慈祥的老人，他的母亲，他的伙伴，那美丽的孤女，四个人的对话。在这些对话里他放下理想的基石，建筑起一段奇异的故事。我已说过了。他建筑的方术颇是巧妙：开场时全以对话人的气象暗示事件的发展，不用一些叙述的句子；却使我们鸟瞰了过去，寻思着将来。这可见他弥满的精力。到第二节对话中，他才将往事的全部告诉我们，我们以为这就是所有的节目了。但第三节对话里，他又将全部的往事说给我们，这却另是许多新的节目；这才是所有的节目了。其实我们读第一节时，已知道了这件事的首尾，并不觉得缺少；到第三节时，虽增加了许多节目，却也并不觉得繁多——而且无重复之感，只很自然地跟着作者走。我想这是一件有趣的事，作者将那"慈祥的老人"和"美丽的孤女"分置在首尾两端，而在第一节里不让她说半句话。这固然有多少体制的关系，却也是天然的安排；若没有这一局，那"可爱的人"的爱未免太廉价，主人公的悲哀也决不会如彼深切的——那未免要减少了那悲剧的价值之一部或全部呢。至于作者的理想，原是灌注在全个故事里的，但也有特别鲜明的处所，那便是主人公在对话里尽力发抒己见的地方。这里主人公说的话虽也有议论的成分在内，但他有火热的情感，和凭着冰冷的理智说教的不同。他的议论是诗的，和散文的不同。他说的又那么从容，老实，没有大声疾呼的宣传的意味。他只是寻常的谈话罢了。但他的谈话却能够应机立说；只是浑然的一个理想，他和老人说时是一番话，和母亲说时又是一番话，和伙伴，和那"孤女"，又各有一番话。各人的话都贴切各人的身分，小异而有大同；相异的地方实就是相成的地方。本篇之能呵成一气，中边俱彻，全有赖于这种地方。本篇的人物共有五个，但只有两个类型；主人公独属于"全或无"的类型，其余四人共属于"中庸"的类型。四人属于一型，自然没有明了的性格；性格明了的只主人公一人而已。本篇原是抒情诗，虽然有叙事的形式和说理的句子；所以重在主人公自己的抒写，别的人物只是道具罢了。这样才可绝断众流，独立纲维，将主人公自己整个儿一丝不剩地捧给我们看。

本篇是抒情诗，主人公便是作者的自托，是不用说的。作者是个深于世故的人：他本沉溺于这个世界里的，但一度尽量地泄露以后，只得着许多失望。他觉着他是"向恶人去寻求他们所没有的"，于是开始厌倦这残酷的人间。他说：

> 我在这猥琐的世上，一切的见闻，
> 丝毫都觉不出新异；
> 只见人们同样的蠢动罢了。

而人间的关系，他也看得十二分透彻；他露骨地说：

> 人们除了相贼，
> 便是相需着玩偶罢了。

所以

> 我是不愿意那相贼的敌视我，
> 但也不愿利用的俳优蓄我；
> 人生旅路上这凛凛的针棘，
> 我只愿做这村里的一个生客。

看得世态太透的人，往往易流于玩世不恭，用冷眼旁观一切；但作者是一个火热的人，那样不痛不痒的光景，他是不能忍耐的。他一面厌倦现在这世界，一面却又舍不得它，希望它有好日子；他自己虽将求得"毁灭"的完成，但相信好日子终于会到来的，只要那些未衰的少年明白自己的责任。这似乎是一个思想的矛盾，但作者既自承为"羸疾者""颠狂者"，却也没有什么了。他所以既于现世间深切地憎恶着，又不住地为它担忧，你看他说：

> 我固然知道许多青年，
> 受了现代的苦闷。
> 更倾向肉感的世界！
> 但这漫无节制的泛滥过后，
> 我却怀着不堪隐忧；
> ——纵弛！
> ——衰败！
> 这便是我不能不呼号的了。

这种话或者太质直了，多少带有宣传的意味，和篇中别的部分不同；但话里面却有重量，值得我们几番地凝想。我们可以说这寥寥的几行实为全篇的核心，而且作诗的缘起也在这里了。这不仅我据全诗推论是如此，我还可请作者自己为我作证。我曾见过这篇诗的原稿，他在第一页的边上写出全篇的大旨，短短的只一行多<u>些</u>，正是这一番意思。我们不能忽视这一番意思，因为从这里我们可以看出他实在是真能爱这世界的，他实在是真能认识"生之尊严"的。

他说：

> 但人类求生是为的相乐，
> 不是相呴相濡的苟活着。
> 既然恶魔所给我们精神感受的痛苦已多，
> 更该一方去求得神赐我们本能的享乐。
> 然而我是重视本能的受伤之鸟，
> 我便在实生活上甘心落伍了！

他以为"本能的享乐尤重过种族的繁殖"；人固要有"灵的扩张"，也要"补充灵的实质"。他以为

> 这生活的两面，
> 我们所能实感着的，有时更有价值！

但一般人不能明白这"本能的享乐"的意味，只"各人求着宴安"，"结果快乐更增进了衰弱"，而

> 羸弱是百罪之源，
> 阴霾常潜在不健全的心里。

所以他有时宁可说：

生命的事实，

在我们所能感觉得到的，

我终觉比灵魂更重要呢。

他既然如此地"拥护生之尊严"，他的理想国自然是在地上；他想会有一种超人出现在这地上，创造人间的天国。他想只有理会得"本能的享乐"的人，才能够彼此相乐，才能够彼此相爱；因为在"健全"的心里是没有阴霾的潜在的。只有这班人，能够从魔王手里夺回我们的世界。作者的思想是受了尼采的影响的；他说"本能的享乐"，说"离开现实便没有神秘"，说"健全的人格"，我们可以说都是从尼采"超人就是地的意义"一语蜕化而出。但作者的超人——他用"健全的人格"的名词——究竟是怎样一种人格呢？我让他自己说：

你须向武士去找健全的人格；

你须向壮硕人像婴儿一般的去认识纯真的美。

你莫接近狂人，会使你也受了病的心理；

你莫过信那日夜思想的哲学者，

他们只会制造些诈伪的辩语。

这是他的超人观的正负两面。他又说：

> 我们所要创造的，不可使有丝毫不全；
>
> 真和美便是善，不是亏蚀的。

这却是另一面了。他因为盼望超人的出现，所以主张"人母"的新责任：

> 这些"新生"，正仗着你们慈爱的选择；
>
> 这庄严无上的权威，正在你们丰腴的手里。

但他的超人观似乎是以民族为出发点的，这却和尼采大大不同了！

作者虽盼望着超人的出现，但他自己只想做尼采所说的"桥梁"，只企图着尼采所说的"过渡和没落"。因为

> 我所有的不幸，无可救药！
>
> 我是——
>
> 心灵的被创者，
>
> 体力的受病者，
>
> 放荡不事生产者，
>
> 时间的浪费者；
>
> ——所有弱者一切的悲哀，
>
> 都灌满了我的全生命！

而且

> 我的罪恶如同黑影，
> 它是永远不离我的！
> 痛苦便是我的血，
> 一点一点滴污了我的天真。

他一面受着"世俗的夹挢"，一面受着"生存"的抽打和警告，他知道了怎样尊重他自己，完全他自己。

> 自示孱弱的人，
> 反常想胜过了一切强者。

他所以坚牢地执着自己，不肯让他慈爱的母亲和那美丽的孤女一步。我最爱他这一节话：

> 既不安全，
> 便宁可毁灭；
> 不能升腾，
> 便甘心沉溺；
> 美锦伤了蠹穴，
> 先把他焚裂；
> 钝的宝刀，

不如断折；

母亲：

我是不望超拔的了！

　　他是不望超拔的了；他所以不需要怜悯，不需要一切，只向着一条路上走。

除了自己毁灭，

便算不了完善。

　　他所求的便是"毁灭"的完成，这是他一切。所谓"毁灭"，尼采是给了"没落"的名字，尼采曾借了查拉图斯特拉的口说：

我是爱那不知道没落以外有别条生路的人；因为那
是想要超越的人。

　　作者思想的价值，可以从这几句话里估定它。我说那主人公生于现在世界而做着将来世界的人，也便以这一点为立场。这自然也是尼采的影响。关于作者受了尼采的影响，我曾于读本篇原稿后和一个朋友说及。他后来写信告诉作者，据说他是甚愿承认的。

　　篇中那老人对主人公说：

> 人的思想是何等剽疾不驯，
>
> 你的话语是何等刻核？

这两句话用来批评全诗，是很适当的。作者是有深锐的理性和远到的眼光的人；他能觉察到人所不能觉察的。他的题材你或许会以为奇僻，或许会感着不习惯；但这都不要紧，你自然会渐渐觉到它的重量的。作者的选材，多少是站在"优生"的立场上。"优生"的概念是早就有了的，但作者将它情意化了，比人更深入一层，便另有一番声色。又加上尼采的超人观，价值就更见扩大了。在这一点上，作者是超出了一般人，是超出了这个时代。但他的理性的力量虽引导着他绝尘而驰，他的情意却不能跟随着他。你看他说：

> 但我有透骨髓的奇哀至痛，
>
> ——却不在我所说的言语里！

其实便是在他的言语里，那种一往情深缠绵无已的哀痛之意，也灼然可见。那无可奈何的光景，是很值得我们低徊留恋的。虽然他"常想胜过了一切强者"，虽然他怎样的嘴硬，但中干的气象，荏弱的情调，是显然不曾能避免了的。因袭的网实在罩得太密了，凭你倔强，也总不能一下就全然挣脱了的。我们到底都是时代的儿子呀！我们以这样的见地来论作者，我想是很公平的。

1926 年 8 月 27 日

《燕知草》^① 序

"想当年"一例是要有多少感慨或惋惜的，这本书也正如此。《燕知草》的名字是从作者的诗句"而今陌上花开日，应有将雏旧燕知"而来；这两句话以平淡的面目，遮掩着那一往的深情，明眼人自会看出，书中所写，全是杭州的事；你若到过杭州，只看了目录，也便可约略知道的。

杭州是历史上的名都，西湖更为古今中外所称道；画意诗情，差不多俯拾即是。所以这本书若可以说有多少的诗味，那也是很自然的。西湖这地方，春夏秋冬，阴晴雨雪，风晨月夜，各有各的样子，各有各的味儿，取之不竭，受用不穷；加上绵延起伏的群山，错落隐现的胜迹，足够教你流连忘返。难怪平伯会在大洋里想着，会在睡梦里惦着！但"杭州城里"，在我们看，除了吴山，竟没有一毫可留恋的地方。像清河坊，城站，终日是喧阗的市声，想起来只会头晕罢了；居然也能引出平伯的那样怅惘的文

---

① 俞平伯作。

字来，乍看真有些不可思议似的。

其实也并不奇，你若细味全书，便知他处处在写杭州，而所着眼的处处不是杭州。不错，他惦着杭州；但为什么与众不同地那样粘着地惦着？他在《清河坊》中也曾约略说起；这正因杭州而外，他意中还有几个人在——大半因了这几个人，杭州才觉可爱的。好风景固然可以打动人心，但若得几个情投意合的人，相与徜徉其间，那才真有味；这时候风景觉得更好。——老实说，就是风景不大好或竟是不好的地方，只要一度有过同心人的踪迹，他们也会老那么惦记着的。他们还能出人意表地说出这种地方的好处；像书中《杭州城站》，《清河坊》一类文字，便是如此。再说我在杭州，也待了不少日子。和平伯差不多同时，他去过的地方，我大半也去过；现在就只有淡淡的影像，没有他那迷劲儿。这自然有许多因由，但最重要的，怕还是同在的人的不同吧？这种人并不在多，也不会多。你看这书里所写的，几乎只是和平伯有着几重亲的 H 君的一家人——平伯夫人也在内；就这几个人，给他一种温暖浓郁的氛围气。他依恋杭州的根源在此，他写这本书的感兴，其实也在此。就是那《塔砖歌》与《陀罗尼经歌》，虽像在发挥着"历史癖与考据癖"，也还是以 H 君为中心的。

近来有人和我论起平伯，说他的性情行径，有些像明朝人。我知道所谓"明朝人"，是指明末张岱，王思任等一派名士而言。这一派人的特征，我惭愧还不大弄得清楚；借了现在流行的话，大约可以说是"以趣味为主"的吧？他们只要自己好好地受用，什么礼法，什么世故，是满不在乎的。他们的文字也如其人，有着"洒脱"的气息。平伯究竟像这班明朝人不像，我虽不甚知道，但有几件事可以给他说明，你看《梦游》的跋里，岂不是说有两位先生猜那篇文像明朝人做的？平伯的高兴，从字里行间露出。这是自画的供招，可为铁证。标点《陶庵梦忆》，及在那篇跋里对于张岱的向往，可为旁证。而周启明先生《杂拌儿》序里，将现在散文与明朝人的文章，相提并论，也是有力的参考。但我知道平伯并不曾着意去模仿那些人，只是性习有些相近，便尔暗合罢了；他自己起初是并未以此自期的；若先存了模仿的心，便只有因袭的气分，没有真情的流露，那倒又不像明朝人了。至于这种名士风是好是坏，合时宜不合时宜，要看你如何着眼；所谓见仁见智，各有不同——像《冬晚的别》，《卖信纸》，我就觉得太"感伤"些，平伯原不管那些，我们也不必管；只从这点上去了解他的为人，他的文字，尤其是这本书便好。

这本书有诗，有谣，有曲，有散文，可称五光十色。一个人在一个题目上，这样用了各体的文字抒写，怕还是第一遭吧？我见过一本《水上》，是以西湖为题材的新诗集，但只是新诗一体罢了；这本书才是古怪的综合呢。书中文字颇有浓淡之别。《雪晚归船》以后之作，和《湖楼小撷》、《芝田留梦记》等，显然是两个境界。平伯有描写的才力，但向不重视描写。虽不重视，却也不至厌倦，所以还有《湖楼小撷》一类文字。近年来他觉得描写太板滞，太繁缛，太矜持，简直厌倦起来了；他说他要素朴的趣味。《雪晚归船》一类东西便是以这种意态写下来的。这种"夹叙夹议"的体制，却并没有堕入理障中去；因为说得干脆，说得亲切，既不"隔靴搔痒"，又非"悬空八只脚"。这种说理，实也是抒情的一法；我们知道，"抽象"，"具体"的标准，有时是不够用的。至于我的欢喜，倒颇难确说，用杭州的事打个比方罢：书中前一类文字，好像昭贤寺的玉佛，雕琢工细，光润洁白；后一类呢，恕我拟不于伦，像吴山四景园驰名的油酥饼——那饼是入口即化，不留渣滓的，而那茶店，据说是"明朝"就有的。

《重过西园码头》这一篇，大约可以当得"奇文"之名。平伯虽是我的老朋友，而赵心馀却决不是，所以无从知其为人。他的文真是"下笔千言离题万里"。所好者，能从万里外一个筋斗翻了回来；"赵"之与"孙"，相去只一间，这倒不足为奇的。所奇者，他的文笔，竟和平伯一样；别是他的私淑弟子罢？其实不但"一样"，他那洞达名理，委曲述怀的地方，有时竟是出蓝胜蓝呢。最奇者，他那些经历，有多少也和平伯雷同！这的的括括可以说是天地间的"无独有偶"了。

呜呼！我们怎能起赵君于九原而细细地问他呢？

1928 年 12 月 19 日晚　北平清华园

《子夜》

　　这几年我们的长篇小说，渐渐多起来了；但真能表现时代的只有茅盾的《蚀》和《子夜》。《蚀》写一九二七年的武汉与一九二八年的上海，写的是"青年在革命壮潮中所经过的三个时期"。能利用这种材料的不止茅君一个，可是相当地成功的只有他一个。他笔下是些有血有肉能说能做的人，不是些扁平的人形，模糊的影子。《子夜》写一九三〇年的上海，写的是民族资本主义的发展与崩溃的缩影。与《蚀》都是大规模的分析的描写，范围却小些：只侧重在"工业的金融的上海市"，而经过只有两个多月。不过这回作者观察得更有系统，分析得也更精细；前一本是作者经验了人生而写的，这一本是为了写而去经验人生的。听说他的亲戚颇多在交易所里混的；他自己也去过交易所多次。他这本书是细心研究的结果，并非"写意"的创作。《蚀》包含三个中篇，字数还没有这一本多，便是为此。看小说消遣的人看了也许觉得烦琐，腻味；那是他自己太"写意"了，怨不得作者。"子夜"的意思是"黎明之前"；作者相信一个新时代是要到来的。

这本书有主角，与《蚀》不同。主角是吴荪甫。他曾经游历欧美，抱着发展中国民族工业的雄图，是个有作为的人。他在故乡双桥镇办了一个发电厂，打算以此为基础，建筑起一个模范镇；又在上海开了一爿大丝厂。不想双桥镇给"农匪"破坏了，他心血算白费了。丝厂因为竞争不过日本丝和人造丝，渐渐不景气起来，只好在工人身上打主意，扣减她们的工钱。于是酝酿着工潮，劳资的冲突一天天尖锐化。那正是内战大爆发的时候，内地的现银向上海集中。金融界却只晓得做地皮，金子，公债，毫无企业的眼光。荪甫的姊丈杜竹斋便是一个，而且是胆子最小最贪近利的一个。荪甫自然反对这种态度。他和孙吉人、王和甫顶下了益中信托公司，打算大规模地办实业。他们一气兼并了八个制造日用品的小工厂，想将它们扩充起来，让那些新从日本移植到上海来的同部门的厂受到一个致命伤。荪甫有了这种大计划，便觉得双桥镇无用武之地，破坏了也不足深惜了。

但这是个最宜于做公债的年头；战事常常变化，投机家正可上下其手。荪甫本不赞成投机，而为迅速的扩充他们的资本，便也钻到公债里去。这明明是一个矛盾；时势如此，他无法避免。他们的企业的基础，因此便在风雨飘摇之中。这当儿他们的对头赵伯韬来了。他是美国资本家的"掮客"，代理他们来吞并刚在萌芽的民族工业的。那时杜竹斋早拆了信托公司的股；荪甫他们一面做公债，一面办厂，便周转不及；加上内战时货运阻滞，新收的八个厂的出品囤着销不出去。赵伯韬便用经济封锁政策压迫他们的公司，又在公债上与他们斗法。他们两边儿都不仅"在商言商"：荪甫接近那以实现民主政治标榜的政派，正是企业家的本色。赵伯韬是相对峙的一派，也是"掮客"的本色。他们又都代办军火；都做外力与封建军阀间媒介。他们做公债时，所想所行，却也不一定忠实于他们的政派。总之，矛盾非常多。荪甫他们做公债失败了，便压榨那八个厂的工人，但还是维持不下去。荪甫这时候气馁了，他只想顾全那二十万的血本，便投降赵伯韬也行。但孙、王两人不甘心，他们终于将那些厂直接顶给英、日的商人。现在他们用全力做公债了，荪甫将自己的厂和住房都押掉了，和赵伯韬作孤注一掷。他力劝杜竹斋和他们"打公司"；但结果杜竹斋反收了渔翁之利而去。荪甫这一下全完了。他几乎要自杀，后来却决定到庐山歇夏去。

这便是上文所谓"民族资本主义的发展与崩溃的缩影"。若觉得说得这么郑重，有些滑稽，那是因为我们的民族资本主义的进程本来滑稽得可怜。有人说这本书的要点只是公债、工潮。这不错，只要从这两项描写所占的篇幅就知道。但作者为什么这样写？他决不仅要找些新花样，给读者换口味。这其间有一番道理。书中朱吟秋说：

> 从去年以来，上海一埠是现银过剩。银根并不要紧。然而金融界只晓得做公债，做地皮，一千万，两千万，手面阔得很！碰到我们厂家一时周转不来，想去做十万八万的押款呀，那就简直像是要了他们的性命；条件的苛刻，真叫人生气。（四三面）

这并不是金融界人的善恶的问题而是时势使然。孙吉人说得好：

> 我们这次办厂就坏在时局不太平，然而这样的时局，做公债倒是好机会。（五三四面）

内战破坏了一切，只增长了赌博或投机的心理。虽像吴荪甫那样有大志有作为的企业家，也到处碰壁，终于还是钻入公债里去。这是我们民族资本主义崩溃的大关键，作者所以写益中公司的八个厂只用侧笔而以全力写公债者，便为的这个。至于写冯云卿等三人作公债而失败，那不过点缀点缀，取其与吴、赵两巨头相映成趣，觉得热闹些。但内战之外，外国资本的压迫也是中国民族工业的致命伤。这一点作者并未忽略；他只用陪笔，如赵伯韬所代理的托辣司，益中公司将八个厂顶给英、日商家，周仲伟将火柴厂顶给日本商家之类。这是作者善于用短，好腾出篇幅来专写他熟悉的那一方面。——民族资本主义在这两重压迫之下，自然会走向崩溃的路上去。

然而工厂主人起初还挣扎着，他们压榨工人。于是劳资关系渐趋尖锐化。这也可以成为促进资本主义崩溃的一个原因。但书中只写厂方如何利用工人，以及黄色工会中人的倾轧。也写工人运动，但他们的力量似乎很薄弱，一次次都失败了，不足以摇动大局。或者有人觉得作者笔下的工人太软弱些，但他也许不愿意铺张扬厉。他在《我们这文坛》一文（《东方杂志》三十卷一号）

里说：

> 我们也唾弃那些，印板式的"新偶像主义"——对
> 于群众行动的盲目而无批评的赞颂与崇拜。

他大约只愿照眼睛所看的实在情形写；也只有这样才教人相信，才教人细想。书中写吴荪甫的丝厂里一次怠工，一次罢工；怠工从旁面着笔，罢工才从正面着笔。他写吴荪甫的愤怒，工厂管理人屠维岳的阴贼险恶，工会里的暗斗，工人的骚动，共产党的指挥，军警的捕捉，——罢工的各方面的姿态，在他笔底下总算有声有色。接着叙周仲伟火柴厂的工人到他家要求不停工的故事。这是一幕悲喜剧；无论如何，那轻快的进行让读者松一口气，作为一个陪笔是颇巧妙的。

书中以"父与子"的冲突开始，便是封建道德与资本主义的道德的冲突。但作者将吴荪甫的老太爷，写得那么不经事，一到上海，便让上海给气死了，未免干脆得不近情理。再则这第一章的主旨所谓"父与子"的冲突与全书也无甚关涉。揣想作者所以如此开端，大约只是为了结构的方便，接着便可以借着吴太爷的大殓好同时介绍全书各方面的人物。这未免太取巧了些。但如冯云卿利用女儿事，写封建道德的破产，却好。书中有一章专写农民的骚动；写冯云卿的时候，也间接地概括地说到这种情形以及地主威权的动摇。这些都暗示封建农村的势力在崩溃着。但那些封建的军阀在书中还是活跃着的。作者在《我们的文坛》里说将

来的文艺该是"批判"的："严密的分析"，"严格的批评"。他自己现在显然已向着这条路走。

吴荪甫的家庭和来往的青年男女客人，也是书中重要的点缀，东一鳞西一爪的。这些人大抵很闲，做诗，做爱，高谈政治经济，唱歌，打牌，甚至练镖，看《太上感应篇》等等，就像天底下一切无事似的。而吴荪甫却老是紧张地出入于几条火线当中。他们真像在两个世界里。作者写这些人，也都各具面目。但太简单了，好像只钩了个轮廓就算了，如吴少奶奶，她的妹妹，四小姐，阿萱，杜学诗，李玉亭等。诗人范博文却形容太甚，仿佛只是一个笑话，杜新箨写得也过火些。至于吴芝生，却又太不清楚。作者在后记里也承认书里有几个小结构，因为夏天他身体不大好，没有充分地发展开去，这实在很可惜。人物写得好的，如吴荪甫、屠维岳的刚强自信，赵伯韬的狠辣，杜竹斋的胆小贪利。可是吴、屠两人写得太英雄气概了，吴尤其如此，因此引起一部分读者对于他们的同情与偏爱，这怕是作者始料所不及罢。而屠维岳，似乎并没有受过新教育的人，向吴荪甫说的话那样欧化，也是不确当的。作者擅长描写女人，但这本书里却没有怎样出色的，大约非意所专注之故。

作者描写农村的本领，也不在描写都市之下，《林家铺子》（收在《春蚕》中），写一个小镇上一家洋广货店的故事，层层剖剥，不漏一点儿，而又委曲入情，真可算得"严密的分析"。私意这是他最佳之作。还有《春蚕》，《秋收》两短篇（均在《春蚕》中），也"分析"得细。我们现代的小说，正该如此取材，才有出路。

《欧游杂记》序

　　这本小书是二十一年五月六月的游踪。这两个月走了五国，十二个地方。巴黎待了三礼拜，柏林两礼拜，别处没有待过三天以上；不用说都只是走马看花罢了。其中佛罗伦司，罗马两处，因为赶船，慌慌张张，多半坐在美国运通公司的大汽车里看的。大汽车转弯抹角，绕得你昏头昏脑，辨不出方向；虽然晚上可以回旅馆细细查看地图，但已经隔了一层，不像自己慢慢摸索或跟着朋友们走那么亲切有味了。滂卑故城也是匆忙里让一个俗透了的引导人领着胡乱走了一下午。巴黎看得比较细，一来日子多，二来朋友多；但是卢佛宫去了三回，还只看了一犄角。在外国游览，最运气有熟朋友乐意陪着你；不然，带着一张适用的地图一本适用的指南，不计较时日，也不难找到些古迹名胜。而这样费了一番气力，走过的地方便不会忘记，也不会张冠李戴——若能到一国说一国的话，那自然更好。

　　自己只能听英国话，一到大陆上，便不行了。在巴黎的时候，朋友来信开玩笑，说我"目游巴黎"；其实这儿所记的五国都只

164

算是"目游"罢了。加上日子短，平时对于欧洲的情形又不熟习，实在不配说话。而居然还写出这本小书者，起初是回国时船中无事，聊以消磨时光，后来却只是"一不做，二不休"而已。所说的不外美术风景古迹，因为只有这些才能"目游"也。游览时离不了指南，记述时还是离不了；书中历史事迹以及尺寸道里都从指南钞出。用的并不是大大有名的裴歹克指南，走马看花是用不着那么好的书的。我所依靠的不过克罗凯（Crockett）夫妇合著的《袖珍欧洲指南》，瓦德洛克书铺（Ward，Lock & Co.）的《巴黎指南》，德莱司登的官印指南三种。此外在记述时也用了雷那西的美术史（Reinach：Apollo）和何姆司的《艺术轨范》（C. J. Holmes：A Grammar of the Arts）做参考。但自己对于欧洲美术风景古迹既然外行，无论怎样谨慎，陋见谬见，怕是难免的。

本书绝无胜义，却也不算指南的译本；用意是在写些游记给中学生看。在中学教过五年书，这便算是小小的礼物吧。书中各篇以记述景物为主，极少说到自己的地方。这是有意避免的：一则自己外行，何必放言高论；二则这个时代，"身边琐事"说来到底无谓。但这么着又怕干枯板滞——只好由它去吧。记述时可也费了一些心在文字上：觉得"是"字句，"有"字句，"在"字句安排最难。显示景物间的关系，短不了这三样句法；可是老用这一套，谁耐烦！再说这三种句子都显示静态，也够沉闷的。于是想方法省略那三个讨厌的字，例如"楼上正中一间大会议厅"，可以说"楼上正中是——"，"楼上有——"，"——在楼的正中"，但我用第一句，盼望给读者整个的印象，或者说更具体的印象。再有，不从景物自身而从游人说，例如"天尽头处偶尔看见一架半架风车"。若能将静的变为动的，那当然更乐意，例如"他的左胳膊底下钻出一个孩子"（画中人物）。不过这些也无非雕虫小技罢了。书中用华里英尺，当时为的英里合华里容易，英尺合华尺麻烦些；而英里合华里数目大，便更见其远，英尺合华尺数目小，怕不见其高，也是一个原因。这种不一致，也许没有多少道理，但也由它去吧。

书中取材，概未注明出处；因为不是高文典册，无需乎小题大做耳。

出国之初给叶圣陶兄的两封信，记述哈尔滨与西比利亚的情形的，也附在这里。

让我谢谢国立清华大学，不靠她，我不能上欧洲去。谢谢李健吾，吴达元，汪梧封，秦善鋆四位先生；没有他们指引，巴黎定看不好，而本书最占篇幅的巴黎游记也定写不出。谢谢叶圣陶兄，他老是鼓励我写下去，现在又辛苦地给校大样。谢谢开明书店，他们愿意给我印这本插了许多图的小书。

1934 年 4 月　北平清华园

威　尼　斯

　　威尼斯（Venice）是一个别致地方。出了火车站，你立刻便会觉得；这里没有汽车，要到哪儿，不是搭小火轮，便是雇"刚朵拉"（Gondola）。大运河穿过威尼斯像反写的 S；这就是大街。另有小河道四百十八条，这些就是小胡同。轮船像公共汽车，在大街上走；"刚朵拉"是一种摇橹的小船，威尼斯所特有，它哪儿都去。威尼斯并非没有桥；三百七十八座，有的是。只要不怕转弯抹角，哪儿都走得到，用不着下河去。可是轮船中人还是很多，"刚朵拉"的买卖也似乎并不坏。

　　威尼斯是"海中的城"，在意大利半岛的东北角上，是一群小岛，外面一道沙堤隔开亚得利亚海。在圣马克广场的钟楼上看，团花簇锦似的东一块西一块在绿波里荡漾着。远处是水天相接，一片茫茫。这里没有什么煤烟，天空干干净净；在温和的日光中，一切都像透明的。中国人到此，仿佛在江南的水乡；夏初从欧洲北部来的，在这儿还可看见清清楚楚的春天的背影。海水那么绿，那么酽，会带你到梦中去。

威尼斯不单是明媚，在圣马克广场走走就知道。这个广场南面临着一道运河；场中偏东南便是那可以望远的钟楼。威尼斯最热闹的地方是这儿，最华妙庄严的地方也是这儿。除了西边，围着的都是三百年以上的建筑，东边居中是圣马克堂，却有了八九百年——钟楼便在它的右首。再向右是"新衙门"；教堂左首是"老衙门"。这两溜儿楼房的下一层，现在满开了铺子。铺子前面是长廊，一天到晚是来来去去的人。紧接着教堂，直伸向运河去的是公爷府：这个一半属于小广场，另一半便属于运河了。

圣马克堂是广场的主人，建筑在十一世纪，原是卑赞廷式，以直线为主。十四世纪加上戈昔式的装饰，如尖拱门等；十七世纪又参入文艺复兴期的装饰，如栏干等。所以庄严华妙，兼而有之；这正是威尼斯人的漂亮劲儿。教堂里屋顶与墙壁上满是碎玻璃嵌成的画，大概是真金色的地，蓝色或红色的圣灵像。这些像做得非常肃穆。教堂的地是用大理石铺的，颜色花样种种不同。在那种空阔阴暗的氛围中，你觉得伟丽，也觉得森严。教堂左右那两溜儿楼房，式样各别，并不对称；钟楼高三百二十二英尺，也偏在一边儿。但这两溜房子都是三层，都有许多拱门，恰与教堂的门面与圆顶相称；又都是白石造成，越衬出教堂的金碧辉煌来。教堂右边是向运河去的路，是一个小广场，本来显得空阔些，钟楼恰好填了这个空子。好像我们戏里大将出场，后面一杆旗子总是偏着取势；这广场中的建筑，节奏其实是和谐不过的。十八世纪意大利卡那来陀（Canaletto）一派画家专画威尼斯的建筑，取材于这广场的很多。德国德莱司敦画院中有几张，真好。

公爷府里有好些名人的壁画和屋顶画，丁陶来陀（Tintoretto，十六世纪）的大画《乐园》最著名；但更重要的是它建筑的价值。运河上有了这所房子，增加了不少颜色。这全然是戈昔式；动工在九世纪初，以后屡次遭火，屡次重修，现在的据说还是原来的式样。最好看的是它的西南两面；西面斜对着圣马克广场，南面正在运河上。在运河里看，真像在画中。它也是三层：下两层是尖拱门，一眼看去，无数的柱子。最下层的拱门简单疏阔，是载重的样子；上一层便繁密得多，为装饰之用；最上层却更简单，一根柱子没有，除了疏疏落落的窗和门之外，都是整块的墙面。墙面上用白的与玫瑰红的大理石砌成素朴的方纹，在日光里鲜明得像少女一般。威尼斯人真不愧着色的能手。这所房子从运河中看，好像在水里。下两层是玲珑的架子，上一层才是屋子；这是很巧的结构，加上那艳而雅的颜色，令人有惝恍迷离之感。府后有太息桥；从前一边是监狱，一边是法院，狱囚提讯须过这里，所以得名。拜伦诗中曾咏此，因而便脍炙人口起来，其实也只是近世的东西。

威尼斯的夜曲是很著名的。夜曲本是一种抒情的曲子，夜晚在人家窗下随便唱。可是运河里也有：晚上在圣马克广场的河边上，看见河中有红绿的纸球灯，便是唱夜曲的船。雇了"刚朵拉"摇过去，靠着那个船停下，船在水中间，两边挨次排着"刚朵拉"，在微波里荡着，像是两只翅膀。唱曲的有男有女，围着一张桌子坐，轮到了便站起来唱，旁边有音乐和着。曲词自然是意大利语，意大利的语音据说最纯粹，最清朗。听起来似乎的确斩截些，女人的尤其如此——意大利的歌女是出名的。音乐节奏繁密，声情热烈，想来是最流行的"爵士乐"。在微微摇摆的红绿灯球底下，颤着酽酽的歌喉，运河上一片朦胧的夜也似乎透出玫瑰红的样子。唱完几曲之后，船上有人跨过来，反拿着帽子收钱，多少随意。不愿意听了，还可摇到第二处去。这个略略像当年的秦淮河的光景，但秦淮河却热闹得多。

从圣马克广场向西北去，有两个教堂在艺术上是很重要的。一个是圣罗珂堂，旁边有一所屋子，墙上屋顶上满是画；楼上下大小三间屋，共六十二幅画，是丁陶来陀的手笔。屋里暗极，只有早晨看得清楚。丁陶来陀作画时，因地制宜，大部分只粗粗勾勒，利用阴影，教人看了觉得是几经琢磨似的。《十字架》一幅在楼上小屋内，力量最雄厚。佛拉利堂在圣罗珂近旁，有大画家铁沁（Titian，十六世纪）和近代雕刻家卡奴洼（Canova）的纪念碑。卡奴洼的，灵巧，是自己打的样子；铁沁的，宏壮，十九世纪中叶才完成的。他的《圣处女升天图》挂在神坛后面，那朱红与亮蓝两种颜色鲜明极了，全幅气韵流动，如风行水上。倍里尼（Giovanni Bellini，十五世纪）的《圣母像》，也是他的精品。他们都还有别的画在这个教堂里。

从圣马克广场沿河直向东去，有一处公园；从一八九五年起，每两年在此地开国际艺术展览会一次。今年是第十八届；加入展览的有意，荷，比，西，丹，法，英，奥，苏俄，美，匈，瑞士，波兰等十三国，意大利的东西自然最多，种类繁极了；未来派立体派的图画雕刻，都可见到，还有别的许多新奇的作品，说不出路数。颜色大概鲜明，教人眼睛发亮；建筑也是新式，简截不啰嗦，痛快之至。苏俄的作品不多，大概是工农生活的表现，兼有沉毅和高兴的调子。他们也用鲜明的颜色，但显然没有很费心思在艺术上，作风老老实实，并不向牛犄角里寻找新奇的玩意儿。

威尼斯的玻璃器皿，刻花皮件，都是名产，以典丽风华胜，缂丝也不错。大理石小雕像，是著名大品的缩本，出于名手的还有味。

1932 年 7 月 13 日作

莱 茵 河

　　莱茵河（The Rhine）发源于瑞士阿尔卑斯山中，穿过德国东部，流入北海，长约二千五百里。分上中下三部分。从马恩斯（Mayence，Mains）到哥龙（Cologne）算是"中莱茵"；游莱茵河的都走这一段儿。天然风景并不异乎寻常地好；古迹可异乎寻常地多。尤其是马恩斯与考勃伦兹（Koblenz）之间，两岸山上布满了旧时的堡垒，高高下下的，错错落落的，斑斑驳驳的：有些已经残破，有些还完好无恙。这中间住过英雄，住过盗贼，或据险自豪，或纵横驰骤，也曾热闹过一番。现在却无精打采，任凭日晒风吹，一声儿不响。坐在轮船上两边看，那些古色古香各种各样的堡垒历历的从眼前过去；仿佛自己已经跳出了这个时代而在那些堡垒里过着无拘无束的日子。游这一段儿，火车却不如轮船：朝日不如残阳，晴天不如阴天，阴天不如月夜——月夜，再加上几点儿萤火，一闪一闪的在寻觅荒草里的幽灵似的。最好还得爬上山去，在堡垒内外徘徊徘徊。

　　这一带不但史迹多，传说也多。最凄艳的自然是脍炙人口的声闻岩头的仙女子。声闻岩在河东岸，高四百三十英尺，一大片暗淡的悬岩，嶙嶙峋峋的；河到岩南，向东拐个小弯，这里有顶大的回声，岩因此得名。相传往日岩头有个仙女美极，终日歌唱不绝。一个船夫傍晚行船，走过岩下。听见她的歌声，仰头一看，不觉忘其所以，连船带人都撞碎在岩上。后来又死了一位伯爵的儿子。这可闯下大祸来了。伯爵派兵遣将，给儿子报仇。他们打算捉住她，锁起来，从岩顶直摔下河里去。但是她不愿死在他们手里，她呼唤莱茵母亲来接她；河里果然白浪翻腾，她便跳到浪里。从此声闻岩下听不见歌声，看不见情影，只剩晚霞在岩头明灭。德国大诗人海涅有诗咏此事；此事传播之广，这篇诗也有关系的。友人淦克超先生曾译第一章云：

传闻旧低徊，我心何悒悒。
两峰隐夕阳，莱茵流不息。
峰际一美人，粲然金发明，
清歌时一曲，余音响入云。
凝听复凝望，舟子忘所向，
怪石耿中流，人与舟俱丧。

这座岩现在是已穿了隧道通火车了。

哥龙在莱茵河西岸，是莱茵区最大的城，在全德国数第三。从甲板上看教堂的钟楼与尖塔这儿那儿都是的。虽然多么繁华一座商业城，却不大有俗尘扑到脸上。英国诗人柯勒列治说：

人知莱茵河，洗净哥龙市；

水仙你告我，今有何神力，

洗净莱茵水？

那些楼与塔镇压着尘土，不让飞扬起来，与莱茵河的洗刷是异曲同工的。哥龙的大教堂是哥龙的荣耀；单凭这个，哥龙便不死了。这是戈昔式，是世界上最宏大的戈昔式教堂之一。建筑在一二四八年，到一八八〇年才全部落成。欧洲教堂往往如此，大约总是钱不够之故。教堂门墙伟丽，尖拱和直棱，特意繁密，又雕了些小花，小动物，和《圣经》人物，零星点缀着；近前细看，其精工真令人惊叹。门墙上两尖塔，高五百十五英尺，直入云霄。戈昔式要的是高而灵巧，让灵魂容易上通于天。这也是月光里看好。淡蓝的天干干净净的，只有两条尖尖的影子映在上面；像是人天仅有的通路，又像是人类祈祷的一双胳膊。森严肃穆，不说一字，抵得千言万语。教堂里非常宽大，顶高一百六十英尺。大石柱一行行的，高的一百四十八英尺，低的也六十英尺，都可合抱；在里面走，就像在大森林里，和世界隔绝。尖塔可以上去，玲珑剔透，有凌云之势。塔下通回廊。廊中向下看教堂里，觉得别人小得可怜，自己高得可怪，真是颠倒梦想。

1933 年 12 月 22 日作

论 气 节

　　气节是我国固有的道德标准，现代还用着这个标准来衡量人们的行为，主要的是所谓读书人或士人的立身处世之道。但这似乎只在中年一代如此，青年一代倒像不大理会这种传统的标准，他们在用着正在建立的新的标准，也可以叫做新的尺度。中年一代一般的接受这传统，青年代却不理会它，这种脱节的现象是这种变的时代或动乱时代常有的。因此就引不起什么讨论。直到近年，冯雪峰先生才将这标准这传统作为问题提出，加以分析和批判：这是在他的《乡风与市风》那本杂文集里。

　　冯先生指出"士节"的两种典型：一是忠臣，一是清高之士。他说后者往往因为脱离了现实，成为"为节而节"的虚无主义者，结果往往会变了节。他却又说"士节"是对人生的一种坚定的态度，是个人意志独立的表现。因此也可以成就接近人民的叛逆者或革命家，但是这种人物的造就或完成，只有在后来的时代，例如我们的时代。冯先生的分析，笔者大体同意；对这个问题笔者近来也常常加以思索，现在写出自己的一些意见，也许可以补充冯先生所没有说到的。

气和节似乎原是两个各自独立的意念。《左传》上有"一鼓作气"的话，是说战斗的。后来所谓"士气"就是这个气，也就是"斗志"；这个"士"指的是武士。孟子提倡的"浩然之气"，似乎就是这个气的转变与扩充。他说"至大至刚"，说"养勇"，都是带有战斗性的。"浩然之气"是"集义所生"，"义"就是"有理"或"公道"。后来所谓"义气"，意思要狭隘些，可也算是"浩然之气"的分支。现在我们常说的"正义感"，虽然特别强调现实，似乎也还可以算是跟"浩然之气"联系着的。至于文天祥所歌咏的"正气"，更显然跟"浩然之气"一脉相承。不过在笔者看来两者却并不完全相同，文氏似乎在强调那消极的节。

节的意念也在先秦时代就有了，《左传》里有"圣达节，次守节，下失节"的话。古代注重礼乐，乐的精神是"和"，礼的精神是"节"。礼乐是贵族生活的手段，也可以说是目的。他们要定等级，明分际，要有稳固的社会秩序，所以要"节"，但是他们要统治，要上统下，所以也要"和"。礼以"节"为主，可也得跟"和"配合着；乐以"和"为主，可也得跟"节"配合着。节跟和是相反相成的。明白了这个道理，我们可以说所谓"圣达节"等等的"节"，是从礼乐里引申出来成了行为的标准或做人的标准；而这个节其实也就是传统的"中道"。按说"和"也是中道，不同的是"和"重在合，"节"重在分；重在分所以重在不犯不乱，这就带上消极性了。

向来论气节的，大概总从东汉末年的党祸起头。那是所谓处士横议的时代。在野的士人纷纷的批评和攻击宦官们的贪污政治，中心似乎在太学。这些在野的士人虽然没有严密的组织，却已经在联合起来，并且博得了人民的同情。宦官们害怕了，于是乎逮捕拘禁那些领导人。这就是所谓"党锢"或"钩党"，"钩"是"钩连"的意思。从这两个名称上可以见出这是一种群众的力量。那时逃亡的党人，家家愿意收容着，所谓"望门投止"，也可以见出人民的态度，这种党人，大家尊为气节之士。气是敢作敢为，节是有所不为——有所不为也就是不合作。这敢作敢为是以集体的力量为基础的，跟孟子的"浩然之气"与世俗所谓"义气"只注重领导者的个人不一样。后来宋朝几千太学生请愿罢免奸臣，以及明朝东林党的攻击宦官，都是集体行动，也都是气节的表现。但是这种表现里似乎积极的"气"更重于消极的"节"。

在专制时代的种种社会条件之下，集体的行动是不容易表现的，于是士人的立身处世就偏向了"节"这个标准。在朝的要做忠臣。这种忠节或是表现在冒犯君主尊严的直谏上，有时因此牺牲性命；或是表现在不做新朝的官甚至以身殉国上。忠而至于死，那是忠而又烈了。在野的要做清高之士，这种人表示不愿和在朝的人合作，因而游离于现实之外；或者更逃避到山林之中，那就是隐逸之士了。这两种节，忠节与高节，都是个人的消极的表现。忠节至多造就一些失败的英雄，高节更只能造就一些明哲保身的自了汉，甚至于一些虚无主义者。原来气是动的，可以变化。我们常说志气，志是心之所向，可以在四方，可以在千里，志和气是配合着的。节却是静的，不变的；所以要"守节"，要不"失节"。有时候节甚至于是死的，死的节跟活的现实脱了榫，于是乎自命清高的人结果变了节，冯雪峰先生论到周作人，就是眼前的例子。从统治阶级的立场看，"忠言逆耳利于行"，忠臣到底是卫护着这个阶级的，而清高之士消纳了叛逆者，也是有利于这个阶级的。所以宋朝人说"饿死事小，失节事大"，原先说的是女人，后来也用来说士人，这正是统治阶级代言人的口气，但是也表示着到了那时代士的个人地位的增高和责任的加重。

"士"或称为"读书人"，是统治阶级最下层的单位，并非"帮闲"。他们的利害跟君相是共同的，在朝固然如此，在野也未尝不如此。固然在野的处士可以不受君臣名分的束缚，可以"不事王侯，高尚其事"，但是他们得吃饭，这饭恐怕还得靠农民耕给他们吃，而这些农民大概是属于他们做官的祖宗的遗产的。"躬耕"往往是一句门面话，就是偶然有个把真正躬耕的如陶渊明，精神上或意识形态上也还是在负着天下兴亡之责的士，陶的《述酒》等诗就是证据。可见处士虽然有时横议，那只是自家人吵嘴闹架，他们生活的基础一般的主要的还是在农民的劳动上，跟君主与在朝的大夫并无两样，而一般的主要的意识形态，彼此也是一致的。

然而士终于变质了，这可以说是到了民国时代才显著。从清朝末年开设学校，教员和学生渐渐加多，他们渐渐各自形成一个集团；其中有不少的人参加革新运动或革命运动，而大多数也倾向着这两种运动。这已是气重于节了。等到民国成立，理论上人民是主人，事实上是军阀争权。这时代的教员和学生意识着自己的主人身份，游离了统治的军阀；他们是在野，可是由于军阀政治的腐败，却渐渐获得了一种领导的地位。他们虽然还不能和民众打成一片，但是已经在渐渐的接近民众。五四运动划出了一个新时代。自由主义建筑在自由职业和社会分工的基础上。教员是自由职业者，不是官，也不是候补的官。学生也可以选择多元的职业，不是只有做官一路。他们于是从统治阶级独立，不再是"士"或所谓"读书人"，而变成了"知识分子"，集体的就是"知识阶级"。残余的"士"或"读书人"自然也还有，不过只是些残余罢了。这种变质是中国现代化的过程的一段，而中国的知识阶级在这过程中也曾尽了并且还在想尽他们的任务，跟这时代世界上别处的知识阶级一样，也分享着他们一般的运命。若用气节的标准来衡量，这些知识分子或这个知识阶级开头是气重于节，到了现在却又似乎是节重于气了。

知识阶级开头凭着集团的力量勇猛直前，打倒种种传统，那时候是敢作敢为一股气。可是这个集团并不大，在中国尤其如此，力量到底有限，而与民众打成一片又不容易，于是碰到集中的武力，甚至加上外来的压力，就抵挡不住。而一方面广大的民众抬头要饭吃，他们也没法满足这些饥饿的民众。他们于是失去了领导的地位，逗留在这夹缝中间，渐渐感觉着不自由，闹了个"四大金刚悬空八只脚"。他们于是只能保守着自己，这也算是节罢；也想缓缓的落下地去，可是气不足，得等着瞧。可是这里的是偏于中年一代。青年一代的知识分子却不如此，他们无视传统的"气节"，特别是那种消极的"节"，替代的是"正义感"，接

179

着"正义感"的是"行动",其实"正义感"是合并了"气"和"节","行动"还是"气"。这是他们的新的做人的尺度。等到这个尺度成为标准,知识阶级大概是还要变质的罢?

《知识与生活》 1947 年

论 吃 饭

　　我们有自古流传的两句话：一是"衣食足则知荣辱"，见于《管子·牧民篇》，一是"民以食为天"，是汉朝郦食其说的。这些都是从实际政治上认出了民食的基本性，也就是说从人民方面看，吃饭第一。另一方面，告子说，"食色，性也"，是从人生哲学上肯定了食是生活的两大基本要求之一。《礼记·礼运》篇也说到"饮食男女，人之大欲存焉"，这更明白。照后面这两句话，吃饭和性欲是同等重要的，可是照这两句话里的次序，"食"或"饮食"都在前头，所以还是吃饭第一。

　　这吃饭第一的道理，一般社会似乎也都默认。虽然历史上没有明白的记载，但是近代的情形，据我们的耳闻目见，似乎足以教我们相信从古如此。例如苏北的饥民群到江南就食，差不多年年有。最近天津《大公报》登载的费孝通先生的《不是崩溃是瘫痪》一文中就提到这个。这些难民虽然让人们讨厌，可是得给他们饭吃。给他们饭吃固然也有一二成出于慈善心，就是恻隐心，但是八九成是怕他们，怕他们铤而走险，"小人穷斯滥矣"，什么事做不出来！给他们饭吃，江南人算是认了。

可是法律管不着他们吗？官儿管不着他们吗？干吗要怕要认呢？可是法律不外乎人情，没饭吃要吃饭是人情，人情不是法律和官儿压得下的。没饭吃会饿死，严刑峻罚大不了也只是个死，这是一群人，群就是力量：谁怕谁！在怕的倒是那些有饭吃的人们，他们没奈何只得认点儿。所谓人情，就是自然的需求，就是基本的欲望，其实也就是基本的权利。但是饥民群还不自觉有这种权利，一般社会也还不会认清他们有这种权利；饥民群只是冲动的要吃饭，而一般社会给他们饭吃，也只是默认了他们的道理，这道理就是吃饭第一。

三十年夏天笔者在成都住家，知道了所谓"吃大户"的情形。那正是青黄不接的时候，天又干，米粮大涨价，并且不容易买到手。于是乎一群一群的贫民一面抢米仓，一面"吃大户"。他们开进大户人家，让他们煮出饭来吃了就走。这叫做"吃大户"。"吃大户"是和平的手段，照惯例是不能拒绝的，虽然被吃的人家不乐意。当然真正有势力的尤其是枪杆的大户，穷人们也识相，是不敢去吃的。敢去吃的那些大户，被吃了也只好认了。那回一直这样吃了两三天，地面上一面赶办平粜，一面严令禁止，才打住了。据说这"吃大户"是古风；那么上文说的饥民就食，该更是古风罢。

但是儒家对于吃饭却另有标准。孔子认为政治的信用比民食更重，孟子倒是以民食为仁政的根本；这因为春秋时代不必争取人民，战国时代就非争取人民不可。然而他们论到士人，却都将吃饭看做一个不足重轻的项目。孔子说，"君子固穷"，说吃粗饭、喝冷水，"乐在其中"，又称赞颜回吃喝不够，"不改其乐"。道学家称这种乐处为"孔颜乐处"，他们教人"寻孔颜乐处"，学习这种为理想而忍饥挨饿的精神。这理想就是孟子说的"穷则独善其身，达则兼善天下"，也就是所谓"节"和"道"。孟子一方面不赞成告子说的"食色，性也"，一方面在论"大丈夫"的时候列入了"贫贱不能移"一个条件。战国时代的"大丈夫"，相当于春秋时的"君子"，都是治人的劳心的人。这些人虽然也有饿饭的时候，但是一朝得了时，吃饭是不成问题的，不像小民往往一辈子为了吃饭而挣扎着。因此士人就不难将道和节放在第一，而认为吃饭好像是一个不足重轻的项目了。

伯夷、叔齐据说反对周武王伐纣，认为以臣伐君，因此不食周粟，饿死在首阳山。这也是只顾理想的节而不顾吃饭的。配合着儒家的理论，伯夷、叔齐成为士人立身的一种特殊的标准。所谓特殊的标准就是理想的最高的标准；士人虽然不一定人人都要做到这地步，但是能够做到这地步最好。

经过宋朝道学家的提倡，这标准更成了一般的标准，士人连妇女都要做到这地步。这就是所谓"饿死事小，失节事大"。这句话原来是论妇女的，后来却扩而充之普遍应用起来，造成了无数的残酷的愚蠢的殉节事件。这正是"吃人的礼教"。人不吃饭，礼教吃人，到了这地步总是不合理的。

士人对于吃饭却还有另一种实际的看法。北宋的宋郊、宋祁兄弟俩都做了大官，住宅挨着。宋祁那边常常宴会歌舞，宋郊听不下去，教人和他弟弟说，问他还记得当年在和尚庙里咬菜根否？宋祁却答得妙：请问当年咬菜根是为什么来着！这正是所谓"吃得苦中苦，方为人上人"。做了"人上人"，吃得好，穿得好，玩儿得好；"兼善天下"于是成了个幌子。照这个看法，忍饥挨饿或者吃粗饭、喝冷水，只是为了有朝一日可以大吃大喝，痛快的玩儿。吃饭第一原是人情，大多数士人恐怕正是这么在想。不过宋郊、宋祁的时代，道学刚起头，所以宋祁还敢公然表示他的享乐主义；后来士人的地位增进，责任加重，道学的严格的标准掩护着也约束着在治者地位的士人，他们大多数心里尽管那么在想，嘴里却就不敢说出。嘴里虽然不敢说出，可是实际上往往还是在享乐着。于是他们多吃多喝，就有了少吃少喝的人；这少吃少喝的自然是被治的广大的民众。

民众，尤其农民，大多数是听天由命安分守己的，他们惯于忍饥挨饿，几千年来都如此。除非到了最后关头，他们是不会行动的。他们到别处就食，抢米，吃大户，甚至于造反，都是被逼得无路可走才如此。这里可以注意的是他们不说话；"不得了"就行动，忍得住就沉默。他们要饭吃，却不知道自己应该有饭吃；他们行动，却觉得这种行动是不合法的。所以就索性不说什么话。说话的还是士人。他们由于印刷的发明和教育的发展等等，人数加多了，吃饭的机会可并不加多，于是许多人也感到吃饭难了。这就有了"世上无如吃饭难"的慨叹。虽然难，比起小民来还是容易。因为他们究竟属于治者，"百足之虫，死而不僵"，有的是做官的本家和亲戚朋友，总得给口饭吃；这饭并且总比小民吃的好。孟子说做官可以让"所识穷乏者得我",自古以来做了官就有引用穷本家穷亲戚穷朋友的义务。到了民国,黎元洪总统更提出了"有饭大家吃"的话。这真是"菩萨"心肠,可是当时只当作笑话。原来这句话说在一位总统嘴里,就是贤愚不分,赏罚不明,就是糊涂。然而到了那时候,这句话却已经藏在差不多每一个士人的心里。难得的倒是这糊涂!

第一次世界大战加上五四运动,带来了一连串的变化,中华民国在一颠一拐的走着之字路,走向现代化了。我们有了知识阶级,也有了劳动阶级,有了索薪,也有了罢工,这些都在要求"有饭大家吃"。知识阶级改变了士人的面目,劳动阶级改变了小民的面目,他们开始了集体的行动;他们不能再安贫乐道了,也不能再安分守己了,他们认出了吃饭是天赋人权,公开的要饭吃,不是大吃大喝,是够吃够喝,甚至于只要有吃有喝。然而这还只是刚起头。到了这次世界大战当中,罗斯福总统提出了四大自由,第四项是"免于匮乏的自由"。"匮乏"自然以没饭吃为首,人们至少该有免于没饭吃的自由。这就加强了人民的吃饭权,也肯定了人民的吃饭的要求;这也是"有饭大家吃",但是着眼在平民,在全民,意义大不同了。

抗战胜利后的中国,想不到吃饭更难,没饭吃的也更多了。到了今天一般人民真是不得了,再也忍不住了,吃不饱甚至没饭吃,什么礼义什么文化都说不上。这日子就是不知道吃饭权也会起来行动了,知道了吃饭权的,更怎么能够不起来行动,要求这种"免于匮乏的自由"呢?于是学生写出"饥饿事大,读书事小"

的标语，工人喊出"我们要吃饭"的口号。这是我们历史上第一回一般人民公开的承认了吃饭第一。这其实比闷在心里糊涂的骚动好得多；这是集体的要求，集体是有组织的，有组织就不容易大乱了。可是有组织也不容易散；人情加上人权，这集体的行动是压不下也打不散的，直到大家有饭吃的那一天。

上海《大公报》 1947 年

低 级 趣 味

从前论人物，论诗文，常用雅俗两个词来分别。有所谓雅致，有所谓俗气。雅该原是都雅，都是城市，这个雅就是成都人说的"苏气"。俗该原是鄙俗，鄙是乡野，这个俗就是普通话里的"土气"。城里人大方，乡下人小样，雅俗的分别就在这里。引申起来又有文雅，古雅，闲雅，淡雅等等。例如说话有书卷气是文雅，客厅里摆设些古董是古雅，临事从容不迫是闲雅，打扮素净是淡雅。那么，粗话村话就是俗，美女月份牌就是俗，忙着开会应酬就是俗，重重的胭脂厚厚的粉就是俗。人如此，诗文也如此。

雅俗由于教养。城里人生活优裕的多些，他们教养好，见闻多，乡下人自然比不上。雅俗却不是呆板的。教养高可以化俗为雅。宋代诗人如苏东坡，诗里虽然用了俗词俗语，却新鲜有意思，正是淡雅一路。教养不到家而要附庸风雅，就不免做作，不能自然。从前那些斗方名士终于"雅得这样俗"，就在此。苏东坡常笑话某些和尚的诗有蔬笋气，有酸馅气。蔬笋气，酸馅气不能不算俗气。用力去写清苦求淡雅，倒不能脱俗了。雅俗是人品，也是诗文品，称为雅致，称为俗气，这"致"和"气"正指自然流露，做作不得。虽是自然流露，却非自然生成。天生的雅骨，天生的俗骨其实都没有，看生在什么人家罢了。

现在讲平等不大说什么雅俗了，却有了低级趣味这一个语。从前雅俗对峙，但是称人雅的时候多，骂人俗的时候少。现有低级趣味，却不说高级趣味，更不敢说高等趣味。因为高等华人成了骂人的话，高得那么低，谁还敢说高等趣味！再说趣味这词也带上了刺儿，单讲趣味就不免低级，那么说高级趣味岂不自相矛盾？但是趣味究竟还和低级趣味不一样。"低级趣味"很像是日本名词，现在用在文艺批评上，似乎是指两类作品而言。一类是色情的作品，一类是玩笑的作品。

色情的作品引诱读者纵欲，不是一种"无关心"的态度，所以是低级。可是带有色情的成分而表现着灵肉冲突的，却当别论。因为灵肉冲突是人生的根本课题，作者只要认真在写灵肉冲突，而不像历来的猥亵小说在头尾装上一套劝善惩恶的话做幌子，那就虽然有些放纵，也还可以原谅。玩笑的作品油嘴滑舌，像在做双簧说相声，这种作者成了小丑，成了帮闲，有别人，没自己。他们笔底下的人生是那么轻飘飘的，所谓骨头没有四两重。这个可跟真正的幽默不同。真正的幽默含有对人生的批评，这种油嘴滑舌的玩笑，只是不择手段打哈哈罢了。这两类作品都只是迎合一般人的低级趣味来骗钱花的。

与低级趣味对峙着的是纯正严肃。我们可以说趣味纯正，但是说严肃却说态度严肃，态度比趣味要广大些。单讲趣味似乎总有点轻飘飘的；说趣味纯正却大不一样。纯就是不杂；写作或阅读都不杂有什么实际目的，只取"无关心"的态度，就是纯。正是正经，认真，也就是严肃。严肃和真的幽默并不冲突，例如《阿 Q 正传》；而这种幽默也是纯正的趣味。色情的和玩笑的作品都不纯正，不严肃，所以是低级趣味。

北平《新生报》 1946 年

论雅俗共赏

陶渊明有"奇文共欣赏，疑义相与析"的诗句，那是一些"素心人"的乐事，"素心人"当然是雅人，也就是士大夫。这两句诗后来凝结成"赏奇析疑"一个成语，"赏奇析疑"是一种雅事，俗人的小市民和农家子弟是没有份儿的。然而又出现了"雅俗共赏"这一个成语，"共赏"显然是"共欣赏"的简化，可是这是雅人和俗人或俗人跟雅人一同在欣赏，那欣赏的大概不会还是"奇文"罢。这句成语不知道起于什么时代，从语气看来，似乎雅人多少得理会到甚至迁就着俗人的样子，这大概是在宋朝或者更后罢。

原来唐朝的安史之乱可以说是我们社会变迁的一条分水岭。在这之后，门第迅速的垮了台，社会的等级不像先前那样固定了，"士"和"民"这两个等级的分界不像先前的严格和清楚了，彼此的分子在流通着，上下着。而上去的比下来的多，士人流落民间的究竟少，老百姓加入士流的却渐渐多起来。王侯将相早就没有种了，读书人到了这时候也没有种了；只要家里能够勉强供给一些，自己有些天分，又肯用功，就是个"读书种子"；去参加那些公开的考试，考中了就有官做，至少也落个绅士。这种进展经过唐末跟五代的长期的变乱加了速度，到宋朝又加上印刷术的发达，学校多起来了，士人也多起来了，士人的地位加强，责任也加重了。这些士人多数是来自民间的新的分子，他们多少保留着民间的生活方式和生活态度。他们一面学习和享受那些雅的，一面却还不能摆脱或蜕变那些俗的。人既然很多，大家是这样，也就不觉其寒尘；不但不觉其寒尘，还要重新估定价值，至少也得调整那旧来的标准与尺度。"雅俗共赏"似乎就是新提出的尺度或标准，这里并非打倒旧标准，只是要求那些雅士理会到或迁就些俗士的趣味，好让大家打成一片。当然，所谓"提出"和"要求"，都只是不自觉的看来是自然而然的趋势。

中唐的时期，比安史之乱还早些，禅宗的和尚就开始用口语记录大师的说教。用口语为的是求真与化俗，化俗就是争取群众。安史之乱后，和尚的口语记录更其流行，于是乎有了"语录"这个名称，"语录"就成为一种著述体了。到了宋朝，道学家讲学，更广泛的留下了许多语录；他们用语录，也还是为了求真与化俗，还是为了争取群众。所谓求真的"真"，一面是如实和直接的意思。禅家认为第一义是不可说的，语言文字都不能表达那无限的可能，所以是虚妄的。然而实际上语言文字究竟是不免要用的一种"方便"，记录文字自然越近实际的、直接的说话越好。在另一面这"真"又是自然的意思，自然才亲切，才让人容易懂，也就是更能收到化俗的功效，更能获得广大的群众。道学主要的是中国的正统的思想，道学家用了语录做工具，大大的增强了这种新的文体的地位，语录就成为一种传统了。比语录体稍稍晚些，还出现了一种宋朝叫做"笔记"的东西。这种作品记述有趣味的杂事，范围很宽，一方面发表作者自己的意见，所谓议论，也就是批评，这些批评往往也很有趣味。作者写这种书，只当做对客闲谈，并非一本正经，虽然以文言为主，可是很接近说话。这也是给大家看的，看了可以当做"谈助"，增加趣味。宋朝的笔记最发达，当时盛行，流传下来的也很多。目录家将这种笔记归在"小说"项下，近代书店汇印这些笔记，更直题为"笔记小说"；中国古代所谓"小说"，原是指记述杂事的趣味作品而言的。

那里我们得特别提到唐朝的"传奇"。"传奇"据说可以见出作者的"史才、诗笔、议论"，是唐朝士子在投考进士以前用来送给一些大人先生看，介绍自己，求他们给自己宣传的。其中不外乎灵怪、艳情、剑侠三类故事，显然是以供给"谈助"，引起趣味为主。无论照传统的意念，或现代的意念，这些"传奇"无疑的是小说，一方面也和笔记的写作态度有相类之处。照陈寅恪先生的意见，这种"传奇"大概起于民间，文士是仿作，文字里多口语化的地方。陈先生并且说唐朝的古文运动就是从这儿开始。他指出古文运动的领导者韩愈的《毛颖传》，正是仿"传奇"而作。我们看韩愈的"气盛言宜"的理论和他的参差错落的文句，也正是多多少少在口语化。他的门下的"好难"、"好易"两派，似乎原来也都是在试验如何口语化。可是"好难"的一派过分强调了自己，过分想出奇制胜，不管一般人能够了解欣赏与否，终于被人看做"诡"和"怪"而失败，于是宋朝的欧阳修继承了"好易"的一派的努力而奠定了古文的基础。——以上说的种种，都是安史乱后几百年间自然的趋势，就是那雅俗共赏的趋势。

宋朝不但古文走上了"雅俗共赏"的路，诗也走向这条路。胡适之先生说宋诗的好处就在"做诗如说话"，一语破的指出了这条路。自然，这条路上还有许多曲折，但是就像不好懂的黄山谷，他也提出了"以俗为雅"的主张，并且点化了许多俗语成为诗句。实践上"以俗为雅"，并不从他开始，梅圣俞、苏东坡都是好手，而苏东坡更胜。据记载梅和苏都说过"以俗为雅"这句话，可是不大靠得住；黄山谷却在《再次杨明叔韵》一诗的"引"里郑重的提出"以俗为雅，以故为新"，说是"举一纲而张万目"。他将"以俗为雅"放在第一，因为这实在可以说是宋诗的一般作风，也正是"雅俗共赏"的路。但是加上"以故为新"，路就曲折起来，那是雅人自赏，黄山谷所以终于不好懂了。不过黄山谷虽然不好懂，宋诗却终于回到了"做诗如说话"的路，这"如说话"，的确是条大路。

雅化的诗还不得不回向俗化，刚刚来自民间的词，在当时不用说自然是"雅俗共赏"的。别瞧黄山谷的有些诗不好懂，他的一些小词可够俗的。柳耆卿更是个通俗的词人。词后来虽然渐渐雅化或文人化，可是始终不能雅到诗的地位，它怎么着也只是"诗馀"。词变为曲，不是在文人手里变，是在民间变的；曲又变得比词俗，虽然也经过雅化或文人化，可是还雅不到词的地位，它只是"词馀"。一方面从晚唐和尚的俗讲演变出来的宋朝的"说话"就是说书，乃至后来的平话以及章回小说，还有宋朝的杂剧和诸宫调等等转变成功的元朝的杂剧和戏文，乃至后来的传奇，以及皮簧戏，更多半是些"不登大雅"的"俗文学"。这些除元杂剧和后来的传奇也算是"词馀"以外，在过去的文学传统里简直没有地位；也就是说这些小说和戏剧在过去的文学传统里多半没有地位，有些有点地位，也不是正经地位。可是虽然俗，大体上却"俗不伤雅"，虽然没有什么地位，却总是"雅俗共赏"的玩艺儿。

"雅俗共赏"是以雅为主的，从宋人的"以俗为雅"以及常语的"俗不伤雅"，更可见出这种宾主之分。起初成群俗士蜂拥而上，固然逼得原来的雅士不得不理会到甚至迁就着他们的趣味，可是这些俗士需要摆脱的更多。他们在学习，在享受，也在蜕变，这样渐渐适应那雅化的传统，于是乎新旧打成一片，传统多多少少变了质继续下去。前面说过的文体和诗风的种种改变，就是新旧双方调整的过程，结果迁就的渐渐不觉其为迁就，学习的也渐渐习惯成了自然，传统的确稍稍变了质，但是还是文言或雅言为主，就算跟民众近了一些，近得也不太多。

至于词曲，算是新起于俗间，实在以音乐为重，文辞原是无关轻重的；"雅俗共赏"，正是那音乐的作用。后来雅士们也曾分别将那些文辞雅化，但是因为音乐性太重，使他们不能完成那种雅化，所以词曲终于不能达到诗的地位。而曲一直配合着音乐，雅化更难，地位也就更低，还低于词一等。可是词曲到了雅化的时期，那"共赏"的人却就雅多而俗少了。真正"雅俗共赏"的是唐、五代、北宋的词，元朝的散曲和杂剧，还有平话和章回小说以及皮簧戏等。皮簧戏也是音乐为主，大家直到现在都还在哼着那些粗俗的戏词，所以雅化难以下手，虽然一二十年来这雅化也已经试着在开始。平话和章回小说，传统里本来没有，雅化没有合式的榜样，进行就不易。《三国演义》虽然用了文言，却是俗化的文言，接近口语的文言，后来的《水浒》、《西游记》、《红楼梦》等就都用白话了。不能完全雅化的作品在雅化的传统里不能有地位，至少不能有正经的地位。雅化程度的深浅，决定这种地位的高低或有没有，一方面也决定"雅俗共赏"的范围的小和大——雅化越深，"共赏"的人越少，越浅也就越多。所谓多少，主要的是俗人，是小市民和受教育的农家子弟。在传统里没有地位或只有低地位的作品，只算是玩艺儿；然而这些才接近民众，接近民众却还能教"雅俗共赏"，雅和俗究竟有共通的地方，不是不相理会的两橛了。

单就玩艺儿而论，"雅俗共赏"虽然是以雅化的标准为主，"共赏"者却以俗人为主。固然，这在雅方得降低一些，在俗方也得提高一些，要"俗不伤雅"才成；雅看来太俗，以至于"俗不可耐"的，是不能"共赏"的。但是在什么条件之下才会让俗人所"赏"的，雅人也能来"共赏"呢？我们想起了"有目共赏"这句话。孟子说过"不知子都之姣者，无目者也"，"有目"是反过来说，"共赏"还是陶诗"共欣赏"的意思。子都的美貌，有眼睛的都容易辨别，自然也就能"共赏"了。孟子接着说："口之于味也，有同嗜焉；耳之于声也，有同听焉；目之于色也，有同美焉。"这说的是人之常情，也就是所谓人情不相远。但是这不相远似乎只限于一些具体的、常识的、现实的事物和趣味。譬如北平罢，故宫和颐和园，包括建筑，风景和陈列的工艺品，似乎是"雅俗共赏"的，天桥在雅人的眼中似乎就有些太俗了。说到文章，俗人所能"赏"的也只是常识的，现实的。后汉的王充出身是俗人，他多多少少代表俗人说话，反对难懂而不切实用的辞赋，却赞美公文能手。公文这东西关系雅俗的现实利益，始终是不曾完全雅化了的。再说后来的小说和戏剧，有的雅人说《西厢记》诲淫，《水浒传》诲盗，这是"高论"。实际上这一部戏剧和这一部小说都是"雅俗共赏'的作品。《西厢记》无视了传统的礼教，《水浒传》无视了传统的忠德，然而"男女"是"人之大欲"之一，"官逼民反"，也是人之常情，梁山泊的英雄正是被压迫的人民所想望的。俗人固然同情这些，一部分的雅人，跟俗人相距还不太远的，也未尝不高兴这两部书说出了他们想说而不敢说的。这可以说是一种快感，一种趣味，可并不是低级趣味；这是有关系的，也未尝不是有节制的。"诲淫""诲盗"只是代表统治者的利益的说话。

十九世纪二十世纪之交是个新时代，新时代给我们带来了新文化，产生了我们的知识阶级。这知识阶级跟从前的读书人不大一样，包括了更多的从民间来的分子，他们渐渐跟统治者拆伙而走向民间。于是乎有了白话正宗的新文学，词曲和小说戏剧都有了正经的地位。还有种种欧化的新艺术。这种文学和艺术却并不能让小市民来"共赏"，不用说农工大众。于是乎有人指出这是新绅士也就是新雅人的欧化，不管一般人能够了解欣赏与否。他们提倡"大众语"运动。但是时机还没有成熟，结果不显著。抗战以来又有"通俗化"运动，这个运动并已经在开始转向大众化。"通俗化"还分别雅俗，还是"雅俗共赏"的路，大众化却更进一步要达到那没有雅俗之分，只有"共赏"的局面。这大概也会是所谓由量变到质变罢。

论书生的酸气

读书人又称书生。这固然是个可以骄傲的名字，如说"一介书生"，"书生本色"，都含有清高的意味。但是正因为清高，和现实脱了节，所以书生也是嘲讽的对象。人们常说"书呆子"、"迂夫子"、"腐儒"、"学究"等，都是嘲讽书生的。"呆"是不明利害，"迂"是绕大弯儿，"腐"是顽固守旧，"学究"是指一孔之见。总之，都是知古不知今，知书不知人，食而不化的读死书或死读书，所以在现实生活里老是吃亏、误事、闹笑话。总之，书生的被嘲笑是在他们对于书的过分的执着上；过分的执着书，书就成了话柄了。

但是还有"寒酸"一个话语，也是形容书生的。"寒"是"寒素"，对"膏粱"而言，是魏晋南北朝分别门第的用语。"寒门"或"寒人"并不限于书生，武人也在里头；"寒士"才指书生。这"寒"指生活情形，指家世出身，并不关涉到书；单这个字也不含嘲讽的意味。加上"酸"字成为连语，就不同了，好像一副可怜相活现在眼前似的。"寒酸"似乎原作"酸寒"。韩愈《荐士》诗，

"酸寒溧阳尉"，指的是孟郊；后来说"郊寒岛瘦"，孟郊和贾岛都是失意的人，作的也是失意诗。"寒"和"瘦"映衬起来，够可怜相的，但是韩愈说"酸寒"，似乎"酸"比"寒"重。可怜别人说"酸寒"，可怜自己也说"酸寒"，所以苏轼有"故人留饮慰酸寒"的诗句。陆游有"书生老瘦转酸寒"的诗句。"老瘦"固然可怜相，感激"故人留饮"也不免有点儿。范成大说"酸"是"书生气味"，但是他要"洗尽书生气味酸"，那大概是所谓"大丈夫不受人怜"罢？

为什么"酸"是"书生气味"呢？怎么样才是"酸"呢？话柄似乎还是在书上。我想这个"酸"原是指读书的声调说的。晋以来的清谈很注重说话的声调和读书的声调。说话注重音调和辞气，以朗畅为好。读书注重声调，从《世说新语·文学》篇所记殷仲堪的话可见；他说，"三日不读《道德经》，便觉舌本闲强"，说到舌头，可见注重发音，注重发音也就是注重声调。《任诞》篇又记王孝伯说："名士不必须奇才，但使常得无事，痛饮酒，熟读《离骚》，便可称名士。"这"熟读《离骚》"该也是高声朗诵，更可见当时风气。《豪爽》篇记"王司州（胡之）在谢公（安）坐，咏《离骚》、《九歌》'入不言兮出不辞，乘回风兮载云旗'，语人云，'当尔时，觉一坐无人。'"正是这种名士气的好例。读古人的书注重声调，读自己的诗自然更注重声调。《文学》篇记着袁宏的故事：

袁虎（宏小名虎）少贫，尝为人佣载运租。谢镇西经船行，其夜清风朗月，闻江渚间估客船上有咏诗声，甚有情致，所诵五言，又其所未尝闻，叹美不能已。即遣委曲讯问，乃是袁自咏其所作咏史诗。因此相要，大相赏得。

从此袁宏名誉大盛，可见朗诵关系之大。此外《世说新语》里记着"吟啸"，"啸咏"，"讽咏"，"讽诵"的还很多，大概也都是在朗诵古人的或自己的作品罢。

　　这里最可注意的是所谓"洛下书生咏"或简称"洛生咏"。《晋书·谢安传》说：

　　　　安本能为洛下书生咏。有鼻疾，故其音浊。名流爱其咏而弗能及，或手掩鼻以效之。

《世说新语·轻诋》篇却记着：

　　　　人问顾长康"何以不作洛生咏?"答曰，"何至作老婢声!"

刘孝标注，"洛下书生咏音重浊，故云'老婢声'。"所谓"重浊"，似乎就是过分悲凉的意思。当时诵读的声调似乎以悲凉为主。王孝伯说"熟读《离骚》，便可称名士"，王胡之在谢安坐上咏的也是《离骚》、《九歌》，都是《楚辞》。当时诵读《楚辞》，大概还知道用楚声楚调，乐府曲调里也正有楚调，而楚声楚调向来是以悲凉为主的。当时的诵读大概受到和尚的梵诵或梵唱的影响很大，梵诵或梵唱主要的是长吟，就是所谓"咏"。《楚辞》本多长句，楚声楚调配合那长吟的梵调，相得益彰，更可以"咏"出悲凉的"情致"来。袁宏的咏史诗现存两首，第一首开始就是"周昌梗概臣"一句，"梗概"就是"慷慨"，"感慨"；"慷慨悲歌"也是一种"书生本色"。沈约《宋书·谢灵运传》论所举的五言诗名句，钟嵘《诗品·序》里所举的五言诗名句和名篇，差不多都是些"慷慨悲歌"。《晋书》里还有一个故事。晋朝曹摅的《感旧》诗有"富贵他人合，贫贱亲戚离"两句。后来殷浩被废为老百姓，送他的心爱的外甥回朝，朗诵这两句，引起了身世之感，不觉泪下。这是悲凉的朗诵的确例。但是自己若是并无真实的悲哀，只去学时髦，捏着鼻子学那悲哀的"老婢声"的"洛生咏"，那就过了分，那也就是赵宋以来所谓"酸"了。

唐朝韩愈有《八月十五夜赠张功曹》诗，开头是：

　　纤云四卷天无河，
　　清风吹空月舒波，
　　沙平水息声影绝，
　　一杯相属君当歌。

接着说：

君歌声酸辞且苦，

不能听终泪如雨。

接着就是那"酸"而"苦"的歌辞：

洞庭连天九疑高，

蛟龙出没猩鼯号。

十生九死到官所，

幽居默默如藏逃。

下床畏蛇食畏药，

海气湿蛰熏腥臊。

昨者州前槌大鼓，

嗣皇继圣登夔皋。

赦书一日行万里，

罪从大辟皆除死。

迁者追回流者还，

涤瑕荡垢朝清班。

州家申名使家抑，

坎坷只得移荆蛮。

判司卑官不堪说，

未免捶楚尘埃间。

同时辈流多上道，

天路幽险难追攀！

张功曹是张署，和韩愈同被贬到边远的南方，顺宗即位，只奉命调到近一些的江陵做个小官儿，还不得回到长安去，因此有了这一番冤苦的话。这是张署的话，也是韩愈的话。但是诗里却接着说：

> 君歌且休听我歌，
> 我歌今与君殊科。

韩愈自己的歌只有三句：

> 一年明月今宵多，
> 人生由命非由他，
> 有酒不饮奈明何！

他说认命算了，还是喝酒赏月罢。这种达观其实只是苦情的伪装而已。前一段"歌"虽然辞苦声酸，倒是货真价实，并无过分之处，由那"声酸"知道吟诗的确有一种悲凉的声调，而所谓"歌"其实只是讽咏。大概汉朝以来不像春秋时代一样，士大夫已经不会唱歌，他们大多数是书生出身，就用讽咏或吟诵来代替唱歌。他们——尤其是失意的书生——的苦情就发泄在这种吟诵或朗诵里。

战国以来，唱歌似乎就以悲哀为主，这反映着动乱的时代。《列子·汤问》篇记秦青"抚节悲歌，声振林木，响遏行云"，又引秦青的话，说韩娥在齐国雍门地方"曼声哀哭，一里老幼悲愁

203

垂涕相对，三日不食"，后来又"曼声长歌，一里老幼，善跃抃舞，弗能自禁"。这里说韩娥虽然能唱悲哀的歌，也能唱快乐的歌，但是和秦青自己独擅悲歌的故事合看，就知道还是悲歌为主。再加上齐国杞梁的妻子哭倒了城的故事，就是现在还在流行的孟姜女哭倒长城的故事，悲歌更为动人，是显然的。书生吟诵，声酸辞苦，正和悲歌一脉相传。但是声酸必须辞苦，辞苦又必须情苦；若是并无苦情，只有苦辞，甚至连苦辞也没有，只有那供人酸鼻的声调，那就过了分，不但不能动人，反要遭人嘲弄了。书生往往自命不凡，得意的自然有，却只有少数，失意的可太多了。所以总是叹老嗟卑，长歌当哭，哭丧着脸一副可怜相。朱子在《楚辞辨证》里说汉人那些模仿的作品"诗意平缓，意不深切，如无所疾痛而强为呻吟者"。"无所疾痛而强为呻吟"就是所谓"无病呻吟"。后来的叹老嗟卑也正是无病呻吟。有病呻吟是紧张的，可以得人同情，甚至叫人酸鼻；无病呻吟，病是装的，假的，呻吟也是装的，假的，假装可以酸鼻的呻吟，酸而不苦像是丑角扮戏，自然只能逗人笑了。

苏东坡有《赠诗僧道通》的诗：

雄豪而妙苦而腴，
只有琴聪与蜜殊。
语带烟霞从古少，
气含蔬笋到公无。
…………

查慎行注引叶梦得《石林诗话》说：

> 近世僧学诗者极多，皆无超然自得之趣，往往掇拾
> 摹仿士大夫所残弃，又自作一种体，格律尤俗，谓之
> "酸馅气"。子瞻……尝语人云，"颇解'蔬笋'语否？为
> 无'酸馅气'也。"闻者无不失笑。

东坡说道通的诗没有"蔬笋"气，也就没有"酸馅气"，和尚修
苦行，吃素，没有油水，可能比书生更"寒"更"瘦"；一味反
映这种生活的诗，好像酸了的菜馒头的馅儿，干酸，吃不得，闻
也闻不得，东坡好像是说，苦不妨苦，只要"苦而腴"，有点儿油
水，就不至于那么扑鼻酸了。这酸气的"酸"还是从"声酸"来
的。而所谓"书生气味酸"该就是指的这种"酸馅气"。和尚虽
苦，出家人原可"超然自得"，却要学吟诗，就染上书生的酸气
了。书生失意的固然多，可是叹老嗟卑的未必真的穷苦到他们嗟
叹的那地步；倒是"常得无事"，就是"有闲"，有闲就无聊，无
聊就作成他们的"无病呻吟"了。宋初西昆体的领袖杨亿讥笑杜
甫是"村夫子"，大概就是嫌他叹老嗟卑的太多。但是杜甫"窃比
稷与契"，嗟叹的其实是天下之大，决不止于自己的鸡虫得失。杨
亿是个得意的人，未免忘其所以，才说出这样不公道的话。可是
像陈师道的诗，叹老嗟卑，吟来吟去，只关一己，的确叫人腻味。
这就落了套子，落了套子就不免有些"无病呻吟"，也就是有些
"酸"了。

道学的兴起表示书生的地位加高，责任加重，他们更其自命不凡了，自嗟自叹也更多了。就是眼光如豆的真正的"村夫子"或"三家村学究"，也要哼哼唧唧的在人面前卖弄那背得的几句死书，来嗟叹一切，好搭起自己的读书人的空架子。鲁迅先生笔下的"孔乙己"，似乎是个更破落的读书人，然而"他对人说话，总是满口之乎者也，教人半懂不懂的"。人家说他偷书，他却争辩着，"窃书不能算偷……窃书！……读书人的事，能算偷么？""接连便是难懂的话，什么'君子固穷'，什么'者乎'之类，引得众人都哄笑起来"。孩子们看着他的茴香豆的碟子。

> 孔乙己着了慌，伸开五指将碟子罩住，弯腰下去说道，"不多了，我已经不多了。"直起身又看一看豆，自己摇头说，"不多不多！多乎哉？不多也。"于是这一群孩子都在笑声里走散了。

破落到这个地步，却还只能"满口之乎者也"，和现实的人民隔得老远的，"酸"到这地步真是可笑又可怜了。"书生本色"虽然有时是可敬的，然而他的酸气总是可笑又可怜的。最足以表现这种酸气的典型，似乎是戏台上的文小生，尤其是昆曲里的文小生，那哼哼唧唧、扭扭捏捏、摇摇摆摆的调调儿，真够"酸"的！这种典型自然不免夸张些，可是许差不离儿罢。

向来说"寒酸"、"穷酸"，似乎酸气老聚在失意的书生身上。得意之后，见多识广，加上"一行作吏，此事便废"，那时就会不再执着在书上，至少不至于过分的执着在书上，那"酸气味"是可以多多少少"洗"掉的。而失意的书生也并非都有酸气。他们可以看得开些，所谓达观，但是达观也不易，往往只是伪装。他们可以看远大些，"梗概而多气"是雄风豪气，不是酸气。至于近代的知识分子，让时代逼得不能读死书或死读书，因此也就不再执着那些古书。文言渐渐改了白话，吟诵用不上了；代替吟诵的是又分又合的朗诵和唱歌。最重要的是他们看清楚了自己，自己是在人民之中，不能再自命不凡了。他们虽然还有些闲，可是要"常得无事"却也不易。他们渐渐丢了那空架子，脚踏实地向前走去。早些时还不免带着感伤的气氛，自爱自怜，一把眼泪一把鼻涕的；这也算是酸气，虽然念诵的不是古书而是洋书。可是这几年时代逼得更紧了，大家只得抹干了鼻涕眼泪走上前去。这才真是"洗尽书生气味酸"了。

1947 年 11 月 15 日作

说　话

　　谁能不说话，除了哑子？有人这个时候说，那个时候不说。有人这个地方说，那个地方不说。有人跟这些人说，不跟那些人说。有人多说，有人少说。有人爱说，有人不爱说。哑子虽然不说，却也有那伊伊呀呀的声音，指指点点的手势。

　　说话并不是一件容易事。天天说话，不见得就会说话；许多人说了一辈子话，没有说好过几句话。所谓"辩士的舌锋"、"三寸不烂之舌"等赞词，正是物稀为贵的证据；文人们讲究"吐属"，也是同样的道理。我们并不想做辩士，说客，文人，但是人生不外言动，除了动就只有言，所谓人情世故，一半儿是在说话里。古文《尚书》里说，"唯口，出好兴戎"，一句话的影响有时是你料不到的，历史和小说上有的是例子。

　　说话即使不比作文难，也决不比作文容易。有些人会说话不会作文，但也有些人会作文不会说话。说话像行云流水，不能够一个字一个字推敲，因而不免有疏漏散漫的地方，不如作文的谨严。但那些行云流水般的自然，却决非一般文章所及。——文章有能到这样境界的，简直当以说话论，不再是文章了。但是这是怎样一个不易到的境界！我们的文章，哲学里虽有"用笔如舌"一个标准，古今有几个人真能"用笔如舌"呢？不过文章不甚自然，还可成为功力一派，说话是不行的；说话若也有功力派，你想，那怕真够瞧的！

说话到底有多少种，我说不上。约略分别：向大家演说，讲解，乃至说书等是一种，会议是一种，公私谈判是一种，法庭受审是一种，向新闻记者谈话是一种；——这些可称为正式的。朋友们的闲谈也是一种，可称为非正式的。正式的并不一定全要拉长了面孔，但是拉长了的时候多。这种话都是成片断的，有时竟是先期预备好的。只有闲谈，可以上下古今，来一个杂拌儿；说是杂拌儿，自然零零碎碎，成片段的是例外。闲谈说不上预备，满是将话搭话，随机应变。说预备好了再去"闲"谈，那岂不是个大笑话？这种种说话，大约都有一些公式，就是闲谈也有——"天气"常是闲谈的发端，就是一例。但是公式是死的，不够用的，神而明之还在乎人。会说的教你眉飞色舞，不会说的教你昏头搭脑，即使是同一个意思，甚至同一句话。

中国人很早就讲究说话。《左传》，《国策》，《世说》是我们的三部说话的经典。一是外交辞令，一是纵横家言，一是清谈。你看他们的话多么婉转如意，句句字字打进人心坎里。还有一部《红楼梦》，里面的对话也极轻松，漂亮。此外汉代贾君房号为"语妙天下"，可惜留给我们的只有这一句赞词；明代柳敬亭的说书极有大名，可惜我们也无从领略。近年来的新文学，将白话文欧化，从外国文中借用了许多活泼的，精细的表现，同时暗示我们将旧来有些表现重新咬嚼一番。这却给我们的语言一种新风味，新力量。加以这些年说话的艰难，使一般报纸都变乖巧了，他们知道用侧面的，反面的，夹缝里的表现了。这对于读者是一种不容避免的好训练；他们渐渐敏感起来了，只有敏感的人，才能体会那微妙的咬嚼的味儿。这时期说话的艺术确有了相当的进步。论说话艺术的文字，从前著名的似乎只有韩非的《说难》，那是一篇剖析入微的文字。现在我们却已有了不少的精警之作，鲁迅先生的《立论》就是的。这可以证明我所说的相当的进步了。

中国人对于说话的态度，最高的是忘言，但如禅宗"教"人"将嘴挂在墙上"，也还是免不了说话。其次是慎言，寡言，讷于言。这三样又有分别：慎言是小心说话，小心说话自然就少说话，少说话少出错儿。寡言是说话少，是一种深沉或贞静的性格或品德。讷于言是说不出话，是一种浑厚诚实的性格或品德。这两种多半是生成的。第三是修辞或辞令。至诚的君子，人格的力量照彻一切的阴暗，用不着多说话，说话也无须乎修饰。只知讲究修饰，嘴边天花乱坠，腹中矛戟森然，那是所谓小人；他太会修饰了，倒教人不信了。他的戏法总有让人揭穿的一日。我们是介在两者之间的平凡的人，没有那伟大的魄力，可也不至于忘掉自己。只是不能无视世故人情，我们看时候，看地方，看人，在礼貌与趣味两个条件之下，修饰我们的说话。这儿没有力，只有机智；真正的力不是修饰所可得的。我们所能希望的只是：说得少，说得好。

1929 年 《小说月报》

沉　　默

沉默是一种处世哲学，用得好时，又是一种艺术。

谁都知道口是用来吃饭的，有人却说是用来接吻的。我说满没有错儿；但是若统计起来，口的最多的（也许不是最大的）用处，还应该是说话，我相信。按照时下流行的议论，说话大约也算是一种"宣传"，自我的宣传。所以说话彻头彻尾是为自己的事。若有人一口咬定是为别人，凭了种种神圣的名字；我却也愿意让步，请许我这样说：说话有时的确只是间接地为自己，而直接的算是为别人！

自己以外有别人，所以要说话；别人也有别人的自己，所以又要少说话或不说话。于是乎我们要懂得沉默。你若念过鲁迅先生的《祝福》，一定会立刻明白我的意思。

一般人见生人时，大抵会沉默的，但也有不少例外。常在火车轮船里，看见有些人迫不及待似的到处向人问讯，攀谈，无论那是搭客或茶房，我只有羡慕这些人的健康；因为在中国这样旅行中，竟会不感觉一点儿疲倦！见生人的沉默，大约由于原始的恐惧，但是似乎也还有别的。假如这个生人的名字，你全然不熟悉，你所能做的工作，自然只是有意或无意的防御——像防御一个敌人。沉默便是最安全的防御战略。你不一定要他知道你，更不想让他发现你的可笑的地方——一个人总有些可笑的地方不是？——你只让他尽量说他所要说的，若他是个爱说的人。末了你恭恭敬敬和他分别。假如这个生人，你愿意和他做朋友，你也还是得沉默。但是得留心听他的话，选出几处，加以简短的，相当的赞词；至少也得表示相当的同意。这就是知己的开场，或说起码的知己也可。假如这个人是你所敬仰的或未必敬仰的"大人物"，你记住，更不可不沉默！大人物的言语，乃至脸色眼光，都有异样的地方；你最好远远地坐着，让那些勇敢的同伴上前线去。——自然，我说的只是你偶然地遇着或随众访问大人物的时候。若你愿意专诚拜谒，你得另想办法；在我，那却是一件可怕的事。——你看看大人物与非大人物或大人物与大人物间谈话的情形，准可以满足，而不用从牙缝里进出一个字。说话是一件费神的事，能少说或不说以及应少说或不说的时候，沉默实在是长寿之一道。至于自我宣传，诚哉重要——谁能不承认这是重要呢？——但对于生人，这是白费的；他不会领略你宣传的旨趣，只暗笑你的宣传热；他会忘记得干干净净，在和你一鞠躬或一握手以后。

朋友和生人不同，就在他们能听也肯听你的说话——宣传。这不用说是交换的，但是就是交换的也好。他们在不同的程度下了解你，谅解你；他们对于你有了相当的趣味和礼貌。你的话满足他们的好奇心，他们就趣味地听着；你的话严重或悲哀，他们因为礼貌的缘故，也能暂时跟着你严重或悲哀。在后一种情形里，满足的是你；他们所真感到的怕倒是矜持的气氛。他们知道"应该"怎样做；这其实是一种牺牲，"应该"也"值得"感谢的。但是即使在知己的朋友面前，你的话也还不应该说得太多；同样的故事，情感，和警句，隽语，也不宜重复地说。《祝福》就是一个好榜样。你应该相当的节制自己，不可妄想你的话占领朋友们整个的心——你自己的心，也不会让别人完全占领呀。你更应该知道怎样藏匿你自己。只有不可知，不可得的，才有人去追求；你若将所有的尽给了别人，你对于别人，对于世界，将没有丝毫意义，正和医学生实习解剖时用过的尸体一样。那时是不可思议的孤独，你将不能支持自己，而倾仆到无底的黑暗里去。一个情人常喜欢说："我愿意将所有的都献给你！"谁真知道他或她所有的是些什么呢？第一个说这句话的人，只是表示自己的慷慨，至多也只是表示一种理想；以后跟着说的，更只是"口头禅"而已。所以朋友间，甚至恋人间，沉默还是不可少的。你的话应该像黑夜的星星，不应该像除夕的爆竹——谁稀罕那彻宵的爆竹呢？而沉默有时更有诗意。譬如在下午，在黄昏，在深夜，在大而静的屋子里，短时的沉默，也许远胜于连续不断的倦怠了的谈话。有人称这种境界为"无言之美"，你瞧，多漂亮的名字！——至于所谓"拈花微笑"，那更了不起了！

可是沉默也有不行的时候。人多时你容易沉默下去，一主一客时，就不准行。你的过分沉默，也许把你的生客惹恼了，赶跑了！倘使你愿意赶他，当然很好；倘使你不愿意呢，你就得不时的让他喝茶，抽烟，看画片，读报，听话匣子，偶然也和他谈谈天气，时局——只是复述报纸的记载，加上几个不能解决的疑问——，总以引他说话为度。于是你点点头，哼哼鼻子，时而叹叹气，听着。他说完了，你再给起个头，照样的听着。但是我的朋友遇见过一个生客，他是一位准大人物，因某种礼貌关系去看我的朋友。他坐下时，将两手笼起，搁在桌上。说了几句话，就止住了，两眼炯炯地直看着我的朋友。我的朋友窘极，好容易陆陆续续地找出一句半句话来敷衍。这自然也是沉默的一种用法，是上司对属僚保持威严用的。用在一般交际里，未免太露骨了；而在上述的情形中，不为主人留一些余地，更属无礼。大人物以及准大人物之可怕，正在此等处。至于应付的方法，其实倒也有，那还是沉默；只消照样笼了手，和他对看起来，他大约也就无可奈何了罢？

正　义

人间的正义是在哪里呢？

正义是在我们的心里！从明哲的教训和见闻的意义中，我们不是得着大批的正义么？但白白的搁在心里，谁也不去取用，却至少是可惜的事。两石白米堆在屋里，总要吃它干净，两箱衣服堆在屋里，总要轮流穿换，一大堆正义却扔在一旁，满不理会，我们真大方，真舍得！看来正义这东西也真贱，竟抵不上白米的一个尖儿，衣服的一个扣儿。——爽性用它不着，倒也罢了，谁都又装出一副发急的样子，张张皇皇的寻觅着。这个葫芦里卖的什么药？我的聪明的同伴呀，我真想不通了！

我不曾见过正义的面，只见过它的弯曲的影儿——在"自我"的唇边，在"威权"的面前，在"他人"的背后。

正义可以做幌子，一个漂亮的幌子，所以谁都愿意念着它的名字。"我是正经人，我要做正经事"，谁都向他的同伴这样隐隐的自诩着。但是除了用以"自诩"之外，正义对于他还有什么作用呢？他独自一个时，在生人中间时，早忘了它的名字，而去创造"自己的正义"了！他所给予正义的，只是让它的影儿他的唇边闪烁一番而已。但是，这毕竟不算十分孤负正义，比那凭着正义的名字以行罪恶的，还胜一筹。可怕的正是这种假名行恶的人。他嘴里唱着正义的名字，手里却满满的握着罪恶；他将这些罪恶送给社会，粘上金碧辉煌的正义的签条送了去。社会凭着他所唱的名字和所粘的签条，欣然受了这份礼；就是明知道是罪恶，也还是欣然受了这份礼！易卜生"社会栋梁"一出戏，就是这种情形。这种人的唇边，虽更频繁的闪烁着正义的弯曲的影儿，但是深藏在他们心底的正义，只怕早已霉了，烂了，且将毁灭了。在这些人里，我见不着正义！

在亲子之间，师傅学徒之间，军官兵士之间，上司属僚之间，似乎有正义可见了，但是也不然。卑幼大抵顺从他们长上的，长上要施行正义于他们，他们诚然是不"能"违抗的——甚至"父教子死，子不得不死"一类话也说出来了。他们发现有形的扑鞭和无形的赏罚在长上们的背后，怎敢去违抗呢？长上们凭着威权的名字施行正义，他们怎敢不遵呢？但是你私下问他们，"信么？服么？"他们必摇摇他们的头，甚至还奋起他们的双拳呢！这正是因为长上们不凭着正义的名字而施行正义的缘故了。这种正义只能由长上行于卑幼，卑幼是不能行于长上的，所以是偏颇的；这种正义只能施于卑幼，而不能施于他人，所以是破碎的；这种正义受着威权的鼓弄，有时不免要扩大到它的应有的轮廓之外，那时它又是肥大的。这些仍旧只是正义的弯曲的影儿。不凭着正义的名字而施行正义，我在这等人里，仍旧见不着它！

在没有威权的地方，正义的影儿更弯曲了。名位与金钱的面前，正义只剩淡如水的微痕了。你瞧现在一班大人先生见了所谓督军等人的劲儿！他们未必愿意如此的，但是一当了面，估量着对手的名位，就不免心里一软，自然要给他一些面子——于是不知不觉的就敷衍起来了。至于平常的人，偶然见了所谓名流，也不免要吃一惊，那时就是心里有一百二十个不以为然，也只好姑且放下，另做出一番"足恭"的样子，以表倾慕之诚。所以一班达官通人，差不多是正义的化外之民，他们所做的都是合于正义的，乃至他们所做的就是正义了！——在他们实在无所谓正义与否了。呀！这样，正义岂不已经沦亡了？却又不然。须知我只说"面前"是无正义的，"背后"的正义却幸而还保留着。社会的维持，大部分或者就靠着这背后的正义罢。但是背后的正义，力量究竟是有限的，因为隔开一层，不由的就单弱了。一个为富不仁的人，背后虽然免不了人们的指摘，面前却只有恭敬。一个华服翩翩的人，犯了违警律，就是警察也要让他五分。这就是我们的正义了！我们的正义百分之九十九是在背后的，而在极亲近的人间，有时连这个背后的正义也没有！因为太亲近了，什么也可以原谅了，什么也可以马虎了，正义就任怎么弯曲也可以了。背后的正义只有存生疏的人们间。生疏的人们间，没有什么密切的关系，自然可以用上正义这个幌子。至于一定要到背后才叫出正义来，那全是为了情面的缘故。情面的根柢大概也是一种同情，一种廉价的同情。现在的人们只喜欢廉价的东西，在正义与情面两者中，就尽先取了情面，而将正义放在背后。在极亲近的人间，情面的优先权到了最大限度，正义就几乎等于零，就是在背后也没有了。背后的正义虽也有相当的力量，但是比起面前的正义就大大的不同，启发与戒惧的功能都如搀了水的薄薄的牛乳似的——于是仍旧只算是一个弯曲的影儿。在这些人里，我更见不着正义！

人间的正义究竟是在哪里呢？满藏在我们心里！为什么不取出来呢？它没有优先权！在我们心里，第一个尖儿是自私，其余就是威权，势力，亲疏，情面等等；等到这些角色一一演毕，才轮得到我们可怜的正义。你想，时候已经晚了，它还有出台的机会么？没有！所以你要正义出台，你就得排除一切，让它做第一个尖儿。你得凭着它自己的名字叫它出台。你还得抖擞精神，准备一副好身手，因为它是初出台的角儿，捣乱的人必多，你得准备着打——不打不成相识呀！打得站住了脚携住了手，那时我们就能从容的瞻仰正义的面目了。

1924 年 5 月 14 日作

论 自 己

　　翻开辞典，"自"字下排列着数目可观的成语，这些"自"字多指自己而言。这中间包括着一大堆哲学，一大堆道德，一大堆诗文和废话，一大堆人，一大堆我，一大堆悲喜剧。自己"真乃天下第一英雄好汉"，有这么些可说的，值得说值不得说的！难怪纽约电话公司研究电话里最常用的字，在五百次通话中会发现三千九百九十次的"我"。这"我"字便是自己称自己的声音，自己给自己的名儿。

　　自爱自怜！真是天下第一英雄好汉也难免的，何况区区寻常人！冷眼看去，也许只觉得那桩自尊大狂妄得可笑；可是这只见了真理的一半儿。掉过脸儿来，自爱自怜确也有不得不自爱自怜的。幼小时候有父母爱怜你，特别是有母亲爱怜你。到了长大成人，"娶了媳妇儿忘了娘"，娘这样看时就不必再爱怜你，至少不必再像当年那样爱怜你。——女的呢，"嫁出门的女儿，泼出门的水"；做母亲的虽然未必这样看，可是形格势禁而且鞭长莫及，就是爱怜得着，也只算找补点罢了。爱人该爱怜你？然而爱人们的嘴一例是甜蜜的，谁能说"你泥中有我，我泥中有你！"真有那么回事儿？赶到爱人变了太太，再生了孩子，你算成了家，太太得管家管孩子，更不能一心儿爱怜你。你有时候会病，"久病床前无孝子"，太太怕也够倦的，够烦的。住医院？好，假如有运气住到像当年北平协和医院样的医院里去，倒是比家里强得多。但是护士们看护你，是服务，是工作；也许夹上点儿爱怜在里头，那是"好生之德"，不是爱怜你，是爱怜"人类"。——你又不能老呆在家里，一离开家，怎么着也算"作客"；那时候更没有爱怜你的。可以有朋友招呼你；但朋友有朋友的事儿，哪能教他将心常放在你身上？可以有属员或仆役伺候你，那——说得上是爱怜么？总而言之，天下第一爱怜自己的，只有自己；自爱自怜的道理就在这儿。

再说，"大丈夫不受人怜。"穷有穷干，苦有苦干；世界那么大，凭自己的身手，哪儿就打不开一条路？何必老是向人愁眉苦脸唉声叹气的！愁眉苦脸不顺耳，别人会来爱怜你？自己免不了伤心的事儿，咬紧牙关忍着，等些日子，等些年月，会平静下去的。说说也无妨，只别不拣时候不看地方老是向人叨叨，叨叨得谁也不耐烦的岔开你或者躲开你。也别怨天怨地将一大堆感叹的句子向人身上扔过去。你怨的是天地，倒碍不着别人，只怕别人奇怪你的火气怎么这样大。——自己也免不了吃别人的亏。值不得计较的，不做声吞下肚去。出入大的想法子复仇，力量不够，卧薪尝胆的准备着。可别这儿那儿尽嚷嚷——嚷嚷完了一扔开，倒便宜了那欺负你的人。"好汉胳膊折了往袖子里藏"，为的是不在人面前露怯相，要人爱怜这"苦人儿"似的，这是要强，不是装。说也怪，不受人怜的人倒是能得人怜的人；要强的人总是最能自爱自怜的人。

大丈夫也罢，小丈夫也罢，自己其实是渺乎其小的，整个儿人类只是一个小圆球上一些碳水化合物，像现代一位哲学家说的，别提一个人的自己了。庄子所谓马体一毛，其实还是放大了看的。英国有一家报纸登过一幅漫画，画着一个人，仿佛在一间铺子里，周遭陈列着从他身体里分析出来的各种原素，每种标明分量和价目，总数是五先令——那时合七元钱。现在物价涨了，怕要合国币一千元了罢？然而，个人的自己也就值区区这一千元儿！自己这般渺小，不自爱自怜着点又怎么着！然而，"顶天立地"的是自己，"天地与我并生，万物与我为一"的也是自己；有你说这些大处只是好听的话语，好看的文句？你能愣说这样的自己没有！有这么的自己，岂不更值得自爱自怜的？再说自己的扩大，在一个寻常人的生活里也可见出。且先从小处看。小孩子就爱搜集各国的邮票，正是在扩大自己的世界。从前有人劝学世界语，说是可以和各国人通信。你觉得这话幼稚可笑？可是这未尝不是扩大自己的一个方向。再说这回抗战，许多人都走过了若干地方，增长了若干阅历。特别是青年人身上，你一眼就看出来，他们是和抗战前不同了，他们的自己扩大了。——这样看，自己的小，自己的大，自己的由小而大。在自己都是好的。

自己都觉得自己好，不错；可是自己的确也都爱好。做官的都爱做好官，不过往往只知道爱做自己家里人的好官，自己亲戚朋友的好官；这种好官往往是自己国家的贪官污吏。做盗贼的也都爱做好盗贼——好喽啰，好伙伴，好头儿，可都只在贼窝里。有大好，有小好，有好得这样坏。自己关闭在自己的丁点大的世界里，往往越爱好越坏。所以非扩大自己不可。但是扩大自己得一圈儿一圈儿的，得充实，得踏实。别像肥皂泡儿，一大就裂。"大丈夫能屈能伸"，该屈的得屈点儿，别只顾伸出自己去。也得估计自己的力量。力量不够的话，"人一能之，己百之，人十能之，己千之"；得寸是寸，得尺是尺。总之路是有的。看得远，想得开，把得稳；自己是世界的时代的一环，别脱了节才真算好。力量怎样微弱，可是是自己的。相信自己，靠自己，随时随地尽自己的一份儿往最好里做去，让自己活得有意思，一时一刻一分一秒都有意思。这么着，自爱自怜才真是有道理的。

1942 年 9 月 1 日作

论 别 人

有自己才有别人，也有别人才有自己。人人都懂这个道理，可是许多人不能行这个道理。本来自己以外都是别人，可是有相干的，有不相干的。可以说是"我的"那些，如我的父母妻子，我的朋友等，是相干的别人，其余的是不相干的别人。相干的别人和自己合成家族亲友；不相干的别人和自己合成社会国家。自己也许愿意只顾自己，但是自己和别人是相对的存在，离开别人就无所谓自己，所以他得顾到家族亲友，而社会国家更要他顾到那些不相干的别人。所以"自了汉"不是好汉，"自顾自"不是好话，"自私自利"，"不顾别人死活"，"只知有己，不知有人"的，更都不是好人。所以孔子之道只是个忠恕：忠是己之所欲，以施于人，恕是"己所不欲，勿施于人"。这是一件事的两面，所以说"一以贯之"。孔子之道，只是教人为别人着想。

可是儒家有"亲亲之杀"的话，为别人着想也有个层次。家族第一，亲戚第二，朋友第三，不相干的别人挨边儿。几千年来顾家族是义务，顾别人多多少少只是义气；义务是分内，义气是分外。可是义务似乎太重了，别人压住了自己。这才来了五四时代。这是个自我解放的时代，个人从家族的压迫下挣出来，开始独立在社会上。于是乎自己第一，高于一切，对于别人，几乎什么义务也没有了似的。可是又都要改造社会，改造国家，甚至于改造世界，说这些是自己的责任。虽然是责任，却是无限的责任，爱尽不尽，爱尽多少尽多少；反正社会国家世界都可以只是些抽象名词，不像一家老小在张着嘴等着你。所以自己顾自己，在实际上第一，兼顾社会国家世界，在名义上第一。这算是义务。顾到别人，无论相干的不相干的，都只是义气，而且是客气。这些解放了的，以及生得晚没有赶上那种压迫的人，既然自己高于一切，别人自当不在眼下，而居然顾到别人，自当算是客气。其实在这些天之骄子各自的眼里，别人都似乎为自己活着，都得来供养自己才是道理。"我爱我"成为风气，处处为自己着想，说是"真"；为别人着想倒说是"假"，是"虚伪"。可是这儿"假"倒有些可爱，"真"倒有些可怕似的。

为别人着想其实也只有从自己推到别人，或将自己当作别人，和为自己着想并无根本的差异。不过推己及人，设身处地，确需要相当的勉强，不像"我爱我"那样出于自然。所谓"假"和"真"大概是这种意思。这种"真"未必就好，这种"假"也未必就是不好。读小说看戏，往往会为书中人戏中人捏一把汗，掉眼泪，所谓替古人担忧。这也是推己及人，设身处地；可是因为人和地只在书中戏中，并非实有，没有利害可计较，失去相干的和不相干的那分别，所以"推""设"起来，也觉自然而然。作小说的演戏的就不能如此，得观察，揣摩，体贴别人的口气，身份，心理，才能达到"逼真"的地步。特别是演戏，若不能忘记自己，那非糟不可。这个得勉强自己，训练自己；训练越好，越"逼真"，越美，越能感染读者和观众。如果"真"是"自然"，小说的读者，戏剧的观众那样为别人着想，似乎不能说是"假"。小说的作者，戏剧的演员的观察，揣摩，体贴，似乎"假"，可是他们能以达到"逼真"的地步，所求的还是"真"。在文艺里为别人着想是"真"，在实生活里却说是"假"，"虚伪"，似乎是利害的计较使然；利害的计较是骨子，"真"，"假"，"虚伪"只是好看的门面罢了。计较利害过了分，真是像法朗士说的"关闭在自己的牢狱里"；老那么关闭着，非死不可。这些人幸而还能读小说看戏，该仔细吟味，从那里学习学习怎样为别人着想。

　　五四以来，集团生活发展。这个那个集团和家族一样是具体的，不像社会国家有时可以只是些抽象名词。集团生活将原不相干的别人变成相干的别人，要求你也训练你顾到别人，至少是那广大的相干的别人。集团的约束力似乎一直在增强中，自己不得不为别人着想。那自己第一，自己高于一切的信念似乎渐渐低下头去了。可是来了抗战的大时代。抗战的力量无疑的出于二十年来集团生活的发展。可是抗战以来，集团生活发展的太快了，这儿那儿不免有多少还不能够得着均衡的地方。个人就又出了头，自己就又可以高于一切；现在却不说什么"真"和"假"了，只凭着神圣的抗战的名字做那些自私自利的事，名义上是顾别人，实际上只顾自己。自己高于一切，自己的集团或机关也就高于一切；自己肥，自己机关肥，别人瘦，别人机关瘦，乐自己的，管不着！——瘦瘪了，饿死了，活该！相信最后的胜利到来的时候，别人总会压下那些猖獗的卑污的自己的。这些年自己实在太猖獗了，总盼望压下它的头去。自然，一个劲儿顾别人也不一定好。仗义忘身，急人之急，确是英雄好汉，但是难得见。常见的不是敷衍妥协的乡愿，就是卑屈甚至谄媚的可怜虫，这些人只是将自己丢进了垃圾堆里！可是，有人说得好，人生是个比例问题。目下自己正在张牙舞爪的，且头痛医头，脚痛医脚，先来多想想别人罢！

1942 年 8 月 16 日作

论 诚 意

　　诚伪是品性，却又是态度。从前论人的诚伪，大概就品性而言。诚实，诚笃，至诚，都是君子之德；不诚便是诈伪的小人。品性一半是生成，一半是教养；品性的表现出于自然，是整个儿的为人。说一个人是诚实的君子或诈伪的小人，是就他的行迹总算账。君子大概总是君子，小人大概总是小人。虽然说气质可以变化，盖了棺才能论定人，那只是些特例。不过一个社会里，这种定型的君子和小人并不太多，一般常人都浮沉在这两界之间。所谓浮沉，是说这些人自己不能把握住自己，不免有诈伪的时候。这也是出于自然。还有一层，这些人对人对事有时候自觉的加减他们的诚意，去适应那局势。这就是态度。态度不一定反映出品性来；一个诚实的朋友到了不得已的时候，也会撒个谎什么的。态度出于必要，出于处世的或社交的必要，常人是免不了这种必要的。这是"世故人情"的一个项目。有时可以原谅，有时甚至可以容许。态度的变化多，在现代多变的社会里也许更会使人感兴趣些。我们嘴里常说的，笔下常写的"诚恳""诚意"和"虚伪"等词，大概都是就态度说的。

　　但是一般人用这几个词似乎太严格了一些。照他们的看法，不诚恳无诚意的人就未免太多。而年轻人看社会上的人和事，除了他们自己以外差不多尽是虚伪的。这样用"虚伪"那个词，又似乎太宽泛了一些。这些跟老先生们开口闭口说"人心不古，世风日下"同样犯了笼统的毛病。一般人似乎将品性和态度混为一谈，年轻人也如此，却又加上了"天真""纯洁"种种幻想。诚实的品性确是不可多得，但人孰无过，不论哪方面，完人或圣贤总是很少的。我们恐怕只能宽大些，卑之无甚高论，从态度上着眼。不然无谓的烦恼和纠纷就太多了。至于天真纯洁，似乎只是儿童的本分——老气横秋的儿童实在不顺眼。可是一个人若总是那么天真纯洁下去，他自己也许还没有什么，给别人的麻烦却就太多。有人赞美"童心""孩子气"，那也只限于无关大体的小节目，取其可以调剂调剂平板的氛围气。若是重要关头也如此，那时天真恐怕只是任性，纯洁恐怕只是无知罢了。幸而不诚恳，无诚意，虚伪等等已经成了口头禅，一般人只是跟着大家信口说着，至多皱皱眉，冷笑笑，表示无可奈何的样子就过去了。自然也短不了认真的，那却苦了自己，甚至于苦了别人。年轻人容易认真，容易不满意，他们的不满意往往是社会改革的动力。可是他们也得留心，若是在诚伪的分别上认真得过了分，也许会成为虚无主义者。

　　人与人事与事之间各有分际，言行最难得恰如其分。诚意是少不得的，但是分际不同，无妨斟酌加减点儿。种种礼数或过场就是从这里来的。有人说礼是生活的艺术，礼的本意应该如此。日常生活里所谓客气，也是一种礼数或过场。有些人觉得客气太拘形迹，不见真心，不是诚恳的态度。这些人主张率性自然。率性自然未尝不可，但是得看人去。若是一见生人就如此这般，就有点野了。即使熟人，毫无节制的率性自然也不成。夫妇算是熟透了的，有时还得"相敬如宾"，别人可想而知。总之，在不同的局势下，率性自然可以表示诚意，客气也可以表示诚意，不过诚意的程度不一样罢了。客气要大方，合身份，不然就是诚意太多；诚意太多，诚意就太贱了。

看人，请客，送礼，也都是些过场。有人说这些只是虚伪的俗套，无聊的玩意儿。但是这些其实也是表示诚意的。总得心里有这个人，才会去看他，请他，送他礼，这就有诚意了。至于看望的次数，时间的长短，请作主客或陪客，送礼的情形，只是诚意多少的分别，不是有无的分别。看人又有回看，请客有回请，送礼有回礼，也只是回答诚意。古语说得好，"来而不往非礼也"，无论古今，人情总是一样的。有一个人送年礼，转来转去，自己送出去的礼物，有一件竟又回到自己手里。他觉得虚伪无聊，当作笑谈。笑谈确乎是的，但是诚意还是有的。又一个人路上遇见一个本不大熟的朋友向他说，"我要来看你。"这个人告诉别人说，"他用不着来看我，我也知道他不会来看我，你瞧这句话才没意思哪!"那个朋友的诚意似乎是太多了。凌叔华女士写过一个短篇小说，叫做《外国规矩》，说一位青年留学生陪着一位旧家小姐上公园，尽招呼她这样那样的。她以为让他爱上了，哪里知道他行的只是"外国规矩"！这喜剧由于那位旧家小姐不明白新礼数，新过场，多估量了那位留学生的诚意。可见诚意确是有分量的。

　　人为自己活着，也为别人活着。在不伤害自己身份的条件下顾全别人的情感，都得算是诚恳，有诚意。这样宽大的看法也许可以使一些人活得更有兴趣些。西方有句话，"人生是做戏。"做戏也无妨，只要有心往好里做就成。客气等等一定有人觉得是做戏，可是只要为了大家好，这种戏也值得做的。另一方面，诚恳，诚意也未必不是戏。现在人常说，"我很诚恳的告诉你"，"我是很有诚意的"，自己标榜自己的诚恳，诚意，大有卖瓜的说瓜甜的神气，诚实的君子大概不会如此。不过一般人也已习惯自然，知道这只是为了增加诚意的分量，强调自己的态度，跟买卖人的吆喝到底不是一回事儿。常人到底是常人，得跟着局势斟酌加减他们的诚意，变化他们的态度；这就不免沾上了些戏味。西方还有句话，"诚实是最好的政策"，"诚实"也只是态度；这似乎也是一句戏词儿。

　　　　　　　　　　　　1941 年　《星期评论》

论 做 作

　　做作就是"佯"，就是"乔"，也就是"装"。苏北方言有"装佯"的话，"乔装"更是人人皆知。旧小说里女扮男装是乔装，那需要许多做作。难在装得像。只看坤角儿扮须生的，像的有几个？何况做戏还只在戏台上装，一到后台就可以照自己的样儿，而女扮男装却得成天儿到处那么看！侦探小说里的侦探也常在乔装，装得像也不易，可是自在得多。不过——难也罢，易也罢，人反正有时候得装。其实你细看，不但"有时候"，人简直就爱点儿装。"三分模样七分装"是说女人，男人也短不了装，不过不大在模样上罢了。装得像难，装得可爱更难；一番努力往往只落得个"矫揉造作！"所以"装"常常不是一个好名儿。

　　"一个做好，一个做歹"，小呢逼你出些码头钱，大呢就得让你去做那些不体面的尴尬事儿。这已成了老套子，随处可以看见。那做好的是装做好，那做歹的也装得格外歹些；一松一紧的拉住你，会弄得你啼笑皆非。这一套儿做作够受的。贫和富也可以装。贫寒人怕人小看他，家里尽管有一顿没一顿的，还得穿起好衣服在街上走，说话也满装着阔气，什么都不在乎似的。——所谓"苏空头"。其实"空头"也不止苏州有。——有钱人却又怕人家打他的主意，开口闭口说穷，他能特地去当点儿什么，拿当票给人家看。这都怪可怜见的。还有一些人，人面前老爱论诗文，谈学问，仿佛天生他一副雅骨头。装斯文其实不能算坏，只是未免"雅得这样俗"罢了。

有能耐的人，有权位的人有时不免"装模作样"，"装腔作势"。马上可以答应的，却得"考虑考虑"；直接可以答应的，却让你绕上几个大弯儿。论地位也只是"上不在天，下不在田"，而见客就不起身，只点点头儿，答话只喉咙里哼一两声儿。谁教你求他，他就是这么着！——"笑骂由他笑骂，好官儿什么的我自为之！"话说回来，拿身份，摆架子有时也并非全无道理。老爷太太在仆人面前打情骂俏，总不大像样，可不是得装着点儿？可是，得恰到分际，"过犹不及"。总之别忘了自己是谁！别尽拣高枝爬，一失脚会摔下来的。老想着些自己，谁都装着点儿，也就不觉得谁在装。所谓"装模作样"，"装腔作势"，却是特别在装别人的模样，别人的腔和势！为了抬举自己，装别人；装不像别人，又不成其为自己，也怪可怜见的。

"不痴不聋，不作阿姑阿翁"，有些事大概还是装聋作哑的好。倒不是怕担责任，更不是存着什么坏心眼儿。有些事是阿姑阿翁该问的，值得问的，自然得问；有些是无需他们问的，或值不得他们问的，若不痴不聋，事必躬亲，阿姑阿翁会做不成，至少也会不成其为阿姑阿翁。记得那儿说过美国一家大公司经理，面前八个电话，每天忙累不堪，另一家经理，室内没有电话，倒是从容不迫的。这后一位经理该是能够装聋作哑的人。"不闻不问"，有时候该是一句好话；"充耳不闻"，"闭目无睹"，也许可以作"无为而治"的一个注脚。其实无为多半也是装出来的。至于装作不知，那更是现代政治家外交家的惯技，报纸上随时看得见。——他们却还得勾心斗角的"做姿态"，大概不装不成其为政治家外交家罢？

装欢笑，装悲泣，装嗔，装恨，装惊慌，装镇静，都很难；固然难在像，有时还难在不像而不失自然。"小心赔笑"也许能得当局的青睐，但是旁观者在恶心。可是"强颜为欢"，有心人却领会那欢颜里的一丝苦味。假意虚情的哭泣，像旧小说里妓女向客人那样，尽管一把眼泪一把鼻涕的，也只能引起读者的微笑。——倒是那"忍泪佯低面"，教人老大不忍。佯嗔薄怒是女人的"作态"，作得恰好是爱娇，所以《乔醋》是一折好戏。爱极翻成恨，尽管"恨得人牙痒痒的"，可是还不失为爱到极处。"假意惊慌"似乎是旧小说的常语，事实上那"假意"往往露出马脚。镇静更不易，秦舞阳心上有气脸就铁青，怎么也装不成，荆轲的事，一半儿败在他的脸上。淝水之战谢安装得够镇静的，可是不觉得意忘形摔折了屐齿。所以一个人喜怒不形于色，真够一辈子半辈子装的。

《乔醋》是戏，其实凡装，凡做作，多少都带点儿戏味——有喜剧，有悲剧。孩子们爱说"假装"这个，"假装"那个，戏味儿最厚。他们认真"假装"，可是悲喜一场，到头儿无所为。成人也都认真的装，戏味儿却淡薄得多；戏是无所为的，至少扮戏中人的可以说是无所为，而人们的做作常常是有所为的。所以戏台上装得像的多，人世间装得像的少。戏台上装得像就有叫好儿的，人世间即使装得像，逗人爱也难。逗人爱的大概是比较的少有所为或只消极的有所为的。前面那些例子，值得我们吟味，而装痴装傻也许是值得重提的一个例子。

作阿姑阿翁得装几分痴，这装是消极的有所为；"金殿装疯"也有所为，就是积极的。历来才人名士和学者，往往带几分傻气。那傻气多少有点儿装，而从一方面看，那装似乎不大有所为，至多也只是消极的有所为。陶渊明的"我醉欲眠卿且去"说是率真，是自然；可是看魏晋人的行径，能说他不带着几分装？不过装得像，装得自然罢了。阮嗣宗大醉六十日，逃脱了和司马昭做亲家，可不也一半儿醉一半儿装？他正是"喜怒不形于色"的人，而有一向当时人多说他痴，他大概是颇能做作的罢？

装睡装醉都只是装糊涂。睡了自然不说话，醉了也多半不说话——就是说话，也尽可以装疯装傻的，给他个驴头不对马嘴。郑板桥最能懂得装糊涂，他那"难得糊涂"一个警句，真喝破了千古聪明人的秘密。还有善忘也往往是装傻，装糊涂；省麻烦最好自然是多忘记，而"忘怀"又正是一件雅事儿。到此为止，装傻，装糊涂似乎是能以逗人爱的；才人名士和学者之所以成为才人名士和学者，至少有几分就仗着他们那不大在乎的装劲儿能以逗人爱好。可是这些人也良莠不齐，魏晋名士颇有仗着装糊涂自私自利的。这就"在乎"了，有所为了，这就不再可爱了。在四川话里装糊涂称为"装疯迷窍"，北平话却带笑带骂的说"装蒜"，"装孙子"，可见民众是不大赏识这一套的——他们倒是下的稳着儿。

1943 年《文学创作》

春晖的一月

去年在温州，常常看到本刊，觉得很是欢喜。本刊印刷的形式，也颇别致，更使我有一种美感。今年到宁波时，听许多朋友说，白马湖的风景怎样怎样好，更加向往。虽然于什么艺术都是门外汉，我却怀抱着爱"美"的热诚。三月二日，我到这儿上课来了。在车上看见"春晖中学校"的路牌，白地黑字的，小秋千架似的路牌，我便高兴。出了车站，山光水色，扑面而来，若许我抄前人的话，我真是"应接不暇"了。于是我便开始了春晖的第一日。

走向春晖，有一条狭狭的煤屑路。那黑黑的细小的颗粒，脚踏上去，便发出一种摩擦的噪音，给我多少清新的趣味。而最系我心的，是那小小的木桥。桥黑色，由这边慢慢地隆起，到那边又慢慢的低下去，故看去似乎很长。我最爱桥上的栏杆，那变形的卐纹的栏杆；我在车站门口早就看见了，我爱它的玲珑！桥之所以可爱，或者便因为这栏杆哩。我在桥上逗留了好些时。这是一个阴天。山的容光，被云雾遮了一半，仿佛淡妆的姑娘。但三面映照起来，也就青得可以了，映在湖里，白马湖里，接着水光，却另有一番妙景。我右手是个小湖，左手是个大湖。湖有这样大，使我自己觉得小了。湖水有这样满，仿佛要漫到我的脚下。湖在山的趾边，山在湖的唇边；他俩这样亲密，湖将山全吞下去了。吞的是青的，吐的是绿的，那软软的绿呀，绿的是一片，绿的却不安于一片；它无端的皱起来了。如絮的微痕，界出无数片的绿；闪闪闪闪的，像好看的眼睛。湖边系着一只小船，四面却没有一个人，我听见自己的呼吸。想起"野渡无人舟自横"的诗，真觉物我双忘了。

好了，我也该下桥去了；春晖中学校还没有看见呢。弯了两个弯儿，又过了一个桥。当面有山挡住去路；山旁只留着极狭极狭的小径。挨着小径，抹过山角，豁然开朗；春晖的校舍和历落的几处人家，都已在望了。远远看去，房屋的布置颇疏散有致，决无拥挤、局促之感。我缓缓走到校前，白马湖的水也跟我缓缓的流着。我碰着丏尊先生。他引我过了一座水门汀的桥，便到了校里。校里最多的是湖，三面潺潺的流着；其次是草地，看过去芊芊的一片。我是常住城市的人，到了这种空旷的地方，有莫名的喜悦！乡下人初进城，往往有许多的惊异，供给笑话的材料；我这城里人下乡，却也有许多的惊异——我的可笑，或者竟不下于初进城的乡下人。闲言少叙，且说校里的房屋、格式、布置固然疏落有味，便是里面的用具，也无一不显出巧妙的匠意；决无笨伯的手泽。晚上我到几位同事家去看，壁上有书有画，布置井井，令人耐坐。这种情形正与学校的布置，自然界的布置是一致的。美的一致，一致的美，是春晖给我的第一件礼物。

有话即长，无话即短，我到春晖教书，不觉已一个月了。在这一个月里，我虽然只在春晖登了十五日（我在宁波四中兼课），但觉甚是亲密。因为在这里，真能够无町畦。我看不出什么界线，因而也用不着什么防备，什么顾忌；我只照我所喜欢的做就是了。这就是自由了。从前我到别处教书时，总要做几个月的"生客"，然后才能坦然。对于"生客"的猜疑，本是原始社会的遗形物，其故在于不相知。这在现社会，也不能免的。但在这里，因为没有层叠的历史，又结合比较的单纯，故没有这种习染。这是我所深愿的！这里的教师与学生，也没有什么界限。在一般学校里，师生之间往往隔开一无形界限，这是最足减少教育效力的事！学生对于教师，"敬鬼神而远之"；教师对于学生，尔为尔，我为我，休戚不关，理乱不闻！这样两橛的形势，如何说得到人格感化？如何说得到"造成健全人格"？这里的师生却没有这样情形。无论何时，都可自由说话；一切事务，常常通力合作。校里只有协治会而没有自治会。感情既无隔阂，事务自然都开诚布公，无所用其躲闪。学生因无须矫情饰伪，故甚活泼有意思。又因能顺全天性，不遭压抑；加以自然界的陶冶：故趣味比较纯正。——也有太随便的地方，如有几个人上课时喜欢谈闲天，有几个人喜欢吐痰在地板上，但这些总容易矫正的。——春晖给我的第二件礼物是真诚，一致的真诚。

春晖是在极幽静的乡村地方，往往终日看不见一个外人！寂寞是小事；在学生的修养上却有了问题。现在的生活中心，是城市而非乡村。乡村生活的修养能否适应城市的生活，这是一个问题。此地所说适应，只指两种意思：一是抵抗诱惑，二是应付环境——明白些说，就是应付人，应付物。乡村诱惑少，不能养成定力；在乡村是好人的，将来一入城市做事，或者竟抵挡不住。从前某禅师在山中修道，道行甚高；一旦入闹市，"看见粉白黛绿，心便动了"。这话看来有理，但我以为其实无妨。就一般人而论，抵抗诱惑的力量大抵和性格、年龄、学识、经济力等有"相当"的关系。除经济力与年龄外，性格、学识，都可用教育的力量提高它，这样增加抵抗诱惑的力量。提高的意思，说得明白些，便是以高等的趣味替代低等的趣味；养成优良的习惯，使不良的动机不容易有效。用了这种方法，学生达到高中毕业的年龄，也总该有相当的抵抗力了；入城市生活又何妨？（不及初中毕业时者，因初中毕业，仍须续入高中，不必自己挣扎，故不成问题。）有了这种抵抗力，虽还有经济力可以作祟，但也不能有大效。前面那禅师所以不行，一因他过的是孤独的生活，故反动力甚大，一因他只知克制，不知替代；故外力一强，便"虎兕出于神"了！这岂可与现在这里学生的乡村生活相提并论呢？至于应付环境，我以为应付物是小问题，可以随时指导；而且这与乡村，城市无大关系。我是城市的人，但初到上海，也曾因不会乘电车而跌了一跤，跌得皮破血流；这与乡下诸公又差得几何呢？若说应付人，无非是机心！什么"逢人只说三分话，未可全抛一片心"，便是代表的教训。教育有改善人心的使命；这种机心，有无养成的必要，是一个问题。姑不论这个，要养成这种机心，也非到上海这种地方去不成；普通城市正和乡村一样，是没有什么帮助的。凡以上所说，无非要使大家相信，这里的乡村生活的修养，并不一定不能适应将来城市的生活。况且我们还可以举行旅行，以资调剂呢。况且城市生活的修养，虽自有它的好处；但也有流弊。如诱惑太多，年龄太小或性格未佳的学生，或者转易陷溺——那就不但不能磨炼定力，反早早的将定力丧失了！所以城市生活的修养不一定比乡村生活的修养有效。——只有一层，乡村生活足以减少少年人的进取心，这却是真的！

说到我自己，却甚喜欢乡村的生活，更喜欢这里的乡村的生活。我是在狭的笼的城市里生长的人，我要补救这个单调的生活，我现在住在繁嚣的都市里，我要以闲适的境界调和它。我爱春晖的闲适！闲适的生活可说是春晖给我的第三件礼物！

我已说了我的“春晖的一月”；我说的都是我要说的话。或者有人说，赞美多而劝勉少，近乎“戏台里喝彩”！假使这句话是真的，我要切实声明：我的多赞美，必是情不自禁之故，我的少劝勉，或是观察时期太短之故。

1924 年 4 月 12 日夜作

刹　那

　　我所谓"刹那"，指"极短的现在"而言。

　　在这个题目下面，我想略略说明我对于人生的态度。现在人说到人生，总要谈它的意义与价值；我觉得这种"谈"是没有意义与价值的。且看古今多少哲人，他们对于人生，都曾试作解人，议论纷纷，莫衷一是；他们"各思以其道易天下"，但是谁肯真个信从呢？——他们只有自慰自驱罢了！我觉得人生的意义与价值横竖是寻不着的；——至少现在的我们是如此——而求生的意志却是人人都有的。既然求生，当然要求好好的生。如何求好好的生，是我们各人"眼前的"最大的问题；而全人生的意义与价值却反是大而无当的东西，尽可搁在一旁，存而不论。因为要求好好的生，断不能用总解决的办法；若用总解决的办法，便是"好好的"三个字的意义，也尽够你一生的研究了，而"好好的生"终于不能努力去求的！这不是走入牛角湾里去了么？要求好好的生，须零碎解决，须随时随地去体会我生"相当的"意义与价值；我们所要体会的是刹那间的人生，不是上下古今东西南北的全人生！

　　着眼于全人生的人，往往忘记了他自己现在的生活。他们或以为人生的意义与价值在于过去；时时回顾着从前的黄金时代，涎垂三尺！而不知他们所回顾的黄金时代，实是传说的黄金时代！——就是真有黄金时代；区区的回顾又岂能将它招回来呢？他们又因为念旧的情怀，往往将自己的过去任情扩大，加以点染，作为回顾的资料，惆怅的因由。这种人将在惆怅，惋惜之中度了一生，永没有满足的现在———刹那也没有！惆怅惋惜常与彷徨相伴；他们将彷徨一生而无一刹那的成功的安息！这是何等的空虚呀。着眼于全人生的，或以为人生的意义与价值在于将来；时时等待着将来的奇迹。而将来的奇迹真成了奇迹，永不降临于笼着手，垫着脚，伸着颈，只知道"等待"的人！他们事事都等待"明天"去做，"今天"却专作为等待之用；自然的，到了明天，又须等待明天的明天了。这种人到了死的一日，将还留着许许多多明天"要"做的事——只好来生再做了吧！他们以将来自驱，在徒然的盼望里送了一生，成功的安慰不用说是没有的，于是也没有满足的一刹那！"虚空的虚空"便是他们的运命了！这两种人的毛病，都在远离了现在——尤其是眼前的一刹那。

　　着眼于现在的人未尝没有。自古所谓"及时行乐"，正是此种。但重在行乐，容易流于纵欲；结果偏向一端，仍不能得着健全的，谐和的发展——仍不能得着好好的生！况且所谓"及时行乐"，往往"醉翁之意不在酒"；不过借此掩盖悲哀，并非真正在行乐。杨恽说，"及时行乐耳；须富贵何时！"明明是不得志时的牢骚语。"遇饮酒时须饮酒，得高歌处且高歌"，明明是哀时事不可为而厌世的话。这都是消极的！消极的行乐，虽属及时，而意别有所寄；所以便不能认真做去，所以便不能体会行乐的一刹那的意义与价值——虽然行乐，不满足还是依然，甚至变本加厉呢！欧洲的颓废派，自荒于酒色，以求得刹那间官能的享乐为满足；在这些时候，他们见着美丽的幻象，认识了自己。他们的官能虽较从前人敏锐多多，但心情与纵欲的及时行乐的人正是大同小异。他们觉到现世的苦痛，已至忍无可忍的时候，才用颓废的方法，以求暂时的遗忘；正如糖面金鸡纳霜丸一般，面子上一点甜，里面却到心都是苦呀！友人某君说，颓废便是慢性的自杀，实能道出这一派的精微处。总之，无论行乐派，颓废派，深浅虽有不同，却都是"伤心人别有怀抱"；他们有意的或无意的企图"生之毁灭"。这是求生意志的消极的表现；这种表现当然不能算是好好的生了。他们面前的满足安慰他们的力量，决不抵他们背后的不满足压迫他们的力量；他们终于不能解脱自己，仅足使自己沉沦得更深而已！他们所认识的自己，只是被苦痛压得变形了的，虚空的自己；决不是充实的生命；决不是的！所以他们虽着眼于现在，而实未体会现在一刹那的生活的真味；他们不曾体会着一刹那的意义与价值，仍只是白辜负他们的刹那的现在！

我们目下第一不可离开现在，第二还应执着现在。我们应该深入现在的里面，用两只手揪牢它，愈牢愈好！已往的人生如何的美好，或如何的乏味而可憎；已往的我生如何的可珍惜，或如何的可厌弃，"现在"都可不必去管它，因为过去的已"过去"

了。——孔子岂不说："往者不可谏"么？将来的人生与我生，也应作如是观；无论是有望，是无望，是绝望，都还是未来的事，何必空空的操心呢？要晓得"现在"是最容易明白的；"现在"虽不是最好，却是最可努力的地方，就是我们最能管的地方。因为是最能管的，所以是最可爱的。古尔孟曾以葡萄喻人生：说早晨还酸，傍晚又太熟了，最可口的是正午时摘下的。这正午的一刹那，是最可爱的一刹那，便是现在。事情已过，追想是无用的；事情未来，预想也是无用的；只有在事情正来的时候，我们可以把捉它，发展它，改正它，补充它：使它健全，谐和，成为完满的一段落，一历程。历程的满足，给我们相当的欢喜。譬如我来此演讲，在讲的一刹那，我只专心致志的讲；决不想及演讲以前吃饭，看书等事，也不想及演讲以后发表讲稿，毁誉等事。——我说我所爱说的，说一句是一句，都是我心里的话。我说完一句时，心里便轻松了一些，这就是相当的快乐了。这种历程的满足，便是我所谓"我生相当的意义与价值"，便是"我们所能体会的刹那间的人生"。无论您对于全人生有如何的见解，这刹那间的意义与价值总是不可埋没的。您若说人生如电光泡影，则刹那便是光的一闪，影的一现。这光影虽是暂时的存在，但是有不是无，是实在不是空虚；这一闪一现便是实现，也便是发展——也便是历程的满足。您若说人生是不朽的，刹那的生当然也是不朽的。您若说人生向着死之路，那么，未死前的一刹那总是生，总值得好好的体会一番的；何况未死前还有无量数的刹那呢？您若说人生是无限的，好，刹那也可说是无限的。无论怎样说，刹那总是有的，总是真的；刹那间好好的生总可以体会的。好了，不要思前想后的了，耽误了"现在"，又是后来惋惜的资料，向谁去追索呀？你们"正在"做什么，就尽力做什么吧；最好的是 –ing，可宝贵的 –ing 呀！你们要努力满足"此时此地此我"！——这叫做"三此"，又叫做刹那。

言尽于此，相信我的，不要再想，赶快去做你今晚的事吧；不相信的，也不要再想，赶快去做你今晚的事吧！

1924 年《春晖》

白　马　湖

今天是个下雨的日子。这使我想起了白马湖；因为我第一回到白马湖，正是微风飘萧的春日。

白马湖在甬绍铁道的驿亭站，是个极小极小的乡下地方。在北方说起这个名字，管保一百个人一百个人不知道。但那却是一个不坏的地方。这名字先就是一个不坏的名字。据说从前（宋时？）有个姓周的骑白马入湖仙去，所以有这个名字。这个故事也是一个不坏的故事。假使你乐意搜集，或也可编成一本小书，交北新书局印去。

白马湖并非圆圆的或方方的一个湖，如你所想到的，这是曲曲折折大大小小许多湖的总名。湖水清极了，如你所能想到的，一点儿不含糊像镜子。沿铁路的水，再没有比这里清的，这是公论。遇到旱年的夏季，别处湖里都长了草，这里却还是一清如故。白马湖最大的，也是最好的一个，便是我们住过的屋的门前那一个。那个湖不算小，但湖口让两面的山包抄住了。外面只见微微的碧波而已，想不到有那么大的一片。湖的尽里头，有一个三四十户人家的村落，叫做西徐岙，因为姓徐的多。这村落与外面本是不相通的，村里人要出来得撑船。后来春晖中学在湖边造了房子，这才造了两座玲珑的小木桥，筑起一道煤屑路，直通到驿亭车站。那是窄窄的一条人行路，蜿蜒曲折的，路上虽常不见人，走起来却不见寂寞——。尤其在微雨的春天，一个初到的来客，他左顾右盼，是只有觉得热闹的。

春晖中学在湖的最胜处，我们住过的屋也相去不远，是半西式。湖光山色从门里从墙头进来，到我们窗前、桌上。我们几家接连着；丐翁的家最讲究。屋里有名人字画，有古瓷，有铜佛，院子里满种着花。屋子里的陈设又常常变换，给人新鲜的受用。他有这样好的屋子，又是好客如命，我们便不时地上他家里喝老酒。丐翁夫人的烹调也极好，每回总是满满的盘碗拿出来，空空的收回去。白马湖最好的时候是黄昏。湖上的山笼着一层青色的薄雾，在水面映着参差的模糊的影子。水光微微地暗淡，像是一面古铜镜。轻风吹来，有一两缕波纹，但随即平静了。天上偶见几只归鸟，我们看着它们越飞越远，直到不见为止。这个时候便是我们喝酒的时候。我们说话很少；上了灯话才多些，但大家都已微有醉意。是该回家的时候了。若有月光也许还得徘徊一会；若是黑夜，便在暗里摸索醉着回去。

白马湖的春日自然最好。山是青得要滴下来，水是满满的、软软的。小马路的两边，一株间一株地种着小桃与杨柳。小桃上各缀着几朵重瓣的红花，像夜空的疏星。杨柳在暖风里不住地摇曳。在这路上走着，时而听见锐而长的火车的笛声是别有风味的。

在春天，不论是晴是雨，是月夜是黑夜，白马湖都好。——雨中田里菜花的颜色最早鲜艳；黑夜虽什么不见，但可静静地受用春天的力量。夏夜也有好处，有月时可以在湖里划小船，四面满是青霭。船上望别的村庄，像是蜃楼海市，浮在水上，迷离惝恍的；有时听见人声或犬吠，大有世外之感。若没有月呢，便在田野里看萤火。那萤火不是一星半点的，如你们的城中所见；那是成千成百的萤火。一片儿飞出来，像金线网似的，又像耍着许多火绳似的。只有一层使我愤恨。那里水田多，蚊子太多，而且几乎全闪闪烁烁是疟蚊子。我们一家都染了疟病，至今三四年了，还有未断根的。蚊子多足以减少露坐夜谈或划船夜游的兴致，这未免是美中不足了。

　　离开白马湖是三年前的一个冬日。前一晚"别筵"上，有丐翁与云君。我不能忘记丐翁，那是一个真挚豪爽的朋友。但我也不能忘记云君，我应该这样说，那是一个可爱的——孩子。

七月十四日　北平